U0541229

第二届中国特色社会主义理论与实践论坛
2015

中国特色社会主义与中国发展战略布局

中国特色社会主义理论研究会 编

李君如 主编

中国社会科学出版社

图书在版编目(CIP)数据

中国特色社会主义与中国发展战略布局/李君如主编.—北京：中国社会科学出版社，2017.3
ISBN 978-7-5203-1839-6

Ⅰ.①中… Ⅱ.①李… Ⅲ.①中国特色社会主义—发展战略—研究 Ⅳ.①D616

中国版本图书馆 CIP 数据核字(2017)第 323665 号

出 版 人	赵剑英
责任编辑	田　文
特约编辑	钱法文
责任校对	张爱华
责任印制	王　超

出　　版	中国社会科学出版社
社　　址	北京鼓楼西大街甲 158 号
邮　　编	100720
网　　址	http://www.csspw.cn
发 行 部	010-84083685
门 市 部	010-84029450
经　　销	新华书店及其他书店

印　　刷	北京君升印刷有限公司
装　　订	廊坊市广阳区广增装订厂
版　　次	2017 年 3 月第 1 版
印　　次	2017 年 3 月第 1 次印刷

开　　本	710×1000　1/16
印　　张	20.75
插　　页	2
字　　数	351 千字
定　　价	88.00 元

凡购买中国社会科学出版社图书，如有质量问题请与本社营销中心联系调换
电话:010-84083683
版权所有　侵权必究

目 录

在"四个全面"战略布局下:我们一起奋斗和前进 …………… 李君如(1)
"四个全面"战略思想的时代定位 ………………………… 韩 震(16)
在新的历史起点上开辟中国现代化新境界
　　——论"四个全面"战略布局和战略思想的精神实质和
　　　价值指向 ……………………………………………… 包心鉴(22)
"四个全面"与中国特色社会主义 ………………………… 温宪元(38)
"四个全面"开启了中国共产党在新形势下治国理政的
　　新航程 ………………………………………………… 孙兰英(47)
"四个全面"开创中国特色社会主义理论与实践
　　新视野 ……………………………………… 祝福恩 祝 贺(56)
"四个全面":新的历史起点上中国特色社会主义的
　　新发展 ……………………………………… 王观松 刘家用(64)
论"四个全面"是中国特色社会主义发展的新阶段
　　(论纲) ………………………………………………… 李勇华(74)
"四个全面":新时期中国共产党执政理念的科学演进 ……… 杨 奎(79)
"四个全面"是中国特色社会主义理论的当代化 …………… 张 舒(88)
"四个全面":坚持和发展中国特色社会主义的新篇章 …… 李振宇(96)
论"四个全面"战略布局的科学内涵和精神实质 ………… 姜华有(102)
"四个全面"是夺取中国特色社会主义新胜利的根本
　　战略遵循 ……………………………………………… 李 明(108)
正确认识和把握"四个全面"战略布局 …………………… 王存福(116)
"四个全面"战略布局对马克思主义中国化的理论创新 … 阎树群(122)
推进国家治理现代化建设的重大意义 …………………… 欧阳英(130)
按照"四个全面"战略布局统领和推进强军实践 ………… 崔向华(141)

"四个全面"战略布局的哲学意蕴 ………………………… 连文娟(155)
全面依法治国与抓关键少数 …………………………… 徐志宏(161)
全面依法治国为国家治理现代化提供必要保障 ………… 孙肖远(165)
在党的领导下全面推进依法治国 ………………………… 刘　琳(173)
全面推进依法治国与核心价值观培育
　　——核心价值观养成的法治之维 …………………… 薛金华(179)
习近平"全面从严治党"思想的战略思维
　　——"打铁还需自身硬"的理论内涵与战略特征 ……… 奚洁人(188)
浅谈"全面从严治党"的重要地位、新要求和新举措 …… 张传鹤(201)
科学把握全面从严治党新常态 …………………………… 林学启(204)
从严治党与提高党内制度执行力 ………………………… 孙玉华(213)
全面从严治党的关键抓手 ……………………… 高尚斌　张文生(217)
构建作风建设"四化"评价指标体系　推进全面
　　从严治党 ………………………………………………… 李兴元(224)
法治精神与能力建设：新时期研究生党建的
　　新重点 ……………………………………… 钟爱军　张　天(233)
做坚定自觉的政治明白人 ………………………………… 杨志和(237)
净化权力与严肃党内生活：中国特色的利益冲突防范体系建构
　　——以上海《关于进一步规范本市领导干部配偶、子女
　　　　及其配偶经商办企业行为的规定（试行）》为例 …… 魏淑琰(242)
抗战时期党内监督制度建设的基本经验及对全面从严治党的
　　现实启示 ………………………………………………… 董　瑛(253)
中国创业投资业规范化发展思路探析 ………… 于春明　于　婷(261)
论"四个全面"与中国梦的内在逻辑关系 ………………… 高云坚(265)
论历史生成中的"四个全面"与社会主义核心价值观 …… 滕明政(271)
唯物辩证方法是指导全面深化改革的根本方法论 ……… 侯衍社(283)
学习习近平总书记重视学习哲学和运用哲学的思想 …… 刘毅强(287)
浅论全面建成小康社会 …………………………………… 张　彬(297)
全面深化改革：推动中国进步与发展的强大动力 ……… 王喜红(306)
中华民族伟大复兴之三问 ………………………………… 薛广洲(312)
2015年中国特色社会主义理论体系若干问题研究简述 … 毛　胜(320)

在"四个全面"战略布局下：
我们一起奋斗和前进

李君如

在经济新常态下建设中国特色社会主义的重要时刻，习近平总书记提出了"全面建成小康社会"、"全面深化改革"、"全面依法治国"、"全面从严治党"的战略布局。把握好这"四个全面"，对于我们理解中央的各项决策，做好我们各方面的工作，具有统领性、指导性的意义。因此，我们要认真学习"四个全面"战略布局，和党中央保持一致，戮力同心，一起奋斗和前进。

引言：和老百姓切身利益息息相关的战略布局

有人问我："最近媒体老在讲'四个全面'，这跟我们老百姓有什么关系？"我认为，这个问题很值得我们这些搞理论的人思考和回答。

这个问题使我想起了"两会"期间，我在央视新闻频道1+1栏目做嘉宾时，主持人董倩问我的一个问题。

人民网"两会"前夕在网民中做了一个调查，调查数据传递了一个重要信息：2015年，网民最关心的问题是"收入分配"。

①收入分配	537808 票	⑥从严治党	385696 票
②重拳反腐	507114 票	⑦环境保护	354670 票
③经济新常态	453680 票	⑧教育改革	330240 票
④食药品安全	428487 票	⑨社会保障	310234 票
⑤简政放权	392474 票	⑩住房	292685 票

董倩在给我看这张调查表的时候，还提供了前几年"两会"期间网民调查的情况，从对比中说明这是一个新情况。希望我给以解答。

事实上，新华网的"两会"热点调查数据和人民网差不多，2015年网民投票关注话题前五位的分别是：收入分配、反腐倡廉、医疗改革、养老改革、环境治理，占比分别为6.97%、6.55%、6.51%、6.38%、5.91%。

董倩注意到这是新情况。这确实是一个新情况，应该引起我们重视。

在董倩提问后，我谈了我的看法。我说：首先要说一下，这些问题无论是记者提的问题也好，是网民提的问题也好，其实都反映了我们总体或者大局里面的一些问题。因为我们的战略布局是"四个全面"：全面建成小康社会，全面深化改革，全面依法治国，全面从严治党。这些问题都在这"四个全面"里面。我想这是一个大的概念，需要把握一下。

在这个大的概念下面，每年的重点有些变化，前几年我们的重点是社会保障、社会福利，因为我们在经过多年的快速发展以后，社会分层加剧，社会矛盾增加，这时候对社会福利、社会保障的要求就凸显出来了。我前几年当政协委员的时候，关注的也是这个问题。那么现在呢，十八大以来，我们在以经济建设为中心全面建设小康社会的过程中，在社会建设、社会福利方面做了很多工作。老百姓这方面的诉求，相对来讲比前几年好多了。现在的新问题是经济下行。在经济下行的新常态下，怎么能够在结构调整中稳增长，能够在稳中求进方面作出好文章来。这些问题更涉及许多老百姓的切身利益。

我的回答是要强调，网民反映的确实是今天我们要解决的问题。而这些问题，就是我在回答董倩提问时一开头就讲的，都是"四个全面"大局中的问题。所以，"四个全面"不是跟老百姓没有关系，而是有重大关系的。事实上，在"四个全面"战略布局形成和提出过程中，它已经给老百姓带来了许多实惠。比如2014年是全面深化改革开局之年的"四个全面"战略布局提出之年，这一年实施的许多改革举措，就给老百姓带来了利好的消息和各种实惠。关于就业人口，伴随经济结构的调整，城镇新增就业1322万人，比原定的1000万人目标超过了322万人，农民工人数同比增长1.9%。关于最低工资标准，全国有19个省（区市）提高了标准，平均增幅为14.1%，23个省份调高了工资指导线。收入水平，农民工月均收入水平2864元，比上年增长9.8%。农村居民人均第一产业经营净收入比上年增长5.6%，人均第三产业经营净收入增长16.3%，非农产业经营收入成为农村居民增收的重要推动力量。财产性收入，2014年城镇居民出租房屋收入同比增长20.9%，农村居民人均转让土地经营权收入增长了40.3%。养老金，全国城乡居民基础养老金最低标准提高至每人每月70元，城镇居民医保人均政府补助达到320元。企业退休人员养老金已实现"十连涨"，月人均水平超过2000元。所以，"四个全面"，虽然形式上很简约，实际上是同每一个老百姓的切身利益息息相关、事事攸关的战略布局。

综上所述，我们不论是搞党务和行政工作的，是搞企业的，还是做工务农的，上学的，或是退休在家的，都应该了解"四个全面"战略布局。

一　深刻认识"四个全面"战略布局提出的重大意义

要学习和认识"四个全面"战略布局提出的意义，首先要了解这一战略布局是怎样提出的。同任何科学理论形成和提出有一个过程一样，"四个全面"战略布局提出也有一个过程。

从概念上去考察，我们党从提出"一个全面"，到"两个全面"、"三个全面"，直到"四个全面"，有一个过程。为认识"四个全面"提出的意义，更应该从实践角度梳理一下党中央形成和提出"四个全面"战略布局的过程。

回顾两年前，在"坚定不移沿着中国特色社会主义道路前进，为全面建成小康社会而奋斗"的主题下召开的十八大，鲜明而又具体地提出了"全面建成小康社会和全面深化改革开放的目标"。这次党代会形成的以习近平为核心的党中央，集思广益，竭尽全力，为实现这一宏伟的战略目标而奋斗。短短两年多时间，党中央采取了一系列重大步骤：

第一，思想先行，统一全党和全国人民思想。党的十八大后，先是通过中央政治局的集体学习，从高层做起，一面把全党全国人民的思想和行动统一到中国特色社会主义上来，一面把各级干部的行为规范到"八项规定"上来；接着，把十八大提出的"两个一百年"的战略目标和中华民族伟大复兴的历史追求联系起来，提出了为中国梦而奋斗的宏伟理念，极大地激发了全国上下为国家富强、民族振兴、人民幸福而奋斗的热情。

第二，秉持"治国必先治党，治党务必从严"的要求，大力整顿党的作风和干部队伍。在统一思想和行动的过程中，党中央认真地而不是走过场地在县处级以上开展群众路线教育实践活动；雷厉风行地而不是姑息迁就地进行反腐败斗争。一手抓群众路线教育实践活动，一手抓"打老虎"、"拍苍蝇"的反腐斗争，并把这两件大事紧密结合、相互促进，突显了党中央在"全面推进党的建设新的伟大工程"中，形成了全面从严治党的治党格局和治党思路。

第三，在从严治党的同时，提出了一系列治国理政的重大战略举措。以习近平同志为核心的党中央，在处理内政外交国防和治党治国治军各种复杂问题时，高瞻远瞩、驾驭全局，条分缕析、精心谋划，作出了一系列重要决策。特别是，在2013年和2014年通过中共中央全会决策的形式，制定和通过了"全面深化改革"和"全面推进依法治国"两个纲领性文件。这两个重要决定，一是提出了全面深化改革的总目标，是要完善和发展中国特色社会主义制度，推进国家治理体系和治理能力现代化；二是提出了全面推进依法治国的总目标，是要建设中国特色社会主义法治体系，建设社会主义法治国家的法治总目标。我们注意到，这两个"总目标"，贯穿着同一个主题词："治国"。一个是要通过制度现代化从根本上破解治国难题，一个是要通过法治谋求国家长治久安。

认识来自于实践。正是在这样的实践基础上，2014年12月14日，习近平总书记在江苏考察调研时第一次提出了"四个全面"，并在2015年2月2日中央党校举办的省部级主要领导干部专题研讨班上把"四个全面"定位为党中央的"战略布局"。

回顾和了解了"四个全面"战略布局提出的过程，就可以体会到这一战略布局提出的深刻意义：

1. 从理论上讲，"四个全面"的提出标志着习近平治国理政思想的完善和成熟

2013年3月19日，习近平在接受金砖国家媒体联合采访时，讲到他在会见一些国家领导人时，那些国家的领导人问，中国这么大的国家怎么治理？习近平在国外访问时，曾经引用先哲老子的话说过："治大国若烹小鲜。"烹小鲜，是非常不容易的事。事实上，治理中国这样一个大国更难。因为，中国不仅国土大人口多，而且处在经济文化相当落后的社会主义初级阶段，改革开放以来国家尽管发生了天翻地覆的变化，但社会主义初级阶段的基本国情没有改变，同时各地经济社会发展水平又参差不齐，尤其是在改革激发巨大社会活力的同时出现了许多乱象，社会矛盾还有所

增加，情况异常复杂。这就是习近平当选为党和国家领导人后面临的时代大背景。这一大背景，决定了以习近平同志为核心的党中央要解决的最大课题是，应该建立一个什么样的国家治理体系，怎样治理国家。

为解决这一时代性的课题，十八大形成的以习近平同志为核心的党中央，围绕着十八大提出的全面建成小康社会和全面深化改革开放的目标，夙夜在公、勤勉工作，以对党和人民高度负责的态度，在治党治国治军、内政外交国防等方面，作出了一系列重大战略决策。"四个全面"战略布局就是以习近平同志为核心的党中央，在贯彻落实十八大精神的过程中，一方面深刻总结30多年改革开放的历史经验，一方面认真应对今天面对的挑战考验，集中回答了在建设中国特色社会主义道路上，我们应该建立一个什么样的国家治理体系，怎样治理国家这一根本问题。

特别是，"四个全面"抓住了在中国特色社会主义道路上治国理政的目标、动力、保障、领导这四根支柱，形成了治国理政的科学思路和基本框架。在这"四个全面"中，"全面建成小康社会"是坚持和发展中国特色社会主义的阶段性目标；"全面深化改革"脱胎于改革开放这一强国之路和发展的根本动力，又在"全面"和"深化"上发展了"强国之路"和"根本动力"；"全面推进依法治国"也是在坚持依法治国这一基本治国方略的同时，在"全面"和"推进"上发展了这一确保党和国家长治久安的治国方略；"全面从严治党"同样在"关键在党"这一根本问题上坚持和发展了新时期党的建设新的伟大工程。正是在这个意义上，我们说"四个全面"集中体现了以习近平同志为核心的党中央的治国理政的战略布局。

2. 从战略上看，"四个全面"也是坚持和发展中国特色社会主义的战略布局

改革开放以来，我们开创了中国特色社会主义伟大事业。怎么实现这一伟大事业，是一届又一届党中央面临的神圣历史使命。习近平总书记曾经说过："坚持和发展中国特色社会主义是一篇大文章，邓小平同志为它确定了基本思路和基本原则，以江泽民同志为核心的党的第三代中央领导集体、以胡锦涛同志为核心的党中央在这篇大文章上都写下了精彩的篇章。现在，我们这一代共产党人的任务，就是继续把这篇大文章写下去。"显而易见，这篇大文章的主题词是"中国特色社会主义"，续写的重点一是"坚持"、二是"发展"。

习近平总书记提出的"四个全面",重点就在对中国特色社会主义的"坚持和发展"上。我们都知道,邓小平在创立中国特色社会主义理论的时候,曾经提出过一整套"两手抓,两手都要硬"的方针。他说过,要一手抓物质文明,一手抓精神文明,两个文明都搞好,才是中国特色社会主义。他还说过,要一手抓发展,一手抓改革开放;一手抓改革开放,一手抓打击犯罪;一手抓经济建设,一手抓民主法制;一手抓改革开放,一手抓惩治腐败,等等。怎么把这一整套"两手抓"的方针有机地结合起来,全面地落实下去,始终是一个实践中的难题。今天,以习近平同志为核心的党中央把这一整套"两手抓"的方针整合起来,概括和拓展为"四个全面"的战略布局,这就使得我们坚持和发展中国特色社会主义,有了更为清晰的并且可以统领各项工作的总思路总布局。

在论述"四个全面"的战略布局和中国特色社会主义关系的时候,有必要对建设中国特色社会主义"五位一体"的"总布局"和"四个全面"的"战略布局"之间的关系,做一点研究和说明。一个是"总布局",一个是"战略布局",字面上似乎差不多,其实是两个概念。对于中国特色社会主义的总布局,我们最初认为是经济建设、政治建设、文化建设"三位一体"的布局,后来认识到社会建设特别是和谐社会建设也是中国特色社会主义的本质特征,使得我们对于中国特色社会主义的认识从"三位一体"拓展到经济、政治、文化、社会建设"四位一体"的布局,再后来认识到生态文明建设决不能等闲视之,又把它纳入中国特色社会主义的布局。这样,到十八大我们就形成了经济、政治、文化、社会、生态文明建设"五位一体"的中国特色社会主义"总布局"。习近平总书记在十八大后的政治局集体学习中对此作了深刻阐述。他说:"强调总布局,是因为中国特色社会主义是全面发展的社会主义。"正因为对中国特色社会主义的总布局有了这种"全面"的认识,我们对党的十六大提出的"全面建设小康社会"的任务也有了新的认识。十八大提出的"全面建成小康社会"新要求,一是经济持续健康发展,二是人民民主不断扩大,三是文化软实力显著增强,四是人民生活水平全面提高,五是资源节约型、环境友好型社会建设取得重大进展。显然,"全面建成小康社会"这五个方面的新要求,体现的就是中国特色社会主义经济、政治、文化、社会、生态文明建设"五位一体"的总布局。因此,我们也可以说"四个全面"战略布局是实现"五位一体"的中国特色社会主义及其阶段性目标的战略布局。

3. 从实践上讲，提出"四个全面"就是要求我们在习近平治国理政的战略布局下落实党中央的每一项重大决策

"四个全面"战略布局的提出，最重要的意义，是在实践指导上的意义。我们注意到，习近平总书记2015年2月2日在中央党校的重要讲话，主题讲的是全面推进依法治国问题，而就在整篇讲话的最后，他提出："要把全面依法治国放在'四个全面'的战略布局中来把握，深刻认识全面依法治国同其他三个'全面'的关系，努力做到'四个全面'相辅相成、相互促进、相得益彰。"可以这样说，习近平总书记提出"四个全面"是我们党中央的"战略布局"，目的是要求大家把全面依法治国放到"四个全面"的战略布局中去认识、把握和落实。

这里，习近平总书记提出了两个重要的问题，这就是：（1）党的十八大以来党中央作出了一系列重大决策，执行这些决策，落实这些决策，都必须把它们放到"四个全面"的战略布局中去把握，而不能偏离这个战略布局，更不能冲击这个战略布局。（2）就这个战略布局而言，也必须做到"四个全面"相辅相成、相互促进、相得益彰，而不能只讲一个"全面"、不讲其他三个"全面"，更不能把其中一个"全面"与其他"全面"对立起来。这就是习近平在中央党校的重要讲话中提出这个战略布局的最大意义之所在。

这是一种辩证唯物主义的大局观。我们经常讲"实事求是"、"一切从实际出发"，我们面对的"实际"，有"西瓜"，也有"芝麻"。抓"西瓜"是从实际出发，抓"芝麻"也是从实际出发。我们在认识世界的过程中，不能看不到"芝麻"，但是从担负领导责任的要求来说，决不能"捡了芝麻丢了西瓜"。在这个意义上，从实际出发，最重要的，就是要善于把握大局，善于把自己承担的工作放到全局中去把握。因此，我们学习"四个全面"的战略布局，最重要的，就是要在这样的战略布局下自觉而又认真地落实党中央的每一项重大决策。

二 正确认识"四个全面"战略布局的科学内涵

有人认为"四个全面"战略布局，就是"全面建成小康社会"、"全面深化改革"、"全面推进依法治国"、"全面从严治党"四句话，内容很明确，也很简单。但是，只要我们认真学习习近平总书记关于这一战略布

局的论述，就可以发现这四句话构成的战略布局，有很深的内涵，需要正确理解。

我们注意到，习近平总书记对这一战略布局的论述，包含三层深刻的道理：

第一，"四个全面"战略布局，每一个"全面"都具有重大战略意义。

这"四个全面"，每一个"全面"都有丰富的内容。这在十六大、十七大、十八大报告和十八大以来中央通过的一系列决定中都已经有充分的阐述。在习近平总书记对"四个全面"的论述中，第一次将全面建成小康社会，定位为"实现中华民族伟大复兴中国梦的关键一步"；第一次将全面深化改革的总目标，确定为"完善和发展中国特色社会主义制度，推进国家治理体系和治理能力现代化"；第一次明确全面推进依法治国的总目标，是"建设中国特色社会主义法治体系，建设社会主义法治国家"；同时，我们也知道，全面从严治党，就是要围绕加强党的执政能力建设、先进性和纯洁性建设这条主线，把我们党建设成为一个学习型、服务型、创新型的马克思主义执政党，确保党始终成为中国特色社会主义事业的坚强领导核心。因此，正如习近平总书记所说的，在"四个全面"中，每一个"全面"都有重大战略意义。

第二，"四个全面"战略布局，既有战略目标，又有战略举措。

习近平总书记在论述"四个全面"战略布局时，明确指出："全面建成小康社会是我们的战略目标，全面深化改革、全面依法治国、全面从严治党是三大战略举措。"因此，这"四个全面"虽然每一个"全面"都有重大战略意义，但有"战略目标"和"战略举措"之别，不能等量齐观。一般来讲，"战略举措"是为"战略目标"服务的。或者说，"战略举措"是实现战略目标的重大"举措"。我们全面深化改革，全面推进依法治国，全面从严治党，都是为了全面建成小康社会。因此，我们要正确认识和处理好战略目标与战略举措之间的关系。这一点，务必牢记。

清醒认识这一点，非常重要。我们可以思考一下，为什么在我们学习贯彻十八届三中、四中全会精神，大家正在热烈讨论全面深化改革、全面推进依法治国的当口，习近平总书记要强调"全面建成小康社会"是这"四个全面"中的"战略目标"？我们都知道，到2020年全面建成小康社会，这是坚持和发展中国特色社会主义的阶段性目标，是实现中华民族伟大复兴中国梦的重要台阶，同时也是中国共产党对全国人民的庄严承诺。

我们今天以及今后五年所做的工作都是为了实现这一战略目标。可以说，这是我们肩负的崇高、神圣而又艰巨、紧迫的历史使命。今天我们离2020年只有几年时间了，或者说，历史留给我们的时间已经不多了。而我们在2020年要达到的目标有哪些呢？前面我们已经说过在经济、政治、文化、社会、生态文明建设上有五大目标，其中在经济目标中有一个硬指标，这就是我们过去说过的"两个翻番"，即"实现国内生产总值和城乡居民人均收入比2010年翻一番"。按照十八大时测算，今后8年年均增长7%，国内生产总值就可以翻一番；年均增长6.8%，城乡居民人均收入就可以翻一番。从目前来看，尽管这两年经济下行，但还在可以实现我们奋斗目标的区间之内。比如2014年国内生产总值增长7.4%；全国居民人均可支配收入比上年增长10.1%（扣除价格因素实际增长8%），其中城镇居民人均可支配收入比上年增长9%（扣除价格因素实际增长6.8%），农村居民人均可支配收入比上年增长11.2%（扣除价格因素实际增长9.2%），这些数据都在合理的区间之内。但是，我们不得不提醒自己，在经济转型的同时如果没有一定的增长速度，是会影响全面建成小康社会目标实现的。我们不唯GDP，但不能没有含较高质量和效益的GDP。所以，在贯彻"四个全面"的战略布局时，落实所有的举措，都必须牢记全面建成小康社会的战略目标。这就是我们今天在这里讨论"四个全面"科学内涵，讨论"四个全面"中战略目标与战略举措关系的意义所在。

第三，"四个全面"是相辅相成、相互促进、相得益彰的。

"四个全面"不是简单的并列关系，而是有机联系、相互贯通的顶层设计。习近平总书记要求我们："努力做到'四个全面'相辅相成、相互促进、相得益彰。"前面我们谈到，战略举措要服务于战略目标，这里还要补充一点，实现战略目标也不能偏离战略举措的要求。比如讲全面小康，讲发展，不能违法乱纪，不能破坏社会主义市场经济的正常秩序。除了战略目标与战略举措之间要相辅相成、相互促进、相得益彰，三项战略举措即"全面深化改革"、"全面推进依法治国"、"全面从严治党"之间也要相辅相成、相互促进、相得益彰，而不要相互分割、相互冲击、相互抵消。

三　学会用辩证唯物主义把握战略布局

显而易见，"四个全面"是具有深刻哲理的治国理政思想，体现了辩证唯物主义的世界观和方法论。因此，我们在学习和研究"四个全面"战略布局及其科学内涵时，必须学会和掌握辩证唯物主义的世界观和方法论。

不久前，中央政治局就辩证唯物主义基本原理和方法论进行集体学习时，习近平总书记提出了坚持和运用辩证唯物主义世界观和方法论，努力提高解决我国改革发展基本问题本领的要求。我们要在马克思主义世界观和方法论指导下，把握好"四个全面"的战略布局，就要从问题出发，统筹协调，以高超的领导艺术推进全面建成小康社会、全面深化改革、全面依法治国、全面从严治党。

首先，贯彻落实"四个全面"战略布局，要始终坚持讲政治规矩，在原则性问题上决不能含糊。党的十八大以来党中央作出了一系列重大决策，执行这些决策，落实这些决策，都必须把它们放到"四个全面"的战略布局中去把握，而不能偏离这个战略布局，更不能冲击这个战略布局。而在贯彻这一战略布局的时候，最重要的，是要始终坚持党的领导。比如在全面深化改革、全面推进依法治国与全面从严治党的相互关系上，我们既要认识到党在领导改革的过程中自身也要改革创新，从严治党的过程在某种意义上就是党自身的改革创新过程，又要认识到在中国任何一项改革都离不开党的领导。这里最重要的，是要把握好党的领导与依法治国的关系，党必须在宪法和法律的范围内活动，这是毫无疑问的。同时，也要认识到，我国的宪法和法律是在中国共产党领导下制定的，离开了中国共产党的领导就根本无法推进依法治国。事实上，在改革开放过程中发生的一些倾向性问题，已经一而再、再而三地突显了在改革开放和依法治国过程中，处理好改革开放和依法治国同党的领导的关系，是多么重要，不可等闲视之。以加强党的领导为由否定改革开放和依法治国的举措，是错误的，极其有害的；以改革开放和依法治国为名否定甚至取消党的领导，也是错误的，十分危险的。

其次，贯彻落实"四个全面"战略布局，要始终坚持科学精神，学会用统筹协调的方法防止和克服片面性。"四个全面"被定位为"战略布局"，强调的就是科学性、全面性和统领性。战略，本来是一个军事术语，讲的是具有全局性、统领性的谋略、方案和对策。布局，指的是对事物的规划、安排。比如下围棋要有布局，写文章、绘画、建筑都有个布局问题，甚至我们家里搞装修摆家具也有个布局问题。战略布局，强调的是在治国理政的时候,党和政府从全局出发对各项工作的规划和安排。因此,这"四个全面",特就特在"全面",贵就贵在"全面",难也难在"全面",关键就在"全面"。而且,要做到一个"全面"已经很难了,四个"全面"相互配合更难。比如既要把经济搞活,又要把各级干部管住,既要深化改革,又要严格依法办事,要这样做没有科学的头脑是办不到的。因此,我们努力要学习和掌握唯物辩证法的科学方法论,在统筹各种复杂矛盾关系中实现"四个全面"。

再次,贯彻落实"四个全面"战略布局,要始终坚持系统思维的思想,把"四个全面"作为一项宏大的系统工程来推进。"四个全面"要相辅相成、相互促进、相得益彰地推进,就要掌握辩证唯物主义的系统思维。比如在改革问题上,习近平总书记在论述全面改革战略的时候,曾经说过:"改革开放是一个系统工程,必须坚持全面改革,在各项改革协同配合中推进。改革开放是一场深刻而全面的社会变革,每一项改革都会对其他改革产生重要影响,每一项改革又都需要其他改革协同配合。要更加注重各项改革的相互促进、良性互动,整体推进,重点突破,形成推进改革开放的强大合力。"也就是说,我们今天所讲的"全面",不是一个改革接一个改革线性推进的全面改革,而是各项改革协同配合、系统推进的全面改革。要做到这一点,既要有决心、魄力和胆略,又要有智慧、能力和领导艺术。因此,实现"四个全面"战略布局,关键在于要努力学习运用系统思维及其方法论,把握、操控、统筹、协调好这四个"全面",全面落实这四个"全面"。

最后,贯彻落实"四个全面"战略布局,还要始终坚持法治思维,处理任何问题都要依法依章办事。全面建成小康社会,要坚持发展这一硬道理,这是正确的。但是也不能像过去一些地方一些人那样,目无法纪,违法乱纪,以"发展"为名贪赃枉法、中饱私囊。我们要形成依法依章抓发展的新思维。在全面深化改革中也要坚持依法治国。在这个问题上,我们既要认识到全面深化改革包括全面推进依法治国的要求,我们只有通过深化政治体制改革包括司法改革,才能建设中国特色社会主义法治体系,建设社会主义法治国家;又要认识到全面推进依法治国,包括改革也要于法有据,不能随心所欲突破法律规定。而要使全面深化改革与全面推进依法治国这两者能够达到辩证统一,很重要的一点就是健全民主程序。改革的举措,凡是同现行法律有冲突的,可以经过民主程序报呈立法机关批准同意后进行。正如习近平总书记2014年10月27日在中央全面深化改革领导小组第六次会议上讲话中指出的：党的十八届四中全会通过了全面推进依法治国的决定，与党的十八届三中全会通过的全面深化改革的决定形成了姊妹篇。全面深化改革需要法治保障，全面推进依法治国也需要深化改革。

要把政治规矩和科学精神、系统思维和法治思维结合起来，有许多重大关系要处理。在落实"四个全面"战略布局的时候，重点要处理好三个关系：

一是，经济建设与"四个全面"的辩证关系。我们讲要正确认识"战略目标"和"战略举措"的关系，其中最重要的，是要正确认识和处理好经济建设与"四个全面"的关系。我们在拨乱反正和改革开放过程中懂得了许多道理，其中，最重要的，是懂得了"发展才是硬道理"。党的十八大以来，习近平总书记反复强调："落后就要挨打，发展才能自强。""我们要牢牢抓好党执政兴国的第一要务，始终代表中国先进生产力的发展要求，坚持以经济建设为中心，在经济不断发展的基础上，协调推进政治建设、文化建设、社会建设、生态文明建设以及其他各方面建设。"因此，讲"五位一体"的总布局也好，讲"四个全面"的战略布局也好，都必须始终坚持以经济建设为中心。特别是在突出某一方面工作的时候，尤其要注意不能偏离经济建设这个中心。同样，我们在发展经济的时候，也不能"单打一"，更不能不顾政治规矩、不顾精神文明建设、不顾民生、不顾生态文明，胡搞一通。在这些问题上，我们已经有大量的教训，在推进"四个全面"时务必牢记。

二是，制度与人及其价值观的辩证关系。我们知道，没有全面改革就没有全面小康，没有全面改革就没有全面法治。要实现"四个全面"的战略布局，最难的是要打好全面深化改革的攻坚战。在习近平总书记领导下制定的中国到2020年改革的纲领，明确指出：这次改革的总目标是完善和发展中国特色社会主义制度，推进国家治理体系和治理能力的现代化。而且很明确地提出，到2020年我国在各方面要形成更加成熟、更加定型的一套制度。这里，"更加成熟、更加定型"这八个字是邓小平1992年南方谈话提出来的。事实上，这次确定的制度改革目标又超越了邓小平，就是要在国家治理体系和治理能力的现代化上作出一篇好文章来。也就是说，我们的现代化不仅在生产力方面要实现现代化，而且在制度方面也要实现现代化。

按照习近平总书记的论述，对于这个总目标，要有一个科学的认识。一要正确认识和处理好"完善和发展中国特色社会主义制度"和"推进国家治理体系和治理能力现代化"之间的关系。在以全新的、现代的"治理"理论来推进国家治理体系和治理能力现代化时，不能偏离中国特色社会主义方向；在完善和发展中国特色社会主义制度时，要以推进国家治理体系和治理能力现代化这样的要求来完善和发展我们的制度。二要正确认识和处理好"国家治理体系现代化"和"治理能力现代化"之间的关系。改革是制度的变革，治理体系与国家制度相联系，这是毫无疑问的。但是，如果只有制度的变革，而没有人的能力的提升，制度的完善和发展、治理体系的现代化都有可能成为一纸空文，所以，我们要把国家治理体系的现代化与国家治理能力的现代化统一起来推进。三要正确认识和处理好"国家治理体系和治理能力现代化"与"培育和践行社会主义核心价值观"之间的关系。国家治理体系的现代化特别是治理能力的现代化，与全社会奉行什么样的核心价值观紧密相连。因为，"治理"与"管理"虽然仅有一字之差，但却是两种不同的国家领导方式和执政方式。简单地说，管理主要是用行政的办法自上而下领导一个国家和社会，治理则根据社会多元化的特点，采用民主和法治的方式自下而上与自上而下结合起来领导一个国家和社会。对于中国这样一个东方大国来讲，用现代治理的制度和方式来领导这个国家，是一个极大的领导方式和执政方式的转型。这就更需要在核心价值观上达成共识。党中央提出，在国家层面上，我们倡导的价值目标是富强、民主、文明、和谐；在社会层面上，我们倡导的价值取向是自由、平等、公正、法治；在个人层面上，我们倡导的价值准则是爱国、敬业、诚信、友善。提出要培育和践行这样的社会主义核心价值观，对于全面深化改革的总目标来说，就是为了推进国家治理体系和治理能力现代化，完善和发展中国特色社会主义制度。全面深化改革，要处理好制度与人及其价值观的关系，在全面推进依法治国、全面从严治党的时候，都要处理好制度与人及其价值观的关系。所以，人的素质和能力问题，价值观问题，是在贯彻落实"四个全面"战略布局时，回避不了也回避不得的一个最深层次的问题。

三是，坚持与创新的辩证关系。在贯彻落实"四个全面"战略布局时，我们会遇到许多预想不到的问题，会遇到许多挑战和机遇，绝不可能一帆风顺。这就需要我们有一个正确的思想路线,坚持党的实事求是的思想路线。一方面,坚定不移地坚持党的基本理论、基本路线、基本纲领、基本经验、基本要求,在任何时候都不能动摇;另一方面,坚持以问题为导向,尊重实践,尊重群众的首创精神,在创新中破解各种难题。2015年3月5日,习近平总书记在"两会"上参加上海代表团讨论时,讲了一个以创新破解当前改革发展难题的大思路。他说,我国经济已由较长时期的两位数增长进入个位数增长阶段。在这个阶段,要突破自身发展瓶颈、解决深层次矛盾和问题,根本出路就在于创新,关键要靠科技力量。要坚持自主创新、重点跨越、支撑发展、引领未来的方针,以全球视野谋划和推动创新,改善人才发展环境,努力实现优势领域、关键技术的重大突破,尽快形成一批带动产业发展的核心技术。党中央、国务院已经通过了《关于深化体制机制改革,加快实施创新驱动发展战略的若干意见》。尽管这是从发展经济的角度讲的,但对于全局特别是贯彻落实"四个全面"战略布局有重大的指导意义。我们只有在坚持"四个全面"战略布局时,以创新的思维、创新的要求去破解各种难题,就能够把"四个全面"落到实处。

讲到创新,我认为,我们今天特别需要形成一种创新文化。前不久,百度董事长李彦宏在一些重要会议上多次提出互联网创新问题。有关媒体来采访我,希望就互联网创新谈些看法。我发表了一点意见,说:毋庸置疑,互联网和互联网创新非常重要。创新应该成为中国人的一种文化。所谓"创新文化",就是要让创新成为我们的一种文化氛围,一种文化习俗,一种评价标准。与此同时,我说到,对于我们中国人来讲,要形成这样一种创新文化,就要处理好几个关系:一是创新和务实的关系。中国人是很务实的,我们这个民族很务实,当然我们也有一些教条主义错误,但毕竟不是主流,主流是务实的。实事求是是我们好的传统。创新和务实本来在本质上不是对立的,务实是创新,创新是更好地务实,这两个精神应该是统一的。但是,在务实的情况下,会因为务实而忽略超前发展的思路。务实有它的两重性,有利于创新的务实,有时候也会忽略超前发展的思路,所以创新只有成为一种文化才能与务实更好地统一起来。二是创新和传统的关系。这是一个更复杂的关系。我们这个民族是一个有传统的民族,几千年的传统,不像美国只有几百年的历史,也正是因为几千年的历史,有非常好的传统,往往制约着我们创新。所以说传统对我们来讲也是有两重性的，我们要弘扬传统文化，有利于这个民族脚踏实地地往前走，但是传统又会导致守成，制约创新。因此，对于我们这个有着几千年文明传统的民族来讲，创新是一件非常不容易的事情，所以建议把创新作为一种文化去看，要用创新文化来使我们的传统能够走向新的创新的传统。三是创新和科学的关系。科学本质是创新的，没有创新就没有科学，但是科学一旦研究出来之后，它就形成了一种对规律的认识，以后人们就可以很好地按照对规律的认识去改造这个世界，这就是科学的意义所在。反过来，在形成了对规律的认识以后，也可能对新兴事物及其背后发生的新的规律产生排斥。历史上，对好多创新的排斥都是以科学的名义，这是一个教训。因此，如果创新能够成为一种文化的话，就可以处理好创新与科学的关系，在科学指导下创新，在创新中发展科学。四是创新和规矩的关系。社会要有规矩，要讲规矩，没有规矩不成方圆。但如果规矩过于刻板，就会影响创新。当然，创新不反对规矩，但要在创新中完善规矩，在创新中形成新的规矩。这样，就可以使得创新成为我们社会进步的动力和基础。总之，创新必须处理好它和务实、传统、科学、规矩的关系，使之成为一种文化，成为一种理念，甚至成为一种道德。我们要落实"四个全面"战略布局，更需要形成这样一种创新文化。只有这样，社会才能不断进步和发展。

综上所述，把握好"四个全面"的战略布局，必须学习和运用辩证唯物主义，正确认识和处理好经济建设与"四个全面"、制度与人及其价值观、坚持与创新等辩证关系，使得"四个全面"真正能够相辅相成、相互促进、相得益彰地推进和落实。

"长风破浪会有时"。2015年是全面完成"十二五"规划的收官之年，是全面深化改革的关键之年，也是全面推进依法治国的开局之年。我们在以习近平同志为核心的党中央提出的"四个全面"战略布局引领下，戮力同心，一起奋斗和前进，不仅能够圆满完成今年的任务，而且一定能够扬帆远航，实现中华民族伟大复兴的中国梦。

（作者单位：中共中央党校）

"四个全面"战略思想的时代定位

韩 震

"四个全面"——全面建成小康社会、全面深化改革、全面依法治国、全面从严治党,是以习近平同志为核心的党中央治国理政的"战略布局",而这个战略布局由一系列战略思想构成。全面建成小康社会,是"实现中华民族伟大复兴中国梦的关键一步";第一次将全面深化改革的总目标,确定为"完善和发展中国特色社会主义制度、推进国家治理体系和治理能力现代化";第一次将全面依法治国,论述为全面深化改革的"姊妹篇",形成"鸟之两翼、车之双轮";第一次为全面从严治党标定路径,要求"增强从严治党的系统性、预见性、创造性、实效性"。实际上,在"四个全面"的战略思想中,每一个"全面",都是基于中国特色社会主义事业的伟大实践而提出的一整套继往开来、勇于创新、独具特色的系统思想。四个"全面"之间相辅相成、相得益彰,是我们党治国理政方略与时俱进的新拓展、马克思主义中国化的新飞跃。

从十八大开始的两年多时间里,中国共产党几次重大会议,正构成"四个全面"战略布局形成的路线图:从党的十八大强调"全面建成小康社会",到党的十八届三中全会部署"全面深化改革",再到党的十八届四中全会要求"全面依法治国"、党的群众路线教育实践活动总结大会宣示"全面从严治党","四个全面"战略布局一步步清晰起来,到 2014 年 12 月,"四个全面"的提法第一次公之于众,这一战略布局已经"集其大成",成为完整的理论框架。

"四个全面"的战略思想和战略布局,是中国共产党人对中国特色社会主义发展到现阶段的新思考,标志着中国特色社会主义事业发展和马克思主义中国化时代定位。建成小康社会、焕发改革精神、增强法治观念、落实从严治党,"四个全面"的宏大战略布局,勾绘出的是未来社会主义现代化中国的崭新图景。事实充分证明,"四个全面"是坚持和发展中国特色社会主义道路、理论、制度的战略棋局的新思考,是遵循历史发展的客观规律作出的符合历史唯物主义的新选择。

首先,"四个全面"战略思想,是以习近平同志为核心的党中央基于当下世界格局和中国发展进程的阶段性特征,是对中国发展目标的新定位。"四个全面"充分展示了以习近平同志为核心的党中央具有广阔的国际视野和时代眼光,具有普遍的世界历史意义:发展是时代的主题和世界各国的共同追求,改革是社会进步的动力和时代潮流,法治是国家治理体系和治理能力现代化的重要保障,从严治党是执政党加强自身建设的必然要求。所以说"四个全面"的提法,"兼顾中国特色和世界潮流,体现中国与世界的深刻互动,深化了对共产党执政规律、社会主义建设规律、人类社会发展规律的认识,是中国和中国人民阔步走向未来的关键抉择"。在经济总量领先但人均落后的情况下,如何实现更加具有包容性的发展;在一部分人和一些地区先富起来之后,如何实现不同区域的平衡发展和共同富裕;在资源环境约束下,如何保持经济持续发展与生态文明的相互促进;在社会保障和劳动力成本上升的情况下,如何变压力为动力,大力提升创新能力,把一个经济大国变成为经济强国;在物质生活相对有保障的情况下,如何实现人民群众物质生活和文化生活的全面提升;在国内外安全风险叠加交织的情况下,如何实现社会治理的现代化。所有这些目标,都要根据新的形势作出新的更加全面而系统的思考和抉择。

纵观中国共产党和中国人民的奋斗史,我们就可以清晰地把握"四个全面"所确立的目标确定的历史方位。总体上说,在1945年前,我们的奋斗目标是为了实现民族的独立;在1949年前,我们的奋斗目标是为了实现人民的解放;新中国成立之后,我们的奋斗目标是为了建设一个人民当家作主的富强文明独立自主的社会主义国家。在这个过程中,我们既取得了许多成绩,也走过许多的弯路,但最终我们摸索了一条适合中国实际的中国特色社会主义道路。1979年,邓小平同志第一次提出了"小康社会"的愿景。1982年,中共十二大郑重宣布把建设小康社会作为奋斗目标。此后,党带领全国人民紧紧抓住经济建设这个中心不放,坚定不移地实行改革开放,使中国保持了持续数十年的经济高速增长。到2001年,中国人均收入达到1035美元,邓小平提出的小康社会目标总体上实现。但正如中共十六大报告所言,总体小康还是低水平的、不全面的、发展很不平衡的小康。"我们要在本世纪头二十年，集中力量，全面建设惠及十几亿人口的更高水平的小康社会。"从十六大到十八大，由原来的"全面建设"改成"全面建成"，一字之改，表明了党对建成小康社会信心的增强。从邓小平同志提出"实现小康"到习近平总书记强调"全面建成小康"，发展的目标越来越清晰，也越来越全面：由计划经济时期优先关注国强，到国强与民富并重，再到将保障与改善民生作为出发点与落脚点；由比较看重经济发展，到经济建设、民主政治建设、文化建设、社会建设和生态文明协调发展；由重视经济发展速度，到重视内涵和质量发展，走可持续健康发展的"又好又快"的科学发展道路；由鼓励一部分地区、一部分人先富裕起来，到更加关注和实现共同富裕、社会公正；从追求国家的富强和安全，到注重国家经济、政治、文化综合实力及总体安全，如此等等，都体现了我们党对中华民族伟大复兴战略目标新的时代定位。

其次，"四个全面"战略思想，是以习近平为核心的党中央基于中国特色社会主义的实践特征，进行理论探索的新拓展。"四个全面"充分展现了新的领导集体的工作开展具有深厚的世界观、认识论和方法论基础，是一以贯之的"问题导向"和"科学思维"，是高瞻远瞩的"全局视野"和"战略眼光"：坚定中国自信、立足中国实际、总结中国经验、针对中国难题。2015年中央政治局第一次集体学习，习近平总书记对辩证唯物主义基本原理和方法论的阐述，也是对"四个全面"战略布局哲学基础的揭示。"四个全面"的战略思想体现了唯物史观和历史辩证法，其中既有目标又有举措，既有全局又有重点，每一个"全面"都具有重大战略意义。四者不是简单的并列关系，而是有机联系、相互贯通的顶层设计。全面建成小康社会是统领性的目标，即确保到2020年实现全面建成小康社会宏伟目标的时间表，以及经济持续健康发展，人民民主不断扩大，文化软实力显著增强，人民生活水平全面提高，资源节约型、环境友好型社会建设取得重大进展，国家综合实力得到全面提升。全面深化改革是建成小康社会的强大动力。在新的历史条件下，只有全面深化改革，才能进一步解放和发展社会生产力、解放和增强社会活力，彻底破除束缚全面推进依法治国的体制机制障碍，进一步加强和改善党的领导。改革开放是决定当代中国命运的关键抉择，也是全面建成小康社会、全面推进依法治国和从严治党的强大动力。全面推进依法治国是党中央治国理政的基本方略。用法治手段来巩固改革成果，引导改革创新，推动改革深化，是全面深化改革的必然要求。十八大提出全面建成小康社会的新目标和新要求无论哪一条都离不开社会主义法治来提供保障。依法治国是解决党和国家事业发展面临的一系列重大问题，确保全面深化改革和从严治党顺利进行，不断解放和增强社会活力、促进社会公平正义、维护社会和谐稳定、确保党和国家长治久安的根本要求。全面从严治党是重要保障。实现全面建成小康社会奋斗目标，需要全面推进从严治党，因为党是中国特色社会主义事业的坚强领导核心，没有党的坚强领导就根本不可能实现全面建成小康社会目标；只有全面加强党的领导并不断加强党的自身建设，才能确保改革开放事业的正确方向；全面推进依法治国同样需要全面推进从严治党，因为"社会主义法治必须坚持党的领导，党的领导必须依靠社会主义法治"。

"四个全面"表面看来是四项不同的战略任务，但从根本上来说它们有机统一于建设中国特色社会主义建设和实现中华民族伟大复兴中国梦的实践之中。在这里体现着深刻的历史辩证法。一是目的与手段的辩证法。历史辩证法告诉我们，解决问题的方法与问题是一同发展的。一方面，全面深化改革和全面依法治国都是全面建成小康社会的重要内容，同时，全面建成小康社会又是全面深化改革、全面依法治国和全面从严治党的重要目标；另一方面，无论是全面深化改革、全面依法治国，还是全面从严治党，其目的都是为了实现全面建成小康社会这一战略目标。二是重点与全局的辩证法。用习近平自己的一句话加以总结——"既要注重总体谋划，又要注重牵住'牛鼻子'"。"四个全面"首先着眼全局，经过深入调查研究以及实践探索，所有情况都了然于胸，再从中抓住最关键最根本最急迫的问题加以解决。每个"全面"也是如此，注意处理好总体谋划和抓重点牵"牛鼻子"的关系。如全面深化改革包括各领域各方面的改革，重点是经济体制改革，关键是处理好政府与市场的关系。"四个全面"既覆盖所有的矛盾和问题，又重点突出、切中要害，每一个步骤都应该抓到点子上，起到牵一发而动全身的效果。实际上，随着中国特色社会主义的展开，任何局部的突破越来越需要整体的推进加以配合，单兵突进的方式越来越难以奏效了。三是客观与主观的辩证法。四个全面充分体现了合目的性与合规律性的统一。这就是，在认识客观世界的基础上，充分发挥主观能动性，依据客观发展规律，顺势而为，创造性地开辟历史发展的新途径。只有脚踏实地才能远行，只有甩开膀子实干才能实现梦想。行百里路者伴九十。我们比任何时期，更接近中华民族伟大复兴的梦想。但是，越接近成功,越需要永不言退的执着和不怕困难的韧性,只有充分发挥每一个中华儿女的积极性和能动性,我们才能重攀世界民族之林的高峰。四是认识与实践的辩证法。我们必须坚持认识与实践相统一。我们强调理论自信,就在于我们坚持理论创新来源于实践,由实践来检验;注重理论对实践的指导作用,促进理论创新和实践创新良性互动,不断推进实践基础上的理论创新。现在,我们对中国特色社会主义规律的认识越来越清晰,因而在实践中越来越心中有数、充满自信。我们要沿着这样的方向继续前进,不断形成新认识、开辟新境界、打开新局面。习近平同志指出:"落实好全面建成小康社会、全面深化改革、全面依法治国、全面从严治党的战略布局,要求全党同志以与时俱进、奋发有为的精神状态,不断推进实践创新和理论创新,继续书写马克思主义中国化、时代化新篇章。"

再次,"四个全面"战略思想,是以习近平同志为核心的党中央基于中国特色社会主义的实践特征,对推进工作的策略和方法的新选择。也就是说,正是中国"发展起来以后",我们必然更加注重发展和治理系统性、整体性、协同性的选择。要求我们在贯彻落实过程中掌握唯物辩证法的科学方法,注重调查研究,做到加强顶层设计和摸着石头过河相结合、整体推进和重点突破相促进,不断增强工作的原则性、系统性、预见性、创造性。按照习近平总书记的话说,"四个全面""是从我国发展现实需要中得出来的,是从人民群众的热切期待中得出来的,是为推动解决我们面临的突出矛盾和问题提出来的"。从这个角度理解"四个全面",抓住改革发展稳定关键,统领中国发展总纲,确立了新形势下党和国家各项工作的战略方向、重点领域、主攻目标,是"坚持和发展中国特色社会主义道路、理论、制度的战略抓手"。

事实已经告诉我们,"发展起来之后的问题,不比不发展时少"。两年多来,统筹改革发展稳定,各项举措力度空前,经济发展进入新常态;推进依法治国、依法执政、依法行政,社会主义法治体系建设破局开篇,公平正义成为全面小康的重要着眼点;推进治党治国治军,反腐倡廉纯洁队伍,正风肃纪凝聚人心;运筹内政外交国防,中国梦与亚太梦、世界梦同频共振……短短两年多时间,科学统筹、协调推进重大决策部署,让局面为之而变、气象为之而新、民心为之而振。譬如,过去我们往往习惯于国内、国外的事情分开来思考,但是现在必须国内国外两个大局一起来谋划。再如,改革开放初期,我们对城市和农村的改革可以相对分开来推进，但是发展到现阶段必须按照城乡一体化的理念，才能厘清改革发展的大思路。

最后，"四个全面"战略思想，是以习近平同志为核心的党中央面对中华民族伟大复兴中国梦实现前景，对自己肩负的历史使命的新担当。"四个全面"战略布局，充分体现了中国共产党充满自信地带领全体中国人民为实现两个百年目标而奋斗的历史使命和时代担当。中国是一个历史悠久的文明古国，中华民族曾经创造光耀世界的灿烂文化。近代的落伍所造成的落差，积贫积弱和任人宰割的屈辱，使一代代中国人胸怀民族复兴的梦想。可是，洋务运动、戊戌变法都半途而废，辛亥革命之后，出现了军阀割据的乱局，中国也无法走向富强之路。中国共产党带领中国人民站起来了，也带领中国人民逐渐富起来，中国共产党还要带领中国人民强起来……再没有什么使命，比引领中华民族走向复兴更光荣；再没有什么事业，比团结十几亿中国人民共圆梦想更崇高。

很多时候，只有站在历史的巅峰之上，才能清晰地洞察时代的风云，更准确地把握文明进步的方向。90多年来，从领导新民主主义革命、社会主义革命和建设，为当代中国一切发展进步奠定基础；到确定改革开放这一决定当代中国命运的关键一招，开辟中国特色社会主义广阔道路，几代共产党人接力探索的过程，如此艰辛，也如此壮阔。"四个全面"的关键就在于坚持中国道路、凝聚中国力量、弘扬中国精神、增创中国优势。这一战略思想和战略布局，统一于民族复兴的伟大梦想，统一于中国特色社会主义伟大事业，统一于党的建设新的伟大工程，统一于我们正在进行的具有许多新的历史特点的伟大斗争。站在历史与未来的交汇点，更伟大的征程正在我们面前展开。谋小康之业、扬改革之帆、行法治之道、筑执政之基，这将是一场艰苦的奋斗历程，也是一次开辟未来的光荣进军。只要我们在中国共产党的领导下，不懈地推进"四个全面"战略布局，我们的事业就一定能够成功！

（作者单位：北京外国语大学）

在新的历史起点上开辟中国现代化新境界
——论"四个全面"战略布局和战略思想的精神实质和价值指向

包心鉴

现代化，是近代以来中国人民和中华民族梦寐以求的价值目标，是无数仁人志士、英雄儿女为之甘洒热血、奉献生命的美好梦想。以谋求社会主义国强民富和中华民族伟大复兴为己任的中国共产党人，更是为实现中国现代化呕心沥血、前赴后继、奋斗不息。以毛泽东为代表的中国共产党人，明确提出"四个现代化"的奋斗纲领，开启了依托社会主义制度实现中国现代化的光辉历程；以邓小平为代表的中国共产党人，明确提出"中国式的现代化"的奋斗目标，开辟了通过"三步走"战略和改革开放之路实现中国现代化的新纪元。今天，继续推进中国现代化的伟大历史使命落到了以习近平同志为代表的中国共产党人肩上。以习近平同志为核心的党中央不负历史的重托和人民的期望，在党的十八大以来短短两年多的治国理政实践中，殚精竭虑、统筹谋划，踏石留印、抓铁有痕，鲜明形成了"四个全面"战略布局和战略思想，有力开辟了通过全面建成小康社会、全面深化改革、全面依法治国、全面从严治党实现社会主义现代化的新境界、新路径。

"四个全面"，既是中国现代化的重大战略布局，又是指导中国现代化的重大战略思想。在更高起点上推进中国现代化，是系统形成"四个全面"战略布局的内在逻辑依据；"推动改革开放和社会主义现代化建设迈上新台阶"[①]，是协调推进"四个全面"战略布局的根本价值指向；深入

---

① 《习近平在江苏调研时强调 主动把握和积极适应经济发展新常态 推动改革开放和现代化建设迈上新台阶》，《人民日报》2014年12月15日第1版。

揭示中国现代化的科学内涵及其内在联系，是习近平"四个全面"重大战略思想的根本要义。着眼时代新变化和实践新发展，把握中国现代化的新规律、新特点，开辟中国现代化的新境界、新路径，是深入贯彻践行"四个全面"战略布局和战略思想的实质和精髓所在。

全面建成小康社会：开辟经济社会现代化新境界

全面建成小康社会，是"四个全面"之首，是战略目标，在开辟中国社会主义现代化新境界中具有统领全局的战略意义。习近平深刻指出："中国已经进入全面建成小康社会的决定性阶段。实现这个目标是实现中华民族伟大复兴中国梦的关键一步。"① 把"全面建成小康社会"定位为"实现中华民族伟大复兴的关键一步"，这是对中国现代化发展规律的深邃把握，对于进一步深刻理解和科学把握"全面建成小康社会"的价值目标和内涵实质，具有重大创新意义。

"民亦劳止，汔可小康。"② 小康，是中华民族对美好生活的向往，是中国百姓对安定幸福的守望。改革开放初期，邓小平就将这一通俗易懂且寓意深刻的概念引入我国现代化视野，赋予其崭新的时代内涵，形成了著名的"三步走"发展战略。邓小平多次郑重向国内外宣布：我们的现代化，"叫中国式的现代化"。这个"现代化，也就是首先实现'小康社会'，并在小康社会基础上达到中等发达国家水平"。"这就是我们的战略目标，这就是我们的雄心壮志"。③ 这里，不难看出，我们党从一开始就将建设和建成小康社会作为实现中国现代化的基础阶段和基础工程，从而有效开辟了改革开放新时期社会主义现代化之路。小康社会，犹如中国现代化征途上一面光辉耀眼的旗帜，鼓舞着、激励着亿万中华儿女为实现现代化的美好梦想而辛勤劳作、不懈奋斗。通过30多年的运用、丰富和发展，"小康"，这一中华民族的朴素愿望，已经上升为国家战略，形成为建设富强民主文明和谐的现代化国家的重要基础，凝聚为全社会共同认同的"最大公约数"，锻造成实现中华民族走向伟大复兴的重要支撑点。从改革开

---

① 习近平2014年6月5日在中阿合作论坛第六届部长级会议开幕式上的讲话，《人民日报》2014年6月6日。
② 《诗经·大雅》。
③ 《邓小平文选》第2卷，人民出版社1994年版，第194页；《邓小平文选》第3卷，人民出版社1993年版，第251页。

放初期邓小平关于"小康之家"、"小康社会"智慧论断的提出,到党的十六大关于"全面建设小康社会"战略目标的谋划;从党的十八大关于"全面建成小康社会"宏伟目标的确立,到近两年习近平关于"全面建成小康社会"科学内涵和建设路径的精辟揭示——这一不平凡的思想认识历程,深刻体现了中国共产党人的政治智慧和远见卓识,深刻反映了对中国社会主义现代化发展规律的深邃认识和深刻把握。

在新的历史条件下,习近平从夺取中国特色社会主义新胜利、实现"两个一百年"奋斗目标和中华民族伟大复兴中国梦出发,对全面建成小康社会的丰富内涵和价值指向作出了深入揭示,从而进一步开辟了全面建成小康社会的现代化新境界。

第一,全面建成小康社会的实质是"发展"。这个发展,其主要内涵就是提升经济发展的现代化质量和社会发展的现代化水平。发展是硬道理,是我们党执政兴国的第一要务,是全面建设和建成小康社会的关键所在。对于当代中国来说,发展,不仅要集中力量解放和发展社会生产力,促进社会物质财富增长,为不断改善人民生活水平奠定雄厚的物质基础,而且要着力解决"发展起来的问题",主要是贫富差距拉大造成的对社会公平正义的冲击、民生需求凸显带来的社会结构和社会关系失衡、市场经济发展过程中所滋生的权力寻租和权商勾结等腐败行为。实践反复警示,不深入解决这些"发展起来的问题",不仅全面小康社会不可能建成,而且很有可能跌入通向现代化道路上的"陷阱"。正是立足于这样新的发展视角,党的十八大将"全面建成小康社会"的目标定位为:经济持续健康发展,人民民主不断扩大,文化软实力显著增强,人民生活水平全面提高,资源节约型、环境友好型社会建设取得重大进展。[①] 习近平反复强调:当前中国经济已"呈现出新常态",要主动"适应和引领我国经济发展新常态";这个新常态,突出特点就是经济更加平稳发展,"经济结构不断优化升级","发展成果惠及更广大民众","投资驱动转向创新驱动";"新常态将给中国带来新的发展机遇"。[②]

现代化的根本是人的现代化,经济社会现代化发展中的决定性因素,

[①] 习近平:《在中国共产党第十八次全国代表大会上的报告》,人民出版社2012年版,第17—18页。

[②] 习近平2014年11月19日在亚太经合组织工商领导人峰会开幕式上的演讲;2015年3月4日参加十二届全国人大三次会议上海代表团审议时的讲话,《人民日报》2014年11月20日、2015年3月5日。

是人的全面自由发展。习近平将人的全面自由发展提到全面建成小康社会的中心位置。他在十八届中央政治局常委同中外记者见面时就郑重强调："我们的人民热爱生活，期盼有更好的教育、更稳定的工作、更满意的收入、更可靠的社会保障、更高水平的医疗卫生服务、更舒适的居住条件、更优美的环境，期盼孩子们能成长得更好、工作得更好、生活得更好。""人民对美好生活的向往，就是我们的奋斗目标"，就是全面建成小康社会的根本价值指向。① 这种以人的全面自由发展为中心的现代化发展理念和思路，成为开辟我国经济社会现代化新境界的突出标志，贯穿于全面建成小康社会的每一项重大决策和每一个发展层面。

第二，全面建成小康社会的关键是"全面"。这个全面，突出体现在覆盖的人群是全面的。全面小康社会是包括每一个地域在内的全面发展社会，是不让一个人掉队的全面发展社会。习近平反复强调："小康不小康，关键看老乡"②；"全面实现小康，一个民族都不能少"③；"决不能让老区群众在全面建成小康社会进程中掉队"④。习近平尤其强调："党中央的政策好不好，要看乡亲们是笑还是哭。如果乡亲们笑，这就是好政策，要坚持；如果有人哭，说明政策还要完善和调整。"⑤ ……这一系列重要论断，充分展现了全面建成小康以人为本位、覆盖每一个人群的博大的现代化视野。

这个全面，还突出体现在涉及的领域是全面的。全面小康社会，是经济、政治、文化、社会、生态"五位一体"全面发展的现代文明社会，是整体推进中国社会变革与社会进步的现代文明社会。习近平反复强调：我们要建成的全面小康，是"找到全社会意愿和要求的最大公约数"的全面小康；是"破除城乡二元结构，建设农民幸福生活的美好家园"的全面小康；是"国家物质力量和精神力量都增强，全国各族人民物质生活和精神生活都改善"的全面小康；是实现"干部清正、政府清廉、政治清明"的全面小康；是"让人民群众在每一个司法案件中都感受到公平正义"的全

---

① 《习近平谈治国理政》，外文出版社2014年版，第4页。
② 习近平2013年4月9日在海南考察时的讲话，《人民日报》2013年4月11日。
③ 习近平2015年1月20日会见贡山独龙族自治县干部群众代表时的讲话，《人民日报》2015年1月23日。
④ 习近平2015年3月6日参加十二届全国人大三次会议江西代表团审议时的讲话，《人民日报》2015年3月7日。
⑤ 习近平2015年6月16日至18日在贵州调研时讲话，《人民日报》2015年6月19日。

面小康;是"望得见山、看得见水、记得住乡愁"的全面小康;是"以改革创新精神开拓国防和军队建设新局面","为实现中国梦提供坚强力量支撑"的全面小康①……这一系列重要论述,生动展示了全面建成小康社会涵盖每一个社会领域、推动全社会全面进步的宽广的现代化胸怀。

全面深化改革:开辟制度现代化新境界

全面深化改革,在"四个全面"战略布局中具有极其重要的地位。它既是推进中国现代化的强大动力,又为中国现代化增添了新的丰富内涵,这就是,通过推进国家治理体系和治理能力现代化进而实现制度现代化。

党的十八届三中全会将全面深化改革的总目标确定为"完善和发展中国特色社会主义制度,推进国家治理体系和治理能力现代化",具有抓住本质、牵一发而动全身的重大意义。什么是现代化的本质?近代以来人们对此进行了苦苦探索,也走过了许多弯路。不同类型国家走向现代化的正反经验表明,现代化的本质是制度现代化。正如习近平深刻指出:过去,"我们讲过很多现代化,包括农业现代化、工业现代化、科技现代化、国防现代化等,国家治理体系和治理能力现代化是第一次讲。"国家治理现代化,不是着眼于"推进一个领域改革",也不是着眼于"推进几个领域改革",而是着眼于"推进所有领域改革",即从国家治理体系和治理能力的总角度考虑"中国特色社会主义制度如何进一步完善和发展的问题"。②历史与现实的实践表明,不着力推进国家治理现代化、实现制度现代化,其他方面的现代化不可能持久,甚至不可能成立。正是从这个根本意义上说,国家治理现代化的实质是制度现代化,与工业现代化、农业现代化、科技现代化、国防现代化相比较,是更为重要、更为本质、更为关键的现代化。十八届三中全会启动的全面深化改革,其深远意义正是在于,从国家治理体系和治理能力层面开辟了制度现代化的新境界。

制度是一种以规则或运作模式为主体的社会结构,包括经济制度、政治制度、文化制度、社会制度以及各种类型的具体制度,是对国家行为的规定与支撑,是对个体行为的规范与制约。一定的社会制度,是一定国家性质和国家形式的集中体现;制度完善与成熟的程度,是国家和社会成熟

---

① 转引自《"四个全面"学习读本》,人民出版社2015年版,第29页。
② 《习近平关于全面深化改革论述摘编》,中央文献出版社2014年版,第26页、第23页。

与完善程度的集中体现。从这个意义上说，实现制度现代化，是推进国家和社会现代化的最重要内容和最关键环节。在我国现阶段，制度现代化不是一蹴而就的，而是一个逐步完善和发展的过程。推动制度不断走向现代化的根本动力就是全面深化改革。在思考和探索中国特色社会主义、进行制度改革总体设计过程中，邓小平提出了一个极为重要、立意高远的战略思想，这就是"制度逐步定型"论。他在1992年南方重要讲话中明确指出：中国特色社会主义在实践中，"恐怕再有三十年的时间，我们才会在各方面形成一整套更加成熟、更加定型的制度。在这个制度下的方针、政策，也将更加定型化"。[①] 从南方讲话到现在，我们已经走过了20多年的制度变革历程。再有不到10年，到2020年，我们将在重要领域和关键环节改革上取得决定性成果，"形成系统完备、科学规范、运行有效的制度体系，使各方面制度更加成熟更加定型"。[②] 十八届三中全会决定关于全面深化改革"总目标"和"时间表"的确定，与当年邓小平提出的制度定型化目标完全相吻合，是对邓小平制度改革思想的创造性回归和发展。制度变革无止境，改革步伐不能停。正如习近平深刻指出："在认识世界和改造世界的过程中，旧的问题解决了，新的问题又会产生，制度总是需要不断完善，因而改革既不可能一蹴而就，也不可能一劳永逸。"[③]

制度现代化的本质特征是人民民主。确保人民真正享有管理国家和社会的主人权利，是在全面深化改革中推进国家治理现代化的根本价值指向。在庆祝全国人民代表大会成立60周年大会上的重要讲话中，习近平明确提出了"评价一个国家政治制度是不是民主的、有效的"八个判断标准，可以说为我们科学把握制度现代化的内涵、彰显国家治理现代化的实质提供了根本依据。这八个基本标准是："主要看国家领导层能否依法有序更替，全体人民能否依法管理国家事务和社会事务、管理经济和文化事业，人民群众能否畅通表达利益要求，社会各方面能否有效参与国家政治生活，国家决策能否实现科学化、民主化，各方面人才能否通过公平竞争进入国家领导和管理体系，执政党能否依照宪法法律规定实现对国家事务

---

① 《邓小平文选》第3卷，人民出版社1993年版，第372页。
② 《中共中央关于全面深化改革若干重大问题的决定》，人民出版社2012年版，第7页。
③ 《习近平关于全面深化改革论述摘编》，中央文献出版社2014年版，第8页。

的领导,权力运行能否得到有效制约和监督。"① 这八个"能否",归结到根本一点就是,能否确保人民真正享有管理国家和社会的主人权利。

"民主"一词来源于古希腊,原意是"人民的权力"或"人民进行统治"。在社会政治发展的历史进程中,不同阶级的思想家和政治家,对民主作出不同的揭示和界定;处于不同地位的政治群体和社会成员,对民主也持有不同的理解和认识。马克思主义经典作家运用唯物史观拨开笼罩在民主之上的种种迷雾,深刻揭示了民主的实质与本质。这就是:人民在国家制度中的位置。这也是区别民主制和君主制的根本标志。马克思指出:"在君主制中是国家制度的人民;在民主制中是人民的国家制度。"② 国家制度凌驾于人民之上,成为统治人民的工具,这是君主制;国家制度由人民创造、为人民所用,这是民主制。因此,民主发展的基本逻辑关系应是:"不是国家制度创造人民,而是人民创造国家制度";"国家制度如果不再真正表现人民的意志,那它就变成有名无实的东西了"。③ 列宁运用马克思主义基本观点分析国家产生与发展,进一步揭示了民主的实质:"民主是国家形式,是国家形态的一种。""民主意味着在形式上承认公民一律平等,承认大家都有决定国家制度和管理国家的平等权利。"④ 列宁这段话,可以说是马克思主义关于民主的最经典定义。从作为国体的国家形态,到作为政体的国家形式,确认公民平等的地位和管理国家的平等权利,这就是民主。从这个本质意义可以说,民主就是一种国家治理,民主与国家发展状态和国家命运有机联系在一起。这也正是我们党为什么要始终高扬人民民主的光辉旗帜、将人民民主视为社会主义的生命的根本依据。

改革开放以来,我们党正是牢牢把握住民主的本质,着力于从确保人民真正享有管理国家和社会事务这个根本层面发展民主、推进民主,从而不断提升了制度现代化水平,在中国特色社会主义制度不断完善与发展的基础上开拓了全面推进国家治理现代化的新境界。党的十八大以来,以习近平同志为核心的党中央高举人民民主的光辉旗帜,着眼于从国家治理和

---

① 习近平 2014 年 9 月 5 日在庆祝全国人民代表大会成立 60 周年大会上的讲话,《人民日报》2014 年 9 月 6 日。
② 《马克思恩格斯全集》第 1 卷,人民出版社 1972 年版,第 281 页。
③ 同上书,第 281 页、第 316 页。
④ 《列宁选集》第 3 卷,人民出版社 2012 年版,第 201 页。

社会治理层面不断拓展了人民民主的新视野、新境界。十八大报告把"必须坚持人民主体地位"、"更好保证人民当家作主"作为"在新的历史条件下夺取中国特色社会主义新胜利"的首要的基本要求；十八届三中全会《决定》把"促进社会公平正义、增进人民福祉"作为全面深化改革、推进国家治理体系和治理能力现代化的"出发点和落脚点"，把确保"让一切劳动、知识、技术、管理、资本的活力竞相迸发，让一切创造社会财富的源泉充分涌流，让发展成果更多更公平惠及全体人民"作为实现国家治理现代化和制度现代化的总任务；十八届四中全会《决定》明确指出"人民是依法治国的主体和力量源泉"，强调"必须坚持法治建设为了人民、依靠人民、造福人民、保护人民，以保障人民权益为出发点和落脚点"。这些纲领性论述，深刻体现和坚持了马克思主义的国家学说和民主政治观，是依靠人民的意志和力量提升制度现代化水平、全面推进国家治理现代化的根本指针。正是在通过制度现代化实现和保障人民民主这一本质意义上，我们党领导的全面深化改革，承负起开辟中国现代化新境界的历史重任。

全面依法治国：开辟法治现代化新境界

全面依法治国，是在新的历史起点上推进社会主义现代化的题中之义和必然要求。正如习近平深刻指出："法律是治国之重器，法治是国家治理体系和治理能力的重要依托。"[①] 世界现代化历史进程表明，民主与法治不可分割，制度现代化与法治现代化相辅相成。现代法治，是人类政治文明的重大成果，是现代国家治理的基本方式。正确处理法治和人治的关系，实行以民主为基础的现代法治，是建设现代国家的关键环节。凡是顺利实现现代化的国家，都无不是较好地解决了法治与人治的关系，实施依法治国；反之，一些国家在走向现代化进程中陷入这样那样的"危机"与"陷阱"，究其根源都无不是严重忽视法治的结果。法治与社会主义发展史更是有着内在的密切联系。一些社会主义国家所以出现挫折甚至内乱，归根到底是囿于人治思维与模式，未能走上依法治国道路，人存政举，人亡政息。在社会主义中国走过的历史征途上，既有法治彰显带来的政通人

[①] 习近平：关于《中共中央关于全面推进依法治国若干重大问题的决定》的说明。《中共中央关于全面推进依法治国若干重大问题的决定》，人民出版社2014年版，第42页。

和,也有法治懈怠造成的严重挫折。正是在深入总结历史经验尤其是世界社会主义正反经验的基础上,党的十八届四中全会作出全面推进依法治国、建设社会主义法治国家的重大决定,开启了社会主义法治新时代,开辟了法治现代化新境界。

法治政治,早已有之。中国古代就有"法治"还是"德治"之争,近代以来西方一些发达国家也都实行法治。问题的要害在于,我们需要什么样的法治、要走什么样的法治现代化之路。全面依法治国开辟当代中国法治现代化新境界的一个鲜明特点,是深刻厘清民主与法治的关系,明确揭示,我们要坚定不移走以人民民主为主体的社会主义法治现代化道路。民主是法治的灵魂,只有建立在高度民主基础上的法治,才是良法善治;法治是民主的保障,只有在法治规则引领与规范下的民主,才是真正民主。十八届三中全会作出了全面深化改革、推进制度现代化的重大战略,十八届四中全会作出了全面依法治国、推进法治现代化的重大战略。这两次重要全会、两个重大战略,一脉相承、相互联系,深刻体现了我们党对社会主义现代化规律的深邃把握和能动运用,生动展示了以习近平同志为核心的党中央在新的历史起点上抓住本质问题全面推进中国现代化的政治智慧和政治自信。

民主是法治的灵魂。现代法治离不开现代民主。民主是国家制度的本质,是民主国体和民主政体的内核,因而它对作为国家制度基本实现形式的法律和法治起着决定性作用。"在民主制中,不是人为法律而存在,而是法律为人而存在"。这也就是说,法律要由人民来制定,法治要为人的权利和利益服务。马克思将此称之为"民主制的基本特点"。[1] 这正是我们今天深刻认识和把握民主与法治的关系、推进国家治理现代化、建设社会主义法治国家的根本之点。十八届四中全会《决定》把"坚持人民主体地位"作为全面推进依法治国的一条基本原则,明确指出:"人民是依法治国的主体和力量源泉","必须坚持法治建设为了人民、依靠人民、造福人民、保护人民,以保障人民根本权益为出发点和落脚点"。[2] 习近平反复强调:"我们党的政策和国家法律都是人民根本意志的反映,在本质上是一

---

[1] 《马克思恩格斯全集》第1卷,人民出版社1972年版,第281页。
[2] 《中共中央关于全面推进依法治国若干重大问题的决定》,人民出版社2014年版,第6页。

致的。"① "把坚持党的领导、人民当家作主、依法治国有机统一起来是我国社会主义法治建设的一条基本经验"。② 这些纲领性论述,深刻揭示了人民民主在依法治国中的主体作用,是依靠民主的意志和力量全面推进制度现代化和法治现代化的根本指针。

民主是法治的灵魂,内在要求在全面依法治国的各个层面和全部过程中,必须坚定不移坚持人民民主本质、张扬人民民主精神。首先要坚持民主立法。法律是治国之重器,良法是善治之前提。良法从哪里来?归根到底来自于人民的利益和人民的意愿,这就要恪守以民为本、立法为民理论,使每一项立法都符合人民利益,反映人民意愿,得到人民拥护。其次要坚持民主执法。法律的生命力在于实施,法律的权威也在于实施。确保法律实施与效果的关键在于加快建设职能科学、权责法定、执法严明、公开公正、廉洁高效、守法诚信的法治政府;而建设法治政府的直接价值导向和价值标准就是服务人民,由人民作主,让人民满意。再次要坚持民主司法。公正是法治的生命线,司法公正对社会公正具有重要引领作用,司法不公对社会公正具有致命破坏作用;而司法公正的关键在于尊重人民主体地位,坚持人民司法为人民,依靠人民推进公正司法,通过公正司法维护人民权益。民主立法、民主执法、民主司法,根本社会基础是人民的民主意识和法治精神。法律的权威源自人民的内心拥护和真诚信仰。这种拥护和信仰不是抽象的,更不是强制性的,而必须建立在人民的民主觉悟和对自我民主权利的自觉认同上。正是从这个根本意义上说,民主精神与法治精神内在一致,尊重民主与弘扬法治高度统一。

法治是民主的保障。法律的本质在于将人民的权力固定化、规范化。法律的实施即法治的推进,根本之点在于为人民管理国家和社会提供根本保障。正如马克思指出:"法律应该以社会为基础。法律应该是社会共同的、由一定物质生产方式所产生的利益和需要的表现,而不是单个的个人恣意横行。"③ "法的关系正像国家的形式一样,既不能从它们本身来理解,也不能从所谓人类精神的一般发展来理解,相反,它们根源于物质的生活

---

① 习近平 2014 年 1 月 7 日在中央政法工作会议上的讲话,《人民日报》2014 年 1 月 9 日。
② 习近平关于《中共中央关于全面推进依法治国若干重大问题的决定》的说明,《人民日报》2014 年 10 月 29 日。
③ 《马克思恩格斯全集》第 6 卷,人民出版社 1992 年版,第 291—292 页。

关系。"① 正是从法律的本质和法治的功能出发，改革开放以来我们党把发展民主与加强法治有机统一起来，不断推进民主的制度化、法律化，把依法治国确定为党领导人民治理国家的基本方略，把依法执政确定为党治国理政的基本方式，确保人民民主权利在法治化进程中的真实实现，这既是以往法治建设的最重要经验，也是进一步推进依法治国要解决的最根本问题。全面依法治国，正是进一步深入推进当代中国现代化尤其是国家治理现代化和制度现代化的迫切需要。正如习近平深刻指出："全面推进依法治国，是解决党和国家事业发展面临的一系列重大问题，解放和增强社会活力、促进社会公平正义、维护社会和谐稳定、确保党和国家长治久安的根本要求。要推动我国经济社会持续健康发展，不断开拓中国特色社会主义更加广阔的发展前景，就必须全面推进社会主义法治国家建设，从法治上为解决这些问题提供制度化方案。"② 这样一种战略性认识，正是对法治本质和法治功能的精辟揭示，是对民主与法治辩证关系的深邃把握，是坚持制度现代化和法治现代化有机统一整体推进中国社会主义现代化的根本遵循。

全面从严治党：开辟党的建设现代化新境界

全面建成小康社会、全面深化改革、全面依法治国，归根到底要求必须全面从严治党。全面从严治党，在"四个全面"中居于关系全局、决定根本的重要位置，是推进其他三个"全面"的根本保障。正如习近平反复强调，能否全面建成小康社会、实现中华民族伟大复兴的中国梦，能否全面深化改革、推进国家治理体系和治理能力现代化，能否全面依法治国、建设社会主义法治国家，关键在党，关键在能否全面从严治党。

全面从严治党，实现党的建设现代化，实质是要使我们党经得起执政的考验、改革开放的考验、市场经济的考验、外部环境的考验，消除党内存在的体制、制度弊端和精神懈怠的危险、能力不足的危险、脱离群众的危险、消极腐败的危险，自觉增强自我净化、自我完善、自我革新、自我提高能力，使党始终走在现代化前列，始终成为引领中国现代化的坚强领

---

① 《马克思恩格斯选集》第 2 卷，人民出版社 1995 年版，第 32 页。
② 《中共中央关于全面推进依法治国若干重大问题的决定》，人民出版社 2014 年版，第 42 页。

导核心。党的十八大以来，以习近平同志为核心的党中央把全面从严治党提到更加突出的位置，以"打铁还需自身硬"的高度自觉和自我担当，从严要求抓党建、从严管理抓干部，取得了突出成效，赢得了党心民心。全面从严治党，有力开辟了党的建设现代化新视野、新境界。

——强化问题导向，解决要害问题。

以现代化的标准和改革的精神全面从严治党，内在要求必须突出重点，聚焦现实问题、解决要害问题。党的建设方面突出问题和要害问题是什么？习近平反复强调，要害是作风问题，而最突出的则是"形式主义、官僚主义、享乐主义和奢靡之风"。"四风"问题不除，党风政风不可能好转，党很难有坚强的凝聚力、战斗力担负起领导中国现代化的重任。在以习近平同志为核心的党中央精心策划和坚强领导下，在全党开展的以为民务实清廉为主要内容的党的群众路线教育实践活动，从一开始就以解决"四风"问题开局亮相，以正风肃纪先声夺人，以专项整治寻求突破，对"四风"问题进行了大排查、大检修、大扫除。由于抓住了要害、"打到了七寸"，找准了靶子、点中了"穴位"，整个群众路线教育实践活动取得了历史性的成效，发挥了"牵一发而动全身"的重大作用。解决问题不可能一劳永逸，党风廉政建设永远在路上。习近平反复强调：要"横下一条心纠正'四风'，常抓抓出习惯、抓出成效，在坚持中见常态，向制度要长效。"①

——加强制度建设，凸显制度治党。

突出制度的制约和促进作用，坚持用制度管权管事管人，把权力关进制度的笼子，并牢牢扎紧"制度之笼"的密度与出口，是党的十八大以来全面从严治党的突出特点，深刻体现了"坚持思想建党和制度治党紧密结合"，"二者一柔一刚，同向发力、同时发力"②的党的建设新思路。从中央政治局关于改进工作作风、密切联系群众"八项规定"的出台并严格贯彻，到党的领导制度、组织制度、工作制度、干部选拔使用制度、党的纪律检查制度以及国有企业收入分配制度等一系列基本制度的进一步改革与完善，再到禁止公款送礼、公款吃请、公款消费等一系列具体规章制度的

---

① 习近平 2015 年 1 月 13 日在十八届中央纪委五次全委会上的讲话，《人民日报》2015 年 1 月 14 日。

② 习近平 2014 年 10 月 8 日在党的群众路线教育实践活动总结大会上的讲话，《人民日报》2014 年 10 月 9 日。

有效执行，严格的制度几乎覆盖党的建设各个方面和党员领导干部的一切行为，制度治党的作用正在愈益凸显，党的作风建设正在逐步进入制度化、常态化。两年多来的实践充分证明，制度问题的确是带有根本性、全局性、稳定性和长期性的重大问题，是决定每一个党组织、每一个党员干部能否充分做好事的刚性因素，必须毫不动摇地坚决维护和贯彻执行。

——坚持标本兼治，坚决惩治腐败。

能否坚定不移反对和消除腐败，直接关系党和国家的生死存亡。以习近平同志为核心的党中央不负全党的重托和人民的期望，"以猛药去疴、重典治乱的决心，以刮骨疗毒、壮士断腕的勇气"，[①] 坚定不移反对和惩治腐败，深入探索治理腐败的治本之策，取得了重大成效，赢得了党心民心。两年多来的反腐败斗争呈现出许多鲜明特点：一是坚持"老虎"、"苍蝇"一起打，坚决扼制既得利益集团对公共权力的侵蚀。坚持无禁区、全覆盖、零容忍，严肃查处腐败分子，努力营造不敢腐、不能腐、不想腐的政治氛围。尤其是对周永康、徐才厚、薄熙来、令计划、苏荣等高层官员的严肃查处，有力提振了反腐倡廉的信心和士气，对腐败分子和腐败行为起到了巨大的威慑作用。二是强化权力运行制约与监督体系，有力发挥制度反腐的重大作用。十八大以来一系列严格制度的出台与执行，逐步形成了不敢腐的惩戒机制、不能腐的防范机制、不易腐的保障机制，有力铲除了某些腐败现象滋生蔓延的土壤。三是深化干部选拔任用制度改革，充分释放用好的制度管住人、管好人的政治效应。"治国之要，首在用人。""用一贤人则群贤毕至，见贤思齐就蔚然成风。"[②] 在选人用人上坚持实践标准和人民利益标准，坚持公开公正，严厉查处跑官要官、拉票贿选腐败之风，提高选人用人的公信度。这一系列实际举措，在全党和全国范围有力倡导了干部清正、政府清廉、政治清明的良好风气。

——严守规矩纪律，优化政治生态。

优化乃至重构党内政治生态，是习近平在深刻分析我们党面临的严峻挑战、存在的严重危险中作出的重大判断。在中央政治局第十六次集体学习时重要讲话中，习近平明确指出："解决党内存在的种种问题，必须营

[①] 《习近平总书记系列重要讲话读本》，学习出版社、人民出版社2014年版，第170页。
[②] 习近平2013年6月28日在全国组织工作会议上的讲话《人民日报》2013年6月30日。

造一个良好的从政环境，也就是要有一个好的政治生态。"① 在中纪委五次全会上的重要讲话中，习近平再次尖锐指出：当前"反腐败斗争形势依然严峻复杂，主要是在实现不敢腐、不想腐上还没有取得压倒性胜利，腐败活动减少了但没有绝迹，反腐败体制机制建立了但还不够完善，思想教育加强了但思想防线还没有筑牢，减少腐败存量、遏制腐败增量、重构政治生态的工作艰巨繁重。"② 2015年"两会"期间，习近平在参加江西代表团审议时再次强调："自然生态要山清水秀，政治生态也要山清水秀。"③ 这些分析鞭辟入里、切中要害。优化乃至重构党内政治生态，是全面从严治党的"治本之策"，是实现党的建设现代化不可回避的重大政治任务。

政治生态是指一定政治系统内部各要素之间以及政治系统与其他社会系统之间相互作用、相互影响、相互制约所形成的生态联动，是一个地方或一个领域政治生活现状以及政治发展环境的集中反映，是党风、政风、社会风气的综合体现。我们党的执政地位和执政使命决定，党内政治生态是否健康、优化，不仅对所有党员干部产生着巨大的影响和制约作用，而且对其他社会组织乃至整个国家政治系统产生着至关重要的示范和影响作用。十八大以来全面从严治党的实践表明，优化党内政治生态，一靠制度，二靠规矩，三靠纪律。制度是优化党内政治生态的决定性因素，完善的制度可以最大限度地调动积极因素、抑制消极因素，使好人更好地做好事、使公共权力最大程度地释放出谋求人民利益、促进社会发展的正能量。规矩是优化党内政治生态的基本规范，没有规矩不能成方圆。党章是全党必须遵循的总章程、也是总规矩，国家法律是党员、干部必须遵守的规矩，党在长期实践中形成的优良传统和工作惯例也是最重要的党内规矩。纪律是优化党内政治生态的重要保障。党的纪律是刚性约束，政治纪律更是全党在政治方向、政治立场、政治言论、政治行为方面必须遵守的刚性约束；纪律是成文的规矩，也是刚性的规矩，一些未明文列入纪律的规矩是自我约束的纪律。制度、规矩、纪律，相互联系、相互影响，规矩和纪律都是在长期实践中形成的，也是在潜移默化中逐步养成的，规矩和纪律归根到底通过制度得以保障和固化。全面从严治党，促进党的建设现

---

① 《人民日报》2014年7月1日。
② 《人民日报》2015年1月14日。
③ 《人民日报》2015年3月7日。

代化，必须从制度、规矩、纪律三个方面共同用力，努力形成三者相互支撑、相互补充、相得益彰的良性政治生态。

——践行"三严三实"，实现常态治理。

继开展党的群众路线教育实践活动、集中整治"四风"取得显著成效之后，党中央又决定在县处级以上领导干部中开展"三严三实"专题教育，意义重大、影响久远。"三严三实"，是实现由集中式整治到常态化治理的重大举措，是全面从严治党、推进党的建设现代化的有效路径。

习近平反复强调，全面从严治党，必须切实解决好党员领导干部世界观、人生观、价值观这个"总开关"问题。"三严三实"，则从世界观、人生观、价值观以及权力观、事业观、政绩观相互联系、整体促进的高度，为党员领导干部如何加强党性修养、如何践行政治担当进一步指明了方向。

严以修身，侧重解决党员领导干部的人生观问题。人生观是世界观在人生问题上的集中体现。党员领导干部的人生观，则突出表现为他是否具有高尚的道德情操、是否具有远大的精神境界。严以修身，就是要自觉加强党性修养，始终坚定理想信念，不断提升道德境界，努力追求高尚生活情操，自觉远离低级趣味，自觉抵制歪风邪气。严以用权，侧重解决党员领导干部的权力观问题。权力观是党员领导干部世界观、人生观在如何看待权力、如何运用权力上的集中体现。权力观回答权力从何而来、归谁所有、为谁所用、归于何处。严以用权，就是要树立正确的权力观，坚持权为民所授、权为民所用，按规则、按制度行使手中权力，把权力关进制度的笼子里，任何时候都不搞特权，绝不以权谋私。严以律己，侧重解决党员领导干部的价值观问题。价值观是世界观、人生观在是非判断标准上的集中反映。党员领导干部的价值选择，不仅仅决定着领导者个人的兴衰荣辱，而且在相当领域和范围会产生巨大的示范效应，所谓"己不正，焉能正人？"党员领导干部树立正确的价值观，一个最基本的要求就是要严以律己，不趋炎附势、不盲目攀比。严以律己，就是要心存敬畏、手握戒尺，慎独慎微、勤于自省，自觉遵守党纪国法，始终做到为政清廉。

有了"三严"，才有"三实"。这就是在正确的人生观、权力观、价值观指导下确立正确的事业观、政绩观和优良的工作作风，把"严以修身、严以用权、严以律己"切实落实到"谋事要实、创业要实、做人要实"上来。谋事要实，这是成事之要。集中反映了一个党员领导干部应当具有的事业观和工作视野。谋事要实，就是要从实际出发谋划事业和工作，出主意、订政策、制方案都要坚持一切从实际出发，使之符合实际情况，符合客观规律，符合科学精神，绝不好高骛远，绝不脱离实际。创业要实，这是为政之道。集中反映了一个党员领导干部应当具有的政绩观和为政风格。创业要实就是要从实际出发追求业绩与政绩，脚踏实地、真抓实干，敢于担当责任，勇于直面矛盾，善于解决问题，努力创造经得起实践、人民、历史检验的实绩。做人要实，这是修身之本。集中反映了一个党员领导干部应当具有的处事观和做人准则。谋事要实、创业要实，归根到底决定于做人要实，这就是对党老实、对国家忠诚、对人民负责，做老实人、说老实话、干老实事，襟怀坦白，公道正派。

"四个全面"相互联系、相互促进，具有内在的逻辑联系。"四个全面"的现代化价值指向即经济社会现代化、制度现代化、法治现代化、党的建设现代化，相互影响、相得益彰，共同构成当代中国社会主义现代化的关键要素和整体进程，鲜明昭示着通过社会主义现代化实现中华民族伟大复兴中国梦的光辉前景

　　（作者单位：济南大学政治与公共管理学院，山东大学，
　　中国政治学会，中国科学社会主义学会）

"四个全面"与中国特色社会主义

温宪元

习近平总书记提出"四个全面"战略布局,强调"要全面贯彻党的十八大和十八届三中、四中全会精神,用全面建成小康社会、全面深化改革、全面依法治国、全面从严治党引领各项工作"。这是新形势下加强党和国家事业建设的思想武器,是加快推进继续写好中国特色社会主义这篇大文章的行动指南。

一 "四个全面"战略布局是党治国理政的经验总结和理论结晶

"四个全面"战略布局是在我们党治国理政的理论和实践中形成和产生的,是我们党治国理政的经验总结和理论结晶。2012年,党的十八大报告在提出完成当前党和国家事业发展中必须解决好的主要矛盾时,提出了全面建成小康社会和全面深化改革开放的目标:一是经济持续健康发展;二是人民民主不断扩大,依法治国基本方略全面落实,法治政府基本建成,司法公信力不断提高,人权得到切实尊重和保障;三是文化软实力显著增强;四是人民生活水平全面提高;五是资源节约型、环境友好型社会建设取得重大进展;以及必须以更大的政治勇气和智慧,不失时机深化重要领域改革。

2013年,党的十八届三中全会《关于全面深化改革若干重大问题的决定》,把党的十八大报告提出的"全面深化改革开放"简化为"全面深化改革"。2014年,党的十八届四中全会审议通过的《关于全面推进依法治国若干重大问题的决定》中提出:"全面建成小康社会、实现中华民族伟大复兴的中国梦,全面深化改革、完善和发展中国特色社会主义制度,提高党的执政能力和执政水平,必须全面推进依法治国。"

2014年12月14日,习近平总书记在江苏考察调研时提出:"要全面贯彻党的十八大和十八届三中、四中全会精神，落实中央经济工作会议精神，主动把握和积极适应经济发展新常态，协调推进全面建成小康社会、全面深化改革、全面推进依法治国、全面从严治党，推动改革开放和社会主义现代化建设迈上新台阶。"值得指出的是，"全面从严治党"是习近平总书记在这次江苏考察调研中首次提出来的，而且是同全面建成小康社会、全面深化改革、全面依法治国联系在一起，作为"四个全面"首次提出来的。2015年2月2日，习近平总书记在省部级主要领导干部学习贯彻十八届四中全会精神全面推进依法治国专题研讨班开班式上，正式把"四个全面"定位于党中央的战略布局。

"四个全面"的战略布局与党中央一以贯之的战略部署一脉相承，是几代中国共产党人接力奋斗而形成的中国特色社会主义的赓续和升华。早在1986年9月，党的十二届六中全会上曾经提出："我国社会主义现代化建设的总体布局是：以经济建设为中心，坚定不移地进行经济体制改革，坚定不移地进行政治体制改革，坚定不移地加强精神文明建设，并且使这几个方面互相配合，互相促进。"2002年，我们党在十六大报告中提出了全面建设小康社会奋斗目标，即"全面建设惠及十几亿人口的更高水平的小康社会"。2007年，党的十七大报告重申了这个奋斗目标，并且把"全面建设小康社会"改为"全面建成小康社会"。2012年，党的十八大报告统一提出了全面建成小康社会和全面深化改革开放的目标，从而把党的十六大、十七大报告提出的"全面建设小康社会"一脉相承地联系起来。2012年11月，习近平总书记在党的十八届中央政治局第一次集体学习时提出：要"深刻领会建设中国特色社会主义的总依据、总布局、总任务。党的十八大强调，建设中国特色社会主义，总依据是社会主义初级阶段，总布局是五位一体，总任务是实现社会主义现代化和中华民族伟大复兴"。他指出："强调总布局，是因为中国特色社会主义是全面发展的社会主义。我们要牢牢抓好党执政兴国的第一要务，始终代表中国先进生产力的发展要求，坚持以经济建设为中心，在经济不断发展的基础上，协调推进政治建设、文化建设、社会建设、生态文明建设以及其他各方面建设。"他还说："我们要按照这个总布局，促进现代化建设各方面相协调，促进生产关系与生产力、上层建筑与经济基础相协调。"2015年2月2日，习近平总书记在省部级主要领导干部学习贯彻党的十八届四中全会精神全面推进依法治国专题研讨班开班式上的讲话中指出："党的十八大以来，党中央从坚持和发展中国特色社会主义全局出发，提出并形成了全面建成小康社会、全面深化改革、全面依法治国、全面从严治党的战略布局。这个战略布局，既有战略目标，也有战略举措，每一个'全面'都具有重大战略意义。全面建成小康社会是我们的战略目标，全面深化改革、全面依法治国、全面从严治党是三大战略举措"。并强调指出："要把全面依法治国放在'四个全面'的战略布局中来把握，深刻认识全面依法治国同其他三个'全面'的关系，努力做到'四个全面'相辅相成、相互促进、相得益彰。"这是在我们党的历史上第一次强调"四个全面"协调推进，深刻表明我们党不断坚持和发展中国特色社会主义的历史自觉、理论自觉、实践自觉，突显了我们党勇于开拓创新的理论品质，书写了改革开放和社会主义现代化建设的新篇章。

二 "四个全面"战略布局与中国特色社会主义的关系

"四个全面"战略布局与中国特色社会主义是什么关系？党的十八大报告指出，中国特色社会主义是由道路、理论体系、制度三位一体构成，统一于中国特色社会主义伟大实践，既把成功的实践上升为理论，又以正确的理论指导新的实践，还把实践中已见成效的方针政策及时上升为党和国家的制度，由此形成了中国特色社会主义道路、理论体系、制度。党的十八大报告还深刻地阐明了中国特色社会主义道路、中国特色社会主义理论体系、中国特色社会主义制度的科学内涵及其相互联系。习近平总书记强调指出，中国特色社会主义道路是实现途径，中国特色社会主义理论体系是行动指南，中国特色社会主义制度是根本保障，三者统一于中国特色社会主义伟大实践，这是党领导人民在建设社会主义长期实践中形成的最鲜明特色。他进一步指出，"中国特色社会主义特就特在其道路、理论体系、制度上，特就特在其实现途径、行动指南、根本保障的内在联系上，特就特在这三者统一于中国特色社会主义伟大实践上。在当代中国，坚持和发展中国特色社会主义，就是真正坚持社会主义。"这个重要论断科学揭示了中国特色社会主义道路、理论体系、制度三者之间的相互联系，是改革开放以来我们党全部探索一以贯之的主题：既是实践探索的主题，也是理论探索的主题，还是制度建设的主题。这是我们党领导人民进行中国特色社会主义探索的真实写照。

由此，我们认为，"四个全面"战略布局包含的"一个目标、三大举措"，涵盖了目标、理论和制度，既不能放到道路一起，又不好放在理论体系，也不能放到制度中来，而应该单列，成为与中国特色社会主义相并列，在现阶段是用来指导中国特色社会主义建设和发展的行动指南。就是说，"四个全面"战略布局，能够把时下中国特色社会主义道路、中国特色社会主义理论体系、中国特色社会主义制度联系起来，用以指导和推动中国特色社会主义整体发展，成为坚持和引领中国特色社会主义道路的总动员、丰富和发展中国特色社会主义理论体系的新内容、创新和完善中国特色社会主义制度的新创造。

"四个全面"战略布局是坚持和引领中国特色社会主义道路的总动员。"四个全面"战略布局的协调推进，始于社会主义初级阶段的基本国情，坚定不移地坚持以经济建设为中心、毫不动摇地坚持改革开放，到实现以"国家富强、民族振兴、人民幸福"为"两个一百年"奋斗目标的深刻内涵，无不体现强烈的"中国道路"的坚持和自信；始于提出解放和发展社会生产力的社会主义本质，坚持解放和增强社会活力、促进人的全面发展，到党的十八大明确提出："建设中国特色社会主义，总依据是社会主义初级阶段，总布局是五位一体，总任务是实现社会主义现代化和中华民族伟大复兴。"这"三个总"的重要论断，深化了我们党对中国特色社会主义建设规律的认识，为中国特色社会主义的全面进步与继续发展指明了奋斗方向、明确了努力目标，规划了整体布局，规定了基本任务，对于全党全国人民更加深刻领会和把握中国特色社会主义的真谛和要义，坚定不移地走中国特色社会主义道路具有重大意义。"四个全面"对"三个总"的总体设计进行了创造性地拓展和深化，既有战略目标也有重大举措，既有路线图也有时间表，具有鲜明的现实针对性和可操作性，是新形势下坚持和引领中国特色社会主义道路的总动员。

"四个全面"战略布局是丰富和发展中国特色社会主义理论体系的新内容。什么是社会主义、怎样建设社会主义，建设什么样的党、怎样建设党，实现什么样的发展、怎样发展，是中国特色社会主义理论体系着力回答的三大基本问题。"四个全面"战略布局的协调推进，就是要强调坚持中国特色社会主义，就是坚持全面发展的社会主义，既要坚持经济不断增长发展，又要协调推进政治、文化、社会、生态文明建设和党的建设以及其他各方面建设。就是要强调中国共产党作为马克思主义政党，其根本宗旨是全心全意为人民服务，其价值立场也必然是全心全意为人民服务。党的十八大以来，以习近平同志为核心的党中央提出实现中华民族伟大复兴的中国梦，把人民对美好生活的向往作为自己的奋斗目标；以增进人民福祉为价值取向，坚持解放和发展生产力，不断满足人民日益增长的物质文化需要，推进全面小康社会建设；以实现好、维护好、发展好最广大人民的根本利益为使命追求，坚持依靠人民、为了人民、改革发展成果由人民共享，敢于啃硬骨头，敢于涉险滩，推进全面深化改革；以促进社会公平正义为责任担当，坚定不移走中国特色社会主义法治道路，保证人民当家作主，维护人民根本权益，推进全面依法治国；以全心全意为人民服务为根本宗旨，以踏石留印、抓铁有痕的劲头管党治党，从严治吏、正风反腐、严明党纪，增强党的自我净化、自我完善、自我革新、自我提高能力，推进全面从严治党。就是要保证"四个全面"战略布局贯穿于马克思主义群众观点和人民立场，充分体现鲜明的人民至上的政治立场和价值取向。这些都是新形势下丰富和发展中国特色社会主义理论体系的新内容。

"四个全面"战略布局是创新和完善中国特色社会主义制度的新创造。"建设中国特色社会主义法治体系，建设社会主义法治国家"，党的十八届四中全会制定出全面推进依法治国的总蓝图，成为中共党史上第一次专门研究法治建设的中央全会。法律是治国之重器，法治是国家治理体系和治理能力的重要依托。全面推进依法治国，就是要解决党和国家事业发展面临的一系列重大问题，解放和增强社会活力、促进社会公平正义、维护社会和谐稳定、确保党和国家长治久安的根本要求。就是要推动我国经济社会持续健康发展，不断开拓中国特色社会主义事业更加广阔的发展前景，从全面推进社会主义法治国家建设着手，从法治上为解决这些问题提供制度化方案。"四个全面"战略布局的协调推进，正是法律觉醒与自觉，是真正塑造国家发展能力和中国特色社会主义动力体系的治本之策。在坚持根本政治制度、基本政治制度、法律体系、基本经济制度的基础上，通过立法、执法、司法、守法等诸多法治环节的创新和完善，通过建设中国特色社会主义法治体系，建设社会主义法治国家总目标的创新和完善，国家发展才会有长久可靠的机制保障，国家发展能力中的诸要素体系的独立性和主体性才能得到根本保障，国家发展动力的形态结构和功能作用才能得到持久保护。全面建成小康社会，不仅在时间上与建立更加成熟、更加定型的中国特色社会主义制度同步，而且以加强中国特色社会主义制度建设为一项主要内容；全面深化改革，与完善和发展中国特色社会主义制度、推进国家治理体系和治理能力现代化密切相关；全面依法治国，围绕建设中国特色社会主义法治体系、建设社会主义法治国家，必须要有一系列的制度安排；全面从严治党，从全面加强执政党建设的高度，坚持思想建党和制度建党的有机统一，需要进行系统的顶层设计和具体部署的新创造。

三 充分发挥"四个全面"战略布局的实践威力

把握"四个全面"战略布局成为坚持和引领中国特色社会主义道路的总动员、丰富和发展中国特色社会主义理论体系的新内容、创新和完善中国特色社会主义制度的新创造所蕴含的新的实践要求，需要我们深刻认识"四个全面"蕴含的历史使命意识、深刻领悟"四个全面"蕴含的现实问题导向、深刻把握"四个全面"蕴含的新的实践要求，从而做到"协调推进"，这是充分发挥其实践威力的核心要义和内在要求。

第一，我们必须深刻认识"四个全面"蕴含的历史使命意识。当下，深刻认识"四个全面"蕴含的历史使命意识至关重要。众所周知，我党领导开创的中国特色社会主义是前无古人的伟大事业，经过30多年的改革开放实践，中国共产党人对社会主义现代化建设的认识，对中国特色社会主义规律的把握，已经达到了一个前所未有的新的高度。但是，我国社会主义还处在初级阶段，面临着许多还没有能够弄清楚的问题和亟待解决的难题，以及对当前许多重大理论问题与现实问题的认识和处理都还处在不断深化的过程之中。特别是今日面对如何实现中华民族伟大复兴，我们在实现中华民族伟大复兴的这一历史进程中应该承担什么样的历史使命，这样一种强烈的历史使命意识，贯穿了"四个全面"战略布局的全部。

承担历史使命，应该在历史、现实与未来的内在联系中，探索马克思主义中国化历史的进程，深化对"四个全面"战略布局的领会。从根本上讲，就是要深刻认识"四个全面"战略布局统一于民族复兴的伟大梦想，统一于中国特色社会主义伟大事业，统一于党的建设新的伟大工程，统一于我们正在进行着的具有许多新的历史特点的伟大实践。就是要深刻认识"四个全面"战略布局是从我国发展现实需要中，从人民群众的热切期盼中，也是从推动解决我国面临的突出矛盾和问题中提出来的，具有十分显著的"马克思主义中国化"的理论指南和行动纲领的意义。"四个全面"

是中国共产党治国理政的经验总结和理论结晶,是几代中国共产党人接力奋斗而形成的中国特色社会主义理论体系的赓续和升华,是21世纪中国马克思主义发展的新成果。我们越是发展壮大,遇到的阻力和压力就会越大,面临的外部风险也就会越多。因此,必须在新征程中担当起历史使命的重任,必须要时刻以党和人民利益为念,把全面建成小康社会目标放在"四个全面"战略布局之中谋划推进,为实现中国梦提供坚强保证;与全面深化改革相协调,为实现全面建成小康目标提供强大动力和体制机制保障;与全面依法治国相一致,深入推进依法治国,从严治国,提高国家现代化治理的建设能力和法治化水平;与全面从严治党相统一,全面加强党的现代化建设,把党的传统优势转化为全面建成小康社会的力量优势。

第二,我们必须深刻领悟"四个全面"蕴含的现实问题导向。"四个全面"战略布局的提出,是为了破解走向民族复兴的历史进程中我们所遇到的不可回避的现实问题和各种障碍。现实问题是时代发展的声音,现实问题是时下工作的导向。站在新的历史起点,我国新常态下的发展既处于重要战略机遇期,也面临着一系列矛盾和问题。虽然我们对全面建成小康社会充满信心,但实现这一目标过程中的短板和薄弱环节仍然存在;改革开放实现了当代中国社会的伟大进步,但思想观念的障碍、利益固化的藩篱不容忽视;社会主义法治建设取得了历史性成就,但同推进国家治理体系和治理能力现代化目标相比,还存在许多不适应、不符合的问题;我们党带领人民创造了举世瞩目的辉煌业绩,但"四大考验""四种危险"也十分突出地摆在我们面前。"四个全面"战略布局,正是抓住了前进道路上的主要矛盾和突出问题,明确了新形势下党和国家各项工作的战略方向、重点领域、主攻目标,体现出强烈的问题意识和鲜明的问题导向。

毛泽东同志曾经指出:"什么叫问题?问题就是事物的矛盾。哪里有没有解决的矛盾,哪里就有问题。"这就是说我们全党都要学会应用马克思主义的方法去观察问题、提出问题、分析问题和解决问题。习近平总书记强调指出:"要有强烈的问题意识,以重大问题为导向,抓住重大问题、关键问题进一步研究思考,找出答案,着力推动解决我国发展面临的一系列突出矛盾和问题。"我们要以现实问题意识为指引,走进矛盾,破解难题,从而把握推动党和国家事业建设大发展、大跨越的关节要害。

树立问题导向意识需要有直面问题的勇气、剖析问题的睿智和解决问题的决心。当前，我们面对彻底纠治形式主义、官僚主义、享乐主义和奢靡之风，任重而道远；经济建设、政治建设、社会建设、文化建设和生态文明建设中的体制性障碍、结构性矛盾、政策性问题亟须破解。对于这些老大难问题，既要以刀口向内的勇气，绝不讳疾忌医，直击顽瘴痼疾；又要以洞若观火的敏锐，找准病灶所在，从而标本兼治。我们要深刻思考领悟"四个全面"战略布局蕴含的现实问题导向，强化革弊鼎新的决心。当前尤其要以"三严三实"深入整顿思想、整顿用人、整顿组织、整顿纪律，从而真正把理想信念、党性原则、战斗力标准、政治工作威信在全党牢固地立起来，扎实推进继续写好中国特色社会主义这篇大文章。

第三，我们必须深刻把握"四个全面"蕴含新的实践要求。"四个全面"蕴含新的实践要求，使我们对在新征程中的目标任务更加清晰。习近平总书记在党的十八届三中全会上发表的重要讲话中指出，全面深化改革是一个复杂的系统工程，随着改革不断深入，各个领域、各个环节改革的关联性、互动性明显增强，每一项改革都会对其他改革产生重要影响，每一项改革又都需要其他改革协同配合。我们要统筹谋划深化改革各个方面、各个层次、各个要素，深入研究各领域改革关联性和各项改革举措耦合性，使各项改革举措在政策取向上相互配合、在实施过程中相互促进、在改革成效上相得益彰，发生化学反应，产生共振效果，形成改革合力。今天，我们贯彻落实"四个全面"战略布局，就是要深刻把握"四个全面"战略布局的关联性、耦合性的新问题，科学研究统筹谋划、协同配合、同频共振、形成合力的规律性问题。正是这样的缘由，习近平总书记在十八届四中全会上的重要讲话中强调，全面建成小康社会、全面深化改革、全面依法治国有其紧密的内在逻辑。全面建成小康社会、全面深化改革，都离不开全面依法治国，同时又要让全面深化改革、全面依法治国如鸟之两翼、车之两轮，共同推动全面建成小康社会的事业滚滚向前。而全面从严治党，就有可能使我们党始终做到"打铁还需自身硬"，始终在全面建成小康社会、全面深化改革、全面依法治国中发挥好领导核心作用。显然，只有始终坚持这样的统筹协调推进，才能把"四个全面"贯彻得更加自觉、落实得更加到位。

把握"四个全面"战略布局蕴含新的实践要求，需要我们在系统把握每一个"全面"的重大战略意义和丰富内涵的基础上，进一步把握其内在逻辑和相互关系，从而做到"协调推进"，这是充分发挥其实践威力的核心要义和内在要求。新的实践进程中,我们要紧紧联系中国特色社会主义总依据、总布局、总任务,深刻把握和妥善处理"四个全面"之间的内在关系,使各领域、各方面、各环节相互衔接、相互促进、良性互动,努力实现全面发展、整体协调、有序推进。

(作者单位:广东社会科学院)

"四个全面"开启了中国共产党在新形势下治国理政的新航程

孙兰英

中国化马克思主义理论所具有的科学性和合理性，只有在不断地研究中国问题、解决中国问题中进行理论创新，并逐渐被人民大众所认同和掌握才能彰显其巨大威力，这一过程就是一个不断推进当代马克思主义大众化的过程。当前，我国正处于社会急剧转型，改革涉深水，攻坚制高点的关键期，经济社会发展步入了新常态，"四个全面"战略思想是以习近平同志为核心的党中央对新形势下国家发展战略的新思路、新部署和新要求，它丰富了中国特色社会主义理论体系，是马克思主义中国化发展的新境界，开启了党和国家在新形势下治国理政的新航程。

一 "四个全面"实现了马克思主义与当代中国实际相结合的新飞跃

理论的发展和完善源自于对客观现实的深刻认识和准确把握。判断一个理论是否成为马克思主义中国化的重大创新成果，最根本的评价准则就看它是否始终以时代发展的特征为方向，以当下中国的实际发展情况为依据，解决影响整个现代化进程的核心问题。"四个全面"战略思想秉承了马克思主义一贯的问题意识与实事求是的精神，积极应对新时期中国特色社会主义建设所面临的矛盾和挑战，着力推动解决我国发展面临的一系列突出矛盾和问题。发展是时代的主题和世界各国的共同追求，改革是社会进步的强大动力和创新之源，法治是国家治理体系和治理能力现代化的重要保障，从严治党是执政党加强自身建设的必然要求。所以说"四个全面"的提出，"兼顾中国特色和世界潮流，体现中国与世界的深刻互动，深化了对共产党执政规律、社会主义建设规律、人类社会发展规律的认识，是中国和中国人民阔步走向未来的关键抉择"。①"四个全面"战略思想是以习近平同志为核心的新一届中央领导集体，冷静分析国内外形势发展的深刻变化，科学统筹把握改革发展稳定的重大关系的基础上，实现了马克思主义与当代中国实际相结合的新飞跃。

当前的中国正"前所未有地靠近世界舞台中心，前所未有地接近实现中华民族伟大复兴的目标，前所未有地具有实现这个目标的能力和信心"，但我们应清楚地认识到前进的道路绝不会一帆风顺，我国仍处于并将长期处于社会主义初级阶段的基本国情没有变，人民日益增长的物质文化需要同落后的社会生产之间的矛盾这一社会主要矛盾没有变，我国是世界最大发展中国家的国际地位没有变。在全面深化改革的深水区和攻坚期，既要冲破体制机制障碍，又要打破利益固化藩篱，面临的困难、阻力和挑战前所未有；同时法律体系有待进一步完善，有法不依、执法不严、违法不究等问题仍然十分严重；形式主义、官僚主义、享乐主义、奢靡之风等"四风"问题仍然突出，贪污腐败问题仍未根除。面对这些问题，习近平强调："现在我国改革已经进入攻坚期和深水区，我们必须以更大的政治勇气和智慧，不失时机深化重要领域改革"②，用科学全面的战略思维谋划顶层设计、统筹规划全局。

二 "四个全面"开辟了运用发展中的马克思主义指导中国梦实现的新思路

全面建成小康社会、全面深化改革、全面依法治国、全面从严治党，这"四个全面"适应了时代发展和社会进步的内在需要，展现了党中央对加快发展中国特色社会主义整体布局和建设的重要战略思想。"四个全面"有机统一于建设富强民主文明和谐的社会主义现代化国家全过程，开辟了运用马克思主义指导中国梦实现的新思路。

1. 全面建成小康社会是实现中国梦的首要目标

党的十八大以后，习近平同志在科学准确把握国情、世情、党情和民情的基础上提出了实现中华民族伟大复兴中国梦的重大命题，在全国上下引起了强烈反响。他指出："中国梦的本质是国家富强、民族振兴、人民

---

① 人民日报评论员：《引领民族复兴的战略布局》，《人民日报》2015年2月24日。
② 习近平：《我国改革已经进入攻坚期》，《人民日报》2012年12月12日。

幸福。我们的奋斗目标是，到 2020 年国内生产总值和城乡居民人均收入在 2010 年基础上翻一番，全面建成小康社会。到本世纪中叶，建成富强民主文明和谐的社会主义现代化国家，实现中华民族伟大复兴的中国梦。"① 可见，中国梦这一重大命题既包含着全面建成小康社会的目标，又包含建成富强民主文明和谐的社会主义现代化国家的目标。

全面建成小康社会是我们当前建设中国特色社会主义的阶段性目标，更是"实现中华民族伟大复兴中国梦的关键一步"。党的十八大科学界定了全面建成小康社会的内涵，即"经济持续健康发展，人民民主不断扩大，文化软实力显著增强，人民生活水平全面提高，资源节约型、环境友好型社会建设取得重大进展"②。我们要建成的小康社会，是政治、经济、文化、社会和生态环境"五位一体"全面发展的小康社会，是为社会主义现代化建设的宏伟目标和中华民族伟大复兴奠基的小康社会。从"全面建设小康社会"到"全面建成小康社会"，虽一字之差，却让我们感受到了国家富强、民族复兴、人民幸福的伟大梦想越来越近，倘若全面建成小康社会的目标不能如期完成，必将影响到中国梦实现的进程。因此，全面建成小康社会既是实现中国梦的首要目标，还是重要的前提和基础。

2. 全面深化改革是实现中国梦的强大动力

全面深化改革是党的十八届三中全会作出的重要部署。习近平同志在党外人士座谈会上指出："实现党的十八大描绘的全面建成小康社会、加快推进社会主义现代化、实现中华民族伟大复兴的宏伟蓝图，要求全面深化改革。坚持和发展中国特色社会主义，不断推进中国特色社会主义制度自我完善和发展，进一步解放和发展社会生产力、继续充分释放全社会创造活力，要求全面深化改革。解决我国发展面临的一系列突出矛盾和问题，实现经济社会持续健康发展，不断改善人民生活，要求全面深化改革。"③ 这一论述充分表明，坚定不移高举全面深化改革旗帜，是我们建设中国特色社会主义的核心内容，是实现中华民族伟大复兴中国梦的强大动力源泉。

从党的十一届三中全会至今，我国取得了举世瞩目的发展成就。事实

---

① 《习近平接受拉美三国媒体联合书面采访》，《人民日报》2013 年 6 月 1 日。
② 《坚定不移沿着中国特色社会主义道路前进为全面建成小康社会而奋斗——在中国共产党第十八次全国代表大会上的报告》，《人民日报》2012 年 11 月 9 日。
③ 习近平：《全面深化改革是一项复杂的系统工程》，新华网，2013 年 11 月 13 日。

证明，改革开放是党和人民大踏步赶上时代潮流的重要法宝，是中国特色社会主义事业的活力源泉，是实现中华民族伟大复兴的必由之路。当前我国面临着经济社会高速发展所带来的一系列问题，只有坚持全面深化改革，才能解放和增强社会活力，有效破除各方面体制机制弊端的不良影响；只有坚持全面深化改革，才能全面推进经济、政治、文化、社会、生态文明和党的建设等方面的改革进程，只有坚持全面深化改革，才能协调各方利益关系，解决中国梦实现过程中出现的各种矛盾和问题。

3. 全面推进依法治国是实现中国梦的法治保障

党的十八届四中全会提出了全面推进依法治国的战略部署。法律是治国之重器，"全面建成小康社会、实现中华民族伟大复兴的中国梦，全面深化改革、完善和发展中国特色社会主义制度，提高党的执政能力和执政水平，必须全面推进依法治国。"[①] 全面依法治国是中国特色社会主义的本质要求，是实现国家治理体系和治理能力现代化的重要依托，更是实现中国梦的法治保障。

没有规矩不成方圆，法律即是治理国家最基本的规矩。建设中国特色社会主义，实现国家长治久安必须要以法治提供根本性、全局性、长期性的制度保障。全面推进依法治国，就是要充分依靠宪法和法律的力量凝聚全国人民共识，为"五位一体"全面协调发展的战略布局提供制度支撑，确保社会主义建设各项事业有法可依、有法必依、执法必严、违法必究。"不管是社会主义国家还是资本主义国家，要实现现代化，都必须经过法治国家建设这个坎"[②]，纵观近代以来世界各国的发展史，凡是顺利实现现代化进程的国家，无一例外地高度重视法治建设。依法治国是我们党领导人民治理国家的基本方略，全面依法治国是中国特色社会主义建设的必然路径，这是我国要实现"两个一百年"的奋斗目标，使中华民族伟大复兴的中国梦圆梦成真的制度支撑。

4. 全面从严治党是实现中国梦的根本保证

中国共产党是中国特色社会主义事业的领导核心。加强党的建设，坚持"党要管党，从严治党"不仅是我们党在革命时期带领人民取得反帝反封建斗争的关键武器，还是我们在全面建设中国特色社会主义时期取得巨

[①]《中共中央关于全面推进依法治国若干重大问题的决定》，《人民日报》2014年10月24日。
[②] 曲青山：《"四个全面"：实现中国梦的战略指引》，《人民日报》2015年2月11日。

大成就的重要前提,在全面建成小康社会攻坚期的今天,全面从严治党更将成为我们实现中国梦的根本保证。

中国共产党是一个拥有8600多万党员、在一个13亿多人口的大国长期执政的党,能否保持党的先进性和纯洁性,既关系到人民群众的切身利益,又与国家和民族的前途命运紧密相连。十八大以来,以习近平同志为核心的党中央高度重视党的作风建设和反腐倡廉建设,狠抓"四风问题",坚持"老虎""苍蝇"一起打,取得反腐败斗争的阶段性成效。只有坚持全面从严治党,充分发挥好党员干部在中国特色社会主义历史进程中的领导核心作用,才能从根本上保证国家富强、民族振兴、人民幸福。

三 "四个全面"确立了推进中国特色社会主义伟大事业的新部署

习近平总书记提出的"四个全面"战略布局实现了我们党治国理政方略与时俱进的新发展,是新形势下推进中国特色社会主义伟大事业的新部署。"四个全面"相辅相成、相互促进、相得益彰,每一个"全面"都是一整套结合实际、继往开来、勇于创新、独具特色的系统思想,闪耀着辩证唯物主义和历史唯物主义的理论光辉,四者"统一于民族复兴的伟大梦想,统一于中国特色社会主义伟大事业,统一于党的建设新的伟大工程,统一于我们正在进行的具有许多新的历史特点的伟大斗争"[①]。

发展是时代的主题和世界各国的共同追求,改革是社会进步的动力和时代潮流,法治是国家治理体系和治理能力现代化的重要保障,从严治党是执政党加强自身建设的必然要求。四者不是简单并列关系,而是有机联系、相互贯通的顶层设计。建成小康社会、凝聚改革共识、增强法治观念、落实从严治党,"四个全面"的主线,勾绘出的是社会主义中国的未来图景。

1. 全面建成小康社会是"四个全面"的目标核心

全面建设小康社会是党的十六大和十七大提出的目标任务。党的十八大报告明确了到2020年全面建成小康社会的宏伟目标,并明确了"经济持续健康发展,人民民主不断扩大,文化软实力显著增强,人民生活水平全面提高,资源节约型、环境友好型社会建设取得重大进展"的小康社会

[①] 人民日报评论员:《引领民族复兴的战略布局——一论协调推进"四个全面"》,《人民日报》2015年2月25日。

基本内涵。

全面建成小康社会在"四个全面"中处于目标核心地位，在目标和价值层面统领其他三者：全面深化改革为发展提供动力，全面依法治国确保发展的稳定有序，全面从严治党为发展提供坚强的领导核心，三者共同服务于全面建成小康社会的总体目标。

2. 全面深化改革与全面依法治国是推动实现全面建成小康社会蓝图的姊妹篇

1978年党的十一届三中全会上分别对坚持改革开放和加强社会主义法制建设等问题进行了论述。2012年，党的十八大提出了"全面深化改革开放"的目标和"全面推进依法治国"的要求。2013年党的十八届三中全会讨论通过了《关于全面深化改革若干重大问题的决定》，作出了全面深化改革的战略部署。2014年党的十八届四中全会通过的《关于全面推进依法治国若干重大问题的决定》，作出了全面依法治国的战略部署。这两次会议都是党的十八大以来党中央召开的重要会议，旨在进一步落实全面建成小康社会的宏伟目标，堪称"姊妹篇"。

全面深化改革与全面依法治国有如"鸟之两翼、车之双轮"，相互协调，相互促进：一方面，全面深化改革有利于为发展扫清障碍，推动确立更加科学完善的体制架构和机制模式，为全面建成小康社会提供了有力抓手；另一方面，全面依法治国既是全面建成小康社会的重要制度支撑，更为全面深化改革提供了强大的后盾和可靠的保障。

3. 全面从严治党是实现其他三个"全面"的前提和基础

习近平总书记强调："实现党的十八大确定的各项目标任务，进行具有许多新的历史特点的伟大斗争，关键在党，关键在人。"[①] 改革开放以来，中国共产党始终坚持中国特色社会主义伟大事业和党的建设新的伟大工程同步发展、互相促进。十四届四中全会提出党的建设新的伟大工程；党的十七届四中全会提出提高党的建设科学化水平的重要命题和任务；十八大要求，以改革创新精神，全面推进党的建设新的伟大工程，全面提高党的建设科学化水平。习近平提出："必须以更大的决心和勇气抓好党的

---

① 习近平强调：《建设一支宏大高素质干部队伍》，新华网，2013-06-29（http://news.xinhuanet.com/politics/2013-06/29/c_116339948.htm）。

自身建设"①,"我们的责任,就是同全党同志一道,坚持党要管党、从严治党"。2014年10月,习近平总书记在党的群众路线教育实践总结大会的讲话中正式提出了"全面从严治党"的战略部署,使全面从严治党成为党的建设伟大工程的新常态。

全面从严治党是实现其他三个"全面"的前提和基础,全面建成小康社会、全面深化改革、全面推进依法治国都必须在党的坚强领导下开展。实现全面建成小康社会奋斗目标,需要全面推进从严治党,因为党是中国特色社会主义事业的坚强领导核心,没有党的坚强领导就根本不可能实现全面建成小康社会目标;全面深化改革需要全面推进从严治党,因为改革开放事业是在党的领导下进行的,只有全面加强党的领导并不断加强党的自身建设,才能确保改革开放事业的正确方向;全面推进依法治国同样需要全面推进从严治党,因为党的领导是全面推进依法治国、加快建设社会主义法治国家最根本的保证。因此,"协调推进'四个全面',最根本的是坚持党的领导不动摇。党的领导是'四个全面'之魂、战略中军帐之帅"②。

四 "四个全面"开启了党和国家在新形势下治国理政的新航程

作为马克思主义中国化的最新理论成果,"四个全面"战略布局是一个有机统一的整体,"全面建成小康社会是我们的战略目标,决定着我们的发展方向;全面深化改革、全面依法治国、全面从严治党是三大战略举措,犹如支撑战略目标的三根支柱,缺一不可"③。当下,推动全面深化改革和社会主义现代化建设迈上新台阶,必须要协调推进"四个全面"。

1. 协调推进"四个全面",必须加强顶层设计以实现对全局战略科学统筹

全面建成小康社会,全面深化改革,全面依法治国和全面从严治党涵括了我们党和国家治国理政的各个层面。四者不仅相互影响,相辅相成,共同构成了一个有机整体,而且每一个"全面"内部也包含着诸多内容,

---

① 习近平:《全面贯彻落实党的十八大精神要突出抓好六个方面工作》,《求是》2013年第1期。
② 人民日报评论员:《从严治党锻造坚强领导核心——五论协调推进"四个全面"》,《人民日报》2015年3月1日。
③ 陈雨露:《四个全面——实现中华民族伟大复兴的战略布局》,《人民日报》2015年3月18日。

独立成为一个复杂系统。因此,协调推进"四个全面",必须要依靠科学的顶层设计和完善的总体规划来统揽全局,协调推进经济、政治、文化、社会、生态文明等各方面体制改革。坚持用马克思主义矛盾观分析经济社会发展所面临的诸多问题,科学把握主要矛盾和矛盾的主要方面,着力解决重要领域和关键环节的核心问题,集中优势力量突破难关,扫清一切阻碍科学发展的体制机制障碍,最大程度地激发社会活力,推动国家建设各项事业健康有序发展。

加强顶层设计,协调推进"四个全面"必须要加快推进全面深化改革的顶层设计和总体规划,为实现全面建成小康社会的目标注入动力;要进一步完善社会主义法治体系建设,为全面深化改革提供完备的法治保障;要加强全面推进党的建设伟大工程的顶层设计,深入落实"党要管党,从严治党",实现党风、政风的根本转变。

2. 协调推进"四个全面",必须树立以推动战略思想落地生根的实践意识

协调推进"四个全面",不仅要不断完善顶层设计,更要积极运用战略思想来指导中国特色社会主义建设实践,"树立'摸石过河'与顶层设计相统一的思想观念"①。

具体来说,在全面建成小康社会的实践中,必须始终坚持以经济建设为中心,要针对小康建设实践中发展不全面、不协调、不平衡的问题,进一步增强发展的科学性和可持续性,推进实现全面小康的各项决策部署落到实处;在全面深化改革的实践中,要坚持以经济体制改革为重点,统筹协调政治体制改革、文化体制改革、社会管理体制改革、生态文明建设体制改革以及党建相关制度改革完善,积极推动各领域改革之间的良性互动;在全面依法治国的实践中,要坚持贯彻十八届四中全会提出的"建设社会主义法制体系,建设社会主义法治国家"的依法治国总目标,加快落实四中全会关于加快社会主义法治国家建设的重大举措;在全面从严治党的实践中,要认真落实十八大以来党中央关于从严治党的相关要求,以习近平总书记提出的从严治党的八方面要求作为新时期党建的重要依据,持续强化党的作风建设,严肃处理贪污腐败行为,维护党在人民心目中的形象。

---

① 李升泉:《四个全面——新时期治国理政总方略》,《人民日报》2015年1月28日。

3. 协调推进"四个全面",必须坚持从严治党以发挥领导核心作用

协调推进"四个全面",带领世界上最大的发展中国家实现民族复兴的伟大梦想,离不开我们党的坚强领导。我国革命和建设发展历史实践表明,中国共产党是中国人民的领导核心,是中国特色社会主义事业的领导核心。新时期,我们党正面临着执政考验、改革开放考验、市场经济考验和外部环境考验;精神懈怠危险、能力不足危险、脱离群众危险、消极腐败危险正尖锐地摆在我们面前。解决这一系列问题,最根本的途径就是加强和改进党的建设,坚持落实全面从严治党的战略部署。治国必先治党,治党必须从严。只有坚持从严治党,才能保持党自身的纯洁性和先进性,从而使其在全面建成小康社会、全面深化改革和全面依法治国的进程中更好地发挥领导核心作用,带领人民在实现中国近代以来梦寐以求的民族复兴中国梦的大道上阔步前行。

(作者单位:天津大学马克思主义学院)

"四个全面"开创中国特色社会主义理论与实践新视野

祝福恩　祝　贺

"四个全面"战略布局是习近平总书记对中国特色社会主义理论的发展，实践中问题的深思熟虑和解决，对主攻方向的关键环节、重点领域重大目标的理性应对，体现习近平总书记治国理政总体框架及顶层设计，描绘了建设中国特色社会主义的战略路线图，对于全党全民凝心聚力、攻坚克难，实现中国梦宏伟目标有重大意义和深远影响。

一　"四个全面"战略布局的提出、形成和发展

习近平总书记于 2014 年 12 月 13—14 日在江苏省考察调研时指出："主动把握和积极适应经济发展新常态，协调推进全面建成小康社会、全面深化改革、全面推进依法治国、全面从严治党，推动改革开放和社会主义现代化建设迈上新台阶。"[①] 这是第一次提出"四个全面"战略布局，是对中国特色社会主义理论与实践的科学总结及在新形势下的新概括、新突破。

习近平总书记"四个全面"战略布局是在党的十六大提出的全面建设小康社会奋斗目标基础上，在党的十八大以来中国特色社会主义建设实践中逐步提出并形成的，其间经历了三个发展阶段。

第一阶段：从"一个全面"到"两个全面"。2002 年党的十六大提出"一个全面"，即"全面建设惠及十几亿人口的更高水平的小康社会"[②]。2007 年党的十七大重申了"一个全面"奋斗目标，并把"全面建设小康

[①]《新常态新强音》，《人民日报》2014 年 12 月 25 日。
[②]《十六大报告辅导读本》，人民出版社 2002 年版，第 2 页。

社会",改为到 2020 年实现"全面建成小康社会"①,由"建设"改为"建成"。在距离 2020 年全面建成小康社会还有 8 年之际,2012 年党的十八大,习近平作为十八大报告起草组组长,提出"全面建成小康社会和全面深化改革开放的目标"②。党的十八大把十六大、十七大关于"全面建设小康社会"的"一个全面",扩展为"两个全面",这是一个重大突破。反映了我们党对中国特色社会主义理论的深化及实践的突破。自此以后,到 2013 年 11 月,习近平同志在出任我们党总书记一年之际,在领导和主持党的十八届三中全会并通过《关于全面深化改革若干重大问题的决定》,把党的十八大报告提出的"全面深化改革开放"简化为"全面深化改革",开放也是改革,反映了中国特色社会主义改革进入新阶段。

第二阶段:从"两个全面"到"三个全面"。2014 年 10 月是在全面深化改革元年召开党的十八届四中全会,全会通过《关于全面推进依法治国若干重大问题的决定》,全会主题是全面推进依法治国。这是新中国成立后所召开全会的第一次,是改革开放以来八次四中全会的第一次,显示了习近平总书记对推进中国特色社会主义的独特思考,国家治理层面的战略转换。《决定》指出:"全面建成小康社会、实现中华民族伟大复兴的中国梦,全面深化改革、完善和发展中国特色社会主义制度,提高党的执政能力和执政水平,必须全面推进依法治国。"③ 把中国特色社会主义建设任务的"两个全面"升华扩展为"三个全面",即"全面建成小康社会、全面深化改革、全面依法治国",全面深化改革的总目标是完善和发展中国特色社会主义制度,推进国家治理体系和治理能力现代化。全面依法治国实则是依法治理,这三个全面自然成为指导建设中国特色社会主义理论逻辑和实践指导。对于全面依法治国,一位外国学者说:"尽管与经济发达的西方国家不是一个版本的自由民主,但中国却是实实在在从人治向法治转变,并且,法律在中国经济发展中发挥了至关重要的作用。"足见第三个"全面"在四个全面中的地位和功能。

第三阶段:从"三个全面"到"四个全面"及战略布局定位。2014 年 10 月 8 日,习近平总书记在党的群众路线教育实践活动总结大会上提

---

① 《十六大报告辅导读本》,人民出版社 2002 年版,第 18 页。
② 《十八大报告辅导读本》,人民出版社 2012 年版,第 17 页。
③ 《〈中共中央关于全面推进依法治国若干重大问题的决定〉辅导读本》,人民出版社 2014 年版,第 2 页。

出"全面从严治党",并使用98次"从严",但此时并没有与以往三个全面并列。2014年10月20日,习近平总书记在十八届四中全会上对《决定》说明时指出:"贯彻党的十八大和十八届三中全会精神,贯彻党的十八大以来党中央工作部署,体现了全面建成小康社会、全面深化改革、全面推进依法治国这'三个全面'的逻辑联系。"① 2014年11月1—2日,习近平总书记在福建省调研时仍强调"三个全面"。直到一个月后,2014年12月13—14日,习近平总书记在江苏考察调研时首提"四个全面",把"三个全面"扩展为"四个全面"。2015年2月2日,习近平总书记在省部级主要领导干部学习贯彻十八届四中全会精神全面推进依法治国专题研讨班开班式上讲话指出:"党的十八大以来,党中央从坚持和发展中国特色社会主义全局出发,提出并形成了全面建成小康社会、全面深化改革、全面依法治国、全面从严治党的战略布局。这个战略布局,既有战略目标,也有战略举措,每一个'全面'都具有重大战略意义。全面建成小康社会是我们的战略目标,全面深化改革、全面依法治国、全面从严治党是三大战略举措。"这是"四个全面"战略布局的提出及发展过程。

经过这一理性考察,要把握这三点:

其一,党的十六大、十七大、十八大报告中在党建部分都重申"全面推进党的建设新的伟大工程"。2014年10月8日,习近平总书记在党的群众路线教育实践活动总结大会上讲话,在从严治党前加上"全面"二字,用全面从严治党取代过去的表述,并在这次江苏考察调研中同"三个全面"并列,这既是对党建理论的创新,实践的新要求,又是对中国特色社会主义理论体系的深化。

其二,习近平总书记在2015年2月2日讲话中把"四个全面"界定为"战略布局"。称之为战略布局必然有其逻辑体系。强调"四个全面"是目标和措施的辩证关系、逻辑关系,是建设中国特色社会主义的总体方案、总体框架,事关中国未来发展的大局、全局,为我国"十三五"规划制定提供了方向性、原则性、整体性的理论指导。

其三,在2015年"两会"上已得到高度而全面的认可。李克强总理

---

① 《〈中共中央关于全面推进依法治国若干重大问题的决定〉辅导读本》,人民出版社2014年版,第47页。

的政府工作报告、俞正声主席的政协工作报告、张德江委员长的人大工作报告及周强、曹建明两位院长的高法、高检报告,都提坚持以"四个全面"战略布局为指导,表明这一理论已得到全党的认同和认可,成为全党的重要指导思想。

二 "四个全面"回应中国特色社会主义实践中的难题

从"四个全面"战略布局的提出及功能看,体现了习近平总书记坚持和倡导的问题意识、问题导向和思维模式。习近平总书记在十八届三中全会对《中共中央关于全面深化改革若干重大问题的决定》说明时指出:"我们强调,要有强烈的问题意识,以重大问题为导向,抓住关键问题进一步研究思考,着力推动解决我们发展面临的一系列突出矛盾和问题。我们中国共产党人干革命、搞建设、抓改革,从来都是为了解决中国的现实问题。"① 习近平总书记在十八届四中全会上说:"深刻阐明党的领导和依法治国的关系等法治建设的重大理论和实践问题,针对法治工作中群众反映强烈的突出问题提出强有力的措施,对社会主义法治国家建设作出顶层设计。"② 表明习近平总书记始终运用问题导向分析解决中国特色社会主义实践问题,在直面问题的基础上提出解决问题的对策,由此推进中国特色社会主义事业。

习近平总书记坚持问题导向完全符合马列主义科学方法论。马克思说:"问题就是公开的、无畏的、左右一切个人的时代声音。问题就是时代的口号,它是表现自己精神状态的最实际的呼声。"③ 毛泽东在《反对党八股》中说:"问题就是事物的矛盾。"人类认识世界和改造世界的过程,就是发现问题和解决问题的过程。问题是理论创新和实践突破的逻辑和现实起点。问题意识是指人们认识问题、解决问题的自觉程度。习近平总书记站在战略高度,直面中国特色社会主义实践中的系列问题,对问题提出化解对策,进而形成了"四个全面"战略布局。

"全面建成小康社会"是习近平总书记回应小康社会建设中不全面问

---

① 《党的十八届三中全会〈决定〉学习辅导百问》,党建读物出版社、学习出版社2013年版,第43页。

② 《〈中共中央关于全面推进依法治国若干重大问题的决定〉辅导读本》,人民出版社2014年版,第45页。

③ 《马克思恩格斯全集》第40卷,人民出版社1982年,第289—290页。

题时加以强调的,并放在四个全面之首。"全面建成小康社会"关键在全面。以往在小康社会建设中最主要的问题就是不全面:一是在建设小康领域上不全面,片面强调经济上GDP,忽视政治、文化、法治、社会建设及生态文明领域的发展;二是建设小康社会主体上不全面,片面强调城市发展,忽视最底层的弱势群体,忽视了农村、农民等主体的小康;三是建设小康社会内容上不全面,片面强调人们物质生活、政治生活、文化生活,特别是忽视了干部的清正、清廉及清明,导致了腐败现象多发和高发问题;四是在建设小康社会的路径上,片面强调眼前利益和单一发展,忽视长远利益和持续发展,导致了生态环境破坏和恶化,丢掉了"望见山,看见水,记得住乡愁"等问题,化解这些难题就要补齐小康社会中的短板,做到"全面"。可见,全面建成小康社会是针对"不全面"、"不协调"、"不均衡"问题而提出的解决对策。

"全面深化改革"是习近平总书记在十八届三中全会上确立的论断。在改革开放三十多年后的今天,唯有全面深化改革才能解决中国特色社会主义建设中的诸多问题,全面深化改革是对以往单项改革的突破和超越。全面深化改革意义重大:一是全面深化改革能解决以往单一改革,或经济改革、或农村改革、或城市改革等改革不均衡、不协调、不系统、推不动的问题。所以,《决定》围绕六大领域全面深入进行改革。二是全面深化改革能解决改革开放三十多年后目标不清、动力不足、主体缺位等问题。明确全面深化改革的总目标,使全面深化改革方向明确,要让老百姓充分享受到改革发展的成果,有实实在在的获得感,使改革有了动力和坚实的主体支持,解决了改革主体缺位、动力不足的问题。三是全面深化改革抓住改革的牛鼻子,解决了改革不深入、攻坚乏力的难题。为此《决定》推出改革60项大任务及336项小任务,既抓住了改革重点和改革的主要问题,又使全面深化改革成为推动中国特色社会主义发展的直接推动力。

"全面依法治国"是习近平总书记在十八届四中全会提出来的重大论断,对建设中国特色社会主义有突破性意义。从问题导向看,全面依法治国是直面中国历史上人治问题大胆而现代的回应,彰显了习近平总书记的历史担当和使命感,是对以往人治问题的终结和法治的新开端。全面依法治国是对中国特色社会主义建设现实中权大于法、法治缺位和失位及贪腐现象问题多发的解决,是习近平总书记对人治、权治、政策文件治等问题的根本否定,让法治成为推动中国特色社会主义建设的法治保障,用法治对权力进行约束，使在法律之外没有绝对权力，高扬宪法和法治的威严，把权力关进制度和法治的笼子里，法治成为国家治理的关键，校正了党和国家在现代化进程中的方位，为切实解决历史周期律问题，为成功建设中国特色社会主义作出了法治化、制度化的保障。

"全面从严治党"是习近平总书记在全党群众路线总结大会上的讲话首次提出的新理念、新举措。"全面从严治党"是对党情及党自身存在诸多问题的理性回应，98个"从严"彰显了从严治党的"全面"，全方位、立体地回答了为什么从严治党、怎样从严治党的问题，显示了习近平总书记对党和人民的历史责任和敢担当的使命感，有效防止了苏共悲剧在我国的发生，丰富了中国特色社会主义党建理论，开创了新时期党建的实践，确保了中国共产党的执政地位和执政根基，显示了习近平总书记的党建理论与实践。

马克思曾说过，"一切划时代的体系的真正的内容，都是由于产生这些体系那个时期的需要而形成的"。"四个全面"战略布局中每一个"全面"的提出，都是坚持问题意识与问题导向，直面中国特色社会主义建设中问题的理性分析和实践回答。"四个全面"既尊重历史发展的客观规律，又照应人民群众的热盼和期待，定会指导我们党和人民把中国特色社会主义建设推向新阶段。因此，"四个全面"战略布局是着眼解决中国特色社会主义建设中新问题的战略规划和战略布局，对于开创中国特色社会主义事业有重大指导价值。

三 "四个全面"战略布局的当代价值

习近平总书记"四个全面"战略布局一经提出和确立，就引起国内外学界政界的一致好评，特别是国外学者高度评价和肯定了"四个全面"战略布局对推动中国特色社会主义发展的理论和实践意义。[①] 所以，我们必须认真学习和深入把握"四个全面"战略布局的理论价值、当代价值，使之转化到实践上，以行动的自觉推进中国特色社会主义，以在"两个一百年"时实现伟大的中国梦。

第一，"四个全面"战略布局是对中国特色社会主义的理论发展和实践回应。"四个全面"战略布局不是习近平总书记在马列主义与中国特色

[①] 见《外国学者看"四个全面"》，《人民日报》2015年4月10日、12日（上、下）。

社会主义理论体系之外的另起炉灶,而是继承和坚持了马列主义理论,高举中国特色社会主义理论旗帜,在坚定不移走中国特色社会主义道路的基础上,对我们党改革开放以来走这条路的理论总结和问题回答,实现了几代中国共产党人建设中国特色社会主义与习近平治国理政方略的有机结合,实现了中国特色社会主义与世界发展大潮流的有机交融,实现了新一届党中央的战略思考和人民群众意愿的高度契合,实现了中国特色社会主义发展轨迹与世界发展大势的水乳交融。可见,"四个全面"战略布局能成为坚持和发展中国特色社会主义道路、理论、制度的大战略,成为与中国特色社会主义理论一样富有指导意义和价值的科学理念。

第二,"四个全面"战略布局体现习近平总书记理论上的造诣、政治上的清醒、发展上的视野。"全面"这二字极为重要,体现了马克思主义唯物辩证法的全面性、整体性、系统性,实现了客观辩证法与主观辩证法的统一,使"四个全面"战略布局成为科学体系并使建设中国特色社会主义理念的大升华,战略布局的大创新,建设实践的大跨越。可以说,"四个全面"是当代中国共产党人对以往指导思想的与时俱进和历史性超越。表明"四个全面"战略布局代表了中国共产党人和广大人民群众的根本利益,体现了以习近平同志为核心的党中央建设中国特色社会主义的历史责任感、使命感和敢于担当的奉献精神。同时体现了习近平总书记深厚的马克思主义哲学造诣、科学的世界观和方法论,及独特的思想风格、执政理念、执政特色和执政魄力,表明遵循"四个全面"战略布局的指导就一定能够实现中华民族伟大复兴的中国梦。

第三,"四个全面"战略布局为指导中国特色社会主义建设提供了科学的问题导向方法论原则。"四个全面"集中体现了习近平总书记的问题意识、问题导向和思维方法,习近平出任党的总书记后之所以取得辉煌的成就,得到了全党和全国人民的认可和好评,得到了世人的赞誉,与他坚持问题导向认识和分析中国特色社会主义实践中的问题,找出病根并提出解决方法分不开。在2014年10月31日古田全军政治工作会议上,习近平总书记特别强调"问题是工作的牵引,问题是时代的呼唤"。由此发现了部队建设中的诸多问题,并系统提出深化部队改革的对策,极大地提升了部队的战斗力。还有,直面经济下行问题,提出经济新常态,制定经济发展新对策。习近平总书记新理论、新思路、新举措就不一一枚举。在中国特色社会主义建设中,各级领导干部和学者研究问题都要向习近平总书记学习，坚持问题导向，不回避问题，从实际问题出发，不犯主观臆想的错误。"四个全面"就是习近平总书记直面中国特色社会主义建设中经济社会发展的重大问题，提出的解决问题战略思考而形成的战略布局。因此，"四个全面"是科学推动中国特色社会主义建设健康发展的战略抓手，告诫我们党和领导干部在建设中国特色社会主义道路上，要始终坚持和运用问题导向方法论原则。

第四，"四个全面"战略布局是指导中国特色社会主义建设的思想理论和逻辑体系。习近平总书记多次论述"四个全面"战略布局是相辅相成、相互促进、相得益彰的逻辑体系。在中央党校省部级主要领导干部专题研讨班上说，"全面建成小康社会是我们的战略目标"，"全面深化改革、全面依法治国、全面从严治党是三大战略举措，对实现全面建成小康社会战略目标一个都不能缺"。因此，"四个全面"战略布局绝不能仅仅作为战略规划来理解，要作为指导思想层面的科学理论，是对我们党指导思想的创新，是马列主义的当代化。现已被全面建成小康社会、全面深化改革、全面依法治国及全面从严治党的实践所证明。因此，"四个全面"战略布局必将为制定"十三五"规划提供理论指导，为开创中国特色社会主义事业新局面提供重要的思想理论保证。

（作者单位：祝福恩，黑龙江省社会主义学院，哈尔滨工程大学；祝贺，英国伦敦国王学院）

"四个全面"：新的历史起点上中国特色社会主义的新发展

王观松　刘家用

习近平总书记指出："坚持和发展中国特色社会主义是一篇大文章，邓小平同志为它确定了基本思路和基本原则，以江泽民同志为核心的党的第三代中央领导集体、以胡锦涛同志为核心的党中央在这篇大文章上都写下了精彩的篇章。现在，我们这一代共产党人的任务，就是继续把这篇大文章写下去。"习近平总书记的比喻生动地说明了中国特色社会主义是随着我们党领导人民在实践中不断向前发展的。十八大以来，以习近平同志为核心的党中央紧紧围绕如何坚持和发展中国特色社会主义这个主题，先后作出了全面建成小康社会、全面深化改革、全面依法治国和全面从严治党的重大决定和部署，全面回答了发展中国特色社会主义面临的新课题，形成了"四个全面"战略布局。

一 "全面建成小康社会"为推进中国特色社会主义发展进一步明确了奋斗目标和历史责任

改革开放初期，邓小平同志提出"小康"和中国式现代化的目标以后，在党的十二大上，党中央郑重提出建设有中国特色社会主义的历史使命，从那以后，我们党就把"小康社会"与中国特色社会主义紧密联系在一起。

1. "全面建成小康社会"为发展中国特色社会主义确立了更加明确具体的目标

实现"小康"是邓小平在 1979 年会见日本首相大平正芳时提出的，1982 年十二大正式把"小康社会"确立为奋斗目标。20 世纪末，我国实现总体小康，总体小康还只是低水平、不全面的，十六大、十七大提出全面建设小康社会的目标,十八大改为"全面建成小康社会"。十八大报告指出,全面建成小康社会,就是确保到2020年国内生产总值和城乡居民人均收入比2010年翻一番,实现经济持续健康发展,人民民主不断扩大,文化软实力显著增强,人民生活水平全面提高,资源节约型、环境友好型社会建设取得重大进展,为实现现代化和民族复兴奠定坚实基础。为了实现这个目标,党的十八大以来,以习近平同志为核心的党中央提出了一系列新思想、新论断、新要求,科学回答了全面建成小康社会面临的诸多重大问题,为推进中国特色社会主义向前发展确立了更加具体的奋斗目标。

2. 全面建成小康社会是推进中国特色社会主义向前发展的关键一步

中国共产党成立一百年的时候,我们要实现全面小康,非常具体而紧迫的任务摆在面前。全面建成小康社会在发展中国特色社会主义中处于引领地位的战略目标,是中国特色社会主义继续向前发展的关键一步,能否顺利实现全面建成小康社会的目标,事关中国特色社会主义的宏伟大业。正如习近平总书记所指出的"四个全面"战略布局中,全面建成小康社会是目标,是纲,纲举则目张。全面建成小康社会,"最根本最紧迫的任务还是进一步解放和发展社会生产力","最艰巨最繁重的任务在农村、特别是在贫困地区","小康不小康,关键看老乡","一个民族都不能少","决不能让一个苏区老区掉队",习近平总书记这些论述体现了我们党的根本宗旨,是中国共产党人向全世界作出的庄严承诺,也是发展中国特色社会主义的应有之义。只有实现了全面建成小康社会这个目标,才能把中国特色社会主义伟大事业一步一步推向前进,中华民族才能一步一步走向伟大复兴。

3. 排除各种干扰为实现全面建成小康社会扫清障碍

2013年1月1日,习近平在全国政协新年茶话会上讲:"现在,全面建成小康社会的号角已经吹响,关键是要树立起攻坚克难的坚定信心,凝聚起推进事业的强大力量,紧紧依靠全国各族人民,推动党和国家事业不断从胜利走向新的胜利。"习近平强调,要实现全面建成小康社会,一是路子要对。2013年在印度尼西亚出席亚太经合组织工商领导人峰会期间,习近平发表了题为《深化改革开放共创美好亚太》的主旨演讲,他说:"中国是一个大国,决不能在根本性问题上出现颠覆性错误,一旦出现就无法挽回、无法弥补。"二是步子要稳。步子要稳,就是方向一定要准,行驶一定要稳,尤其是不能犯颠覆性错误。三是要排除各种错误思潮干扰。根据当前社会上有些人把中国特色社会主义说成是有中国特色的资本主义的错误认识，习近平指出："中国特色社会主义是社会主义而不是其他什么主义，科学社会主义基本原则不能丢，丢了就不是社会主义。一个国家实行什么样的主义，关键要看这个主义能否解决这个国家面临的历史性课题。历史和现实都告诉我们，只有社会主义才能救中国，只有中国特色社会主义才能发展中国，这是历史的结论、人民的选择。"正是基于这种认识，面对各种错误思潮的干扰，习近平总书记以捍卫中国特色社会主义的决心和发展中国特色社会主义的信心作出了斩钉截铁的回答：中国特色社会主义是实现中华民族伟大复兴的必由之路。

二 "全面深化改革"为发展中国特色社会主义注入了新的动力和丰富的内容

如何进一步深化改革开放，习近平总书记清醒地认识到，全面深化改革，有效应对前进道路上可以预见和难以预见的各种困难与风险，都会提出新的课题，迫切需要我们从理论上作出新的科学回答。

1. 全面深化改革为实现中国特色社会主义的发展战略提供了正确路径

如果说，党的十一届三中全会开启了我国改革开放历史新时期，那么，党的十八届三中全会则开启了全面深化改革的新征程。在建设中国特色社会主义新的征程上，习近平担任总书记向全世界释放出来的第一信号就是"改革开放只有进行时没有完成时"。党的十八大以来，中央反复强调，改革开放是决定当代中国命运的关键一招，也是决定实现"两个一百年"奋斗目标、实现中华民族伟大复兴的关键一招。面对新形势新任务，我们必须通过全面深化改革，着力解决我国发展面临的一系列突出矛盾和问题，不断推进中国特色社会主义制度自我完善和发展。当前，国内外环境都在发生极为广泛而深刻的变化，我国发展面临一系列突出矛盾和挑战，前进道路上还有不少困难和问题。解决这些问题，关键在于深化改革。中国特色社会主义的发展和完善是一个漫长的历史过程，每前进一步都会遇到这样那样的困难和问题，今天的困难和问题解决了，明天又会遇到新的困难和问题，有效解决前进中的困难和问题，唯有坚定不移地深化改革，除此之外，别无他途。

2. 全面深化改革的重大部署进一步丰富和发展了中国特色社会主义

中共十八届三中全会就全面深化改革作出总体部署，提出了破解推进中国特色社会主义面临一系列难题的重大举措，其中最具有创新性的是突出"五大作用"。

第一，突出市场的作用。三中全会明确提出要使市场在资源配置中起决定性作用和更好发挥政府作用。这个提法在我们党的文献中还是第一次，它标志着我们党对市场经济的认识又前进了一大步。理论和实践都证明，市场配置资源是最有效率的形式。市场决定资源配置是市场经济的一般规律，市场经济本质上就是市场决定资源配置的经济。健全社会主义市场经济体制必须遵循这条规律，着力解决市场体系不完善、政府干预过多和监管不到位的问题。把市场在资源配置中的"基础性作用"修改为"决定性作用"，标志着在完善中国特色社会主义市场经济体制上迈出了新的步伐。

第二，突出探索混合所有制的作用。改革开放以来，我国所有制结构逐步调整，公有制经济和非公有制经济在发展经济、促进就业等方面的比重不断变化，增强了经济社会发展活力。如何更好地体现和坚持公有制主体地位，发挥国有经济主导作用，促进国有资本放大功能、保值增值和各种所有制资本取长补短、相互促进、共同发展，需要积极发展混合所有制经济。2015年"两会"期间，习近平总书记在参加安徽代表团审议时指出，发展混合所有制经济，基本政策已明确，关键是细则，成败也在细则。要吸取过去国企改革的经验和教训，不能在一片改革声浪中把国有资产变成牟取暴利的机会。这些认识既坚持了中国特色社会主义是社会主义，又坚持了中国特色社会主义是符合初级阶段的社会主义，它体现了我们党运用实事求是这个马克思主义活的灵魂解决前人尚未解决的难题的高超才能。

第三，突出顶层设计统领的作用。与以往的改革相比，十八大以后更加注重改革的顶层设计和整体谋划，加强各项改革的关联性、系统性、可行性研究。2012年12月31日，习近平总书记在政治局第二次集体学习时强调，摸着石头过河和加强顶层设计是辩证统一的，推进局部的阶段性改革开放要在加强顶层设计的前提下进行，加强顶层设计要在推进局部的阶段性改革开放的基础上来谋划。要加强宏观思考和顶层设计，更加注重改革的系统性、整体性、协同性，同时也要继续鼓励大胆试验、大胆突破，不断把改革开放引向深入。

第四，突出改革整体推进的作用。改革开放以来取得的巨大成就是事实,同时出现各种问题和矛盾也是事实,这种情况主要是改革不协调所造成的。为了克服这种情况,习近平总书记指出,改革开放是一个系统工程,必须坚持全面改革,在各项改革协同配合中推进。当前,改革的最大特点是全面协同和互动性,是实行经济体制、政治体制、社会体制和文化体制综合配套改革。要整体推进改革,消除科学发展体制性障碍,促进经济社会转型升级,推动经济社会又好又快可持续发展,必须更加注重各项改革的相互促进、良性互动,整体推进,重点突破,形成推进改革开放的强大合力。这样,才能使深化改革沿着正确道路全面推进,才能使中国特色社会主义继续健康发展。

第五,突出全面深化改革中央领导小组的作用。全面深化改革是一个复杂的系统工程,单靠某一个或某几个部门往往力不从心,从以往做法看,还存在出台改革政策带有部门利益倾向化问题,为了克服这种弊端,就需要建立更高层面的领导机制。三中全会决定提出,中央成立全面深化改革领导小组,负责改革总体设计、统筹协调、整体推进、督促落实。这是为了更好地发挥党总揽全局、协调各方的领导核心作用,保证改革顺利推进和各项改革任务的落实,这个重大举措改变了以往出台政策部门利益化的倾向。

三 "全面依法治国"为坚持和发展中国特色社会主义提供法治保障

全面推进依法治国是关系我们党执政兴国、人民幸福安康、党和国家长治久安的重大战略问题,是完善和发展中国特色社会主义制度、推进国家治理体系和治理能力现代化的重要方面。

1. 全面推进依法治国是中国特色社会主义的本质属性和内在要求

中国特色社会主义与现代法治建设是联系在一起的,党的十一届三中全会明确提出了"发展社会主义民主、健全社会主义法制"的重大方针,党的十五大明确把依法治国确立为基本治国方略,把建设社会主义法治国家确定为社会主义现代化建设的重要目标。经过不懈努力,到2010年,我国基本形成了以宪法为核心的中国特色社会主义法律体系,为改革开放和社会主义现代化建设提供了有力的法治保障。党的十八大明确提出"加快建设社会主义法治国家",把"全面推进依法治国"作为政治改革和政治发展的重要目标和重要任务。2012年12月4日,习近平总书记在我国宪法颁布施行30周年纪念大会上的讲话中明确指出,捍卫宪法尊严,保证宪法实施。十八届三中全会进一步提出了"推进法治中国建设"的任务,这意味着我们党掀开了在法治轨道上推进和发展中国特色社会主义新的一页。

2. 全面依法治国必须坚持党的领导

十八届四中全会《决定》明确指出,坚持党的领导,是社会主义法治的根本要求,是党和国家的根本所在、命脉所在,是全国各族人民的利益所系、幸福所系,是全面推进依法治国的题中应有之义。中国共产党是中国特色社会主义事业的领导核心,担负着团结带领人民全面建成小康社会、实现中华民族伟大复兴的重任。习近平总书记指出,坚持党的领导,是中国特色社会主义最本质的特征,也是中国特色社会主义民主法治建设最本质的特征。怎样才能有效地坚持党的领导、实现党执政兴国的任务?最根本的就是要坚持党的领导和社会主义法治的内在一致性,充分发挥法治在党执政兴国中的根本保证作用。其中,最重要的是把党领导人民制定和实施宪法法律同党坚持在宪法法律范围内活动统一起来,使党的主张通过法定程序成为国家意志;同时坚持法律面前人人平等,任何组织或者个人都不得有超越宪法法律的特权,一切违反宪法法律的行为都必须予以追究。

3. 全面依法治国在中国历史上是一次巨大飞跃

在我国,治理国家的遗产占统治地位的是封建社会人治方式,民主和法治相对弱化,这是我国法治建设面临的最大实际。经过60多年的探索和实践,我们逐步认识到,不清除封建社会治理方式的残余,不强化法治意识,要实现现代化、赶上时代是不可能的。全面依法治国,实现国家治理现代化,是一次认识上的飞跃,是一个由"人治"到"法治"的巨大飞跃。从中国的实际出发,借鉴发达国家先进做法,解决国家治理和社会治理中的重大实际问题,真正做到依法执政、依法行政、依法治理社会,推进国家治理体系和治理能力现代化,这是正确推进中国特色社会主义向前发展的唯一途径。

4. 进一步明确了党和法的关系

一段时间以来,有人热衷于讨论"党大"还是"法大",把"党"和"法"人为地对立起来、割裂开来。对此,习近平总书记明确指出,"党大还是法大"是个伪命题,他严词告诫各级领导干部:"我们说不存在'党大还是法大'的问题,是把党作为一个执政整体而言的,是指党的执政地位和领导地位而言的,具体到每个党政组织、每个领导干部就必须服从和遵守宪法法律,就不能以党自居,就不能把党的领导作为个人以言代法、以权压法、徇私枉法的挡箭牌。如果说'党大还是法大'是一个伪命题,那么对各级党政组织、各级领导干部来说,权大还是法大则是一个真命题。纵观人类政治文明史,权力是一把双刃剑,在法治轨道上行驶可以造福人民,在法律之外行驶则必然祸害国家和人民。我们也抱着开放的态度,无论是传统的还是外来的,要取其精华、去其糟粕。但基本的东西必须是我们自己的,我们只能走自己的道路。我们是中国共产党执政,各民主党派参政,没有反对党,不是三权鼎立、多党轮流坐庄,我国法治体系要跟这个制度相配套。"这个阐述对党和法的关系作出了科学和权威的解析,澄清了中国特色社会主义发展进程中长期困扰人们模棱两可似是而非的问题。

5. 抓住领导干部这个"关键少数"

2015年2月2日,习近平在省部级主要领导干部学习贯彻十八届四中全会精神专题研讨班开班式上发表重要讲话时指出,各级领导干部在推进依法治国方面肩负着重要责任,全面依法治国必须抓住领导干部这个"关键少数"。在现实生活中,一些领导干部法治意识比较淡薄,有的存在有法不依、执法不严甚至徇私枉法等问题,影响了党和国家的形象和威信,扰乱了政治、经济、文化、社会、生态文明领域的正常秩序。不解决领导干部违法乱纪的问题,不解决司法不公的问题,推进全面依法治国就会遇到中梗阻。习近平总书记强调,领导干部要做尊法的模范,带头尊崇法治、敬畏法律;做学法的模范,带头了解法律、掌握法律;做守法的模范,带头遵纪守法、捍卫法治;做用法的模范,带头厉行法治、依法办事。各级领导干部在推进依法治国方面肩负着重要责任,只有紧紧抓住领导干部这个"关键少数",才能逐步形成严格执法、公正司法、全民守法的法治环境,这是推进中国特色社会主义法治建设的先决条件,也是实施依法执政、依法行政的重要条件。

四 "全面从严治党"为不断发展中国特色社会主义提供根本保证

党的十八大以来,以习近平同志为核心的党中央在推进党的建设实践过程中,针对党内存在的突出问题,紧紧抓住党风廉政建设这个"牛鼻子",以纠风反腐开路,在从严治党方面提出了一系列新思想、新观点,逐步明确了从严治党的基本思路，开创了党建工作新局面。

1. 坚决纠正不良作风和铁腕反腐

在长期执政和市场经济的条件下，如何解决党的肌体受到侵蚀的问题，从邓小平到江泽民再到胡锦涛和现任总书记习近平都在致力于解决这个问题。由于问题的严重性，十八大以后迫使我们党不得不采取非常措施来解决这个问题。正如习近平总书记所强调的，"党要管党，才能管好党；从严治党，才能治好党。对我们这样一个拥有8600多万党员、在一个13亿人口大国长期执政的党，管党治党一刻不能松懈。如果管党不力、治党不严，人民群众反映强烈的党内突出问题得不到解决，那我们党迟早会失去执政资格，不可避免会被历史淘汰"。正是基于这一认识，习近平担任总书记以后抓的第一件事就是作风建设，在全党开展群众路线教育实践活动，动真格大刀阔斧进行纠风反腐，"老虎"、"苍蝇"一起打，这些重大举措收到了很好的效果，打开了从严治党新局面，得到了全国人民的支持和拥护。

2. 打铁还需自身硬

习近平总书记强调，解决党内存在的突出问题，"打铁还需自身硬"。2013年7月，习近平总书记来到革命圣地西柏坡，谆谆告诫全党，"党面临的'赶考'远未结束"，"所有领导干部和全体党员要继续把人民对我们党的'考试'、把我们党正在经受和将要经受各种考验的'考试'考好，努力交出优异的答卷"。我们党作为长期执政的政党，自身建设和管理的好坏，决定着我们党的生存和发展，也决定着中华民族的未来。这些年来，世界上一些老牌执政党衰败落伍、丢权垮台的教训极为深刻。"打铁还需自身硬"，靠"自身硬"凝聚起不可战胜的磅礴力量，靠"自身硬"经受住来自国内外的各种考验，这体现了我们党强烈的忧患意识，体现了把党建设好，确保党永远不变质、红色江山永远不变色的坚定决心。中国特色社会主义的未来是一个什么样子，取决于我们党自身要过硬，取决于我们党永葆纯洁。

3. 坚持革命理想高于天的精神家园

《人民论坛》的调查显示，官员信仰缺失被认为是当今社会病态之首，这个结果引起党中央的高度重视。习近平总书记在中共中央政治局第一次集体学习时指出："理想信念就是共产党人精神上的'钙'，没有理想信念，理想信念不坚定，精神上就会'缺钙'，就会得'软骨病'。现实生活中,一些党员、干部出这样那样的问题,说到底是信仰迷茫、精神迷失。"衡量一名共产党员、一名领导干部是否具有共产主义远大理想,是有客观标准的,那就要看他能否坚持全心全意为人民服务的根本宗旨,能否吃苦在前、享受在后,能否勤奋工作、廉洁奉公,能否为理想而奋不顾身去拼搏、去奋斗、去献出自己的全部精力乃至生命。一切迷惘迟疑的观点,一切及时行乐的思想,一切贪图私利的行为,一切无所作为的作风,都是与此格格不入的。这"四个能否"、"四个一切"全面概括了新形势下解决党员干部理想信念问题的基本内容和基本要求,为党员干部加强党性修养,坚定共产主义理想和中国特色社会主义信念进一步明确了途径和标准。

4. 思想建党与制度建党相结合

思想建党是我们党的独特优势,十八大以来,习近平总书记开始以全新的角度思考国家治理体系和从严治党的问题,强调领导制度、组织制度问题更带有根本性、全局性、稳定性和长期性。今天,摆在我们面前的一项重大历史任务,就是推动中国特色社会主义制度更加成熟更加定型,这里面就包括党的建设制度化的内容。如何加强从制度上建党,习总书记提出了一个崭新的思想,"把权力关进制度的笼子里",按照这个思想建立一系列使领导干部不敢腐、不能腐、不想腐的制度。当前我们党雷厉风行运动式的反腐,固然很有必要,其效果也很显著,但终归是迫于执政形势需要的治标,就长远而言,还是要改革领导和执政方式,探索科学执政、民主执政、依法执政,实现党、国家、社会各项事务治理制度化、规范化、程序化。制度和法治,这是国家发展的方向,也是我们党建设的方向。有效破解我们党面临的"四大考验"和"四大危险",需要把思想建党同制度建党结合起来,把党的建设同法制建设结合起来。

十八大以来,党中央从坚持和发展中国特色社会主义全局出发,提出并形成了全面建成小康社会、全面深化改革、全面依法治国、全面从严治党的战略布局。全面建成小康社会是我们的战略目标,全面深化改革、全面依法治国、全面从严治党是三大战略举措,"四个全面"相辅相成、相互促进、相得益彰。如果用一个比较形象的比喻的话,我们把中国特色社会主义就好比是一个人,"四个全面"好比是这个人的主要活动,这个人要去的目的地是全面建成小康社会;这个人要到达目的地,就需要有动力,这就是全面深化改革;这个人在向目的地前进中可能会遇到一些意外，比如有坏人盗窃、抢劫等，这就需要保护，这就是全面依法治国；这个人沿途需要把握正确方向、解决衣食住用行和协调各方面的关系等问题，这就是全面从严治党。这个比喻虽然不准确，但它直观地说明了"四个全面"与中国特色社会主义的内在联系。从继续书写坚持和发展中国特色社会主义这篇大文章来看，习近平总书记提出的"四个全面"战略布局是在新的历史起点上进一步发展了中国特色社会主义。

参考文献

1. 张平：《全面建成小康社会奋斗目标的新要求》，《人民日报》2012年11月27日。
2. 《习近平总书记系列重要讲话读本》，人民出版社2014年版。
3. 张维为：《国际视野下的中国道路》，《光明日报》2015年4月2日。
4. 曲青山：《深刻把握"四个全面"的精髓要义》，《人民日报》2015年6月16日。
5. 杨凤城：《"四个全面"合乎历史与逻辑发展》，《光明日报》2015年6月11日。

（作者单位：武汉市委党校）

论"四个全面"是中国特色社会主义发展的新阶段(论纲)

李勇华

一 "四个全面"是中国特色社会主义进入历史新阶段的产物

经过三十多年的改革开放,到党的十八大,中国特色社会主义进入到新的历史阶段。

第一,"全面建设小康社会"进入关键阶段。党的十六大提出了我国在 21 世纪头二十年全面建设小康社会的奋斗目标。到 2012 年党的十八大,全面建设小康社会进入关键阶段。一是国内贫富分化高位运行,基尼系数居高不下,与全面小康社会建设背向而行。二是扶贫工作难度加大,进入最后的攻坚拔寨阶段。三是国内左右纷争,离散了不同的利益群体。为此,新一届中央领导集体明确提出要全面"建成"小康社会。"全面建成小康社会"成为新一届中央领导集体的庄严的执政使命,也成为实现中国梦的关键一步。"全面建成小康社会"、"中国梦"成为凝聚穷人富人、平息左派右派的共同理想、共同福祉。

第二,管党治党进入关键关头。改革开放取得创世纪成就的同时,作为国家、民族、事业领导核心的中国共产党也濒临危机。一是党内的腐败势头难以遏制,党风问题成堆。二是执政党的公信力下降,人民群众普存不满。三是境外所谓"颜色革命"、"茉莉花革命"兴风作浪,构成威胁。为此,必须从严管党治党,重拾人心,化解危机,增强党执政的合法性基础。

第三,全面改革进入关键时刻。党的十五大提出,到 21 世纪的第一个十年,形成比较完善的社会主义市场经济体制,再经过十年的努力,到建党 100 周年时,使国民经济更加发展,各项制度更加完善。十八大指出,21 世纪头二十年,是实现现代化建设第三步战略目标必经的承上启下的发展阶段，也是完善社会主义市场经济体制和扩大对外开放的关键阶段，在这个阶段，要建成完善的社会主义市场经济体制和更具活力、更加开放的经济体系。2014年2月7日，习近平在俄罗斯索契接受俄罗斯电视台专访时指出："中国改革经过30多年，已进入深水区，可以说，容易的、皆大欢喜的改革已经完成了，好吃的肉都吃掉了，剩下的都是难啃的硬骨头。这就要求我们胆子要大、步子要稳。胆子要大，就是改革再难也要向前推进，敢于担当，敢于啃硬骨头，敢于涉险滩。步子要稳，就是方向一定要准，行驶一定要稳，尤其是不能犯颠覆性错误。"

第四，依法治国进入关键节点。十五大提出依法治国是党领导人民治理国家的基本方略以来，依法治国一直在努力推进。但是，同党和国家事业发展要求相比，同人民群众期待相比，法治建设还存在许多不适应、不符合的问题。有的法律法规未能全面反映客观规律和人民意愿，针对性、可操作性不强，立法工作中部门化倾向、争权诿责现象较为突出；有法不依、执法不严、违法不究现象比较严重，执法体制权责脱节、多头执法、选择性执法现象仍然存在，群众对执法司法不公和腐败问题反映强烈；一些国家工作人员特别是领导干部依法办事观念不强、能力不足，知法犯法、以言代法、以权压法、徇私枉法现象依然存在。这些问题，违背社会主义法治原则，损害人民群众利益，妨碍党和国家事业发展，尤其严重妨碍十八届三中全会提出的"推进国家治理体系和治理能力现代化"的改革总目标的实现。"必须下大气力加以解决"。

二 "四个全面"把中国特色社会主义实践推进到历史新阶段

第一，用共同理想凝聚人心，中国人民、中华民族的向心力达到历史新高度。"中国梦"、"全面建成小康社会"的提出使民族人心的凝聚达到新高度；"中国道路"、"中国精神"、"中国力量"的提出使民族人心的凝聚达到新高度；"三个自信"的提出使民族人心的凝聚达到新高度，等等。

第二，从严治党、重典反腐，使党风廉政建设达到历史新高度。"八项规定"，"打虎拍蝇"，以"零容忍态度"，以"踏石留印、抓铁有痕的劲头"，以"义无反顾、勇往直前、猛药去疴、重典治乱、刮骨疗毒、壮士断腕的决心"强力惩腐。针对疑义，习近平斩钉截铁地说："不是没有掂量过。但我们认准了党的宗旨使命，认准了人民的期待。"

第三，勇于涉险滩、啃硬骨头，使改革达到全面深化、攻坚克难的历史新高度。全面深化改革，从"摸着石头过河"到"顶层设计"与"摸着石头过河"相结合。我国发展进入新阶段，改革进入攻坚期和深水区。必须以强烈的历史使命感，最大限度集中全党全社会智慧，最大限度调动一切积极因素，敢于啃硬骨头，敢于涉险滩，以更大决心冲破思想观念的束缚、突破利益固化的藩篱，推动中国特色社会主义制度自我完善和发展。

第四，五大建设齐步推进，使依法治国推进到全面架构的历史新高度。十八届四中全会指出，全面推进依法治国，总目标是建设中国特色社会主义法治体系，建设社会主义法治国家。为此，就要大力推进建设完备的法律规范体系、高效的法治实施体系、严密的法治监督体系、有力的法治保障体系、完善的党内法规体系，把"依规治党"纳入依法治国之中一体运作，为实现"国家治理体系和治理能力现代化"目标提供有力保障。

第五，内政外交国防政绩显著，经济社会发展迈上历史新高度。经济社会发展步入"新常态"，"两创战略"初见成效，经济结构调整坚定推进，"一带一路"战略和亚洲基础设施投资银行引领世界，对外关系开拓新局面、南海政策牢牢坚守，中国的国际地位跃上新台阶。《中国世纪》的到来，"中国经济以拔得头筹之势进入2015年，并很可能长时间执此牛耳……中国回到了它在人类历史上大多数时间里所占据的地位"（诺贝尔经济学奖得主约瑟夫·施蒂格利茨）。

三 "四个全面"把中国特色社会主义理论提升到历史新境界

除经济、政治、文化、社会、生态、党建、祖国统一、国际战略等领域外，从总体层面看：

第一，中国特色社会主义新阶段的总体战略布局提升到历史新境界。"四个全面"是战略新布局，全面建成小康社会是战略目标，全面深化改革、全面依法治国、全面从严治党是实现战略目标的三大战略举措。我们也可以说，全面建成小康社会是战略目标，全面深化改革、全面依法治国是实现目标的两个基本武器，而党的组织（从严治党），则是掌握全面深化改革、全面依法治国这两个武器以冲锋陷阵的英勇战士。

第二，改革发展稳定关系理论进入历史新境界。一是，把改革发展稳定关系作为一个整体考虑，坚定地以改革促发展，以发展促稳定。二是，改革发展稳定首要的是以革命的精神管党治党，保持领导核心的先进性与纯洁性。三是，改革发展稳定必须全面深化改革，勇于"破冰前行"，"以更大决心冲破思想观念的束缚、突破利益固化的藩篱，推动中国特色社会主义制度自我完善和发展"。四是，改革发展稳定必须以全面依法治国为保障。全面深化改革需要法治的保障，从严治党也需要法治的保障。

第三，把"依法治国"与"从严治党"结合起来，融为一体。

依法执政，既要求党依据宪法法律治国理政，也要求党依据党内法规管党治党。党内法规既是管党治党的重要依据，也是建设社会主义法治国家的有力保障。党规党纪严于国家法律，党的各级组织和广大党员干部不仅要模范遵守国家法律，而且要按照党规党纪以更高标准严格要求自己。把"依规治党"纳入依法治国之中一体运作。

四 "四个全面"是运用马克思主义方法论治国理政的典范

第一，紧紧抓住主要矛盾、突出问题。坚持问题导向和科学思维，着力破解阻碍发展的主要矛盾，解决阻碍发展的主要问题。"四个全面"，是从我国发展现实需要中得出来的，是从人民群众的热切期待中得出来的，是为推动解决我们面临的突出矛盾和问题提出来的。

第二，立足战略大局、整体思维。以当代中国共产党人的全局视野和战略眼光，立足中国实际、针对中国难题，提出"四个全面"战略布局；立足治国理政全局，抓住改革发展稳定关键，统领中国发展总纲，确立新形势下党和国家各项工作的战略方向、重点领域、主攻目标；"四个全面"构成一体，相互耦合，相辅相成，缺一不可，整体推进。

第三，"顶层设计"与"摸着石头过河"相结合。改革开放是前无古人的崭新事业，必须坚持正确的方法论，在不断实践探索中推进。摸着石头过河和加强顶层设计是辩证统一的，推进局部的阶段性改革开放要在加强顶层设计的前提下进行，加强顶层设计要在推进局部的阶段性改革开放的基础上来谋划。要加强宏观思考和顶层设计，更加注重改革的系统性、整体性、协同性，同时也要继续鼓励大胆试验、大胆突破，不断把改革开放引向深入。改革开放是一个系统工程，必须坚持全面改革，在各项改革协同配合中推进。要更加注重各项改革的相互促进、良性互动，整体推进，重点突破，形成推进改革开放的强大合力。

第四，从"小事"（具体的事情）抓起，一抓到底。党风建设，从"八项规定"入手，从具体的事情抓起，以"钉钉子"的精神，紧抓不放,一抓到底。从治理"舌尖上的浪费",到整治一张贺卡、一盒月饼背后的奢靡之风,一件件小事有始有终,以徙木立信之效让人们看到了中央真抓实干、刚性执行的信心和决心。习近平指出:世间事,做于细,成于严,从严是我们做好一切工作的重要保障;这次群众路线教育实践活动,对我们探索新形势下从严治党的特点和规律具有十分重要的牵引作用,从严治党必须具体地而不是抽象地、认真地而不是敷衍地落实到位,这是这次活动给我们提供的最深刻的启示。

五 "四个全面"是新一届中央领导集体的强烈使命与担当

第一,"四个全面",反映了习近平新一届领导集体对中国特色社会主义进入新阶段的强烈历史敏锐感。

第二,"四个全面",反映了习近平新一届领导集体推进中国特色社会主义迈入历史新高度的强烈历史使命感。

第三,"四个全面",反映了习近平新一届领导集体对领导中国特色社会主义事业"党命于我"的强烈历史担当精神。

第四,"四个全面",反映了习近平新一届领导集体推进中国特色社会主义事业"时不待我"、"只争朝夕"的强烈革命精神。

第五,"四个全面",反映了习近平领导集体"超负荷"多干事、多解决问题,多推进事业的极端敬业精神。

(作者单位:浙江农林大学马克思主义学院、法政学院,
浙江省重点研究基地"农民发展研究中心")

"四个全面"：新时期中国共产党执政理念的科学演进

杨 奎

2013年7月，习近平总书记在出席全国组织工作会议并发表重要讲话时强调，面对复杂多变的国际形势和艰巨繁重的国内改革发展任务，实现党的十八大确定的各项目标任务，进行具有许多新的历史特点的伟大斗争，关键在党。关键在党，就要确保党在发展中国特色社会主义历史进程中始终成为坚强领导核心。中国革命、建设和改革实践无可辩驳地证明，办好中国的事，关键在党。当前，"四个全面"战略部署和任务的提出，是中国共产党人坚定不移地坚持马克思主义的基本理论和基本信仰、继承党的思想理论建设优良传统的必然成果，它不仅体现了中国共产党锐意改革、不断创新的决心和勇气，也是我们党对新时期提高执政能力、完善自身建设提出的更高目标和要求。

一 "四个全面"的提出是对党的基本路线的坚持和发展

从马克思主义基本原理出发，我们可以清楚地认识到，一定水平的生产力是人和社会存在的前提条件，一定的衣食住行等生活资料是人和社会存在的物质基础，没有一定的生产力条件人就无法生存，社会也无法发展。生产力的发展规定和制约着人和社会的发展程度。马克思指出，人们在历史的每一阶段都遇到一定的物质结果，一定的生产力总和，人对自然以及个人之间历史地形成的关系，都遇到前一代传给后一代的大量生产力、资金和环境，这些现有的物质基础和生产力状况预先规定了人们的生活条件，"使它得到一定的发展和具有特殊的性质"[①]。因此，要消灭私有

---

① 《马克思恩格斯选集》第1卷，人民出版社1995年版，第92页。

制社会的"异化"现象,实现人的发展和社会的共同进步,就必须"以生产力的巨大增长和高度发展为前提"①。马克思在《〈政治经济学批判〉序言》中更加明确地指出,生产力是社会发展的最终决定力量,它最终决定着社会关系、社会制度、社会意识、社会形态的变迁。生产力与生产关系既矛盾又相适应,从而经济基础与上层建筑也是既矛盾又相适应,促成了人类社会从低级向高级的发展。

从社会结构理论来看,人类社会发展的基础是经济,政治、文化及其他所有社会建构都是上层建筑。经济基础包括生产力和生产关系;生产关系包括微观的生产组织及其劳动关系和宏观的经济体制。既然经济是基础,政治、文化、社会、法律都是上层建筑,那么上层建筑就要服从于它、服务于它而与之适应,"以经济建设为中心"自然成为题中之义。以经济建设为中心同时也内在地包含了经济建设不是唯一的,其他建设必须一起围绕这个中心协调推进、全面建设。既然社会主义经济基础已从计划经济改革为市场经济,那么政治、文化、社会、法律等上层建筑也必须进行相应改革。解放和发展生产力、深化改革开放、激发社会活力自然成为以经济建设为中心的时代主题。

党的十一届三中全会不仅恢复了马克思主义思想路线——"实践是检验真理的唯一标准",同时也恢复了马克思主义的基本原理与中国实践相结合这个中国共产党领导的基本经验,提出了"以经济建设为中心"的战略方针,代替了过去"以阶级斗争为纲"的路线,这是中国共产党执政和中国社会主义建设的历史性转变。1987年党的十三大确立了"一个中心两个基本点"的党的基本路线。正如1992年邓小平在南方谈话中告诫全党:"一个中心、两个基本点的基本路线要管一百年,动摇不得。"坚持"一个中心两个基本点"是立国之本,是中国特色社会主义建设事业的政治保证和政治基石。社会主义的根本任务是发展生产力,在初级阶段,我们更要自觉地坚定不移地把这个任务放在中心位置。要"始终坚持以经济建设为中心。党和国家的各项工作都必须服从和服务于经济建设这个中心,而不能离开这个中心,更不能干扰这个中心。……经济发展了,综合国力提高了,人民生活不断改善了,国家更加强大了,社会主义制度的巨大优越性

---

① 《马克思恩格斯选集》第1卷,人民出版社1995年版,第86页。

就会更加充分地显示出来。"① 党的第三代和第四代中央领导集体正是始终坚持"紧紧扭住经济建设"这个中心不放松，才在中国的发展进程中战胜了种种艰难险阻，成功化解一道道难题，开创了中国特色社会主义的新局面。

围绕坚持和发展"一个中心两个基本点"，十八大以来以习近平同志为核心的党中央敏锐把握我国经济社会发展的阶段特征和历史变化，科学分析党和国家事业发展面临的机遇和挑战，逐步提出和成型了"四个全面"战略布局。党的十六大提出"全面建设惠及十几亿人口的更高水平的小康社会"；党的十七大重申这一奋斗目标，并把"全面建设小康社会"改为"全面建成小康社会"。党的十八大则提出全面建成小康社会和全面深化改革开放的目标。党的十八届三中全会，习近平总书记在《关于〈中共中央关于全面深化改革若干重大问题的决定〉的说明》中，提出《中共中央关于全面深化改革若干重大问题的决定》的起草体现了"全面建成小康社会、全面深化改革、全面推进依法治国这'三个全面'的逻辑联系"。2014年12月，习近平总书记在江苏考察调研时提出："要全面贯彻党的十八大和十八届三中、四中全会精神，落实中央经济工作会议精神，主动把握和积极适应经济发展新常态，协调推进全面建成小康社会、全面深化改革、全面推进依法治国、全面从严治党，推动改革开放和社会主义现代化建设迈上新台阶。"付出血的代价的历史实践留给我们一个历史性结论：要国强民富，长治久安，必须实行以经济建设为中心战略，坚持以经济建设为中心的基本路线。什么时候以经济建设为中心，社会主义就兴旺发达；什么时候忽视经济建设这个中心，甚至以其他为中心，社会主义就会走上邪路，就会遭遇挫折和失败。

二 "四个全面"战略基于中国共产党执政理念的深刻变化

马克思曾指出："工业的历史和工业的已经产生的对象性的存在，是一本打开了的关于人的本质力量的书，是感性地摆在我们面前的人的心理学。"② 事实上，"如果抛掉狭隘的资产阶级形式，那么，财富岂不正是在普遍交换中造成的个人的需要、才能、享用、生产力等等的普遍性吗？财

---

① 《十三大以来重要文献选编》下册，中央文献出版社2011年版，第1647页。
② 《马克思恩格斯全集》第42卷，人民出版社1979年版，第127页。

富岂不正是人对自然力——既是通常所谓的'自然'力，又是人本身的自然力——统治的充分发展吗？财富岂不正是人的创造天赋的绝对发挥吗？"① 生产力的发展与人的发展具有一致性，而人的发展归根到底也会促进生产力的发展。人与自然关系的发展本身就意味着生产力的发展和人与自然关系的改善。就人与社会关系的发展而言，社会制度为人的发展提供的公平、公正、合理的发展条件，良好的社会风气，会增强个人对社会的认同、维护和亲和感，激发出人的创造潜能，从而促进生产力的发展。就人与人之间关系的发展而言，平等互助和谐友好的人际关系，有助于减少内耗，增强社会凝聚力，促进社会生产力的发展。就人的个性的发展而言，人的独立、自主程度，人的德智体美劳诸方面的全面发展会大大有利于生产力的发展，因为生产力本身就是人的各种潜能的发挥和人的本质力量的体现。可见，从社会发展的总趋势、总方向、总过程来看，生产力发展与人的发展是一致的，是两种价值尺度的内在统一。

在世界文明发展的路途上，中国曾在相当长的历史时期处于领先位置。但自欧洲文艺复兴运动以来，西方主要国家在近代化浪潮推动下相继走上了工业革命和资本主义发展轨道，在现代化进程中逐渐超过中国。落后就会挨打，随着鸦片战争以后西方列强的入侵，晚清政府在"炮舰政策"的威逼下割地赔款，中国社会的近代史成了倍受屈辱的历史。社会发展的危机、民族的存亡极大地激起了国人自强自立的民族热情，实现现代化的理想不仅承载着中国的命运，而且寄托着民族复兴的希望。在半殖民地半封建的中国，现代化的进程主要面临着两大任务：一是求得民族独立和人民解放；二是实现国家繁荣富强和人民共同富裕。而前一个任务是为后一个任务扫除障碍，前一个任务的完成是实现现代化的必要前提。孙中山领导的辛亥革命推翻了统治中国几千年的君主专制制度，开创了近代中国民族民主革命的先河。他曾企望以资本主义样式走上富国之路，但在当时的国际国内环境下，这种代表着进步路线的主张和他的《建国大纲》却是不可能实现的。历史实践证明，中国现代化必然走出一条不同于西方资本主义国家走过的道路，这不仅在于当时中国已经具有机器大生产和一支人数不多但战斗力很强的工人阶级队伍，而且还因为帝国主义不允许半殖民地半封建的中国的民族资本主义发展生产力，走上富强之路。在中华民

---

① 《马克思恩格斯全集》第46卷（上），人民出版社1979年版，第486页。

族面临危亡之际，以毛泽东为代表的中国共产党人以马克思列宁主义为指导，在长达28年艰苦卓绝的斗争中，逐步探索出了适合中国特点的新民主主义革命道路，并最终推翻了三座大山，建立起人民当家作主的新中国。

1945年4月，毛泽东在党的七大的政治报告中指出："三次革命的经验，尤其是抗日战争的经验，给了我们和中国人民这样一种信心：没有中国共产党的努力，没有中国共产党做中国人民的中流砥柱，中国的独立和解放是不可能的，中国的工业化和农业近代化也是不可能的。"① 中华人民共和国的成立打开了中国现代化建设的大门。在社会主义所有制改造基本完成以后，毛泽东、周恩来等党的领导人就提出了建设社会主义现代化国家的口号，并且取得了社会主义建设初期的伟大成就。但由于其后党在工作指导路线上的失误，未能及时地将工作重心转移到经济建设上来，因而极大地干扰和延缓了社会主义现代化步伐。加上"文化大革命"的发生和延续，更导致中国现代化实践与理论近乎中断。中国共产党对于现代化的认识，在纠正自己的失误中得到提升。在中国社会主义发展的转折关头，党的十一届三中全会果断提出建设富强、民主、文明的社会主义现代化国家的奋斗目标，成为全党和全国各项工作的一项主要任务。由此在围绕"什么是社会主义，怎样建设社会主义"，"为谁发展"、"靠谁发展"和"怎样发展"问题的理论与实践上，中国共产党的执政理念发生了一系列重大变化，党和人民在社会主义改革开放和现代化建设的思想指引下，为实现中国社会主义现代化走出了一条新路。

从邓小平提出20世纪末我国达到"小康社会"的构想到十六大提出"全面建设小康社会"目标再到十八大提出"全面建成小康社会"；从十六大提出"2020年国内生产总值力争比2000年翻两番"，到十七大提出"2020年人均国内生产总值比2000年翻两番"，再到十八大提出"国内生产总值和城乡居民人均收入比2010年翻一番"。从计划经济时期优先关注国强，到国强与民富并重，再到将保障与改善民生作为执政的出发点和立足点；从重视GDP数字增长，"几年上一个台阶"，到转变经济发展方式，强调经济社会和人的全面发展；从鼓励一部分地区、一部分人先富裕起来，"效率优先，兼顾公平"，到更加关注和实现共同富裕、维护社会公平

---

① 《毛泽东选集》第3卷，人民出版社1991年版，第1097—1098页。

正义，等等，不难发现，这一系列的变化和发展，均源于中国共产党的执政思想、执政理念发生的深刻变化。中国三十余年社会主义现代化建设取得的辉煌成就已经雄辩地证明，只有中国共产党领导的革命与建国道路，才能把中国引向民族独立、民族解放，并在社会主义制度下走向民富国强、走向现代化。

认为发展是一成不变显然是错误的，而苛求前人，要求中国的科学发展一步到位更是错误的。社会发展永不停步，人类实践没有止境，那么人类关于发展的认识和探索也就没有止境。当前，"四个全面"战略布局提出的理论与实践逻辑前提，正是我们党对新时期中国经济"新常态"的科学研判。而深刻学习和领会中国经济发展的"经济新常态"，则是科学理解和把握"四个全面"战略布局和任务提出的现实逻辑出发点。要认识"经济新常态"历史地位，就要明白习近平总书记提出经济新常态，很大程度上是想说明，我国已经是一个有影响的经济大国了，但还不是真正的世界经济强国，我们要科学认识中国经济新常态的趋势特征，加快从经济大国走向经济强国。要把握"经济新常态"的基本特征，就要明确认识到当前中国经济发展面临的增速换挡期、结构调整阵痛期和前期刺激消化期的三期叠加现实背景；必须要理解中国经济增长速度由高速向中高速转换，是经济新常态的基本特征，发展方式从规模速度型粗放增长向质量效率型集约增长转换，是经济新常态的基本要求；增长动力由要素驱动投资驱动向创新驱动转换，是经济新常态的核心内涵；资源配置由市场起基础性作用向起决定性作用转换，是经济新常态的机制保障；产业结构由中低端水平向中高端水平转换，是经济新常态下经济结构优化升级的主攻方向；经济福祉由非均衡型向包容共享型转换，是经济新常态的发展结果。全党只有深入学习和把握新时期中国"经济新常态"的内涵特质，才能更加深刻理解"四个全面"战略部署提出的现实的出发点和逻辑立足点，才能在推进"四个全面"的工作中明确主攻方向、把握战略重点、破解发展难题，才能取得新成就，形成新风气，开创新局面。

三 服务经济发展的大逻辑是全面从严治党的现实逻辑

问题是事物矛盾的表现形式，增强问题意识、坚持问题导向，就是承认矛盾的普遍性、客观性，就是要善于把认识和化解矛盾作为打开工作局面的突破口。这就揭示出"问题—矛盾—化解—打开工作局面（发展）"

的内在逻辑。现实生活中人们会面临许多问题，这些问题其实都是各类性质矛盾的具体体现，因此要学会善于通过发现矛盾、分析矛盾、解决矛盾进而解决问题，这才是历史唯物主义的方法论原则。从近10年看，2003年到2007年，我国经济连续五年保持两位数的高速增长，2008年受国际金融危机影响回落到1位数增长，而2012年和2013年进一步回落到7.7%的年增长率。根据国家统计局公布的数据，2014年前三季度GDP同比增长7.4%，经济增速进一步呈现出回稳态势。随着我国消费需求由模仿型排浪式特征向个性化多样化特征转变、出口由单纯的低成本快速扩张向高水平引进来大规模走出去并重转变、生产要素相对优势由传统人口红利优势向人力资本质量和技术进步优势转变，经济增速出现回落趋势。在中国经济下行压力加大的背景下，中国将如何规划"十三五"期间经济发展？习近平日前在贵州调研考察时给出的答案是："当前，我国经济发展呈现速度变化、结构优化、动力转换三大特点。适应新常态、把握新常态、引领新常态，是当前和今后一个时期我国经济发展的大逻辑。"打铁还要自身硬。改革开放任务越繁重，越要加强和改善党的领导，越要确保党始终成为中国特色社会主义事业的坚强领导核心。全面从严治党不仅是"四个全面"建设的政治保证，也是推进"四个全面"建设的题中之义；"全面从严治党"既是统领"五位一体"建设的领导力建设，也是解放思想、实事求是、开拓创新、凝聚力量，决定着"两个一百年"奋斗目标和"中华民族伟大复兴"的"顶层设计"。

政党最大的敌人不是别人，而是自己。能够打倒自己的，往往也不是别人，同样是自己。纵观古今中外，一些政党之所以最终退出了历史的舞台、丧失了执政的地位，归根结底，是自身的问题所导致的。邓小平深刻地指出："中国要出问题，还是出在共产党内部。"[①] 习近平总书记强调，新形势下坚持从严治党，就是要落实从严治党责任，坚持思想建党和制度治党紧密结合，严肃党内政治生活，从严管理干部，持续深入改进作风，严明党的纪律，发挥人民监督作用，深入把握从严治党规律。全面从严治党，核心问题是始终保持党同人民群众的血肉联系，始终保持党的先进性和纯洁性，重点是从严治吏、正风反腐、严明党纪，目标是增强自我净化、自我完善、自我革新、自我提高能力，确保党始终成为中国特色社会

---

① 《邓小平文选》第3卷，人民出版社1993年版，第380页。

主义事业的坚强领导核心。党的十八大以来,以八项规定为肇始,以作风建设为突破口,以教育实践活动为深入拓展,以重拳反腐为强劲动力,全面从严治党的战略思想在实践中不断成熟。2014年统计数据显示,全国现有各级党组织324.6万个,党员8668.6万名。作为世界第一大马克思主义执政党,中国共产党面临的"赶考"远未结束,新形势下中国共产党面临着执政考验、改革开放考验、市场经济考验、外部环境考验是长期的、复杂的、严峻的,精神懈怠的危险,能力不足的危险,脱离群众的危险,消极腐败的危险,更加尖锐地摆在全党面前。少数党员干部理想信念动摇、宗旨意识淡薄,形式主义、官僚主义、享乐主义和奢靡之风突出;有的在大是大非面前不能做到立场坚定、旗帜鲜明,对丑化、矮化我们党的错误言论,无动于衷、听之任之;有的目无组织纪律,言所欲言、为所欲为,向组织讨价还价、不服从组织安排;有的党组织对党员、干部疏于管理,缺乏严肃认真的组织生活;有的领导干部自觉"为官不易",思想懈怠、意志消沉,"为官不为"或者"为官乱为"。面对上述种种严重问题,我们党如果不能及时破解当前党性党纪党风中存在的难题,不能把组织观念、组织程序、组织纪律严起来,就会动摇党的执政根基、损害广大人民的利益、阻碍改革开放、扰乱依法治国、葬送全面建成小康社会的大好机遇。"为之于未有,治之于未乱",使命越光荣,目标越宏伟,执政环境越复杂,就越要推进从严治党。本着服务"适应新常态、把握新常态、引领新常态"这个大逻辑,在全面推进从严治党的进程中,应该尤其注意做好三个方面的有机结合。

第一,坚持服务大局与重点突破相结合。一方面从发展社会主义市场经济的大局出发,深化经济体制改革,既要放开市场这只"看不见的手",又要用好政府这只"看得见的手",调整和着力化解房地产的"去泡沫"、影子银行与地方债务的"去杠杆"、产能过剩的"挤水分"等前期累积的失衡因素。一心一意保增长、提效益、促进公平正义,全力破解制约我国经济结构优化和产业转型升级的瓶颈;另一方面从巩固党的执政地位的大局出发,不断推进和完善各级基层党组织建设,净化党员和领导干部队伍,解决城乡二元结构条件下农村基层党组织活力不足、非公企业党组织建设动力不足、流动党员管理方法不足、部分领导干部"为官不为"等阻碍。坚持党建工作和中心工作一起谋划、一起部署、一起考核,防止再次出现"一手硬、一手软"的现象。

第二，坚持依法治国与依法从严治党相结合。制度建党与思想建党相结合。依法治国、依宪执政的法治理念，落实到实践，其重要的体现之一，就是治国手段与治国方式实现从传统集权向法治思维、法治方式的转变。习近平同志在首都各界纪念现行宪法公布施行 30 周年大会上的讲话中强调，坚持党的领导不能有丝毫的动摇，但同时也坦言，为了更好地坚持党的领导，需要更加注重改进党的领导方式和执政方式。为此，一方面要不断提高党依法执政的能力和运用法治思维、法治方式开展各项工作的能力；一方面要秉承党法党纪必须严于一般法律的原则，依法从严治党。既要坚决维护《党章》、党的纪律和制度的严肃性和权威性，也要坚定共产主义理想信念教育，在抓好精神"补钙"的"长"与"常"上下功夫；既要坚持"严"字当头，不断推进依法治党、依纪治党、依规治党，也要本着"惩前毖后、治病救人"的方针，运用好党的"四大法定"，遵循"团结—批评—团结"的公式，帮助党内同志除思想之尘、祛行为之垢；既要增强广大党员的角色意识和政治责任，做到在党言党、在党忧党、在党为党，懂规矩守纪律，也要引导党员干部自觉从人民群众的伟大实践中汲取智慧和力量，勇于担当、敢于担当、擅于担当，多做顺民意、解民忧、惠民生的好事实事，在忠诚服务人民的实践中永葆政治本色。

第三，坚持实践创新与理论彻底相结合。伟大的实践离不开伟大理论的指导，理论只有关怀现实，才能永葆其生命力。理论只要彻底，就能说服人，就能掌握群众；实现理论彻底的前提，就是理论能够抓住事物的根本，这个根本就是中国特色社会主义实践的"现实性"（必然性及其本质）。全面从严治党迫切需要党以锲而不舍、驰而不息的决心和毅力，勇于实践、敢于实践、善于实践，在实践中积累经验，在实践中升华理论，并用以指导实践、推动实践，在实践中使中国化的马克思主义理论得到检验、丰富和发展，这是认识客观规律的根本途径，也是把握客观规律的必由之路。从这个意义上说，能否从中国的现实逻辑中把握马克思主义经典的理论逻辑，能否在问题倒逼的严峻形势面前做到实事求是、按客观规律办事，能否在创新党建科学化新思维的实践中丰富发展唯物辩证法和方法论，正是决定"四个全面"战略布局和战略目标能否顺利达成的关键之所在。

（作者单位：北京市社会科学院科学社会主义研究所）

"四个全面"是中国特色社会主义
理论的当代化

张 舒

习近平总书记2014年12月13—14日在江苏省考察时提出："要全面贯彻党的十八大和十八届三中、四中全会精神，落实中央工作会议精神，主动把握和积极适应经济发展新常态，协调推进全面建成小康社会、全面深化改革、全面推进依法治国、全面从严治党，推进改革开放和社会主义现代化建设迈上新台阶。"2015年2月2日，习近平总书记在省部级主要领导干部全面推进依法治国研讨班上的讲话，把"四个全面"界定为"战略布局"。在"两会"上，李克强、俞正声、张德江、周强、曹建明五个工作报告都以"四个全面"战略布局为指导，表明"四个全面"已得到全党高度认可和认同。"四个全面"战略思想是习近平总书记对中国特色社会主义实践的新总结，理论的新发展，是推进中国特色社会主义建设的战略举措，体现了习近平总书记治理执政理念及推进国家治理现代化的核心内容，是党和国家推进中国特色社会主义建设的战略部署。

一 "全面建成小康社会"是中国特色社会主义理论发展的新阶段

习近平总书记在省部级主要领导干部全面推进依法治国专题研讨班上讲话指出："党的十八大以来，党中央从坚持和发展中国特色社会主义全局出发，提出形成了全面建成小康社会、全面深化改革、全面依法治国、全面从严治党的战略布局。""四个全面"是十八大形成的党中央对中国特色社会主义理论与实践的总结、升华和创新。自党的十一届三中全会以来，邓小平创造性地提出中国特色社会主义理论体系，在实践过程中，党中央对中国特色社会主义实践的战略布局，在宏观层次有多次部署并在实践中不断完善，有力推动了中国特色社会主义实践的发展，使我国取得了世人瞩目的成绩。2010年我国成为世界上第二大经济实体，首次超过了日本，表明中国特色社会主义建设战略任务和目标已取得巨大成功。

站在党的十八大后的时间节点上，我们党新的战略布局是什么，其当代国家治理核心内容是什么，都需要新一届党中央作出明确回答。2012年11月，习近平同志担任十八大报告起草组组长，在党的十八大报告中首次提出"两个一百年"的战略部署，即在党建立一百年时全面建成小康社会，在新中国成立一百年时建成富强民主文明和谐的社会主义现代化国家。在这个基础上再次深化和具体化了全面建成小康社会的时间节点和详尽内涵，把党的十六大、十七大确立的一个"全面"扩展为两个"全面"，即"全面建成小康社会"和"全面深化改革"。习近平总书记深知第一个"全面"的战略地位和对中国特色社会主义建设的承上启下的作用，它成为中国特色社会主义建设首个百年战略阶段和实现国家治理的重要目标模式。

到2020年距实现第一个"全面建成小康社会"任务还有几年时间。从中国特色社会主义建设进程看，第一个"全面建成小康社会"的理论和实践意义极为重要：其一，"全面建成小康社会"是中国特色社会主义发展过程中的新阶段，即在2020年时间节点上建成。建成全面小康社会不是低标准的"瓜菜代"式的，必须是高质的。所以党的十八大报告明确了"建成"的具体而"全面"的内容，这都是对中国特色社会主义理论的创新和实践的丰富。其二，"全面建成小康社会"体现了习近平总书记治国理政的新布局、新思考。在已有目标之前都加上"全面"二字，既表明习近平总书记坚持、继承中国特色社会主义道路，不是对过去发展目标的否定；又表明"全面"是不留死角、覆盖面更广、更大，还要解决以往建设中国特色社会主义实践中的问题，通过"全面"和化解问题来开创中国特色社会主义建设的新阶段、新天地。其三，"全面建成小康社会"体现了习近平总书记的执政理念和平民特色、人本情怀，满足了最广大人民群众的期盼和呼唤，让人民群众充分享受改革的红利，有更多的获得感，使全面建成小康社会有了更广泛的群众基础和实践主体。其四，"全面建成小康社会"既使战略布局有了新高度，又为实现其他任务奠定了坚实的基础。所以，习近平总书记在2015年2月2日讲话中指出："这个战略布局，既有战略目标，也有战略举措，每一个'全面'都具有重大战略意义。全面建成小康社会是我们的战略目标,全面深化改革、全面依法治国、全面从严治党是三大战略举措。"这是"四个全面"的内在逻辑及在全面建成小康社会目标中的地位。第一个"全面"离不开其他三个"全面"的支持,第二、三个"全面",即"全面深化改革"、"全面推进依法治国"是内生动力和法治保障,第四个"全面从严治党"是实现四个全面的领导核心,这"四个全面"自然成为当今中国共产党人治国理政最重要的目标特征,最根本的措施,最关键的保障,充分反映了习近平总书记推进中国特色社会主义建设的内容维度和顶层设计,显示了中国特色社会主义建设习氏特色和战略蓝图。

二 "全面深化改革"是推动中国特色社会主义建设的内在动力

习近平总书记在治国理政上是有着系统性、战略性的思考。在两次确立"全面建成小康社会"一年后,于2013年11月,党的十八届三中全会通过《中共中央关于全面深化改革若干重大问题的决定》,把"全面深化改革"作为主题,即第二个"全面"。"全面深化改革"是习近平出任党的总书记后,领导召开党的十八届三中全会并制定第一个《决定》所确立的任务,把改革提升为"全面深化改革",在世界和中国改革史上是第一次,为推进中国特色社会主义建设确立了新的发展动力,是对中国特色社会主义建设30多年实践中问题的理性解决,对理论与实践中问题的科学回答。我们党确立"全面深化改革"确保第一个"全面"任务完成,又为中国特色社会主义建设提供强大推动力。因此,十八届三中全会《决定》指出:"全面深化改革的总目标是完善和发展中国特色社会主义制度,推进国家治理体系和治理能力现代化。"[①]《决定》由此把"全面深化改革"与"全面建成小康社会"结合起来,极大地推动了中国特色社会主义建设,并在国家治理层面开创中国特色社会主义国家治理的新模式、新路径。

"全面深化改革"是以习近平同志为核心的党中央带领全国各族人民在新的历史起点上对中国特色社会主义理论的创新,又是对中国特色社会主义建设实践的深化。"全面深化改革"重要历史使命,是以全面深化改

[①] 《党的十八届三中全会〈决定〉学习辅导百问》,党建读物出版社、学习出版社2013年版,第2页。

革为动力确保用今后几年时间，到 2020 年如期全面建成小康社会的伟大使命，到 21 世纪中叶建成富强民主文明和谐的社会主义现代化国家，实现中华民族伟大复兴中国梦的宏伟目标。因此，全面建成小康社会是实现中国梦的重要环节。

"全面深化改革"提出一揽子改革举措，包括 60 项大任务，336 项具体任务，这在世界改革史上是罕见的，是对我国过去 30 多年改革理论和实践的历史性突破，显示了改革新设计师的战略思考和执政能力。习近平总书记在提出全面深化改革的同时，又亲自领导全面深化改革的实践。全面深化改革与苏东国家及我们过去推进改革最大的不同是，中央相继成立了多个工作小组，习近平兼任多个高层领导小组的组长，这是从我国国情出发，并立足改革实践领导模式的创新，具有鲜明的中国特色和习氏风格。以若干改革领导小组领导和推进全面深化改革，使全面改革任务既不受各利益集团的左右，也不为非理性声音所阻碍并在 2020 年完成，会有效突破既得利益集团和群体的阻碍，全面完成深化改革的任务。党的十八大以来，特别是十八届三中全会以来的全面深化改革实践已显示了巨大的威力，有力推进了中国特色社会主义建设，恩格斯曾指出，改革是社会主义社会发展的动力。习近平总书记提出"全面深化改革"，是用改革的全面性、系统性、攻坚性推进中国特色社会主义建设，防止苏东改革失败悲剧出现。这表明全面深化改革作为习近平总书记执政形象的依托，是解决中国特色社会主义建设中深层难题的锐器。十八届三中全会通过经济、政治、文化、社会、生态及党建体制改革实现中国特色社会主义建设的突破，把改革开放的旗帜推向新高峰。

习近平总书记强调全面深化改革是对过去单项改革的超越、跨越和突破，全面深化改革不只是在一个领域单一改革，而是要协调推进经济体制、政治体制、文化体制、社会体制、生态文明体制和党的建设制度的全面改革。全面深化改革既总结了苏东国家改革变为改制、改向的错误，也吸取了我国过去 30 多年改革的成功经验，以改革的系统性、全面性、整体性着力解决影响中国特色社会主义建设中的问题，着力解决影响全面建成小康社会和实现中华民族伟大复兴中国梦的突出问题，着力解决阻碍解放思想、解放和发展社会生产力、解放和增强社会活力的问题，以开创中国特色社会主义事业广阔前景。基于此，全面深化改革能有力解决改革中的诸多问题，对推进中国特色社会主义建设具有巨大动力作用，并且是建设中国特色社会主义和实现中国梦的动力机制。所以,习近平总书记把全面深化改革作为"四个全面"战略布局的重要内容和重要组成部分。2014年5月5日,习近平总书记在中央深改组第12次会议上讲话又提出"三个有利"标准。指出:"只要对全局改革有利,对党和国家事业发展有利,对本系统本领域形成完善的体制机制有利,都要自觉服从改革大局、服务改革大局,勇于自我革命,敢于直面问题,共同把全面深化改革这篇文章做好"。改革这篇文章的目的仍是完善中国特色社会主义基本制度。

三 "全面依法治国"开创中国特色社会主义法治建设的新道路

2014年10月,党的十八届四中全会通过了《中共中央关于全面推进依法治国若干重大问题的决定》,会议主题是全面推进依法治国。这是新中国成立以来党中央诸多全会第一次专门研究法治建设,彰显习近平治国理政的特色和风格。决定提出:"全面推进依法治国,总目标是建设中国特色社会主义法治体系,建设社会主义法治国家。"① 这实质是把中国特色社会主义建设引向法治的轨道,通过全面依法治国、加快建设法治中国,推进国家治理体系和治理能力法治化,在法治建设轨道上深化各种体制改革,为全面建成小康社会、实现中华民族伟大复兴中国梦提供制度化、法治化的保障,具有重要的战略价值,由此使我国的国家治理由传统意义上的人治转向法治,建设法治化的中国特色社会主义。

党的十八届四中全会《决定》着眼建设中国特色社会主义法治国家,为此出台了180多项法治改革举措,许多都是第一次提出并涉及重大利益关系调整的"硬骨头"。法治领域改革与政治体制改革密切相关,因此法治体制改革阻力多、难度大,其成败关系中国特色社会主义建设及民族复兴的成功。党的十八届四中全会首提建设中国特色社会主义法治体系,并将其作为中国特色社会主义建设的重要内容:其一,首提建设中国特色社会主义法治体系。党的十八届四中全会明确了五个方面内容:一是建设完备的法律规范体系,这是依法治国的前提;二是建设高效的法治实施体系,来保证法律的有效实施;三是明确了严密的法治监督体系,来维护法治的权威性;四是建设有力的法治保障体系,来促进社会公平正义;五是

---

① 《〈中共中央关于全面推进依法治国若干重大问题的决定〉辅导读本》,人民出版社2014年版,第4页。

建设完善的党内法规体系，来保持党的先进性、纯洁性，提高党的执政能力和执政水平，以法治推进中国特色社会主义建设，使之走上法治之路。

其二，树立中国特色社会主义法治权威。宪法是国家根本大法和母法。习近平总书记2012年12月4日在首都纪念宪法实施30年的讲话中对依法治国下了科学定义：坚持依法治国首先是要坚持依宪治国，坚持依法执政首先是坚持依宪执政。法治建设要强化宪法的作用和功能，并多次强调确立法治的尊严，要把权力关进制度的笼子里，确保权力在法治的框架下运行，防止公权私用，坚决纠正以言代法、以权压法、以权枉法等现象，防止和避免权力异化和权力腐败。

其三，各级领导干部要树立和形成法治思维、红线思维、底线思维。习近平总书记在党的十八届四中全会上对《决定》进行说明时指出，凡属重大改革都要有法有据，以法治保证改革措施的实施。各级领导干部要树立法治思维，学会运用法治思维和法治方式，解决工作中的问题，全面提升法治思维和依法办事的能力，不碰法治的红线、不破法治的底线，用法治方式来推进改革的有序进行，确保中国特色社会主义事业的成功。

其四，构建中国特色社会主义法治文化。各级党委和政府要深入学习贯彻党的十八届四中全会精神，采取有力措施，深入开展法治宣传教育，要把领导干部这个"关键少数"作为重点，还要把法治教育纳入国民教育体系和精神文明建设的内容。从我国国情出发，把法治和德治相结合，切实把法治建设变为人们的主体自觉，以法治的威慑力推进中国特色社会主义建设，推进法治中国。

四 "全面从严治党"是建设中国特色社会主义的领导核心

习近平总书记于2014年10月8日在党的群众路线教育实践活动总结大会上的讲话中第一次提出全面从严治党，指出："今天这个大会，是对党的群众路线教育实践活动进行总结，对巩固和拓展教育实践活动成果，加强党的作风建设，全面推进从严治党进行部署。"习近平总书记不但首次提出全面从严治党，还对践行全面从严治党提出8个方面的对策措施，并使用了98次"从严"。践行全面从严治党就是要落实从严治党责任，坚持思想建党和制度治党紧密结合，严肃党内政治生活，从严管理干部，持续深入改进作风，严明党的纪律，发挥人民的监督作用，深入研究和把握全面从严治党规律，实现党的自我净化、自我完善、自我革新、自我提高，保持和发展党的先进性和纯洁性。这些论述极大地丰富和发展了中国特色社会主义党建理论和实践，体现了习氏风格和思考的重点。

"全面从严治党"的"全面"包含着五个层面的含义：一是治党的内容无死角。全面从严治党包括党的思想建设、组织建设、作风建设、反腐倡廉建设和制度建设各个领域。二是全面从严治党的主体全覆盖。以往治党实质上还是有禁区的，特别是反腐败，从没有惩罚过政治局常委或正国家级。我们党揪出大老虎周永康，证明反腐无禁区。今后从上到下都是从严的对象，党的各级组织都是从严治党要求的主体，同时又是被从严的客体。三是全面从严治党要规范化、制度化、经常化。从严治党就要走出运动化的方式方法，要做到从严治党常态化、制度化、规范化。四是全面从严治党就是依规治党、依纪治党。在践行从严治党的实践中，把守纪律、讲规矩摆到更加重要的位置，不论是谁、职级多高都遵守党纪党规。五是全面从严治党要抓住、抓好"关键少数"。这是习近平总书记2015年2月2日提出重要论断，我们要通过抓好领导干部的这一"关键少数"，使之起到示范效应，以此把我们党建设好。

"全面从严治党"要强化对党员特别是领导干部加强理想信念教育，补好补足精神的"钙"，解决好世界观、人生观和价值观这个"总开关"。现在有些领导干部在理想上缺位、道德上错位、价值观上移位，由于精神世界的滑坡和塌方，才出现了塌方式的腐败。自党的十八大以来到2015年5月底，揪出省部级以上大老虎99个，许多贪腐分子在忏悔中都把思想理想上的缺钙作为首要根源。因此，全面从严治党必须全面抓好党的中高级领导干部理论教育、理想信念教育，使之树立坚定的党性原则和理想信念。

"全面从严治党"在于从严管理领导干部。习近平总书记2014年12月13—14日在江苏调研时指出："从严治党的重点，在于从严管理干部，要做到管理全面、标准严格、环节衔接、措施配套、责任分明。从严治党是全面的共同任务，需要大气候，也需要小气候。各级党组织要主动思考、主动作为，通过营造良好小气候促进大气候进一步形成。"各级领导干部在政治体制中处于权力导向队层，只有从严管理领导干部才能奠定全面从严治党的干部基础。同时，领导干部具有模范和表率作用，这个作用包括正作用和负作用。所以，习近平总书记多次强调领导干部要向焦裕禄、杨善洲那样，做到"打铁还要自身硬"，党中央所抓的"八项规定"

到党的群众路线教育及反"四风",其着眼点都是从严管理干部。

"全面从严治党"还要"打虎、灭蝇、猎狐",彰显从严治党的坚定决心。"老虎、苍蝇、狐狸"是我们党内的贪腐分子、大毒瘤,我们必须采取严厉措施将他们清除出党内,保持我们党的先进性和纯洁性。为此,必须严格党纪党规,铁面问责,编织好制度的笼子,架起制度的高压线,划出党纪党规的红线,防止公权变私器,防止领导干部手中权力异化,构建全面从严治党的新常态和大格局。现在党中央又全面开展"三严三实"专题教育,以巩固和继承党的群众路线教育积极成果,全方位地做到全面从严治党,为中国特色社会主义建设提供坚强的领导核心,确保在两个百年时实现中国梦的宏伟目标。

(作者单位:东北林业大学马克思主义学院)

"四个全面"：坚持和发展中国特色社会主义的新篇章

李振宇

坚持和发展中国特色社会主义，是党的十八大以来习近平总书记系列重要讲话的鲜明主题。习近平指出："坚持和发展中国特色社会主义是一篇大文章，邓小平同志为它确定了基本思路和基本原则，以江泽民同志为核心的党的第三代中央领导集体、以胡锦涛同志为核心的党中央在这篇大文章上都写下了精彩的篇章。现在，我们这一代共产党人的任务，就是继续把这篇大文章写下去。"围绕这个主题，习近平总书记提出了"四个全面"的战略布局，即全面建成小康社会、全面深化改革、全面依法治国和全面从严治党。"四个全面"是以习近平同志为核心的新一届中央领导集体坚持和发展中国特色社会主义谱写出的崭新篇章。

一 "四个全面"让中国特色社会主义道路越走越宽

"四个全面"从全局视野和战略高度对党和国家事业发展作出的整体谋划，是实现中华民族伟大复兴中国梦的新运筹，使我们对中国特色社会主义道路的认识，思路更加清晰、方向更加明确、信念更加坚定。

"四个全面"是坚持和发展中国特色社会主义的时代要求。习近平总书记指出："中国特色社会主义，是科学社会主义理论逻辑和中国社会发展历史逻辑的辩证统一，是根植于中国大地、反映中国人民意愿、适应中国和时代发展进步要求的科学社会主义，是全面建成小康社会、加快推进社会主义现代化、实现中华民族伟大复兴的必由之路。"坚持和发展中国特色社会主义是一个兼具农业文明、工业文明、信息文明和生态文明于一身的同时间、共空间的综合社会变迁过程。这必将导致中国特色社会主义道路建设和发展既要兼顾不同发展阶段的层次性与顺序性，又要推动社会发展趋向的合理性与时代性，还要处理由此引发的诸多社会问题和矛盾。这就需要顶层设计，也呼唤着全面系统的认识论、攻坚克难的方法论。"四个全面"就是直面我国现实问题的积极应对，也是坚持和发展中国特色社会主义的历史必然。

"四个全面"是坚持和发展中国特色社会主义的战略重点。自古不谋万世者不足谋一时，不谋全局者不足谋一域。"四个全面"是从全局上谋划、整体上推进。但整体推进不是齐头并进，是以重点突破带动全局，"牵一发而动全身"，才能"一子落而满盘活"。"四个全面"是党治国理政的总纲领，纲领有突出重点的价值功能，也有指引方向的道路意义。"四个全面"围绕一个战略目标，三大战略举措，构成了走向民族复兴的具体道路。习近平总书记第一次将全面建成小康社会，定位为"实现中华民族伟大复兴中国梦的关键一步"。习近平总书记第一次将全面深化改革的总目标标定为"完善和发展中国特色社会主义制度、推进国家治理体系和治理能力现代化"。党的十八届三中全会审议通过了《中共中央关于全面深化改革若干重大问题的决定》，对经济体制改革、政治体制改革、文化体制改革、社会体制改革、生态文明体制改革和党的建设制度改革进行了全面部署。党的十八届四中全会通过的《中共中央关于全面推进依法治国若干重大问题的决定》，第一次将全面依法治国这一战略举措，确定为中国特色社会主义现代化建设的重要内容。"国无常强，无常弱。奉法者强则国强，奉法者弱则国弱。"习近平总书记第一次为全面从严治党标定清晰路径。习近平指出：党要管党，才能管好党；从严治党，才能治好党。从严治党，关键在治、要害在严。"四个全面"为在新的历史条件下坚持和发展中国特色社会主义增添了新动力，激发了新活力，拓展了新空间。

二 "四个全面"为中国特色社会主义理论体系增添新内涵

"四个全面"是相互联系的统一整体。习近平总书记指出："全面建成小康社会是我们的战略目标，全面深化改革、全面依法治国、全面从严治党是三大战略举措，努力做到'四个全面'相辅相成，相互推进，相得益彰"。"四个全面"从我们党应当构建什么样的治国理政布局、怎样治国理政这一视角来分析思考，回答了"构建什么样的布局、怎样治国理政"这一关乎当今中国社会发展、党和国家命运的重大问题。"四个全面"的战略目标和战略举措表述生动、鲜活：全面建成小康社会、全面深化改革、全面依法治国和全面从严治党，四个方面实实在在融于人民群众的改革开放伟大实践与不断提高和改善的日常生活之中，能让人民群众切身感受到中国特色社会主义的新发展新变化。治国理政这一新视角，与我们党推进理论创新的所有重大理论成果都紧密联系，是在继承中国特色社会主义理论体系已有成果基础上，面向治国理政的新情况新问题的重大创新，是新形势下我们党推进马克思主义中国化，对中国特色社会主义理论体系的新贡献和新发展。

"四个全面"是逻辑严密的理论思维。"四个全面"是围绕一个战略目标和动力机制、法治保障、领导力量三大战略举措构建起来的一种系统化的知识体系和逻辑化的思维方式。恩格斯说：理论思维是铁的花朵。理论是思想中所把握的现实，理论所把握的现实不是事物的个别的存在，不是事物的个别现象，也不是事物的外部、偶然的联系，而是事物内在的、本质的、规律的必然。"四个全面"是内在联系紧密的思维体系。"四个全面"就其单一方面的内容在以往实践中我们都曾有所坚持或强调，但在当今新的历史条件下将发展目标、发展动力、发展方式、发展保证等方面综合于一体，就不是对过去的简单重复和内容的叠加，而是一种寓涵深邃的政治智慧。全面深化改革为全面建成小康社会提供动力保证，体现的是战略目标与发展动力的统一；全面依法治国为全面建成小康社会提供法治保证，实现了战略目标与治理方式的统一；全面从严治党为全面建成小康社会提供领导保证，实现了战略目标与组织力量的统一。"四个全面"的这些科学内涵和新的时代特征，丰富了中国特色社会主义理论体系的思想宝库。

"四个全面"是我们党对社会主义建设规律认识的新水平、新境界。"四个全面"把中国特色社会主义发展目标与全面建成小康社会、基本实现现代化和实现中华民族伟大复兴中国梦的目标统一起来，体现了中国特色社会主义实践发展阶段性和连续性的有机统一。全面深化改革是党的十一届三中全会以来改革开放这个不变主题的继续和深化。当前我们既要推动没完成、留下来的改革任务，还要推动新领域、新问题的改革。全面依法治国是中国特色社会主义政治建设的重要目标，深化了我们党对社会主义法治建设的认识。党的十八届四中全会对全面推进依法治国作出系统部署，突出了社会主义法治在党和国家事业发展全局中的基础地位。全面从严治党是对党统领坚持和发展中国特色社会主义的新要求,标志着我们党对中国特色社会主义的认识更自觉更深刻。根据全面从严治党的新要求,党的十八大以来,党中央全面加强党的思想建设、组织建设、制度建设、作风建设和反腐倡廉建设,不断增强党自我净化、自我革新、自我提高、自我完善的能力,全党的精神面貌发生了很大变化,为坚持和发展中国特色社会主义提供了根本组织保障,深化了我们对共产党执政规律的认识。

三 "四个全面"使中国特色社会主义制度充满生机活力

"四个全面"实质上是要从制度建设层面全面推进中国特色社会主义,为长期稳定持续发展夯实制度基础。一个国家和政党的宏伟目标能否实现,除了看其是否有切合实际的发展道路、科学的理论指导,还要看其作出怎样的制度安排,提供什么样的制度保障,道路和理论要靠制度来落实。这是因为,制度带有根本性、全局性、稳定性、长期性,制度问题关系党和国家的前途命运。制度是对思想理念和价值成果的规则化。制度是管根本、管长远的,百年大计、千秋宏业,需要优质的顶层制度设计、有效制度安排供给和严格运行到位的制度规范。"四个全面"的提出,体现了党中央自如地驾驭时代变革与国家制度创新有效契合关键期的战略定力,有效满足了未来中国实现包容、和谐和可持续发展对新制度安排的急迫需要。

全面建成小康社会,为巩固中国特色社会主义制度奠定了物质基础。到2020年全面建成小康社会,这是我们坚持和发展中国特色社会主义的一大战略目标。中国特色社会主义制度的优越性,归根结底要体现为国家综合实力不断增强和人民生活较快改善。全面建成小康社会,从根本上说是发展问题,核心是全面。十八届三中全会明确了全面发展的目标,即:经济更加发展;民主更加健全;科教更加进步;文化更加繁荣;社会更加和谐;人民生活更加殷实。全面建成小康社会意味着我国将会成为综合国力显著增强、人民富裕程度普遍提高、生活质量明显改善、生态环境良好、人民享有更加充分民主权利、具有更高文明素质和精神追求、各方面制度更加完善、社会更加充满活力而又安定团结的国家,中国特色社会主义制度也必将会更加坚固。

全面深化改革,为中国特色社会主义制度自我完善提供了动力源泉。我国改革已进入攻坚期和深水区,需要解决的问题格外复杂,都是难啃的硬骨头。党的十八届三中全会对全面深化改革作出了顶层制度设计，涉及经济、政治、文化、社会、生态、党建、国家安全七个重要领域。全面深化改革的指向是我们的各项具体制度，通过对阻碍社会经济发展的各种体制机制的改革，使各方面制度更加成熟、更加定型，形成系统完备、科学规范、运行有效的制度体系。全面深化改革必将使中国特色社会主义制度更加健全和完善。

全面依法治国，为中国特色社会主义制度有效运行提供了法律依据。全面依法治国是用法治为国家稳定发展提供坚实基础，为国家有序发展提供规范框架，为国家治理提供法律依据。依法治国是推进国家治理体系和治理能力现代化的重要内容和实现途径。习近平总书记指出："国家治理体系和治理能力是一个国家制度和制度执行能力的集中体现。"国家治理体系和治理能力的现代化，是要使国家治理体系制度化、科学化、规范化、程序化，进而达到使国家治理者善于运用法治思维和法律制度治理国家，从而把中国特色社会主义各方面的制度优势转化为治理国家的效能。

全面从严治党，为中国特色社会主义制度的坚持发展提供了根本保障。党要管党，才能管好党；从严治党，才能治好党。习近平总书记强调，从严治党要靠制度来规范、机制来保障，要坚持思想建党与制度治党紧密结合。全面从严治党将党的制度建设的重心从建章立制转向依靠制度进行治理，这是我们党制度建设理论的重大发展。党的制度建设，深刻影响着党的思想建设、组织建设、作风建设和反腐倡廉建设，是党的先进性和纯洁性得以充分体现的重要保证。全面从严治党是为了增强党的自我净化、自我完善、自我革新、自我提高能力，是为了建设学习型、服务型、创新型马克思主义执政党，确保党始终成为中国特色社会主义事业的坚强领导核心。

"四个全面"是中国共产党总结经验、与时俱进、筹划全局、凝心聚力，率领全国各族人民坚持和发展中国特色社会主义的道路自信、理论自信、制度自信。"四个全面"的时代价值在于：能为当下解决社会发展中的难题指明路径，提供智慧；能成为人们坚持和发展中国特色社会主义的行动指南，能内化为人们的思维方式和价值取向，能变为支撑人们精神信仰的强大力量。

主要参考文献

①习近平:《在中共中央政治局第一次集体学习时的讲话》,《人民日报》2012年11月19日。

②习近平:《在新进中央委员会的委员候补委员学习贯彻党的十八大精神研讨班开班式上的讲话》,《人民日报》2013年1月6日。

③习近平:《在亚太经合组织工商领导人峰会上的演讲》,《人民日报》2013年10月8日。

④习近平:《在党的群众路线教育实践活动总结大会上的讲话》,《人民日报》2014年10月9日。

⑤习近平:《在全国组织工作会议上的讲话》,《人民日报》2008年2月20日。

⑥习近平:《在十二届人大一次会议上的讲话》,《人民日报》2013年3月18日。

⑦习近平:《在省部级主要领导干部学习贯彻十八届三中全会精神全面深化改革专题研讨班上的讲话》,《人民日报》2014年2月18日。

(作者单位:中共吉林省委党校政治学教研部)

论"四个全面"战略布局的科学内涵和精神实质

姜华有

全面建成小康社会、全面深化改革、全面依法治国、全面从严治党的"四个全面"战略布局,是以习近平同志为核心的中央领导集体运用辩证唯物主义和历史唯物主义的世界观和方法论,从坚持和发展中国特色社会主义的全局出发,总结社会主义建设、改革和发展的新鲜实践经验,把马克思主义的普遍真理与当今时代特征和当代中国实际相结合而生的结晶。"四个全面"是马克思主义中国化的最新理论成果。正确贯彻落实这一战略布局,我们必须认真领会它的科学内涵,准确把握它的精神实质。

一 "四个全面"的根本方法是问题导向

所谓问题导向,就是人们在认识世界、改造世界的过程中,树立强烈的问题意识,及时发现问题和解决问题,推动工作和事业向前发展的思维方式和实践方法。问题导向是马克思主义的科学思想方法和工作方法。唯物辩证法认为问题就是事物的矛盾,哪里有没有解决的矛盾,哪里就有问题。世界是由矛盾构成,因此世界也就是由问题构成,我们做工作就是解决问题。发现不了问题、解决不了解决问题,就意味着丢失了工作,事业难以取得新成就,马克思主义认识论认为实践发展永不停息,矛盾运动永无止境,旧的矛盾和问题解决了,又会产生新的矛盾和问题。问题导向是马克思主义认识论和辩证法的具体化和生动体现。习近平总书记指出,我们中国共产党人干革命、搞建设、抓改革,从来都是为了解决中国的现实问题。90多年来,我们党之所以能够走在时代前列、引领中国进步,一个重要原因就在于紧跟社会发展的步伐,善于发现问题,及时解决问题,才能不断取得革命、建设和改革的胜利。

"四个全面"是在强烈的问题导向中提出的。我们提出全面建成小康社会就是因为实现小康进程中,不同地区存在发展有快有慢、质量有优有劣、水平有高有低,小康状况不完整、有盲区、有掉队的问题。我们提出全面深化改革就是由于"发展中不平衡、不协调、不可持续问题依然突出,科技创新能力不强,产业结构不合理,发展方式依然粗放,城乡区域发展差距和居民收入分配差距依然较大,社会矛盾明显增多"①。

习近平总书记提出,解决这些问题,关键在于全面深化改革。我们提出全面依法治国原因就在于,正如习近平总书记提出:"同党和国家事业发展要求相比,同人民群众期待相比,同推进国家治理体系和治理能力现代化目标相比,法治建设还存在许多不适应、不符合的问题,"②如执法司法不规范、不严格、不透明现象较为突出,群众对执法司法不公和腐败问题反映强烈;一些国家工作人员特别是领导干部依法办事观念不强、能力不足,知法犯法、以言代法、徇私枉法现象依然存在。这些问题违背社会主义法治原则,损害人民群众利益,必须通过全面深化改革下大气力加以解决。全面从严治党也是在问题意识中诞生的,习近平总书记说:"新形势下,我们党面临着许多严峻挑战,党内存在着许多亟待解决的问题。尤其是一些党员干部中发生的贪污腐败、脱离群众、形式主义、官僚主义等问题,必须下大气力解决。全党必须警醒起来。"③

"四个全面"在发现问题中提出,必须在解决问题中实现。广大干部群众只有掌握"四个全面"蕴含的问题导向的科学思想方法和工作方法,树立强烈的问题意识,一切从实际出发,敢于正视和面对矛盾和问题,才能准确理解"四个全面"的科学内涵,找到贯彻落实"四个全面"的努力方向和前进动力。一是要加强调查研究,善于及时发现问题,提出解决问题的切实可行办法。习近平总书记说:"调查研究是谋事之基、成事之道。没有调查,就没有发言权,更没有决策权。"④

问题在实践中产生,体现在群众的期盼中、群众的诉求中、群众的疾

---

① 《坚定不移沿着中国特色社会主义道路前进 为全面建成小康社会而奋斗》,《人民日报》2012年11月18日。
② 《中国共产党第十八届中央委员会第四次全体会议公报》,《人民日报》2014年10月24日。
③ 习近平:《我们党面临着许多严峻挑战 全党必须警醒》,《人民日报》2012年11月15日。
④ 《习近平谈坚持实事求是强调力戒官僚主义》,中国新闻网(http://www.chinanews.com/gn/2012/05-28/3919556.shtml)。

苦中。这就要求深入实际、深入基层、深入群众进行调查研究，深切了解群众的需求、愿望和实践经验。现在的交通通信手段越来越发达，获取信息的渠道越来越多，但都不能代替领导干部亲力亲为的调查研究。因为只有面对面直接与基层群众接触，才能看到最真实的情况，听到最真实的声音，弄清最迫切的需要。面对面地了解情况和商讨问题，对领导干部在认识上和感受上所起的作用和间接听汇报、看材料是不同的。当前在领导干部中，不重视调查研究、不善于调查研究的问题还是存在的。有的走不出"文山会海"，强调工作忙，很少下去调查研究。有的满足于看材料、听汇报、上网络，不深入实际生活，坐在办公室关起门来作决策。有的自认为熟悉本地区本部门情况，对层出不穷的新情况新问题反应不敏锐，对形势发展变化提出的新课题新挑战应对不得力，看不到事物的发展变化是一个由量变到质变的过程，凭经验办事，拍脑袋决策。有的调研走过场，只看"盆景式"典型，满足于听听、转转、看看，蜻蜓点水、浅尝辄止。凡此种种，严重影响决策的科学性，妨碍党的路线方针政策的贯彻执行，也损害领导机关、领导干部的形象。二是要注重抓落实，把通过调查研究得出的解决问题的决策、办法、措施，付诸行动。习近平总书记说："发扬钉钉子精神抓落实"。抓落实首先要抓到点上、以点带面。要盯住事关全局的重点工作，把力量凝聚到点上，着力解决涉及全局的突出问题，以点带面，推动全局，避免"撒胡椒面"式地这里抓一下，那里敲一点，浅尝辄止、朝三暮四。抓落实要一抓到底，常抓不懈，要有"咬定青山不放松"的韧劲、不达目的不罢休的狠劲，真正把工作落到实处、抓出实效。

二 "四个全面"的精髓要义是全面系统

"四个全面"的精髓要义是全面系统。所谓全面系统是指分析和观察问题立足于全局、着眼于整体，找出短板，弥补不足，发挥系统整体效应。全面建成小康社会的核心是全面，要求不留死角不存盲区。习近平总书记强调，小康生活水平"一个民族都不能少"，"不能丢了农村这一头"，"决不能让一个苏区老区掉队"，"没有全民健康，就没有全面小康"。全面建成小康社会要求必须满足人民不断增长的物质文化生活的全面性需求，因此"中国将坚持以人为本，全面推进经济建设、政治建设、文化建设、社会建设、生态文明建设，促进现代化建设各个方面、各个环节相协调,建设美丽中国。"① 全面深化改革昭示改革的范围不是单一领域,而是涉及社会各领域的深刻变革,习近平总书记指出,进一步深化改革,必须更加注重改革的系统性、整体性、协同性,统筹推进重要领域和关键环节改革。全面依法治国的根本在于坚持党的领导、人民当家作主、依法治国的三者统一,一个也不能少。习近平总书记强调,坚持中国特色社会主义政治发展道路,关键是要坚持党的领导、人民当家作主、依法治国有机统一。这是我国民主政治发展经验的科学总结,全面推进依法治国,必须坚持做好这"三者统一"。全面从严治党既要抓制度建设,把权力关进制度的笼子,又要抓思想政治建设。习近平指出,理想信念是共产党人精神上的"钙",缺钙就会得"软骨病",补钙必须加强理想信念教育,领导干部要把系统掌握马克思主义基本理论作为看家本领,老老实实、原原本本学习马克思主义理论。全面从严治党必须惩治腐败,既要打老虎,也拍苍蝇;既要重治本,也要着力治标。

三 "四个全面"的推进方式是统筹协调

"统筹协调"是指统一谋划,全面观察问题,分析事物各方面的关系,使事物之间和事物内部各要素和谐一致,配合得当。统筹协调是推进全面建成小康社会、全面深化改革、全面推进依法治国、全面从严治党战略布局的科学路径。"发展起来之后的问题,不比不发展时少"。"四个全面",是我国发展起来后,更加注重发展和治理系统性、整体性、协同性的必然选择,"四个全面"统一于建设富强民族文明和谐的社会主义现代化国家,统一于在实现中华民族伟大复兴的中国梦的实践,这是"四个全面"的必须统筹协调推进的最深厚基础。

全面建成小康社会是目标,是全面深化改革、全面依法治国、全面从严治党的引领。全面深化改革是根本动力。全面建成小康社会、全面依法治国、全面从严治党中面临的问题,都要靠不断深化改革来化解。全面依法治国是制度保障。全面建成小康社会、全面深化改革、全面从严治党要靠法治思维来推动,三者的推进成果要靠法律制度来保障。全面从严治党是根本保证。打造一个廉洁奉公、纪律严明的执政党干部队伍,是全面建

---

① 习近平:《现代化建设坚持以人为本 建设美丽中国》,中国新闻网(http://www.chinanews.com/gn/2013/03-28/4682397.shtml)。

成小康社会、全面深化改革、全面依法治国的关键。"四个全面"辩证统一、相辅相成、相互促进、相得益彰,不可或缺。

统筹协调推进"四个全面",要坚持单项发展与整体前进相统一,两点论和重点论相统一。全面建成小康社会是经济、政治、文化、社会、生态文明全面发展的小康社会,是为实现社会主义现代化建设宏伟目标和中华民族伟大复兴奠定坚实基础的小康社会。我们要实现的奋斗目标是全面建成小康社会,是实现中华民族伟大复兴中国梦的关键的一步。全面深化改革、全面依法治国、全面从严治党要服务于这个目标,但也不能单打一个,而忽视了"四个全面"的整体前进。推进全面深化改革,必须坚定改革信心,以更大的政治勇气和智慧、更有力的措施和办法推进改革。使一切劳动、知识、技术、管理、资本的活力竞相迸发,使一切创造社会财富的源泉充分涌流,使发展成果更多更公平惠及全体人民。面对改革中所面临的利益固化藩篱、体制机制顽瘴痼疾等阻力,要敢于克服部门利益掣肘、自我革新。推进全面依法治国,必须加强法治建设,实现科学立法、严格执法、公正司法、全民守法,促进国家治理体系和治理能力现代化。党员干部要带头学法、真诚信法、内心尊法、模范守法。推进全面从严治党,必须紧扣先进性和纯洁性,深化政治纪律、组织纪律教育,引导党员干部自觉践行"三严三实",使从严治党的一切努力都集中到增强党自我净化、自我完善、自我革新、自我提高能力上来,集中到提高党的领导能力和执政能力上来。领导干部要严于律己,以上率下,增强宗旨意识,发挥党在推进"四个全面"的领导核心作用。

四 "四个全面"的最终归宿是人民向往

"四个全面"体现了历史唯物主义的人民群众创造历史观点。"四个全面"的归宿是人民的向往。习近平指出:"我们的人民热爱生活,期盼有更好的教育、更稳定的工作、更满意的收入、更可靠的社会保障、更高水平的医疗卫生服务、更舒适的居住条件、更优美的环境,期盼孩子们能成长得更好、工作得更好、生活得更好。人民对美好生活的向往,就是我们的奋斗目标。"[①]

"四个全面"的实现主体是人民群众。马克思恩格斯指出,历史活动

---

① 习近平:《人民对美好生活的向往就是我们的奋斗目标》,《人民日报》2012年11月16日。

是群众的事业，决定历史发展的是"行动着的群众"。改革开放是实现全面建成小康社会、全面依法治国、全面从严治党的强大推动力。改革开放事业深深扎根于人民群众之中，这是改革开放能够推动中国经济社会健康持续发展、得到广大人民群众衷心拥护和积极参与的最根本的原因。全面深化改革要从群众最期盼的领域改起，从制约经济社会发展最突出的问题改起，让全社会感受到改革带来的实实在在的成果，才能最大限度凝聚改革正能量。我们实现小康社会、深化改革、依法治国、从严治党的认识和实践上的每一次突破，每一个方面成就的取得，无不来自广大人民群众的实践和智慧，无不来自广大人民群众强有力的支持。实现"四个全面"的战略布局是亿万人民自己的事业，必须坚持在党的领导下充分尊重人民首创精神。群众路线是我们党的根本工作路线。广大领导干部在推进"四个全面"的战略布局过程中，必须始终坚持一切为了群众、一切依靠群众，从群众中来、到群众中去的群众路线。做到谋划发展思路向人民群众问计，查找发展中的问题听人民群众意见，改进发展措施向人民群众请教，落实发展任务靠人民群众努力，衡量发展成效由人民群众评判。习近平总书记指出，检验我们一切工作的成效，最终都要看人民是否真正得到了实惠，人民生活是否真正得到了改善，这是坚持立党为公、执政为民的本质要求，是党和人民事业不断发展的重要保证。

（作者单位：中共安徽省委党校哲学教研部）

"四个全面"是夺取中国特色社会主义新胜利的根本战略遵循

李 明

习近平总书记在开展具有新的特点的伟大斗争、发展中国特色社会主义的历史节点上提出和形成"全面建成小康社会、全面深化改革、全面依法治国、全面从严治党"的"四个全面"战略布局，体现了对中国特色社会主义本质的新认识，是治国理政的重大战略，是实现中华民族伟大复兴中国梦的理论指导和实践指南。

一 "四个全面"战略布局涵括"八个必须"基本要求，反映了中国特色社会主义理论与实践互动的新发展

恩格斯指出："所谓'社会主义社会'不是一种一成不变的东西，而应当和任何其他社会制度一样，把它看成是经常变化和改革的社会。"① 党的十八大以来，中国特色社会主义理论和实践发生了飞跃性发展，从"八个必须"的基本要求到"四个全面"的战略布局就是本质性标志性变化。党的十八大指出，在新的历史条件下夺取中国特色社会主义新胜利，必须牢牢把握中国特色社会主义的基本要求，这就是必须坚持人民主体地位，必须坚持解放和发展社会生产力，必须坚持推进改革开放，必须坚持维护社会公平正义，必须坚持走共同富裕道路，必须坚持促进社会和谐，必须坚持和平发展，必须坚持党的领导。这是中国特色社会主义的本质特征和核心内容，是对中国特色社会主义的历史总结和理论概括。中国特色社会主义是我们党领导亿万人民进行的具有时代历史特点的伟大实践，"四个全面"贯通和涵括中国特色社会主义基本要求，彰显了中国特色社会主义

---

① 《马克思恩格斯选集》第4卷，人民出版社1995年版，第693页。

理论与实践互动的新发展,开启了系统性、整体性、全局性、协调性推进中国特色社会主义的历史进程,是对中国特色社会主义本质和规律的最新认识和把握,是中国特色社会主义新实践的深化跃升。

"四个全面"坚持人民主体地位的基本原则立场。习近平总书记指出,在我们国家,人民是国家的主人、社会的主人和自己命运的主人,是历史创造者和改革开放事业的实践主体。坚持人民主体地位是建设中国特色社会主义的根本要求。全面不全面,人民是关键。"实现党的十八大确定的奋斗目标,实现中华民族伟大复兴的中国梦,必须紧紧依靠人民,充分调动最广大人民的积极性、主动性、创造性。""我们党的根基在人民、血脉在人民、力量在人民。""中国梦归根到底是人民的梦,必须紧紧依靠人民来实现,必须不断为人民造福。""四个全面"正是从人民群众的热切期待中得出来的,"人民对美好生活的向往,就是我们的奋斗目标。"实现"四个全面",根本就是坚持人民立场。全面建成小康社会必须要依靠人民群众,动员广大人民群众投身于社会主义事业的伟大实践;全面推进改革和依法治国要从根本上关注人民群众的切身利益,着力解决好人民群众最关心、最直接、最现实的利益问题,而全面从严治党,就是更全面地实现党的根本宗旨,全心全意为人民服务。

"四个全面"坚持解放和发展社会生产力的本质目的。生产力是人类社会发展的根本动力,解放和发展社会生产力是社会主义的本质。我们党的一切奋斗,归根到底都是为了解放和发展社会生产力,不断改善人民生活。解放和发展社会生产力为国家发展繁荣、人民幸福安康、社会和谐稳定提供强大物质基础。解放和发展社会生产力,是中国特色社会主义的根本任务,也是实现"四个全面"的根本目的。

"四个全面"坚持全面推进改革这个兴国之路,扭紧发展中国特色社会主义的战略抓手。习近平总书记指出,改革开放是当代中国发展进步的活力之源,是我们党和人民大踏步赶上时代前进步伐的重要法宝,是坚持和发展中国特色社会主义的必由之路。改革开放是决定当代中国命运的关键一招,也是决定实现"两个一百年"奋斗目标、实现中华民族伟大复兴的关键一招。全面深化改革就是在全面总结30年改革开放实践的基础上,把握好全面深化改革的内在规律,坚持正确的方法论。习近平总书记指出,从改革大局出发看待利益关系调整,只要对全局改革有利、对党和国家事业发展有利、对本系统本领域形成完善的体制机制有利,都要自觉服从改革大局、服务改革大局，勇于自我革命，敢于直面问题，共同把全面深化改革这篇大文章做好。协调推进"四个全面"，就要正确树立全面改革的战略思维、辩证思维、系统思维、法治思维、底线思维和创新思维，正确处理好"解放思想和实事求是的关系""整体推进和重点突破的关系""顶层设计和摸着石头过河的关系""胆子要大和步子要稳的关系""改革发展稳定的关系"，不断提高驾驭市场经济的能力、加强社会治理的能力、建设生态文明的能力、统筹国际国内两个大局的能力，把全面深化改革的顶层设计与基层实践探索相对接，将系统推进经济体制、政治体制、文化体制、社会体制、生态文明体制和党的建设制度改革相统一，从而接续推进全面深化改革的历史进程，并使其成为不断发展中国特色社会主义伟大事业的动力源和推进器。

"四个全面"深刻体现中国特色社会主义公平正义的内在要求。公平正义是社会主义的本质和体现，是全面依法治国的核心命题。实现社会公平正义是中国共产党人的一贯主张，也是发展中国特色社会主义的重大任务。党的十八大把"必须坚持维护社会公平正义"作为中国特色社会主义八项基本要求之一，并把"自由、平等、公正、法治"作为社会主义核心价值观的重要内容。习近平总书记指出："生活在我们伟大祖国和伟大时代的中国人民，共同享有人生出彩的机会，共同享有梦想成真的机会，共同享有同祖国和时代一起成长与进步的机会"。法治兴则国兴，法治强则国强。全面依法治国是实现公平正义的制度基石。只有实现国家富强，只有全面推进科学立法、严格执法、公正司法、全民守法，只有坚持依法治国、依法执政、依法行政共同推进，只有坚持法治国家、法治政府、法治社会"一体建设"，才能确保党和国家的事业蓬勃发展，全面体现中国特色社会主义公平正义。

"四个全面"以实现共同富裕的社会主义本质为根本原则。"四个全面"是"为推动解决我们面临的突出矛盾和问题提出来的"。以党的十八大为标志，我国发展进入新时期。改革进入攻坚期和深水区。发展面临经济政治社会极大风险，社会两极分化程度严重、腐败现象突出，经济下行压力增大、国际环境更加复杂。共同富裕问题成为带有瓶颈性的问题之一，成为发展起来后必须解决的发展问题。邓小平指出："社会主义的目的就是要全国人民共同富裕"[①]。他认为，"社会主义最大的优越性就是共同富裕，这是体现社

---

① 《邓小平文选》第3卷，人民出版社1993年版，第110—111页。

会主义本质的一个东西。"① 中国特色社会主义事业是亿万人民群众广泛参与的创造性事业，这项伟大事业的根本目的是为最广大人民谋福利，促进社会全面进步和实现人的全面发展。因此，从本质上来说，社会主义要解决贫穷问题和两极分化问题，从而实现人民的共同富裕。

"四个全面"突出社会和谐这一中国特色社会主义的本质属性。全面协调推进"四个全面"既从战略目标上体现社会和谐的内容，也从方法途径上体现社会和谐的要求。我们要建成的全面小康社会，是"干部清正、政府清廉、政治清明"的良治社会，是"破除城乡二元结构，建设农民幸福生活的美好家园"，是"让人民群众在每一个司法案件中都感受到公平正义"，是"望得见山、看得见水、记得住乡愁"的美丽社会。

"四个全面"彰显和平发展这一中国特色社会主义的基本特征。习近平总书记指出，走和平发展道路，是我们党根据时代发展潮流和我国根本利益作出的战略抉择。"四个全面"战略布局正是在当前世界各国相互联系、相互依存的程度空前加深与和平、发展、合作、共赢的理念日益深入人心的条件下中国和平发展的主动抉择，它产生重大而深远的国际影响并产生深刻的国际效应，大大提升了中国形象。

"四个全面"提升中国共产党是中国特色社会主义事业的领导核心地位。治国必先治党，治党务必从严。邓小平指出："过去的革命问题解决得好不好，关键在于党的领导，现在的建设问题解决得好不好，关键也在于党的领导。"② 中国共产党是中国特色社会主义事业的领导核心。这是历史的选择，人民的意志，也是实践的结论。习近平总书记在十八届中共中央政治局第一次集体学习时指出："一个政党，一个政权，其前途和命运最终取决于人心向背。"

二 "四个全面"战略布局是"三个总"的总体布局的战略集成，体现了治国理政战略重点与总体统一的新思路

"制定一个原则性纲领，这就是在全世界面前树立起可供人们用来衡量党的运动水平的里程碑。"③ "四个全面"战略布局是习近平总书记为核

---

① 《邓小平文选》第3卷，人民出版社1993年版，第364页。
② 《邓小平文选》第1卷，人民出版社1994年版，第264页。
③ 《马克思恩格斯选集》第3卷，人民出版社1995年版，第296页。

心的党中央发展中国特色社会主义的原则性纲领。"四个全面"战略布局是习近平总书记在提出"中国梦"之后接续提出的一个具有总体性、整体性、全局性和根本性的重大命题和重要思想，是党的十八大以来习近平总书记治国理政的核心理念和主体内容，"四个全面"是中国特色社会主义理论体系的最新成果，是马克思主义中国化的新飞跃，是全面建成小康社会的行动纲领和实现中华民族伟大复兴的理论指导和实践指南。

在总依据的基础上提出新常态是对经济发展趋势和阶段性特征的新概括，是"四个全面"的现实经济基础。党的十八大报告指出："建设中国特色社会主义，总依据是社会主义初级阶段，总布局是五位一体，总任务是实现社会主义现代化和中华民族伟大复兴。"这一重要论断，为中国特色社会主义的全面进步与不断发展指明了根本方向、明确了前进目标，规划了整体布局，确定了基本任务，是夺取中国特色社会主义新胜利的总体布局。"三个总"的总体布局的确立，是中国特色社会主义历史发展的结果。正确认识我国社会所处的历史阶段，是建设中国特色社会主义的首要问题，是制定和执行正确的路线方针政策的总依据。党的十八大作出"我国仍处于并将长期处于社会主义初级阶段的基本国情没有变，人民日益增长的物质文化需要同落后的社会生产之间的矛盾这一社会主要矛盾没有变，我国是世界上最大发展中国家的国际地位没有变"的总判断，在这样的总依据下，习近平总书记提出中国经济呈现出新常态，发展速度"从高速增长转为中高速增长"，"经济结构不断优化升级"，发展动力"从要素驱动、投资驱动转向创新驱动"；这既紧紧把握社会主义初级阶段这个最大国情，牢牢立足于社会主义初级阶段这个最大实际，又准确研判我国改革开放进入新的发展阶段的阶段性特征和主要问题，为"四个全面"战略布局提出确定了现实依据。

"四个全面"是建立在总布局基础上的战略重点与战略布局。中国特色社会主义事业总体布局，是不断丰富和发展的。党的十二届六中全会确立了以经济建设为中心，坚定不移地进行经济体制改革，坚定不移地进行政治体制改革，坚定不移地加强精神文明建设的总体布局。党的十五大、十六大明确了我国经济建设、政治建设、文化建设三位一体的总体布局。党的十六大以后我们党提出了构建社会主义和谐社会的重大任务，使总体布局由三位一体扩展为包括社会建设在内的四位一体。党的十七大提出生态文明建设，党的十八大把生态文明建设提到与经济建设、政治建设、文化建设、社会建设并列的位置，从而把总体布局进一步扩展为五位一体，并强调把生态文明建设融入经济建设、政治建设、文化建设、社会建设各方面和全过程，使中国特色社会主义事业总体布局更加完善。如果总布局是设计效果图，"四个全面"就是施工路线图。总布局本质上反映的是总体设计、总体谋划和总体战略。党的十八大指出，建设中国特色社会主义，总依据是社会主义初级阶段，总布局是五位一体，总任务是实现社会主义现代化和中华民族伟大复兴。"三个总"的有机统一，构成了我们党对中国特色社会主义发展的总判断和建设的总方略。"不谋全局者不足以谋一域"，没有总体谋划，就无法把握整体和全局；但不抓主要矛盾，没有工作重点，就无法找准突破口，最终也会影响全局甚至丧失全局。习总书记说："我们既要注重总体谋划，又要注重牵住'牛鼻子'。在任何工作中，我们既要讲两点论，又要讲重点论，没有主次，不加区别，眉毛胡子一把抓，是做不好工作的。"正是在党的十八大对中国特色社会主义的科学认识基础上，习近平总书记深刻分析和把握当前党和国家事业发展中的主要矛盾和工作重点，高屋建瓴而高瞻远瞩提出"四个全面"战略布局。习近平总书记指出："我们提出要协调推进全面建成小康社会、全面深化改革、全面依法治国、全面从严治党，是当前党和国家事业发展中必须解决好的主要矛盾。"放眼未来又立足当下，谋划全局且善抓重点，志存高远也脚踏实地，我们党正确处理"五位一体"的总布局与"四个全面"战略布局之间的关系，清醒地认识事业全局与事业重点的关系，紧紧抓住事业重点，全力推动事业全局，取得十八大以来中国特色社会主义发展的新开局新胜利。

"四个全面"是对总目标的战略集成。实现中华民族伟大复兴，是近代中国中华民族优秀儿女的共同理想和矢志不渝追求的目标。我们党把全面建成小康社会、实现中华民族伟大复兴，作为在整个社会主义初级阶段的总任务，作为中国共产党人的历史使命。

"四个全面"集中体现党的十八大以来以习近平总书记为核心的党中央的理论创新和实践创新，是中国特色社会主义最新发展成果，系统全面地将四个"第一次"有机整合：第一次将全面建成小康社会定位为"实现中华民族伟大复兴中国梦的关键一步"，第一次将全面深化改革的总目标确定为"完善和发展中国特色社会主义制度、推进国家治理体系和治理能力现代化"；第一次将全面依法治国与全面深化改革紧密联系起来，作为

"姊妹篇",构成全面建成小康社会、实现民族伟大复兴的"鸟之两翼、车之双轮";第一次提出"增强从严治党的系统性、预见性、创造性、实效性"的高标准严要求管党治党;"四个全面"以其内在的相辅相成、相互促进、相得益彰,形成了一个完整的、系统的长远的治国理政方略,丰富和发展了中国特色社会主义,实现了马克思主义中国化的新飞跃,成为全面建成小康社会、实现中华民族伟大复兴中国梦的理论指导和实践指南。

三 从中国梦到"四个全面",理想与现实链接的新起点

"共产主义对我们来说不是应当确立的状况,不是现实应当与之相适应的理想。我们所称为共产主义的是那种消灭现存状况的现实的运动。这个运动的条件是由现有的前提产生。"① 马克思主义者总是立足现实追求理想。"四个全面"是"从我国发展现实需要中得出来的",是统领中国发展的总纲,抓住了改革发展稳定关键,确立新形势下党和国家各项工作的战略方向、重点领域、主攻目标,是"坚持和发展中国特色社会主义道路、理论、制度的战略抓手",为实现中华民族伟大复兴的中国梦指明道路。

从提出中国梦到形成"四个全面"战略布局,体现的是理想与现实链接的发展新起点。党的十八大刚刚结束,习近平总书记就指出:"我们的责任,就是要团结带领全党全国各族人民,接过历史的接力棒,继续为实现中华民族伟大复兴而努力奋斗,使中华民族更加坚强有力地自立于世界民族之林。"正是这种强烈的责任担当意识,习近平总书记提出"中国梦":实现中华民族伟大复兴,是中华民族近代以来最伟大的梦想;并豪迈地指出:"现在,我们比历史上任何时期都更接近中华民族伟大复兴的目标,比历史上任何时期都更有信心、有能力实现这个目标。"中国梦是实现中华民族伟大复兴的形象表达,它把全面建成小康社会的关键近期发展目标、"两个一百年"的宏伟中期奋斗目标与中华民族伟大复兴伟大远期根本目标统一起来,并与共产主义远大理想结合起来,成为统领和凝聚精神力量的集结令。

"一切划时代的体系的真正内容都是由于那个时代的需要而形成的。"②

---

① 《马克思恩格斯全集》第3卷,人民出版社1956年版,第40页。
② 同上书,第54页。

"四个全面"凝结着中国特色社会主义探索的新经验，是实现中国梦的基本共识和科学认识。"四个全面"开辟发展之路，全面建成小康社会是"实现中华民族伟大复兴中国梦的关键一步"；"四个全面"汇聚发展之力，全面深化改革，是决定中国前途命运的关键一招，是实现民族复兴中国梦的根本动力。"四个全面"谋划治国之道。"法治是治国理政的基本方式"，"是国家治理体系和治理能力的重要依托"；"四个全面"夯实立党之本。打铁还须自身硬，补钙严防软骨病。"四个全面"核心在党，关键也在党。"四个全面"战略布局是党的十八大以来以习近平同志为核心的党中央治国理政的顶层设计；是发展中国特色社会主义、实现中华民族伟大复兴中国梦的战略遵循。"四个全面"战略布局为我国经济社会持续健康发展注入新的内涵和动力，将进一步赋予中国特色社会主义"四大特色"，增强"三个自信"，开辟中国特色社会主义新境界。

（作者单位：中国农业大学思想政治教育学院）

正确认识和把握"四个全面"战略布局

王存福

2014年12月14日,习近平总书记在江苏调研时指出:"要全面贯彻党的十八大和十八届三中、四中全会精神,落实中央经济工作会议精神,主动把握和积极适应经济发展新常态,协调推进全面建成小康社会、全面深化改革、全面推进依法治国、全面从严治党,推动改革开放和社会主义现代化建设迈上新台阶"[1],第一次系统完整地阐释了"四个全面"战略布局。"四个全面"是以习近平同志为核心的新一届中央领导集体治国理政的总体思路,是坚持和发展中国特色社会主义的新的战略布局。这一战略布局明确了新时期党和国家各项工作的关键环节、重点领域、主攻方向,为推动改革开放和社会主义现代化建设迈上新台阶提供了强力保障。

一 深刻认识"四个全面"战略布局的重大意义

(一)"四个全面"战略布局是马克思主义中国化的最新理论成果

马克思主义的诞生使社会主义由空想变成科学,但社会主义在从科学变成实践的过程中,受到各种条件的影响和制约,现实中社会主义国家最终走向了苏联模式这条封闭僵化的道路。正是基于对"文革"结束后国内社会主义建设陷于困境的现实状况的反思,中国共产党人在改革开放的波澜壮阔的伟大实践中不断艰辛探索,最终由邓小平同志在党的十二大上首次提出了"建设有中国特色社会主义"的命题,这标志着中国特色社会主义的成功开创。毫无疑问,中国特色社会主义是马克思主义普遍原理与中国具体实践相结合的产物。因此,只要中国特色社会主义的实践在发展,就意味着理论创新的脚步不会停下。实践发展永无止境,理论创新永无止

---

[1] 见《人民日报》2014年12月15日第1版。

境。历经三十多年的发展，中国特色社会主义事业取得了举世瞩目的辉煌成就，但进入新世纪的第二个十年后，我国改革已经进入攻坚期和深水区，面临着更加繁重的改革任务。这在理论上迫切需要我们党结合当前存在的问题给出科学的答案，而"四个全面"战略布局正是以习近平同志为核心的新一届中央领导集体基于我国发展新阶段的实际情况，更加注重发展和治理系统性、整体性、协同性的必然选择。伟大的实践产生伟大的理论，"四个全面"战略布局根植于新时期我国全面深化改革的伟大实践，是对中国发展深刻思考的结果，是系统总结中国特色社会主义建设和党治国理政的实践经验的结晶，是与时俱进地发展马克思主义的最新理论成果。

（二）"四个全面"战略布局是中国特色社会主义事业新的战略方向和理论指南

理论是行动的指南。回顾我国社会主义革命、建设和改革的历史，中国共产党一直坚持与时俱进的理论创新精神，不断推进马克思主义中国化的进程，创造出了毛泽东思想、邓小平理论、"三个代表"重要思想、科学发展观等一系列理论创新成果。这些理论成果源于实践，又成为推动实践发展的行动指南。"四个全面"战略布局是在我国改革开放的进程中逐渐形成的，是对改革开放伟大实践、中国特色社会主义建设、党治国理政经验的总结和完善。随着中国特色社会主义进入全面建成小康社会的关键时期，以习近平同志为核心的新一届党中央坚持问题导向和科学思维，以当代中国共产党人的全局视野和战略眼光，提出了"四个全面"战略布局。"四个全面"战略布局兼顾中国特色和世界潮流，深化了对社会主义现代化事业发展规律的认识，确立了新形势下党和国家各项工作的战略布局，开辟了我们党治国理政的新境界，实现了马克思主义与中国实践相结合的新飞跃，是中国特色社会主义理论体系的最新成果。"四个全面"战略布局作为未来相当长一段时间内以习近平同志为核心的党中央治国理政的总纲，是坚持和发展中国特色社会主义道路、理论、制度的战略抓手，必将成为中国特色社会主义事业、实现"两个一百年"奋斗目标和中华民族伟大复兴中国梦的新的理论指南。

二 准确理解"四个全面"战略布局的科学内涵

（一）准确理解"四个全面"战略布局的总体架构

准确理解"四个全面"战略布局，首要的是要把握好其"四位一体"的总体架构。全面建成小康社会、全面深化改革、全面依法治国、全面从严治党是"四个全面"战略布局的基本内容，这四者不是简单并列关系，而是相辅相成、有机联系、相互贯通、相得益彰的理论设计。对此，习近平总书记在省部级主要领导干部学习贯彻十八届四中全会精神全面推进依法治国专题研讨班开班式上的重要讲话中强调指出："这个战略布局，既有战略目标，也有战略举措，每一个全面都具有重大战略意义。全面建成小康社会是我们的战略目标，全面深化改革、全面依法治国、全面从严治党是三大战略举措。"[①] 可见，在"四个全面"的总体架构中，全面建成小康社会是总的战略目标，全面深化改革、全面依法治国、全面从严治党是为实现总目标而实施的三大战略举措，它们共同为全面建成小康社会这一战略目标提供基本动力、基本保障、基本支撑。全面深化改革、全面依法治国、全面从严治党，作为三大战略举措，必须要为全面建成小康社会服务，更要体现在全面建成小康社会的进程中。如果脱离了全面建成小康社会这个总目标，全面深化改革就没有了方向，全面依法治国就沦为形式，全面从严治党就成了空谈。同样，全面建成小康社会也离不开全面深化改革、全面依法治国、全面从严治党这三大战略举措。如果脱离了全面深化改革、全面依法治国、全面从严治党，全面建成小康社会就成了空中楼阁，其实践进程必然会受到影响，这个总的战略目标就不可能实现。因此，把握好"四个全面"之间的关系，是准确理解"四个全面"战略布局的基础。

（二）准确理解"四个全面"战略布局的关键点

准确理解"四个全面"战略布局就是要牢牢把握"全面"这个关键词，离开了"全面"两字，"四个全面"战略布局就无法体现出其作为马克思主义中国化最新理论创新成果的逻辑脉络。建成小康社会、深化改革、依法治国、从严治党，都是在改革开放的进程中，中国共产党早已提

[①] 《习近平在省部级主要领导干部学习贯彻十八届四中全会精神全面推进依法治国专题研讨班开班式上的讲话》，载《人民日报》2015年02月03日第1版。

出的治国理政的重大举措。2002年,党的十六大提出了"全面建设惠及十几亿人口的更高水平的小康社会"的号召。2007年,党的十七大将这一号召升格为"全面建成小康社会"的发展要求和奋斗目标。2012年,党的十八大提出了全面建成小康社会和全面深化改革开放的目标。2013年,党的十八届三中全会把"全面深化改革开放"概括为"全面深化改革",并作出了具体的战略部署。2014年,党的十八届四中全会提出了全面推进依法治国的战略目标。习近平总书记提出的"四个全面"战略布局,并不是对这四项举措的重复或简单罗列,"全面"二字蕴含着丰富的科学内涵,赋予了这四项举措新的内容。只有全面深化改革,才能破解民族复兴进程中的深层次矛盾问题,为改革注入新的活力,推动改革进入新阶段;只有全面依法治国,才能把改革纳入法制化轨道,保证全面深化改革的有序有据进行;只有全面从严治党,才能锻造清正廉洁的强大领导核心,为全面建成小康社会提供政治支撑。可见,"四个全面"战略布局深化了我们对中国特色社会主义的认识,为中国特色社会主义理论体系注入了新的内涵。

(三) 准确理解"四个全面"战略布局的精神实质

"四个全面"的精神实质是"战略布局"。战略布局原是一个经济学术语,是指企业根据经济形势,结合自身的实际情况而采取的产业、业务的趋向布置,实现既定环境和既定条件下的最佳布局。① 当战略布局置于我国治国理政的总体框架中时,它就具备了特殊的涵义,蕴含了深刻的战略思想。从党的十八大强调"全面建成小康社会",到党的十八届三中全会部署"全面深化改革",再到党的十八届四中全会提出"全面依法治国",以及党的群众路线教育实践活动总结大会宣示"全面从严治党","四个全面"是以习近平同志为核心的新一届党中央立足新时期我国治国理政全局确立的党和国家各项工作的总的战略思想。"四个全面"作为以习近平同志为核心的党中央十八大以来最新确立的战略布局,更加完整地展现出习近平总书记治国理政的总体思路和框架,进一步突出了当前和今后一个时期党和国家各项工作的关键环节、重点领域、主攻方向,为推动改革开放和社会主义现代化建设迈上新台阶、开创新局面,提供了顶层设计和战略

---

① 《让全面小康激荡中国梦——二论协调推进"四个全面"》,载《人民日报》2015年2月26日第1版。

导引。可以这样说:"四个全面"提出的战略目标和战略举措作为一个战略整体,为新的历史条件下更好推进中国特色社会主义事业发展提供了明确的战略上的总布局,尤其是为到 2020 年全面建成小康社会的战略目标和战略举措进行了明确的战略布局,具有十分重要的战略指导意义。

三 全面把握"四个全面"战略布局的基本要求

(一) 以高度的自觉性和坚定性深入学习"四个全面"战略布局

"四个全面"战略布局是马克思主义中国化的最新理论成果,它"统一于民族复兴的伟大梦想,统一于中国特色社会主义伟大事业,统一于党的建设新的伟大工程,统一于我们正在进行的具有许多新的历史特点的伟大斗争"[①],具有十分重要的理论价值与实践意义。"四个全面"战略布局抓住了党和国家事业发展的关键问题,顺应了时代要求和人民愿望,为夺取中国特色社会主义事业新胜利提供了基本遵循和行动指南。因此,每一位党员干部在政治上、思想上、理论上都要有高度的敏锐性,都要以高度的自觉性和坚定性深入学习贯彻"四个全面"战略布局。要进一步推动贯彻落实,搞好学习教育,加强舆论宣传,深化研究阐释,营造浓厚学习贯彻氛围。要把学习贯彻"四个全面"战略布局作为重要政治任务,切实用以武装头脑、指导实践、推动工作。各级领导干部更要带头学习贯彻,更新思想观念,提升工作标准。要通过认真研读习近平总书记关于"四个全面"战略布局的重要讲话和人民日报为此刊发的五篇社论,准确把握其重大意义、科学内涵和精神实质,使之入耳、入脑、入心,成为指导自身工作、推动中国特色社会主义事业发展进步的行动指南,推动"四个全面"贯彻落实到经济社会发展各领域全过程,真正发挥理论指导实践的作用。

(二) 以敢担当的精神推进"四个全面"战略布局的落实

马克思主义认识论指出:任何理论的目的都在于指导实践取得成功。任何科学的理论也只有当它融入实际工作时才能体现出强大的指导意义,任何科学的理论为群众所掌握才能转化为强大的改造世界的物质力量。习近平总书记提出的"四个全面"战略布局只有与中国特色社会主义的伟大实践结合起来才能发挥理论指导作用。协调推进"四个全面",尽管是一

[①] 《引领民族复兴的战略布局——一论协调推进"四个全面"》,载《人民日报》2015 年 2 月 25 日第 1 版。

项艰巨复杂的系统工程，但它总归是由一项项具体工作组成的，只要广大党员干部敢于担当、善于担当，真正以"四个全面"战略布局精神指导自身的工作，积极投身于中国特色社会主义建设事业，就能把它落到实处。推进"四个全面"，关键是与实际工作对接融合。要坚持理论联系实际，进一步端正工作指导，以正在做的事情为中心，理清工作思路，拿出实在管用的举措。推进"四个全面"，靠的是优良工作作风。要发扬钉钉子精神，以踏石留印、抓铁有痕的劲头，咬定青山不放松，持之以恒抓到底，善始善终、善做善成，把"四个全面"的任务部署一项一项落到实处。面对我国当前的改革攻坚任务以及大量存在新矛盾新问题新风险，广大党员干部要坚持用"四个全面"战略布局这一中国特色社会主义的最新理论成果凝聚思想共识，从实际出发，做好当前的每一项工作，着力推动解决"四个全面"面临的一系列突出矛盾和问题，续写中国特色社会主义建设事业更加灿烂的美好篇章。

（作者单位：中共青岛市委党校政治学教研部）

"四个全面"战略布局对马克思主义中国化的理论创新

阎树群

自从毛泽东1938年在六届六中全会向全党发出"马克思主义中国化"的伟大号召以来,中国共产党人在领导革命、建设和改革的实践中,始终贯穿着马克思主义中国化这条主线并接力推进,由此产生了一系列重大理论创新、实践创新和制度创新成果,不断增强着全党和全国人民的理论自信、道路自信和制度自信。党的十八大以来,以习近平同志为核心的党中央结合新的历史条件下我国经济社会发展的新情况新问题新特点,继续推进马克思主义中国化,提出了一系列新理念新思想新战略,为实现中华民族伟大复兴中国梦提供了理论指导和行动指南。2015年2月,习近平在陕西考察调研时强调,马克思主义必须同中国实际相结合,实现中国化、时代化。他指出:实践创新和理论创新永无止境。毛泽东思想、邓小平理论、"三个代表"重要思想、科学发展观都是在实践基础上的理论创新。我们要继续与时俱进,推进马克思主义不断发展。[①]"四个全面"战略布局的提出,就是马克思主义和当代中国实际相结合的产物,就是对马克思主义理论的新发展。其对马克思主义中国化的重大理论创新,可以概括为以下几个方面。

一 夯实马克思主义中国化的哲学基础

"四个全面"战略布局的提出,体现了以习近平为核心的党中央深厚的马克思主义哲学功底。诚然,"四个全面"战略布局所涉及的有关内容在以前党的全国代表大会的报告中有所涉及,如十三大提出"从严治党",

---

① 《习近平瞻仰中共七大会址》,《人民日报》2015年2月15日。

十五大提出"依法治国",但是把"四个全面"作为一个整体、作为现阶段坚持和发展中国特色社会主义的战略布局提出来,这在改革开放以来党的历史上还是第一次。同时,"四个全面"的主旨在于强调"全面",凸显了改革开放进入攻坚期和深水区在战略布局上的顶层设计和协调推进,体现了新一届党中央的哲学素养和哲学智慧,是马克思主义辩证法全面观察、整体把握客观事物的观点在战略布局上的具体运用。全面建成小康社会,不仅覆盖人群和领域要全面,而且人的发展要全面;全面深化改革,不仅要确立全面的改革目标,而且要涵盖中国特色社会主义经济、政治、文化、社会、生态文明五位一体的改革、党的建设制度改革,以及国防和军队改革;全面依法治国,不仅体现在具有全面的总目标,而且有全面的工作布局和全面的法治改革;全面从严治党,不仅内容无死角,而且主体全覆盖。这就是"四个全面"战略布局的突出新意之所在。

新一届党中央之所以能够形成"四个全面"这一充分体现唯物辩证法观点的马克思主义中国化战略思想,这是由马克思主义中国化和马克思主义哲学中国化的辩证关系决定的。辩证唯物主义和历史唯物主义的世界观和方法论是马克思主义中国化的哲学基础。马克思主义中国化与马克思主义哲学中国化的关系,从提出的时间看,两者有先有后,毛泽东关于"马克思主义中国化"的命题就是在学术理论界"哲学中国化"命题的基础上提出的;从理论内容看,两者相互交错彼此渗透,一方面,马克思主义哲学中国化为马克思主义中国化提供理论基础和思想方法;另一方面,马克思主义中国化作为整体性命题则统领马克思主义哲学中国化,决定着其发展走向。马克思主义哲学中国化在整个马克思主义中国化过程中的重要地位和作用,取决于马克思主义哲学在整个马克思主义理论中的地位和作用。马克思主义哲学作为揭示自然界、人类社会和思维发展一般规律的科学,是全部马克思主义理论的思想基础。马克思主义政治经济学和科学社会主义,都是马克思主义哲学理论在解释社会经济关系和社会发展趋势中的实际运用,没有马克思主义哲学思想的成熟,也就没有整个马克思主义理论的形成。马克思主义的创立是如此,中国化马克思主义毛泽东思想的形成也是如此。在马克思主义中国化的历史上,如果没有1937年马克思主义哲学中国化理论成果《实践论》《矛盾论》的发表,没有毛泽东从哲学高度对中国革命经验的科学总结和毛泽东哲学思想的成熟,也就没有1939—1940年毛泽东《〈共产党人〉发刊词》《中国革命和中国共产党》

《新民主主义论》的发表和整个毛泽东思想的成熟。

由于马克思主义哲学中国化在整个马克思主义中国化中处于基础和先导的地位，党的十八大以来，中央政治局分别于2013年12月和2015年1月集体学习历史唯物主义和辩证唯物主义基本原理及其方法论，从而为推进马克思主义中国化提供理论支撑。正如习近平在主持学习时指出的，马克思主义哲学是中国共产党人的世界观和方法论，它深刻揭示了客观世界特别是人类社会发展的一般规律，依然是指导我们前进的强大思想武器。各级领导干部必须不断接受马克思主义哲学智慧的滋养，努力把马克思主义哲学作为自己的看家本领，增强辩证思维、战略思维能力，团结带领人民不断书写改革开放历史新篇章。[①] 习近平在讲话中运用马克思主义哲学基本原理对我国现实问题作出了深刻精辟的分析，既充分体现了马克思主义哲学是马克思主义中国化的理论基础，又为我们继续深入推进马克思主义中国化提供了世界观和方法论的基本遵循。包括"四个全面"战略布局在内的习近平一系列重要讲话，无不闪耀着辩证唯物主义和历史唯物主义的真理光辉，也是我们在学习运用时必须着重领会的思想精髓。

二 彰显马克思主义中国化的鲜明特色

中国共产党成立以来，几代中国共产党人都为推动马克思主义中国化作出了卓越贡献。以习近平同志为核心的党中央既继承党的优良传统和成功经验，又结合中国特色社会主义建设和党的建设新的实际进行创新，从而把马克思主义中国化提升到一个新水平，"四个全面"战略布局就是具有鲜明特色的马克思主义中国化理论成果。

一是坚持问题导向。马克思主义中国化的精神实质就是把马克思主义基本原理同中国具体实际相结合，而在不同国家和同一国家不同阶段的实际中就包含着不同的问题。在马克思主义理论指导下分析和解决中国的实际问题，是中国共产党人在推进马克思主义中国化过程中一以贯之的基本立场和预期目标。习近平指出：我们党领导人民干革命、搞建设、抓改革，从来都是为了解决中国的现实问题。[②] 但是，问题具有特殊性，不仅中国革命、建设和改革面对的问题不同，而且改革的不同时段遇到的问题

---

① 习近平：《推动全党学习和掌握历史唯物主义》，《人民日报》2013年12月4日。
② 习近平：《坚持运用辩证唯物主义世界观方法论》，《人民日报》2015年1月25日。

也不相同，即使同一问题也有深浅层次的不同。因此，习近平在阐述必须学习掌握物质和意识、认识和实践的辩证关系，既要重视意识对物质的反作用和理论对实践的指导作用，又要坚持从客观实际出发，坚持实践第一的观点，理论必须同实践相统一等基本观点的基础上，明确提出并强调增强问题意识、坚持问题导向，认为十八大以来我们党提出的重大战略思想和作出的战略部署，并不是主观随意的，而是由问题倒逼而来的。这一客观现实就必然要求我们直面矛盾，在化解矛盾中推动事物发展。"四个全面"就是当前党和国家事业发展中必须解决好的主要矛盾，只有紧紧牵住这个"牛鼻子"，以重点带动全面，才能促进党和国家事业的健康发展。这就把马克思主义中国化与当前我国面临的实际问题紧密联系在一起，使之更加具体化和更具针对性。

二是坚持与时俱进。在马克思主义中国化的历史上，李大钊1917年就提出了"与时俱进"的命题，但那时马克思主义传入中国不久，我们面临的主要问题是运用马克思主义理论解决中国的实际问题，还谈不上发展马克思主义的问题。毛泽东1947年转战陕北过程中题写过"与时并进"四个大字，但那是在辩证法运动发展的意义上对主客观关系作出的阐发，没有涉及马克思主义的发展问题。江泽民把与时俱进提到党的思想路线的高度，并对其含义作出经典性的阐释：就是要使党的全部理论和工作体现时代性、把握规律性、富于创造性，这就和马克思主义中国化密切相关。习近平多次在与一脉相承相对应的意义上使用与时俱进，赋予其在实践的基础上进行理论创新、不断发展马克思主义的含义。他强调：要根据时代变化和实践发展，不断深化认识，不断总结经验，不断实现理论创新和实践创新良性互动，在这种统一和互动中发展21世纪中国的马克思主义。[①]"发展21世纪中国的马克思主义"，这是习近平向全党提出的庄严而神圣的政治责任，也是他在新的历史条件下坚持马克思主义与时俱进理论品质的核心要义。这就要求我们顺应时代潮流，迎接时代挑战，回答时代课题，在协调推进"四个全面"的实践中不断推进理论创新，续写好21世纪中国化马克思主义的新篇章。"四个全面"战略布局既是马克思主义中国化的重大成果，又是我们进一步推进理论创新的崭新起点。

三是坚持群众路线。群众路线是我们党的根本政治路线和组织路线，

[①] 习近平：《坚持运用辩证唯物主义世界观方法论》，《人民日报》2015年1月25日。

也是推进马克思主义中国化的认识路线和行动路线。马克思主义中国化说到底是人民群众的事业,人民群众既是实践的主体,又是认识的主体,是创造历史的决定力量,无论是运用马克思主义改造中国社会,还是在中国革命、建设和改革实践中发展马克思主义,都离不开人民群众的推动。这就要求我们在推进"四个全面"战略布局的实践中必须坚持"一切为了群众、一群依靠群众,从群众中来、到群众中去"的群众路线,既要用贴近大众的语言和百姓喜闻乐见的形式向群众进行"四个全面"战略布局的宣传教育和正面引导,又要充分尊重群众的首创精神,科学总结群众实践的新经验,不断推进马克思主义中国化理论创新;同时要密切联系群众,了解群众所思所想所盼,不断满足人民群众的新期待,紧紧依靠人民推进"四个全面"实践创新。正如习近平所指出的,要学习和掌握人民群众是历史创造者的观点,紧紧依靠人民推进改革。人民是历史的创造者。要坚持把实现好、维护好、发展好最广大人民根本利益作为推进改革的出发点和落脚点,让发展成果更多更公平惠及全体人民,唯有如此改革才能大有作为。[①] 同时,在深入推进"四个全面"战略布局进程中,要鼓励地方、基层、群众大胆探索、先行先试,勇于推进理论和实践创新,不断深化对共产党执政规律、社会主义建设规律和人类社会发展规律的认识。近年来,党中央开展的群众路线教育实践活动和"三严三实"专题教育,其目的就是通过切实转变党的作风,进一步密切党群关系,充分调动人民的积极性主动性创造性,在党的正确领导和人民群众的广泛参与下更好地推进"四个全面"战略布局。

三 开拓马克思主义中国化的崭新境界

党的十八大以来,习近平总书记紧紧围绕坚持和发展中国特色社会主义这一主题,在改革发展稳定、内政外交国防、治党治国治军等方面发表了一系列重要讲话,提出了以"中国梦""四个全面"为重要内容的一系列新思想新观点新论断。这些讲话不仅具有很强的现实针对性,蕴含着深刻哲理,而且语言生动活泼,表述简明扼要,开辟了马克思主义中国化的新境界。就"中国梦"和"四个全面"的关系而言,两者在提出的时间上前后相继,在内容上相互包含,在理论上相得益彰,在实践上相互支撑,

---

[①] 习近平:《推动全党学习和掌握历史唯物主义》,《人民日报》2013年12月4日。

正如习近平指出的:"党的十八大以来,党中央从坚持和发展中国特色社会主义全局出发,提出并形成了全面建成小康社会、全面深化改革、全面依法治国、全面从严治党的战略布局,确立了新形势下党和国家各项工作的战略目标和战略举措,为实现'两个一百年'奋斗目标、实现中华民族伟大复兴的中国梦提供了理论指导和实践指南。"[①] 我们在学习理解和贯彻落实中切勿把"中国梦"和"四个全面"割裂开来、对立起来。

"中国梦"以形象的语言概括了党的十八大确立的"两个一百年"的奋斗目标,即建党一百年全面建成小康社会、建国一百年基本实现现代化,它包含着"四个全面"战略布局中全面建成小康社会的战略目标。我们坚持和发展中国特色社会主义,现阶段就是要坚定不移地实现这两个重要目标;我们推进"四个全面"战略布局,就是为着实现全面建成小康社会目标并为实现第二个百年目标继续努力奋斗。离开这个奋斗目标,"四个全面"战略布局就失去了前进方向。习近平还用更精练的语言对"什么是中国梦、怎样实现中国梦"这一基本问题作出了科学回答,指出中国梦的本质内涵就是实现中华民族伟大复兴,其基本内涵就是国家富强、民族振兴、人民幸福;提出实现中国梦的三条基本途径是坚持中国道路、弘扬中国精神、凝聚中国力量。这既是实现中国梦的基本途径,也是全面建成小康社会并进而实现现代化的基本途径。上述精辟论述,把我们对当代中国共产党人奋斗目标的认识提升到了一个新水平,是马克思主义中国化的最新成果。

"四个全面"以简明扼要的语言概括了现阶段坚持和发展中国特色社会主义的战略布局。如果说"中国梦"强调的是战略目标,"四个全面"则包含着第一个百年目标,并在战略目标的基础上强调的是战略举措。战略目标需要战略举措加以实现,战略举措需要战略目标指引方向,两者相互依存,相互作用,相得益彰,不可或缺,是现阶段坚持和发展中国特色社会主义必须贯彻落实的重大战略思想。由此可见,习近平在提出"中国梦"之后,又提出"四个全面"的战略布局,标志着我们党在推进马克思主义中国化的征程中取得了新的重大成果。党的十八届五中全会以全面建成小康社会为引领,以全面深化改革、全面依法治国、全面从严治党为支

---

① 习近平:《在庆祝"五一"国际劳动节暨表彰全国劳动模范和先进工作者大会上的讲话》,人民出版社2015年版,第3页。

撑，提出了创新、协调、绿色、开放、共享的新理念，并作出了"创新是引领发展的第一动力"的新论断，这是在实施"四个全面"战略布局下推进马克思主义中国化的又一重大成果。

坚持创新的发展理念，就是要把创新作为推进"四个全面"战略布局的第一动力。历史表明，创新是一个民族进步的灵魂，是一个国家兴旺发达的不竭动力，也是一个政党永葆青春活力的源泉。中华民族是一个善于创新的民族，正是这种创新精神支撑着中华民族不断繁荣壮大；中国共产党是一个善于创新的政党，正是这种创新理念推动着党的建设和党的事业不断发展进步。尤其是改革开放30多年来，我们党进一步加大了创新的力度，形成了以改革创新为核心的时代精神，从而为中国特色社会主义建设和党的建设不断注入新的活力，为马克思主义社会发展动力理论增添了新的内容。从毛泽东在马克思主义关于生产力和生产关系、经济基础和上层建筑的矛盾运动推动社会发展一般原理的基础上，首次提出社会主义社会基本矛盾是社会主义社会发展的基本动力，到邓小平阐述改革是社会主义社会发展的重要动力，体现了马克思主义中国化过程中对社会发展动力问题认识的不断深化。党的十八届三中全会确立全面深化改革的总目标是完善和发展中国特色社会主义制度、推进国家治理体系和治理能力现代化，实际上就蕴含着创新是完善和发展中国特色社会主义的重要动力的观点。十八届五中全会明确提出创新是推动中国特色社会主义发展的第一动力，把我们党对创新重要性的认识提到空前高度。这就要求全党把创新摆在国家发展全局的核心位置，贯穿于推进"四个全面"战略布局实践的全过程，使创新的理念日益深入人心，努力在全社会形成崇尚创新、追求创新、开拓创新的浓厚氛围。

坚持创新的发展理念，就是要以理论创新推动其他各方面创新。创新是全面的创新，既包括理论创新、制度创新，也包括科技创新、文化创新等各方面创新。坚持创新的发展理念，就要求以理论创新为先导推动和带动其他创新。改革开放以来，我们党不断坚持理论创新，先后形成了邓小平理论、"三个代表"重要思想和科学发展观等重大战略思想，在这些科学理论的指引下，我们顺应生产关系适应生产力、上层建筑适应经济基础发展的客观需要进行制度创新，顺应科学技术是第一生产力的发展要求进行科技创新，顺应提升国家软实力的现实需要不断进行文化创新，极大促进了我国社会生产力发展，国家综合实力显著增强，人民生活水平大幅提升。十八大以来，以习近平同志为核心的党中央继续推进理论创新，提出了"四个全面"战略布局等新理念新思想新战略，进一步丰富和发展了中国化马克思主义理论，为在新的历史条件下推进创新提供了理论指导和实践指南。这就要求我们把创新作为一项系统工程整体谋划和全面推进，促使制度创新、科技创新、文化创新等各项创新相互配套并服从和服务于"四个全面"的战略布局，从而为贯彻落实"四个全面"战略布局提供制度保障、科技支撑和精神动力。

坚持创新的发展理念，就是要着力提高发展的质量和效益。党的十八大提出实施创新驱动发展战略，这是转变发展方式、提高发展质量、建设创新型国家、提升我国国际竞争力的迫切需要。在创新驱动战略推动下，我国创新活力显著增强，经济增长的科技含量不断提升，科技进步对经济增长的贡献率2014年已达到54%。但是，我国科技发展水平总体不高，自主创新能力不强，科技对经济社会发展的支撑能力不足，科技对经济的贡献率同发达国家相比还有很大差距，这是制约我国经济社会发展的突出软肋。这就要求我们在推进"四个全面"战略布局中，必须把发展的基点放在创新上，进一步坚持创新发展理念，走好创新发展之路，形成促进创新的体制架构，实现发展动力由依靠劳动力、土地、资源等要素投入转向由创新来驱动，发展路径由主要靠发挥后发优势转向更多发挥先发优势的引领型发展，发展方式由依赖规模扩张转向提高质量效益，充分发挥人才作为创新发展第一资源的关键作用，在创新实践中深入推进"四个全面"战略布局，推动中国特色社会主义更好更快发展。

（作者单位：陕西师范大学政治经济学院）

推进国家治理现代化建设的重大意义

欧阳英

习近平指出,党的十八届三中全会提出的全面深化改革的总目标,就是完善和发展中国特色社会主义制度、推进国家治理体系和治理能力现代化。这是坚持和发展中国特色社会主义的必然要求,也是实现社会主义现代化的应有之义。习近平还强调提出,国家治理体系和治理能力是一个有机整体,相辅相成,有了好的国家治理体系才能提高治理能力,提高国家治理能力才能充分发挥国家治理体系的效能。[①] 正是在这个背景下,关于国家治理体系与能力现代化的战略部署在我国全面铺开。在此,本文希望通过理顺国家治理现代化与原有的"四个现代化"战略部署的内在关系,以使推进国家治理现代化建设的重大意义得到更为清晰的阐明。

一 "四个现代化"的提出过程

现代化是人类从传统的农业社会向现代工业社会全球性的大转变过程,"是一个包罗宏富、多层次、多阶段的历史过程"[②]。西方人眼中的中国现代化,"指的是从一个以农业为基础的人均收入很低的社会,走向着重利用科学和技术的都市化和工业化社会的这种一种巨大转变。按发展和成熟的几乎任何一项标准来衡量,中国至少在2000年内如果不是惟一领先的文明社会,也是领先的文化社会之一。中国人在治理一个幅员辽阔而人口众多的社会方面,既无堪与平,更无出其右者,中国人此前在同化域外异族及其观念方面,也表现出他们是变通灵活的"[③]。但是,正如马克思

[①] 习近平:《切实把思想统一到党的十八届三中全会精神上来》,《人民日报》2014年1月1日。

[②] 罗荣渠:《现代化新论——世界与中国的现代化进程》,商务印书馆2004年版,第17页。

[③] [美]罗兹曼:《中国的现代化》,江苏人民出版社2003年版,第1页。

所说，资产阶级"迫使一切民族——如果它们不想灭亡的话——采用资产阶级的生产方式；它迫使它们在自己那里推行所谓文明制度，即变成资产者。一句话，它按照自己的面貌为自己创造出一个世界"①。工业化造就了西方的现代化，处于优势地位的西方现代化国家通过坚船利炮轰开了中国的大门，从此中国进入到被动加入现代化的进程中。中国现代化进程的早期被动阶段从19世纪末一直持续到1949年新中国的建立。1949年新中国的建立，是中国社会彻底摆脱以西方化为导向的现代化进程的重要标志。也正是在这种情况下，中国社会的现代化进程开始了独立的发展历程，特别是"四个现代化"战略目标的明确提出，表明中国的现代化进程真正由被动走向了自觉。

1949年新中国建立之后，我国经济建设始终围绕着现代化这个重要主题进行战略目标部署。从1949年中华人民共和国成立到1954年，毛泽东等国家领导人逐步提出实现"现代化的工业、现代化的农业、现代化的交通运输业和现代化的国防"的设想。后来，又逐渐确立了"现代化"这一根本性的战略目标。1957年2月27日，毛泽东在《关于正确处理人民内部矛盾的问题》的讲话中说："将我国建设成为一个具有现代工业、现代农业和现代科学文化的社会主义国家。"② 1957年3月12日，毛泽东在全国宣传工作会议上的讲话中说："我们一定会建设一个具有现代工业、现代农业和现代科学文化的社会主义国家。"③ 1959年12月到1960年2月，毛泽东在读苏联《政治经济学教科书》时说："建设社会主义，原来要求是工业现代化，农业现代化，科学文化现代化，现在要加上国防现代化。"④ 由此，毛泽东第一次较完整地提出了工业、农业、科学文化与国防"四个现代化"的内容。

1960年2月中旬，周恩来在读苏联《政治经济学教科书》时，将"科学文化现代化"进一步地改称为"科学技术现代化"。1963年1月29日，周恩来在上海市科学技术工作会议上指出，"我国过去的科学基础很差。我们要实现农业现代化、工业现代化、国防现代化和科学技术现代化，把我们祖国建设成为一个社会主义强国，关键在于实现科学技术的现

---

① 《马克思恩格斯选集》第1卷，人民出版社1972年版，第255页。
② 《毛泽东著作选读》（下册），人民出版社1986年版，第760页。
③ 《毛泽东文集》第7卷，人民出版社1999年版，第268页。
④ 《毛泽东文集》第8卷，人民出版社1999年版，第116页。

代化。"同年9月6日到9月27日召开的中共中央工作会议，提出分两步走："第一步，建立一个独立的、比较完整的工业体系和国民经济体系，使我国工业大体接近世界先进水平；第二步，使我国工业走在世界前列，全面实现农业、工业、国防和科学技术现代化。"同年11月17日到12月3日召开的第二届全国人民代表大会第四次会议号召全国人民"奋发图强，自力更生，为把我国建设成为一个具有现代农业、现代工业、现代国防和现代科学技术的强大的社会主义国家而奋斗。"

1964年12月，中国共产党中央委员会主席毛泽东在修改中华人民共和国国务院总理周恩来在第三届全国人民代表大会第一次会议上代表国务院所作的《政府工作报告》时表示："我们必须打破常规，尽量采用先进技术，在一个不太长的历史时期内，把我国建设成为一个社会主义的现代化的强国。"1964年12月20日到1965年1月4日，第三届全国人民代表大会第一次会议举行，周恩来在会上向全国人民宣布实现"四个现代化"的任务。

1964年"工业、农业、科技与国防四个现代化"战略目标的提出，是中国的现代化进程真正进入到思想上的自觉阶段的重要标志。但是由于1966年至1976年"文化大革命"的发生，致使中国的现代化进程即将出现的快速发展发生中断。但是值得注意的是，1974年第四届全国人民大会再次明确地提出了实现"四个现代化"的战略目标，这一点应该说为"文化大革命"结束后中国社会迅速进入实现"四个现代化"的快车道发展埋下了重要伏笔。

二　改革开放与"四个现代化"

1978年十一届三中全会之后，尽管是以改革开放为主旨，但是我国经济建设始终是围绕着"现代化"这条主线加以展开的。党的十一届三中全会作出了把党的工作重点转移到社会主义现代化建设上来的战略决策。邓小平同志强调指出："我们党在现阶段的政治路线，概括地说，就是一心一意地搞四个现代化。"这是新中国成立后我党第一次明确把"四个现代化"作为全党工作重心。

1979年12月6日，邓小平在会见到访的日本首相大平正芳时，大平正芳向他提出一个问题：你们四个现代化的目标意味着什么？邓小平回答，是不是可以确定为这样一个目标，到20世纪末，争取国民生产总值每人平均 1000 美元,算个小康水平。当时中国人均国民生产总值只有 250 美元左右,邓小平据此推算,到 20 世纪末"要增加三倍",才能达到 1000 美元的水平。这里邓小平首次提出现代化的量化了的目标,当时还未使用"翻两番"这个词,但增加三倍,实际也就是翻两番的意思。1980 年 12 月 25 日,邓小平在中央工作会议的讲话中正式提出:"经过 20 年的时间,使我国现代化经济建设的发展达到小康水平,然后继续前进,逐步达到更高程度的现代化。"① 邓小平这一战略设想被党和政府所采纳。在 1981 年 11 月召开的五届人大四次会议的政府工作报告和 1982 年召开的党的二十大报告中,以正式文件的形式阐述了这个 20 年的战略目标。后来,邓小平考虑到 20 世纪末的时候中国人口将不止 10 亿,经过控制也要增长到 12 亿左右。国民生产总值翻两番,而人口增长到 12 亿,那么人均国民生产总值就是八百亿美元这一点,所以他又特别地对"小康社会"做了进一步说明:"所谓小康,就是到本世纪末,国民生产总值人均达到八百美元。"②

"小康"一词最早出现在我国先秦时期的诗歌经典——《诗经》中,诗云:"民亦劳止,迄可小康。"在《礼记》中的《礼运》篇,孔子曾把社会发展分为乱世、小康与大同等"三世"。原来对于邓小平所强调的"小康社会"这一提法,人们更多的是从中国传统文化角度加以解读,认为这是对中国传统文化中倡导的小康社会的继承与发展。但是,从邓小平的许多提法来看,这里的小康社会更多的是邓小平针对现代化提出的具体的量化指标。邓小平在借用"小康"这一传统思想时,曾提出三个相关概念,即小康、小康水平、小康社会。邓小平曾经说过,所谓小康社会,就是虽不富裕,但日子好过之意。特别是前面提到的在 1979 年 12 月 6 日,当他会见日本首相大平正芳时,明确地把人均国民生产总值 800—1000 美元,低于发达国家标准的"中国式现代化",称之为"小康之家"、"小康的国家"。1984 年 3 月 21 日,他会见另一位日本首相中曾根康弘时,又把这种"中国式的现代化",称之为"小康社会"③。1984 年 12 月 19 日,邓小平在会见英国首相撒切尔夫人时,说:"中国现在制定了一个宏伟的目标,就是国民生产总值在两个十年内,即到本世纪末翻两番,达到小康水

---

① 《邓小平文选(1975—1982)》,人民出版社 1983 年版,第 315 页。
② 《建设有中国特色的社会主义》(增订本),人民出版社 1987 年版,第 53 页。
③ 《邓小平文选》第 3 卷,人民出版社 1993 年版,第 54 页。

平。就是达到了这个目标，中国也不算富，还不是一个发达国家。所以这只能算是我们雄心壮志的第一个目标。"① 这就是说，我们的雄心壮志不能因达到小康水平而完结，那么，雄心壮志的延伸长度又在哪里呢？邓小平鲜明指出："我们的目标是到本世纪末，就是再过十三年，达到一个小康社会的水平。我们进一步的目标是下一个世纪的五十年，达到中等发达国家的水平。……我们就是有这么一个雄心壮志。"② 这次谈话后的三个月后，邓小平又指出："我国经济发展分三步走，本世纪走两步，达到温饱和小康，下个世纪用三十年到五十年时间再走一步，达到中等发达国家的水平。这就是我们的战略目标，这就是我们的雄心壮志。"③ 不过应当看到的是，在邓小平心目中，"小康"水平只是现代化的"最低的目标"。他曾经明确说道："我们的政治路线，是把四个现代化建设作为重点，坚持发展生产力，始终扭住这个根本环节不放松，除非打起世界战争。即使打世界战争，打完了还搞建设。我们提出四个现代化的最低目标，是到本世纪末达到小康水平"④。

从哲学来看，对于现代化提出小康社会这一具体的量化指标是极其重要的，它使得原来关于四个现代化的实现不再是一种理想性、方向性的目标，而是与具体的量化标准联系在一起。同时也表明现代化不再只是简单的质的规定性，而是具有明确的量的规定性。从量变质变关系的角度来看，任何质变都是由量变所带来的。因此，邓小平指出现代化的量化目标，实际上在中国的现代化进程中具有里程碑式的性质，从此中国的现代化进程进入到明确的量化积累阶段，这种积累对于中国的现代化进程发生质的巨大的成功性变化具有奠基性意义。这可以说是改革开放后我国的四个现代化建设有了突飞猛进发展的重要原因。

三 国家治理现代化的提出是"四个现代化"在认识论上层面的提升

随着国家治理现代化战略目标的提出，人们开始进行了广泛而深入的

---

① 《邓小平文选》第 3 卷，人民出版社 1993 年版，第 102 页。
② 同上书，第 233 页。
③ 同上书，第 251 页。
④ 同上书，第 64 页。

研究，有学者认为国家治理现代化表明了"第五个现代化"的提出。① 还有些学者认为国家治理现代化的提出是"第五个现代化"的启程。② 无疑这些提法打开了人们的思路，使人们看到了并不能将当前国家治理现代化的提出当成一个孤立的事件，而应当注重其与"四个现代化"之间存在着不容忽视的内在联系。但是，客观地说，如果从国家治理现代化的政治哲学内涵出发加以分析的话，人们不难发现，国家治理现代化与"四个现代化"并不是简单的同层次关系，而是"四个现代化"在认识论层面上新的提升，它与"四个现代化"之间既有联系又有根本性的区别。它的提出表明中国的现代化进程不仅在现实中经历了由整体到部分再到整体的发展过程，而且在思想认识上也完成了由整体到部分再进入到整体的发展过程。

在谈及自己的政治经济学研究方法时，马克思进行了深入的介绍："如果我从人口着手，那么，这就是关于整体的一个混沌的表象，并且通过更切近的规定我就会在分析中达到越来越简单的概念；从表象中的具体达到越来越稀薄的抽象，直到我达到一些最简单的规定。于是行程又得从那里回过头来，直到我最后又回到人口，但是这回人口已不是关于整体的一个混沌的表象，而是一个具有许多规定和关系的丰富的总体了。"③ 从这段论述中人们可以清晰地看到，对于事物的认识过程势必会经历三个阶段：第一个阶段是，"关于整体的一个混沌的表象"；第二个阶段是，在分析中达到"越来越简单的概念"，"从表象中的具体达到越来越稀薄的抽象"；第三个阶段是，回到整体，但此时并不是最初的混沌的整体表象，而是"一个具有许多规定和关系的丰富的总体"。

改革开放之后，伴随着现代化在中国发展的日益深入，现代化问题一直是中国学界关注的重大课题，特别是在 20 世纪 90 年代，现代化问题曾经是一个重要的热点话题。自 20 世纪 80 年代以来，人们对于中国现代化进程何时开始以及如何划分不同阶段进行了深入的研究，而且在此人们的看法展现出了莫衷一是的特点。总体来说，主要存在着三种划分模式：第一种模式是：关于"1840—1911 年"的划分。《中国现代化历程》一书中所提出的主要观点是，"如果从现代化的世界性和主体目标——工业化和

---

① 李景鹏：《关于推进国家治理体系和能力现代化——"四个现代化"之后的第五个现代化》，《天津社会科学》2014 年第 2 期。
② 《专家圆桌："第五个现代化"启程》，《人民论坛》2014 年第 4 期（上）。
③ 《马克思恩格斯选集》第 2 卷，人民出版社 1995 年版，第 18 页。

民主化来讲,中国的现代化起始于 1840 年的第一次鸦片战争后;从世界学术界比较公认的现代化发展阶段标准来讲,中国的现代化经过了 1911 年之前的准备阶段和 1912 年中华民国成立之后的启动阶段。从中国特有的现代化道路来讲,可分为 1949 年 10 月之前的半殖民地半封建社会条件下的资本主义现代化、1949 年 10 月至 1978 年的经典社会主义现代化、1979 年至 2000 年的有中国特色社会主义现代化。"[①] 第二种模式是:关于"1800—1949 年"的划分。《中国现代化史》一书第一卷的时间断限为 1800—1949 年,此书仅出版了第一卷,编者拟以 1949—1978 年作为其第二卷的内容。《中国现代化史》是将近代以来至 1949 年作为中国现代化进程的第一阶段(前期),编者认为,"1949 年前的中国,始终处于现代化发展的前期:外部世界的挑战出现了,社会内部的现代化因子和集团也在凝聚,面临的关键问题在于实现从传统领袖向现代领袖的权力转移,重新平衡社会资源配置,建立一个具有现代化导向的、高效率的、开放的政治共同体,为未来的经济起飞和文明结构全面转型创造前提。这是我们所要研究的这段历史的基本主题"[②]。第三种模式是,关于"19 世纪下半叶到 20 世纪初"的划分。《现代化新论》一书,将中国现代化历程分为四个时期:"19 世纪下半叶到 20 世纪初,即从自强运动经过维新运动到立宪运动,大约半个世纪,这是中国现代化运动的初始阶段,是在旧王朝体制下探索资本主义发展取向的自上而下的改革时期",清王朝被辛亥革命推翻,"宣告中国现代化运动初始阶段的结束";从辛亥革命到 1949 年,"这 40 年是中国内忧外患同时加深、半边缘化与革命化同步发展的时期。国家的实效统治断裂,现代化处于自发的游离状态,被挤压在一条窄缝中断续地进行";"1949 年革命结束了中国近百年来的内部衰败化与半边缘化,第一次实现了国家的高度的政治统一与社会稳定。这标志着中国现代化运动进入一个新的历史时期";"1979 年以来的模式转换……是中国现代化运动的第三次大转折"[③]。

应该说,上述三种不同划分模式的出现不仅是一种简单的争论问题,

---

① 虞和平:《中国现代化历程·绪论》,虞和平:《中国现代化历程》第 1 卷,江苏人民出版社 2001 年版。
② 许纪霖、陈达凯:《中国现代化史》第 1 卷,学林出版社 2006 年版,第 5 页。
③ 罗荣渠:《现代化新论——世界与中国的现代化进程》,商务印书馆 2004 年版,第 497—501 页。

从认识论上说，所表明的是，在中国的现代化道路上，人们的认识是以马克思所强调的"关于整体的一个混沌的表象"起步的，由此也造成了对于中国的现代化是从何时开始这一点，人们的认识难以达成统一。当然也正是因为如此，所以，人们应当清醒地认识到新中国建立后"四个现代化"战略目标的提出，无论在思想认识上还是在现实实践中的重大战略意义，它表明了在现代化问题上，人们的认识已经从整体走向部分，由混淆走向具体。特别是邓小平在改革开放针对四个现代化提出了量化指标之后，使中国的现代化进程得到了加快发展。当前国家治理现代化的提出，不仅是对"四个现代化"新的层面上的提升，同时也意味着，总体上看，针对中国的现代化发展进程，实际上已在思想认识上进入到马克思所谈到的"一个具有许多规定和关系的丰富的总体"阶段，也就是说，已经逐步实现了马克思所谈到的认识三阶段发展过程。国家治理现代化的提出深刻地表明，人们不仅有了国家这个整体性概念，同时还可以从国家这个具体事实的层面上重新综合性地思考"四个现代化"这一重大问题。

四　国家治理现代化与"四个现代化"

国家治理现代化问题的提出具有重大的现实意义。但是，应当看到的是，它既是一个独立性的问题，同时也是一个与"四个现代化"有着密切关系的问题。之所以说它是一个独立性问题，就在于治理本身是一个重要概念，国家治理概念的提出反映出人们已经超越了以往关注公司治理、地方治理、全球治理等思想惯性，而对国家与治理之间内在关系进行了更加深入的思考；之所以说它是一个与"四个现代化"密切相关，是因为任何国家都是有明确边界的国体形式，人们可以将"四个现代化"融入国家中加以具体的思考，也就是说，"四个现代化"可以成为不脱离国家的概念。

目前关于治理概念，人们更多的是从治理（governance）与统治（government）的关系出发来加以界定，而且这种界定方式所沿用的是西方治理理论的学术理念。国内最早把西方治理理论引入政治学的是俞可平。他认为治理与统治既有相通之处也有实质性的区别。主要表现在五个方面：其一，权力主体不同。统治的主体是单一的；治理的主体则是多元的。其二，权力的性质不同。统治是强制性的；治理可以是强制的但更多的是协商的。其三，权力的来源不同。统治的来源就是强制性的国家法律；治理的来源除了法律外还包括各种非国家强制的契约。其四，权力运行的向度不同。统治的权力运行是自上而下的；治理的权力运行可以是自上而下的，但更多的是平行的。其五，两者作用所及的范围不同。统治以政府权力所及领域为边界；而治理则以公共领域为边界，后者比前者宽广得多的研究成果很多。①

但是，总体上说，治理概念并不是单层次概念，而是多层次概念，也就是说，不能拘泥于治理与统治的关系来理解治理问题，因为例如，在现实中我们可以看到治理不仅与统治相连，而且还与管理（management）相连，同时治理本身也是有着丰富内涵的重要概念，与统治的联系只是治理的一个方面的内容。因此，尽管我们应当充分认识到西方治理理论对于理解国家治理的重要意义，但是人们的理解却并不能仅仅局限于此，否则会直接影响当前我国国家治理体系与能力现代化的建设与发展。

中国早在春秋战国时期就有了治理概念，诸子百家将其用于治国、理政、平天下抱负的情怀抒发，体现出中国古人对治理问题的独特理解。儒家强调"仁政"、"德礼教化"，《孟子·滕文公上》有关于"尧舜之治天下，岂无所用心哉？亦不用于耕耳"②的论述，还有"君施教以治理之"③。道家积极强调"无为而治"、"道法自然"，《老子注·五章》有"天地任自然，无为无造，万物自相治理，故不仁也。"其认为"有恩有为，则物不具存"④。法家提倡"以法治国"、"废立公"，《韩非子》（卷二十）"制分第五十五"有"其法通乎人情，关乎治理也"。从认识史的角度来看，这些思想反映出在中国治理概念是先于统治概念出现的。当前从治理与统治的关系角度出发界定治理，实际上是人类认识进入第三个阶段的重要结果，是黑格尔逻辑学中"正—反—合"中的第三个阶段即"合"的阶段。

王亚南在总结中国国家政治形态时指出："而由秦以后，直到现代化开始的清代，其间经历二千余年的长期岁月，除了极少的场合外，中国的政治形态并没有了不起的变更，换言之，即一直是受到专制政体——官僚

---

① 俞可平：《推进国家治理体系和治理能力现代化》，《前线》2014年第1期。
② 蔡希勤编著：《四书解读词典》，中华书局2005年版，第476页。
③ 汉代赵岐的《孟子章句》也有此说，后来，宋朝朱熹的《孟子集注》、明朝李贽的《四书评》、清朝康有为的《孟子微》对其"托古"为治皆有注论。参见（春秋战国）孟轲撰、（汉）赵岐注：《孟子》，四部丛刊景宋大字本，第42页；贾传棠主编：《中国古代文学作品多解大辞典》，中州古籍出版社1997年版，第769页。
④ （晋）王弼：《诸子集成：老子注》，中华书局1954年版，第3页。

政治的支配。"① 中国封建社会长期受官僚政治影响，国家治理受制于官僚体系，这一点与西方国家有很大的差别，欧洲中世纪的封建王国"在形式上，封建的阶级，由最高级教皇、皇帝、国王或君主到公爵、主教、僧院长、子爵、男爵和小领主，以至最下级的骑士或侍从，俨然是一个颇有层序的金字塔。但因为豁免权（Immunity）及其他的惯例，这每一个单位，差不多都形成一个准独立的政治体，它的属地或地产，不受国王管辖。大小贵族或僧侣却分别担任着治理的工作。在这种情形下，一个特殊的官僚阶层，自然是无法产生的"②。因此，今天我们再讲治理，实际上是对中国古代治理概念的一个逻辑回归，是建立在对统治概念超越的基础上的。而且也正因为如此，所以，对于当前的治理概念，人们应该从多层次角度加以理解。也就是说，治理概念并不是一个简单的与统治相区别的概念，它自身也具有其内在本质。在治理概念身上，人们应当既看到对于治理与统治区别的理解，也应当看到对于治理本身本质的理解。

国家治理现代化的提出是"四个现代化"新的层面上的提升，是关于中国现代化进程的认识进入第三个认识阶段的重要标志，对此我们还可以从以下几个方面加以深入分析：

第一，正是从国家治理的层面上，人们才能更加深入地理解"四个现代化"包含工业、农业、科技与国防四个方面内容的重大意义。现代国家是近代之后才得以出现的，而且自有了现代国家以来，国家首先是一个边界概念。德国学者韦伯著名的国家定义的核心内容是："在给定领土内，成功地获得垄断合法使用物质武力的形式。"③ 因此，对于国家来说，国防是一个不容否定的重大内容。从前面的介绍中可以看到，国防现代化是1959年12月到1960年2月，毛泽东在读苏联《政治经济学教科书》时特别加上的内容。应当看到的是这一点的加入正是站在国家层面上对于现代化内容加以思考的重大成果。从国家治理层面上加以考虑，可以清醒地看到这一内容的加入可以真正提升人们对于国家意识的自觉。

第二，正是从国家治理的层面上，人们才能真正理解"四个现代化"中的工业、农业、科技与国防四个方面综合、协同发展的重要性。目前在

---

① 王亚南：《中国官僚政治研究》，中国社会科学出版社1997年版，第39页。
② 同上书，第22页。
③ 参见丹尼尔·朗《权力论》，中国社会科学出版社2001年版，第100–101页。

国家治理现代化的问题上特别强调的是国家治理体系与能力现代化问题，这一点使人们更加充分地看到了加强工业现代化、农业现代化、科技现代化与国防现代化综合、协同发展的必要性。从国家治理体系与能力现代化角度来看，工业、农业、科技与国防四个方面现代化的综合、协同发展，是体系与能力现代化建设的应有内容。其中，科技现代化具有决定性的作用，这一点明确地体现在邓小平提出的"科学技术是第一生产力"这一重要思想之中。但是，倘若没有工业、农业的现代化，科技现代化又会是乏力的，因此，注重工业、农业的现代化也是极其重要的，它们是科技现代化的客观发展基础。国防现代化表明了国家存在的重要性，它是从国家这一整体背景角度出发来看待问题的。

　　第三，尽管国家治理现代化是"四个现代化"在新的认识论层面上的提升，但同时应当看到的是，"四个现代化"也是国家治理现代化的重要发展基础，离开了"四个现代化"的实现，国家治理现代化是难以实现的。或者换句话说，倘若四个现代化没有实现，国家治理现代化的实现就是一句空话，因为从经济基础与上层建筑的关系来看，国家治理现代化体现出来的是上层建筑的现代化，它必须以工业、农业、科技与国防"四个现代化"的实现作为自己的重要的经济基础。

（作者单位：中国社会科学院哲学研究所）

按照"四个全面"战略布局统领和推进强军实践

崔向华

习近平主席在十二届全国人大三次会议解放军代表团全体会议上鲜明指出，要按照全面建成小康社会、全面深化改革、全面依法治国、全面从严治党的战略布局，加快推进国防和军队建设。"四个全面"体现着宏阔战略视野，确立了加快推进国防和军队建设的崭新时代坐标。"四个全面"深刻洞察时代发展大势，准确把握当今中国历史方位，立足"三个前所未有"新起点，紧扣党面临的中国由大向强发展这个时代课题，形成了由追赶时代走向引领时代的战略指导。国防和军队建设既是"四个全面"的重要组成部分，又是实现"四个全面"的保底手段。"四个全面"顺应时代发展大势，回应人民群众关切，汇聚同心共筑中国梦强军梦的磅礴力量，形成了强大的精神磁场。"四个全面"一经提出，迅即赢得全军上下强烈的思想认同、理论认同和情感认同，广大官兵投身强军实践热情空前高涨，献身强军事业行动更加自觉。

习主席的这一重要指示，为新形势下推进强军事业、建设强大军队指明了方向，提供了理论引领和实践指南。我们部队官兵要深入学习贯彻习主席重要指示要求，坚持以"四个全面"为统领和引领，打开新视野，立起新标准，奋力在新征程上开创强军兴军新局面。

一 "四个全面"战略布局，是习主席治国理政思想的集中体现，是马克思主义中国化的重大创新成果。要充分认清"四个全面"对国防和军队建设的重要指导作用

"四个全面"是习主席运用辩证唯物主义和历史唯物主义治国理政的重大理论和实践创新，为实现中国梦强军梦高扬起光辉的精神旗帜、确立

起科学的行动总纲,既是引领民族复兴的强大思想武器,也是引领强军兴军的强大思想武器。坚持用发展着的马克思主义指导军事实践,是我们党领导军队建设的根本经验。"四个全面"是习主席着眼坚持和发展中国特色社会主义全局提出的重大战略思想和战略布局,丰富和发展了党的创新理论宝库,对推进强军兴军事业具有纲领性指导意义。

"四个全面"的本质——宏大的战略布局。这个战略布局,蕴含了深刻的战略思想。第一次将全面建成小康社会,定位为"实现中华民族伟大复兴中国梦的关键一步";第一次将全面深化改革的总目标,确定为"完善和发展中国特色社会主义制度、推进国家治理体系和治理能力现代化";第一次将全面依法治国,论述为全面深化改革的"姊妹篇",形成"鸟之两翼、车之双轮";第一次为全面从严治党标定路径,要求"增强从严治党的系统性、预见性、创造性、实效性"。每一个"全面",都是一整套结合实际、继往开来、勇于创新、独具特色的系统思想。四个"全面"加起来,相辅相成、相得益彰,是我们党治国理政方略与时俱进的新创造、马克思主义与中国实践相结合的新飞跃。

"四个全面"战略布局的意义:"全面建成小康社会、全面深化改革、全面依法治国、全面从严治党",是以习近平同志为核心的党中央从坚持和发展中国特色社会主义全局出发提出的战略布局,是党中央治国理政的总方略,是实现"两个一百年"奋斗目标、走向中华民族伟大复兴中国梦的"路线图"。

"四个全面"战略布局的实施,表明新一届中央领导集体治国理政方略更加完善,标志着我们党对党的执政规律、对社会主义建设规律、对人类社会发展规律的认识达到新的高度,党带领人民向着宏伟目标的伟大进军又迈出重要一步。

"四个全面"的哲学——辩证统一的战略思维。"四个全面"的内容,既有目标又有举措,既有全局又有重点。四者不是简单并列关系,而是有机联系、相互贯通的顶层设计。建成小康社会、焕发改革精神、增强法治观念、落实从严治党,"四个全面"的主线,勾绘出的是社会主义中国的未来图景。

习主席提出的"四个全面"思路明确、逻辑严密、重点突出,不但是有机的整体,更是相互印证、相互支撑的完整理论体系。读懂了"四个全面"也就读懂了当前中国治国理政新思路,读懂了中国发展的前景与未来。"四个全面",体现了我们党深邃的战略思考和高度的理论自觉,闪耀着马克思主义的思想光辉,是新一届中央领导集体运用唯物辩证法治国理政的重要体现,为解决改革发展中的矛盾问题、推进中国特色社会主义建设提供了思想指导。党的十八大以来,习主席以对中华民族高度负责的历史担当,领导全党全军全国各族人民,战胜来自国内外的严重压力和风险挑战,推进党和国家事业取得举世公认的新成就。事实充分证明,"四个全面"是实现"两个一百年"奋斗目标和中华民族伟大复兴的大战略。

实现民族复兴必须有正确的大战略来引领。中华民族的伟大复兴是中国崛起、影响世界格局的深刻历史过程。在这个历史过程中,离最终目标越近,遇到的困难和挑战就越大,就越需要用大战略来引领。世界近代史表明,凡是在正确的时间制定并实施了正确大战略的国家,都实现了大发展。从中国现代史看,以毛泽东同志为代表的党的第一代中央领导集体,制定并实施了"新民主主义革命"的大战略,引领中国实现了民族独立和人民解放;以邓小平同志为代表的党的第二代中央领导集体,制定并实施了"改革开放"的大战略,引领中国走上了富强发展之路。在继承我们党几代中央领导集体探索的宝贵经验、科学总结治国理政规律基础上,党的十八大以来,以习近平同志为核心的党中央,结合新的实践,逐步提出并形成了"四个全面"战略布局。在这个战略布局引领下,协调推进党和国家事业,我们一定能够实现民族复兴之梦。

坚持用发展着的马克思主义指导军事实践,是我们党领导军队建设的根本经验。"四个全面"是习主席着眼坚持和发展中国特色社会主义全局提出的重大战略思想和战略布局,丰富和发展了党的创新理论宝库,对推进强军兴军事业具有纲领性指导意义。

贯彻落实"四个全面",是用党的意志主张贯注部队的根本要求。我军作为执行党的政治任务的武装集团,历来注重用党的理论创新成果武装官兵。党的十八大以来,习主席从鲜明提出中国梦、"两个一百年"目标,到坚持群众路线、全面深化改革、全面依法治国,新理念新方略接续展开,逐步形成"四个全面"战略布局。"四个全面"对治党治国治军实践作出新概括,对面临的突出矛盾问题作出新回应,对共产党执政规律、社会主义建设规律、人类社会发展规律作出新揭示。贯彻落实"四个全面",是由人民军队的性质宗旨决定的。只有紧紧跟上党的理论创新步伐,坚持用"四个全面"武装头脑、指导实践、推动工作,才能更加自觉地在中国特色社会主义事业发展全局下思考和行动，确保军队建设始终沿着党指引的方向前进。

贯彻落实"四个全面"，是加快推进国防和军队建设的现实需要。当前，我们正在进行具有许多新的历史特点的伟大斗争，为实现中国梦强军梦勠力奋斗。前进道路上，我军建设面临许多矛盾困难和挑战，特别是现代化水平与国家安全需求相比差距还很大，与世界先进军事水平相比差距还很大，我军打现代化战争能力不够，各级干部指挥现代战争能力不够；部队建设中面临一些深层次矛盾问题，如组织体制不科学、政策制度不完善、新型军事人才缺乏、自主创新能力不强等。"四个全面"既是新形势下国防和军队建设的强大思想武器，又是加快推进国防和军队现代化的行动纲领。贯彻落实"四个全面"，才能廓清治国理政全貌，拎起国防和军队建设总纲；才能依据党和国家各项工作的战略方向、重点领域、主攻目标，规划强军事业的目标图路线图；才能运用蕴含的立场观点方法，破解强军实践面临的矛盾问题，推动实现强军目标不断取得实质性进展。

贯彻落实"四个全面"，是凝聚强军兴军意志和力量的精神支撑。新的方略凝聚新的共识，新的任务催生新的动力。"四个全面"以宏阔高远的战略视野、锐意进取的使命担当，谋小康之业、扬改革之帆、行法治之道、筑执政之基，发出实现中华民族伟大复兴中国梦的任务书和动员令，奏响向强军目标奋进的催征号角，为我们提供了强大精神力量。"四个全面"坚定中国自信、立足中国实际、总结中国经验、增创中国优势，指引党和国家以更加开放的姿态、坚定的步伐，在新征程上披荆斩棘、大步前行，进一步激发了精神动力。"四个全面"顺应时代发展大势，回应人民群众关切，汇聚同心共筑中国梦强军梦的磅礴力量，形成了强大的精神磁场。"四个全面"一经提出，迅即赢得全军上下强烈的思想认同、理论认同和情感认同，广大官兵投身强军实践热情空前高涨，献身强军事业行动更加自觉。

以与时俱进的精神旗帜引领强军发展。理论武装是保持对党绝对忠诚的前提，我们必须把听党指挥作为基层建设的首要标准，坚持用习主席系列重要讲话精神武装官兵头脑，锻造绝对忠诚于党的政治品格。只有在实现"打胜"上一丝一毫不懈怠，一招一式强本领，在实战环境下从严摔打磨砺官兵，才能确保重任在肩、不辱使命。作风优良是保证。只有在培塑"优良"上一时一刻不放松，在执行铁纪上一级给一级树形象，在培植打赢底气和血性底色中磨砺战斗精神和过硬作风，才能带出胜任使命的"刀尖子"。

二 "四个全面"是实现中国由大向强历史性跃升的战略引领。准确把握"四个全面"赋予国防和军队建设新的更高要求

"四个全面"思想深刻、意蕴深远，相辅相成、相得益彰。每一个"全面"都有丰富科学内涵和重大战略意义，都对国防和军队建设提出更高标准和全新要求。我们必须认真学习领会，全面准确把握。自觉在"四个全面"下谋划和推进军队建设。坚持用忠诚品质拥护支持全面深化改革。深化国防和军队改革，是回避不了的一场大考。面对改革的宏伟蓝图，无论改革怎么改，无论方案怎么定，领导干部都要坚决拥护党中央、中央军委的决策部署。面对利益关系调整，始终做到个人利益服从集体利益，局部利益服从全局利益。面对改革中碰到的各种矛盾难题，发扬钉钉子精神，决不瞻前顾后、畏首畏尾，向党和人民交出一份合格答卷。

"四个全面"明确了党和国家的发展方向、中心任务和战略部署，是当前和今后一个时期的工作大局。国防和军队建设必须服从服务于这个大局，积极适应融入这个大局，把握基点、找准位置，履行使命、发挥作用。实现强军目标，要放在全面建成小康社会、实现中华民族伟大复兴中国梦大目标下来推进，使强军战略与强国战略相统一；军队改革要纳入国家全面深化改革的总盘子，与国家改革进程相一致，与其他领域改革相衔接；依法治军从严治军要融入依法治国总体布局，一体建设，协同推进；军队党的建设要适应全面从严治党的新形势，标准更高，要求更严，努力走在前列。要以强军目标为统领，把改革和法治作为"车之两轮"、"鸟之双翼"助推强军兴军，重塑军队组织形态、管理形态，按照古田政治工作会议精神加强军队党的建设和思想政治建设，重整行装再出发，在新的起点上不断把强军事业推向前进。

要掌握"四个全面"蕴含的科学方法。"四个全面"蕴含着科学的思想方法和工作方法。按照"四个全面"推进国防和军队建设，必须着力掌握其精髓要义，不断增强工作的科学性、预见性、主动性和创造性。要运用系统思维谋篇布局，科学统筹铸军魂、谋打仗、转作风工作，协调推进军队建设、改革和军事斗争准备，使军事、政治、后勤、装备建设相互配合、相互促进、共同进步。要坚持问题导向破解难题，强化责任担当，树立底线思维，纠治各种沉疴流弊，解决制约国防和军队建设的体制性障碍、结构性矛盾和政策性问题。要抓住"牛鼻子"重点突破，把握实现强军目标这个核心，深化改革这个动力，依法治军从严治军这个保障，全面从严治党这个关键，推动"四个全面"在部队实践中落地生根。要注重创新驱动促进发展，加快推动军事战略创新、政治工作固本开新、组织形态调整优化、治军方式根本转变等，使军队现代化建设尽早转入创新驱动发展轨道。

为落实"四个全面"提供力量保证。这是我军的使命所系、职责所在。当前，我国正处在由大向强发展的关键阶段，面临的安全和发展环境更加复杂。一方面，一些西方国家千方百计对我国进行战略遏制和围堵，加紧实施"颜色革命"，周边领土主权和海上安全威胁日益突出。另一方面，改革进入攻坚期和深水区，各种社会矛盾问题叠加传导，"东突"、"藏独"等分裂势力策划实施的暴力恐怖活动多发频发，影响社会稳定的因素明显增多。特别是随着"一带一路"战略的推进，国际市场、海外能源资源和战略通道安全以及海外公民、法人的安全问题日益凸显。这些都对实现"四个全面"带来严峻风险和挑战，我军必须坚决维护国家主权、安全和发展利益，坚决维护国家政治安全、政权安全，坚决维护社会和谐稳定，切实为协调推进"四个全面"、实现"两个一百年"奋斗目标和中华民族伟大复兴的中国梦提供力量保证，营造有利环境。我军历来是国家建设发展的重要力量，要以走在前列的意识和标准，积极参加和支援地方经济社会建设，勇于承担抢险救灾等各项急难险重任务，深入开展军民共建与和谐创建活动，巩固军政军民团结和民族团结，努力为实现"四个全面"作出更大贡献。

契合"三个前所未有"这一新的时代坐标的马克思主义中国化创新成果。党的十八大报告强调："我国仍处于并将长期处于社会主义初级阶段的基本国情没有变，人民日益增长的物质文化需要同落后的社会生产之间的矛盾这一社会主要矛盾没有变，我国是世界最大发展中国家的国际地位没有变。"习近平总书记重申"三个没有变"的基本国情，指出当代中国最大的客观实际，就是我国仍处于并将长期处于社会主义初级阶段，在此基础上提出"三个前所未有"的时代坐标，强调"我们前所未有地靠近世界舞台中心，前所未有地接近实现中华民族伟大复兴的目标，前所未有地具有实现这个目标的能力和信心，但前进道路绝不会一帆风顺"。"三个前所未有"，意味着我们要进一步靠近世界舞台中心、进一步接近实现中华民族伟大复兴的目标，就必须拿出更大的决心、凝聚更大的力量。

贯彻落实"四个全面"，是用党的意志主张贯注部队的根本要求。我军作为执行党的政治任务的武装集团，历来注重用党的理论创新成果武装官兵。党的十八大以来，习近平总书记从鲜明提出中国梦、"两个一百年"目标，到坚持群众路线、全面深化改革、全面依法治国，新理念新方略接续展开，逐步形成"四个全面"战略布局。"四个全面"对治党治国治军实践作出新概括，对面临的突出矛盾问题作出新回应，对共产党执政规律、社会主义建设规律、人类社会发展规律作出新揭示。贯彻落实"四个全面"，是由人民军队的性质宗旨决定的。只有紧紧跟上党的理论创新步伐，坚持用"四个全面"武装头脑、指导实践、推动工作，才能更加自觉地在中国特色社会主义事业发展全局下思考和行动，确保军队建设始终沿着党指引的方向前进。

习近平总书记确立"四个全面"的战略布局，领航和托举着中国梦。一个富强民主文明和谐的社会主义现代化国家，将以前所未有的气质、气势、气派屹立于世界舞台。作为军队干部，立起"四个全面"精神旗帜和战略总纲，必须准确把握实践要求。

当今中国正处在国家由大向强"关键一跃"的历史节点，一切在旧的国际体系中获得巨大利益的守成势力，不甘心世界格局发生实质性变化，千方百计阻遏中国崛起。"压制与劝诱""捧杀与棒杀"的历史话剧，在世界大舞台上反复上演。"四个全面"以宽广的世界历史大视野统筹国际国内两个大局，它把民族复兴的战略目标与"三大战略举措"整合为一个有机统一的整体，实现了战略目标与实现路径的有效对接，超越了一般政治口号，具有引领国家发展的巨大全面深化改革是实现战略目标的关键一招、根本路径，全面依法治国是实现战略目标的基本方式、可靠保障，而全面从严治党是发挥党的坚强领导核心作用、为实现战略目标提供坚强组织保证的根本前提。必须把每一项战略举措放在"四个全面"的总体布局中来把握，才能正确认识每一项举措同其他三个"全面"的关系，把习近平总书记提出的"四个全面"相辅相成、相互促进、相得益彰的总要求贯穿各项工作的全过程、各环节，为协调推进"四个全面"凝聚起更为强大的正能量、推动力。协调推进"四个全面",我们就能铸牢中国巨轮的"压舱石",无论国际敌对势力怎么兴风作浪,我们都能破浪前进。

"四个全面"是凝聚全国人民意志和力量、形成不可抗拒的改革合力、攻坚克难的强大思想武器。中国由大向强跃升,遇到的阻力不仅来自国外,而且来自国内。克服这些阻力需要前所未有的动力。恩格斯说,历史是无数个个人和社会集团相冲突的合力的结果。"四个全面"运用系统思维聚合改革发展动力,通过全面从严治党锻造领导核心、提供坚强保证,通过全面深化改革破除利益樊篱、解决突出矛盾问题,通过全面依法治国建立规则秩序、提供坚强保障,使改革、法治、治党三大举措形成互相促进、相得益彰的巨大合力,从而为全面建成小康社会、实现民族复兴的战略目标形成强有力的支撑。我们坚信,协调推进"四个全面",一定能加快中华民族伟大复兴的历史进程,再创中华民族繁荣发展的新辉煌。

围绕强军目标全面加强军队建设。实现强军目标、建设强大军队,是实现中华民族伟大复兴的内在要求,是落实"四个全面"的题中应有之义。要以强军目标统领国防和军队建设,铸牢听党指挥这个强军之魂,扭住能打胜仗这个强军之要,夯实依法治军从严治军这个强军之基,努力建设党绝对领导下的强国军队。要坚定不移深化国防和军队改革,深入推进军事理论、武器装备、军事训练和保障方式创新,推进领导指挥体制、力量结构、政策制度等方面的改革,实现军队组织形态现代化,构建中国特色现代军事力量体系。要深入推进依法治军从严治军,贯彻"五个坚持"的基本原则,强化官兵法治信仰和法治思维,抓住领导干部这个"关键少数",构建完善的中国特色军事法治体系,推动治军方式实现根本性转变,提高国防和军队建设法治化水平。要全面加强军队党的建设,严格执行党领导军队的一系列根本制度,坚决维护和贯彻军委主席负责制,严格规范党内政治生活,严守政治纪律和政治规矩,增强各级党组织的创造力凝聚力战斗力,为实现强军目标提供坚强思想保证和组织保证。要实施军民融合发展战略,进一步丰富融合形式,拓展融合范围,提升融合层次,加快形成全要素、多领域、高效益的军民融合深度发展格局,推动经济建设和国防建设协调发展、平衡发展、兼容发展。

"四个全面"彰显着强烈创新意识,激活了加快推进国防和军队建设的巨大变革动力。"四个全面"战略布局是创新性战略思想、创造性战略布局，实现了马克思主义中国化的新发展。按照"四个全面"加快推进国防和军队建设，就要强化创新意识，逢山开路、遇河架桥，加快重要领域和关键环节改革创新步伐，加快推进政治工作固本开新、组织形态调整优化、治军方式根本性转变等，使强军之路越走越宽广。

三 军队干部要有大担当，把握住推进"四个全面"的实践要求；在"四个全面"引领下开创强军兴军新局面

"四个全面"内含的大视野大目标大方略，为新形势下国防和军队建设提供了全局性根本性方向性的科学指南和政略指导，确立了强军兴军的时代坐标。"四个全面"明确了党和国家的发展方向、中心任务和战略部署，是当前和今后一个时期的工作大局。国防和军队建设必须服从服务于这个大局，积极适应融入这个大局，把握基点、找准位置，履行使命、发挥作用。

"四个全面"贯穿着鲜明问题导向，指明了加快推进国防和军队建设的破解难题之策。"四个全面"直面问题、正视矛盾、抓住症结、综合施策，是着眼解决当代中国主要矛盾的治国理政顶层设计和解决现实问题的总抓手。当前，我军处于强军兴军的加速推进期、履行使命的严峻考验期、作风建设的破立并存期、深化改革的攻坚克难期，面临的风险挑战、困难矛盾前所未有。我们要深刻领悟"四个全面"强烈的问题导向，厘清制约部队建设发展的突出矛盾、瓶颈短板和主要症结，纠治沉疴流弊，攻克顽瘴痼疾，在闯关夺隘中开创强军兴军新局面。

国防和军队建设作为"四个全面"战略布局的重要组成部分，强军兴军只有以"四个全面"为统领，才能明确方向、确立目标，筑牢强军兴军的稳固基础，不断推动强军目标在军队落地生根。贯彻落实"四个全面"，是凝聚强军兴军意志和力量的精神支撑。新的方略凝聚新的共识，新的任务催生新的动力。"四个全面"以宏阔高远的战略视野、锐意进取的使命担当，谋小康之业、扬改革之帆、行法治之道、筑执政之基，发出实现中华民族伟大复兴中国梦的任务书和动员令，奏响向强军目标奋进的催征号角，为我们提供了强大精神力量。"四个全面"坚定中国自信、立足中国实际、总结中国经验、增创中国优势，指引党和国家以更加开放的姿态、坚定的步伐，在新征程上披荆斩棘、大步前行，进一步激发了精神动力。"四个全面"顺应时代发展大势，回应人民群众关切，汇聚同心共筑中国梦强军梦的磅礴力量,形成了强大的精神磁场。"四个全面"一经提出,迅即赢得全军上下强烈的思想认同、理论认同和情感认同,广大官兵投身强军实践热情空前高涨,献身强军事业行动更加自觉。

以使命在肩的担当品格夯实强军基础。"四个全面"彰显着习主席的巨大政治勇气、超凡历史担当。对军队各级领导干部来说,就是要把打基础固根本作为最大的责任和最重的担当。要有"功成不必在我、成功必有我任"的思想境界,蓄足基层发展后劲;要有"衣带渐宽终不悔"的韧劲定力和"咬定青山不放松"的钉子精神,久久为功落实经常性基础性工作,夯实强军基础。

以敢涉险滩的改革精神破解强军难题。贯彻落实"四个全面",必须坚持问题导向,把解决重难点问题作为着力点和突破口,聚力攻坚、务期必成。领导干部必须强化为党选人、事业取人的政治责任,纠治选人用人上的积弊顽症,用好作风选作风好的人。要把运用信息网络作为推动政治工作创新发展的"新引擎",自觉提升靠信息力提升政治工作战斗力的实际本领,不断增强政治工作时代性感召力。

以绳不挠曲的法治信仰汇聚强军力量。贯彻落实"四个全面",必须把法治内化为政治信念和道德修养,外化为行为准则和自觉行动。领导干部要自觉培育法治素养,带头尊法学法守法用法。按照法治要求着力转变领导方式和指导方式,严格按法定职责、权限、程序抓工作,努力实现"三个根本性转变"。从严治官治权,切实把权力关进制度的笼子,切实增强法纪的约束力、规矩的执行力和号令的贯彻力。

坚持以胜战能力为全面建成小康社会提供安全保障。全面建成小康社会是实现中华民族伟大复兴的关键一步。"国家大柄,莫重于兵"。军队干部要有大担当,始终牢记全心全意为人民服务宗旨,在遂行多样化军事任务、推动军民融合发展中走在前列、干在实处。要有大本事,胸装世界地图、中国地图,提高政治素养、理论素养、战略素养、军事素养和科技素养,为全面建成小康社会营造安全环境。

坚持贯彻全面依法治国要求推进依法治军从严治军。全面依法治国要求军队法治建设必须紧紧跟上,领导干部带头尊法学法守法用法的意识一刻也不能松,牢固确立法律红线不能触碰、法律底线不能逾越的观念。带头厉行法治的观念一刻也不能松,不以言代法、以权压法、徇私枉法,形成办事依法、遇事找法、解决问题用法、化解矛盾靠法的良好法治环境。

带头依法治训的态势一刻也不能松，使依法治训成为一种不可逆转的行为定势。

坚持落实全面从严治党要求树立清正廉洁形象。领导干部要坚定马克思主义信仰，坚定共产主义远大理想和中国特色社会主义共同信仰，永远保持共产党人的蓬勃朝气、昂扬锐气、浩然正气。要坚持用好整风武器，下大力抓好"四个整顿"，以实际成效凝聚军心、取信官兵。强国方略已经明确，强军蓝图正在展开。我们要把"四个全面"作为战略总纲牢固确立起来，作为科学指南在部队各项建设和工作中落下去，以坚定的政治自觉、深沉的使命忧患、强烈的责任担当、务实的工作举措，推动强军兴军事业迈上新台阶。

聚焦正在做的事情做好各项工作。今年是古田政治工作会议精神全面贯彻年，是深化国防和军队改革实质启动年，是"十二五"规划收官、"十三五"规划筹划年。我们要按照整顿、备战、改革、规划的总体思路，以正在做的工作为中心，科学部署，扎实推进，立行立改，务见成效。要正本清源抓整顿，深入贯彻落实古田政治工作会议精神，精心组织"学习践行强军目标、做新一代革命军人"主题教育活动，扎实开展"三严三实"专题教育，强力推进干部、财务、住房等问题清理整治，认真落实作风建设各项规定，加大反腐败工作力度，清除问题积弊。要真打实练抓备战，坚持问题导向、任务牵引，统筹推进各方向各领域军事斗争准备，深化战斗力标准大讨论，加强战斗精神培育，持续抓好实战化军事训练，提高打赢信息化局部战争能力。要积极稳妥抓改革，坚持用军委改革部署统一思想，搞好重大改革及实施方案研究论证，协调推进政策制度调整改革，紧跟深化改革进程做好思想政治工作，确保改革任务顺利推进。要承前启后抓规划，着眼于"四个全面"有机衔接、同步协调、深度融入，科学安排"十三五"规划目标任务、实现路径和资源配置，搞好军事斗争准备筹划，提高国防和军队建设质量效益。

当前，把"四个全面"作为精神旗帜和战略总纲牢固确立起来，作为科学指南在部队各项建设和工作中落下去，是摆在部队面前最重要最现实最紧迫的重大政治任务。必须充分发挥领导干部的模范带头作用，推动学习贯彻不断深入、取得成效。发挥领导干部模范带头作用，是我党我军的优良传统，也是保持党的先进性的本质要求。学习贯彻"四个全面"，领导干部必须在以下方面当表率：

一是举旗人当在先，坚定理想信念作表率。要着眼加强理想信念建设，把坚定理想信念作为固本培元、凝魂聚气的体系工程和战略任务来抓。特别是要抓好学习贯彻"四个全面"战略布局，把它作为部队建设的科学指南，使广大官兵坚定信仰、信念和信心。

二是深入学走在先，学懂弄通作表率。开展学习贯彻"四个全面"的思想动员，全面深入地学习领会习主席系列重要讲话精神，注重用系统的、联系的、发展的观点去理解和把握，尤其要切实弄清"四个全面"的科学内涵和精神实质，弄清"四个全面"与国防和军队建设的内在关系，弄清军队学习贯彻的重大意义和实践要求。

三是大众化抓在先，解疑释惑作表率。着重讲清"四个全面"的丰富内涵、内在的联系、彰显的理论品质，以及每一个"全面"的重大战略意义和目标举措要求等，使"四个全面"的理论进入教材、进入课堂、进入思想、进入工作，成为强大的思想武器。

四是解难题干在先，推动工作作表率。必须把学习贯彻"四个全面"切实体现到当前工作中，尤其是高中级领导干部要在理论联系实际、改进学风方面当先锋作表率，要求部队做到的自己首先做到，要求部队不做的自己坚决不做，用以上率下的模范行动推动工作落实和问题解决。

五是讲党性强在先，改造主观世界作表率。领导干部要始终当好强军先锋，带头想打仗、钻打仗、练打仗，肩负起强军重任，重塑党员领导干部新形象新威力。始终与党同心同德，带头严守政治纪律、政治规矩，在纷繁复杂斗争中把准方向、锤炼党性、锻造灵魂，敢于向各种不良行为"亮剑"，切实立起修身为官做人高标准，树起党委机关和领导干部好样子，在学习贯彻"四个全面"中开创部队建设发展的新局面。

"四个全面"饱含着博大政治襟怀，赋予了加快推进国防和军队建设的崇高使命担当。"四个全面"是习主席在领导我们进行具有许多新的历史特点的伟大斗争中形成的。当前，军队既要为全面建成小康社会提供军事安全保证，又要支援地方经济社会发展；既要全面推进现代化建设，又要防止变质变色；既要深化军事斗争准备，又要全面深化改革、依法从严治军、加强军队党的建设，任务艰巨繁重。使命高于天，责任重于山，必须担当起我们这一代革命军人的历史责任，增强进取性和主动性，挑战之中见机遇，阻力之中蓄动力，困局之中寻突破，视危机为契机、化危机为转机，为国家发展营造良好的和平环境和有利态势。

强国方略已经明确,强军蓝图正在展开。我们要把"四个全面"作为战略总纲牢固确立起来,作为科学指南在部队各项建设和工作中落下去,以坚定的政治自觉、深沉的使命忧患、强烈的责任担当、务实的工作举措,推动强军兴军事业迈上新台阶。

围绕强军目标全面加强军队建设。实现强军目标、建设强大军队,是实现中华民族伟大复兴的内在要求,是落实"四个全面"的题中应有之义。要以强军目标统领国防和军队建设,铸牢听党指挥这个强军之魂,扭住能打胜仗这个强军之要,夯实依法治军从严治军这个强军之基,努力建设党绝对领导下的强国军队。要坚定不移深化国防和军队改革,深入推进军事理论、武器装备、军事训练和保障方式创新,推进领导指挥体制、力量结构、政策制度等方面的改革,实现军队组织形态现代化,构建中国特色现代军事力量体系。要深入推进依法治军从严治军,贯彻"五个坚持"的基本原则,强化官兵法治信仰和法治思维,抓住领导干部这个"关键少数",构建完善的中国特色军事法治体系,推动治军方式实现根本性转变,提高国防和军队建设法治化水平。要全面加强军队党的建设,严格执行党领导军队的一系列根本制度,坚决维护和贯彻军委主席负责制,严格规范党内政治生活,严守政治纪律和政治规矩,增强各级党组织的创造力凝聚力战斗力,为实现强军目标提供坚强思想保证和组织保证。要实施军民融合发展战略,进一步丰富融合形式,拓展融合范围,提升融合层次,加快形成全要素、多领域、高效益的军民融合深度发展格局,推动经济建设和国防建设协调发展、平衡发展、兼容发展。

贯彻落实"四个全面",才能廓清治国理政全貌,拎起国防和军队建设总纲;才能依据党和国家各项工作的战略方向、重点领域、主攻目标,规划强军事业的目标图路线图;才能运用蕴含的立场观点方法,破解强军实践面临的矛盾问题,推动实现强军目标不断取得实质性进展。

贯彻落实"四个全面",是加快推进国防和军队建设的现实需要。当前,我们正在进行具有许多新的历史特点的伟大斗争,为实现中国梦强军梦勠力奋斗。前进道路上,我军建设面临许多矛盾困难和挑战,特别是现代化水平与国家安全需求相比差距还很大,与世界先进军事水平相比差距还很大,我军打现代化战争能力不够,各级干部指挥现代战争能力不够;部队建设中面临一些深层次矛盾问题,如组织体制不科学、政策制度不完善、新型军事人才缺乏、自主创新能力不强等。"四个全面"既是新形势下国防和军队建设的强大思想武器,又是加快推进国防和军队现代化的行动纲领。贯彻落实"四个全面",才能廓清治国理政全貌,拎起国防和军队建设总纲;才能依据党和国家各项工作的战略方向、重点领域、主攻目标,规划强军事业的目标图路线图;才能运用蕴含的立场观点方法,破解强军实践面临的矛盾问题,推动实现强军目标不断取得实质性进展。

(作者单位:总政宣传部)

"四个全面"战略布局的哲学意蕴

连文娟

2014年12月,习近平总书记在江苏调研时,首次提到"四个全面"战略布局的思想,即要"协调推进全面建成小康社会、全面深化改革、全面推进依法治国、全面从严治党,推动改革开放和社会主义现代化建设迈上新台阶"。这是以习近平同志为核心的党中央对我国当前立足于治国理政的全局和根本,着眼于现代化建设和民族复兴的伟大目标,提出的党和国家各项工作的重大战略和使命担当。要做到透彻地学习和领会"四个全面"战略布局的思想内涵,最根本的是要把握其背后的哲学内涵,只有这样我们才能在实践"四个全面"战略布局的时候提高自己的哲学思辨能力,提升自己解决改革发展中出现问题的本领。

一 "四个全面"战略布局思想提出的哲学基础

(一)社会存在决定社会意识

社会存在决定社会意识,社会意识是对社会存在能动的反映。习近平同志指出:"我们党现阶段提出和实施的理论和路线方针政策,之所以正确,就是因为它们都是以我国现时代的社会存在为基础的。"我国目前处于改革开放的新时期,改革进入了深水区和攻坚期,社会处于转型发展的关键时期,经济发展出现了新常态,国际形势也日趋复杂,在这种情形下,我国在全面建设小康社会,实现中华民族伟大复兴的中国梦的征程上遇到了许多新问题,新情况。于是,党和中央针对我国目前总体上实现的小康还是低水平、不全面、发展很不平衡的现实,提出了全面建成小康社会的战略目标;针对部分地区、某些领域改革不到位,改革动力不足、活力不够等问题,提出了全面深化改革的动力系统;针对在法治领域存在执法不严和司法公信力不足、法治推进较慢等问题,提出了全面依法治国的保障系统；针对新时期党内的情况、党的执政地位面临着巨大的挑战与考验，以及人民对党的新期望，提出了全面从严治党的调控系统。由此可见，"四个全面"战略布局思想的提出是针对我国当前的具体国情以及实际情况提出的治国理政的新思路，并不是随意臆想，凭主观构建出来的空中楼阁，具有坚实的实践基础和很强的针对性，必然会具有极其强大的生命力，对促进我国改革开放的进一步发展，全面建成小康社会和实现中华民族复兴的中国梦具有极大的指导作用。

(二) 认识的运动发展规律

人的认识是不断变化发展的。人们对于外界事物及客观规律的认识总是通过感性认识上升到理性认识，又从理性认识回到实践中去，指导实践的发展，并在这一过程中不断地修正和完善自己。认识运动的发展过程总是处于这样一个无限反复和发展的进程之中。正如同我国为建成具有中国特色的社会主义国家，坚持理论自信，不断提出的治国理政的各种理论都是经过实践——认识——再实践——再认识的多次反复和不断发展才形成最终比较科学的用于指导中国现代化建设的科学理论。"四个全面"战略布局思想的提出也经历了这样一个过程。

"四个全面"战略布局的思想是在党的十六大提出的全面建设小康社会奋斗目标的基础之上，在党面临的具有许多新历史特点的伟大斗争和新的伟大实践中，逐步提出并形成的。2002年党的十六大召开，在十六大的报告中提出要"全面建设惠及十几亿人口的更高水平的小康社会"，2007年党的十七大召开，在十七大报告中，把"全面建设小康社会"改为"全面建成小康社会"。2012年党的十八大召开，提出了全面建成小康社会和全面深化改革开放的目标。2013年党的十八届三中全会召开，全会《关于全面深化改革若干重大问题的决定》把党的十八大报告提出的"全面深化改革开放"简化为"全面深化改革"。至此，"两个全面"初步形成。2014年党的十八届四中全会召开，审议并通过了《关于全面推进依法治国若干重大问题的决定》，提出"全面建成小康社会、实现中华民族伟大复兴的中国梦，全面深化改革、完善和发展中国特色社会主义制度，提高党的执政能力和执政水平，必须全面推进依法治国"，至此，"三个全面"初步形成。2014年12月14日，习近平总书记在江苏考察调研时提出："要全面贯彻党的十八大和十八届三中、四中全会精神，落实中央经济工作会议精神，主动把握和积极适应经济发展新常态，协调推进全面建成小康社会、全面深化改革、全面推进依法治国、全面从严治党,推动改革开放和社会主义现代化建设迈上新台阶。"至此,"四个全面"战略布局的思想形成。并且"四个全面"战略布局的每一个方面的内涵也在随着实践情况的变化不断发展、完善着。由此可见,"四个全面"战略布局思想的形成不是一蹴而就的,而是在与实践的互动中有其自身不断发展完善的过程。

二 "四个全面"之间相互关系体现出的哲学意蕴

(一) 联系具有普遍性

整个世界就是一个普遍联系的有机整体,一切事物都处于普遍联系中,孤立的事物是不存在的,事物的联系是普遍的、客观的,又是具体的、有条件的,这就要求我们坚持用联系的观点认识和处理问题。"四个全面",即全面建成小康社会、全面深化改革、全面依法治国和全面从严治党,是普遍联系、有机统一的,是相互贯通的有机整体。只有将他们放在一个统一体中去认识,才能更加准确地把握各个方面的内涵,理清它们之间的关系,认清"四个全面"战略布局的重大意义。

在我国全面建设小康社会,推进社会主义现代化建设的进程中,"全面建成小康社会"是我国现代化建设的战略目标;"全面深化改革"是实现这一目标的强大动力;"全面依法治国"是"全面建成小康社会"和"全面深化改革"的法治保障;从严治党是实现前面"三个全面"的"政治保证",同时这四个方面构成了当前我国治国理政的战略布局,构成了我国现代化建设的全局,并且它们之间是相辅相成,相互促进的。当前,我国面临的问题是多方面、多层次、多领域的,如果只从单个层次、单个领域来解决问题,必定是事倍功半,达不到预期效果的。正如习近平总书记强调的:"不全面深化改革,发展就缺少动力,社会就没有活力;不全面依法治国,国家生活和社会生活就不能有序进行,就难以实现社会和谐稳定;不全面从严治党,党就做不到打铁还需自身硬,也难以发挥好领导核心作用。"所以,一定要将"四个全面"的各个方面协调起来,统一在振兴中华的伟大征程中。

(二) 坚持两点论与重点论的统一

矛盾的发展具有不平衡性,有主要矛盾和次要矛盾、矛盾的主要方面和次要方面之分。我们在认识复杂事物的过程中,既要看到主要矛盾,又要看到次要矛盾;在认识某个矛盾时,既要看到矛盾的主要方面,又要看到矛盾的次要方面。同时,为了集中精力解决矛盾,在认识复杂事物时,我们还要着重把握主要矛盾;在认识某个矛盾时,要着重把握矛盾的主要方面。这就要求我们在认识和解决问题时要坚持两点论和重点论的有机统一,看问题既要全面,又要善于抓住重点和主流;既要反对一点论,也不能搞均衡论。"四个全面"的战略布局思想处处体现辩证思维的"两点论"和"重点论"。正如习近平总书记在中央政治局就辩证唯物主义基本原理和方法论进行第二十次集体学习时所指出的:"面对复杂形势和繁重任务,首先要有全局观,对各种矛盾做到心中有数,同时又要优先解决主要矛盾和矛盾的主要方面,以此带动其他矛盾的解决。"我们要协调推进全面建成小康社会、全面深化改革、全面依法治国、全面从严治党,是当前党和国家事业发展中必须解决好的主要矛盾。我们既要注重总体谋划,又要注重牵住"牛鼻子"。在任何工作中,我们既要讲两点论,又要讲重点论,没有主次,不加区别,眉毛胡子一把抓,是做不好工作的。

"四个全面"战略布局思想既是我国当前和今后很长一个时期内需要重点做好的重大战略任务和使命担当,同时它们也体现了全面性的一个有机整体,而且每一个"全面"都体现了全面性。所以我们在理解和认识"四个全面"战略布局思想时一定要树立全局观观念,同时把握重点,坚持做到两点论和重点论的统一。

三 在贯彻实施"四个全面"战略布局时要遵循的哲学原则

(一) 要敢于承认矛盾、揭露矛盾,正确处理矛盾

矛盾具有普遍性,存在于一切事物之中,并且贯穿于每一事物发展过程的始终,即事事有矛盾,时时有矛盾,矛盾无处不在,矛盾无时不有。所以,我们在认识和处理事情时要敢于承认矛盾、揭露矛盾、直面矛盾,并且要正确处理矛盾,坚持两分法,坚决防止片面性。"四个全面"战略布局思想就是针对我国现阶段各方面、各领域突出的矛盾和问题提出来的,它不仅有助于我们更加清晰地认识我国当前所存在的问题,更有利于我们明确化解矛盾的主攻方向。

现阶段我国已经进入了矛盾凸显期,经济、政治、文化、社会、生态、党的建设等各个领域、各个环节的矛盾都凸显出来,我们党面临着更加复杂的执政局面。面对这种情况,党和政府的各级领导干部不能回避和掩盖矛盾,甚至遇到矛盾绕着走,而是要有敢于担当、直面问题的精神和

魄力，积极面对和解决前进过程中遇到的矛盾和问题。只有具备了这种担当意识和勇于解决问题的决心和勇气，我们才能更好地贯彻和实施"四个全面"的战略布局，才能万众一心，共筑中华民伟大复兴的"中国梦"。

（二）坚持一切从实际出发

辩证唯物主义认为，世界统一于物质，物质是第一性的。这就要求我们在认识世界和改造世界的活动中坚持一切从实际出发，也就是要做到使主观符合客观，从客观存在的情况出发分析问题，提出解决问题的方法和对策。我们在贯彻落实"四个全面"战略布局时一定要以客观实际为出发点，坚持一切从实际出发，反对主观主义和盲动主义。

我国现阶段最大的实际就是我国处于社会主义初级阶段这一基本国情，这就要求我们首先要做的就是聚精会神搞建设、一心一意谋发展，也就是为"全面建成小康社会"而努力奋斗。另外，经过30多年的改革开放，我国出现了许多新情况和新问题，如经济发展进入新常态时期，社会发展对法治建设有了更高的要求，人们对党和政府的职能有了新的期许，等等，这一系列新情况、新问题都要求我们要切实把握现阶段发展的新变化和新特点，坚持一切从实际出发，切实贯彻"四个全面"的战略布局。

（三）坚持群众观点和群众路线

群众史观是马克思主义根本立场的集中体现。人民群众是历史的创造者，作为人民的政党，我们党必须牢牢树立全心全意为人民服务的根本宗旨，坚持一切向人民群众负责，一切为了群众，一切依靠群众，从群众中来，到群众中去的群众观点和群众路线。"四个全面"战略布局的提出本身反映了人民群众的强烈愿望，而"四个全面"战略布局的实施是为了更好地满足人民群众的愿望。"全面建成小康社会"是为了满足人民对美好生活的向往，让人们生活的更加自由、幸福；"全面深化改革"是为了破除一些制度和利益的藩篱，充分调动人民群众的积极性，让各种社会资源充分涌流，创造更大的社会价值，最终，要做到改革利益人人共享；"全面依法治国"是为了进一步促进社会的公平正义，规范政府、社会主体以及公民的行为，最终达到保障人民合法权益的目的；"全面从严治党"就是要进一步严格对党员干部的行为规范，做到立党为公、执政为民，进一步密切党同人民群众的血肉联系，想群众之所想，急群众之所急，全心全意为人民服务。

习近平总书记强调，群众路线是我们党的生命线和根本工作路线，是我们党永葆青春活力和战斗力的重要传家宝。所以在协调推进"四个全面"战略布局的过程中,只有树立群众观点,坚持群众路线,紧紧依靠人民群众的力量,才能不断汇聚力量,确保"四个全面"战略布局的顺利实施。

马克思主义哲学是面向"问题"的哲学。习近平总书记强调指出:我们党领导人民干革命、搞建设、抓改革,从来都是为了解决中国的现实问题。"四个全面"战略布局的提出就是为着解决当前我国出现的各种问题和诸种矛盾。我们都知道,问题是时代的口号,哲学是时代精神的精华,马克思主义哲学就是面向人的现实生活和整个时代所处的社会环境而提出的切合实际的学说。所以,"四个全面"战略布局思想是继毛泽东思想、邓小平理论、"三个代表"重要思想以及科学发展观之后马克思主义哲学与中国实践相结合的又一光辉典范,进一步丰富了马克思主义思想,具有重要的理论意义和实践意义。

"坚持全面建成小康社会、全面深化改革、全面依法治国、全面从严治党的战略布局",是"十三五"乃至更长时期我国经济社会发展的科学指导和行动指南。党的十八届五中全会立足治国理政全局,以强烈的历史使命意识和问题意识谋划未来,以协调推进"四个全面"实现"五位一体"的总体布局,抓住了改革发展稳定的关键,确立了新形势下党和国家各项工作的顶层设计、战略方向,充分体现了当代共产党人的全局视野和战略眼光。

参考文献

[1] 陶文昭:《在"四个全面"的伟大实践中推进理论创新》,《求是》2015 年第 8 期。

[2] 《习近平谈治国理政》,外文出版社 2014 年版。

[3] 《习近平在江苏调研时强调 主动把握和积极适应经济发展新常态 推动改革开放和现代化建设迈上新台阶》,《人民日报》2014 年 12 月 15 日。

[4] 《习近平在中共中央政治局第二十次集体学习时强调 坚持运用辩证唯物主义世界观方法论 提高解决我国改革发展基本问题本领》,《人民日报》2015 年 1 月 25 日。

[5] 韩振峰:《"四个全面"统一于实现中国梦全过程》,《党建》2015 年第 2 期。

(作者单位:中共中央党校研究生院)

全面依法治国与抓关键少数

徐志宏

推进全面依法治国，全党肩负着重要责任；实现全面依法治国战略任务的关键，是领导干部特别是县处级以上主要领导干部。"政治路线确定之后，干部就是决定因素"。党的十八大以来，习近平总书记反复强调"必须抓关键少数"，最根本原因，是抓住这个"关键少数"，就抓住了推进和落实全面依法治国战略任务的"牛鼻子"。

一

无论从历史看，还是从现实看，干部有"以上率下"的作用，群众有"以吏为师"的习惯。在国家治理和社会发展的任何方面，无论大事小事，放在十三亿人口和八千多万党员群体中，领导干部特别是县处级以上主要领导干部虽然是少数，但发挥的作用却很关键，属于"关键少数"。人数少但又关键的根本，就在于领导干部的一言一行对于群众可以起到好与坏两种不同的示范和标杆作用。如果领导干部发挥好的示范和标杆作用，就会在群众中产生巨大的正能量，推进党的路线方针政策的落实和各项事业的发展，如果领导干部发挥坏的示范和标杆作用，就会在群众中产生巨大的负能量，破坏党的路线方针政策的落实和各项事业的发展。

改变几千年来遗留下来的人治传统，把经济社会发展的一切方面都纳入法治化轨道，实现全面依法治国，是中国共产党坚定不移的努力方向和奋斗目标。新中国成立六十多年来特别是改革开放三十多年来，中国共产党在推进法治化建设的道路上法制体系建设、法制队伍建设和公民法制教育等方面成绩斐然，党领导立法、严格执法和公正司法的水平显著提高。但是，与实现国家治理体系和治理能力现代化对全面依法治国的要求比，现在的工作尚有不少差距，在推进全面依法治国的进程中还存在着一些需要克服的障碍,比如重人治、讲人情和靠关系等传统因素,其中最大的障碍就是"关键少数"中一些领导干部蔑视法律和党纪,大搞以言代法、以权压法,崇拜权力、崇拜金钱、崇拜关系,把个人权力凌驾于党纪国法之上,心中无敬畏、手中无戒尺、言行无规矩,知法犯法,咨意触碰和挑战法律底线。这些领导干部身上存在的破坏法治的问题,严重影响了党和国家的形象与威信,损害了政治、经济、文化、社会等领域的正常秩序,干扰了党和国家制度体系的健康运行,冲击了人民群众对法治及公平正义的信心,是我们党推进全面依法治国道路上的最大阻力。

奉法者强则国强,奉法者弱则国弱;纲纪不张,党将不党、国将不国。如果不坚决纠正少数领导干部身上存在的蔑视法律破坏法治的问题,如果领导干部不能带头尊法学法守法用法,不要说"两个一百年"奋斗目标和中华民族伟大复兴的中国梦无法实现,就连中国共产党的执政地位和我们国家社会主义制度都会到严重冲击和损害。"必须抓关键少数",这是实现"四个全面"战略布局的必然要求,是加强执政党建设、走好中国特色社会主义道路的必然要求,无论当下还是长远,重要性和紧迫性都很突出。

二

抓领导干部这个"关键少数",着力点是思想观念、作风习惯和制度约束三个方面。

人是能思想的存在物,人的任何言行都要受思想观念的支配。对待任何事物、处理任何关系、实行任何决策,如果人的思想观念不正确,方向选择就会错误,言行和结果必然错误。之所以把抓"关键少数"的思想观念放在首位,正是基于思想观念的重要性,出发点和目的就是要使领导干部在法的作用、法的本质、权与法的关系等重大问题上树立正确认识、澄清模糊认识、纠正错误认识。

"没有规矩无以成方圆"。现代社会,国家无法不兴、民众无法不安、社会无法不稳、政党无法不立。如果领导干部思想中根本没有法治观念,想干什么就干什么,想怎么干就怎么干,言行必然违法违规乱纪,后果必然祸国祸党殃民。

法的重要性由法的本质决定。在我国,宪法法律是党和人民共同意志的体现,反映的是执政党建设规律、经济社会发展规律和最广大人民群众的根本利益。作为领导干部，心中有法，就是心中有党有人民有社会有国家，尊重宪法法律权威就是尊重党和人民共同意志的权威，维护宪法法律尊严就是维护党和人民共同意志的尊严，依法办事就是尊重执政党建设规律、经济社会发展规律和维护人民群众的根本利益，保证宪法和法律的实施就是保证党和人民共同意志的实现。对宪法法律的任何蔑视和挑战，都是对党和人民共同意志的蔑视和挑战，都是对人民群众根本利益的蔑视和损害。

党大还是法大是一个伪命题，但是，权大还是法大却是一个真命题。宪法和法律的功能是维护国家公共财产、社会正常秩序和公民正当权益，同时也要求每个公民必须在宪法法律许可的范围内活动，自觉遵法守法。法律面前人人平等。任何个人都没有凌驾于宪法法律之上的权力，也没有超越宪法法律之外的自由。领导干部虽然掌握一定权力，但在权与法之间，法大于权。权由法定、权依法使，是每个领导干部头脑中必须确立的法治观念。领导干部如果颠倒权与法的关系，信奉权大于法，甚至心中只有权而没有法，以权压法，权为金钱所引、为私利所用、为人情所使、为关系所累，必然会造成权力的越界和滥用，而滥用的权力越大带来的危害也越大。

解决少数领导干部存在的以权压法、徇私枉法、有权就任性的问题，防止权力越界、权力滥用对法治的破坏以及由此产生的恶劣后果和恶劣影响，除了加强对领导干部进行法治教育、促使领导干部知法懂法外，还有三点十分重要：第一、必须让领导干部敬畏法律、崇尚法律，让法治意识、法治精神成为领导干部心中最高的道德命令，成为不可或缺的思想素养，根深蒂固、牢不可破。第二、必须让领导干部把对法律的敬畏和崇尚转化为尊法守法用法的法治思维方式、行为方式和生活习惯。领导干部一旦把对法律的敬畏和崇尚转化为法治思维方式、行为方式，就能做到在法治之内、而不是法治之外、更不是法治之上想问题、作决策、办事情，就能自觉带头遵守法律、执行法律，并通过"以上率下"，营造一个依法办事、遇事找法、解决问题用法、化解矛盾靠法的社会法治环境。第三、必须以健全的制度约束领导干部和管理领导干部。随着改革开放的不断深入和社会主义市场经济的不断发展，人民群众的民主意识、法治意识、权利意识普遍增强，对公平正义的渴望比以往任何时候都更加强烈，"关键少数"在法制建设和法治实践中的角色越来越突出，越来越成为全社会聚光的焦点。要确保"关键少数"在全面依法治国中起引导示范作用而不是起否定破坏作用，制度约束必不可少。邓小平曾经说过，制度好可以使坏人无法任意横行，制度不好可以使好人无法充分做好事，甚至会走向反面。制度约束具有根本性，用制度管人管事管权不仅最牢靠也经久。用制度约束"关键少数"，首先是用好的制度选人，严把"入口关"，把法治素养作为考察干部德才情况的重要内容，不具备法治素养的人不让其进入干部队伍，更不准其进入关键领导岗位。其次是用好的制度管人，做好全程教育和监督，将法治教育全员覆盖、全程贯通，把是否尊法守法用法作为干部考核的重要指标，全程监管，发现问题及时教育、及时提醒和及时纠正。最后用好的制度整肃队伍，畅通"出口关"，对那些把党纪国法置于脑后、知法犯法、恣意妄为的人坚决清除出干部队伍，始终保持"关键少数"是一支尊重法治、纪律严明、能够干事、勇于担当和具有威望的队伍。

推进全面依法治国任重道远。但是，只要抓住抓好领导干部这个"关键少数"，确保其率先垂范，带头尊法敬法学法守法用法，让人民群众崇尚法治，相信法治权威，相信公平正义，任务再难再重也一定能实现。

（作者单位：首都师范大学）

全面依法治国为国家治理现代化
提供必要保障

孙肖远

全面深化改革的重点任务是"破",而全面依法治国的重点任务是"立",二者犹如"鸟之两翼"、"车之双轮"互动并进,推动全面小康社会事业滚滚向前。"法律是治国之重器,法治是国家治理体系和治理能力的重要依托。"① 十八届四中全会《决定》提出全面推进依法治国总目标以及必须坚持的"五个原则"、建设"五大法治体系"、"三个共同推进"和"三个一体建设"等,回答了法治统一性、法治系统性、法治协调性的问题,标注我国法治建设取得新拓展、国家治理达到新境界。

一 开阔了法治格局

以习近平同志为核心的党中央立足于坚持中国道路、完善中国制度,着眼于社会公平正义、国家长治久安,把全面推进依法治国总目标确定为"建设中国特色社会主义法治体系,建设社会主义法治国家"。同时,提出了实现这个总目标必须坚持的五个原则,即坚持中国共产党的领导、坚持人民主体地位、坚持法律面前人人平等、坚持依法治国和以德治国相结合、坚持从中国实际出发。这"五个原则"强调坚持党的领导、人民当家作主、依法治国有机统一,坚持依法治国和以德法国相结合。"总目标"和"五个原则",开阔了社会主义法治格局,反映了社会主义法治所具有的统一性特征,为走好中国特色社会主义法治道路指明了正确方向、拓展了前进航标。

---

① 中共中央文献研究室编:《习近平关于全面依法治国论述摘编》,中央文献出版社2015年版,第6页。

1. 把党的领导贯彻到全面依法治国全过程和各方面

"党的领导是中国特色社会主义最本质的特征，是社会主义法治最根本的保证。"[①] 坚持走中国特色社会主义法治道路，最根本的就是坚持党的领导。把党的领导贯彻到依法治国全过程和各方面，就要保持党的领导和社会主义法治的高度一致性，做到社会主义法治必须坚持党的领导，党的领导必须依靠社会主义法治。坚持党的领导，必须具体体现在党领导立法、保证执法、支持司法、带头守法上，这就要通过坚持"三个统一"来实现，即把依法治国基本方略同依法执政基本方式统一起来，把党总揽全局、协调各方同人大、政府、政协、审判机关、检察机关依法依章程履行职能、开展工作统一起来，把党领导人民制定和实施宪法法律同党坚持在宪法法律范围内活动统一起来。依靠社会主义法治实现党的领导，就要坚持做到"四个善于"：一是善于使党的主张通过法定程序成为国家意志。充分发挥人大立法职能，使党的政策主张通过立法的形式转化为代表最广大人民根本利益的各项法律。二是善于使党组织推荐的人选通过法定程序成为国家政权机关的领导人员。尊重人大代表和委员在人事任免过程中的相对独立性，善于通过人大党组织、党员代表和委员的工作，保证党组织的意图实现。三是善于通过国家政权机关实施党对国家和社会的领导。党对国家和社会的领导是通过执政体现的，这种领导不能包办代替国家政权机关的活动，而是通过政治领导、组织领导和思想领导来进行的。四是善于运用民主集中制原则维护中央权威、维护全党全国团结统一。按照宪法确立的体制和原则，妥善处理中央和地方关系、民族关系、各方面利益关系，巩固和发展民主团结、生动活泼、安定和谐的政治局面。

2. 把坚持人民主体地位贯彻到全面依法治国的实践中

习近平总书记指出，"我国社会主义制度保证了人民当家作主的主体地位，也保证了人民在全面推进依法治国中的主体地位。这是我们的制度优势，也是中国特色社会主义法治区别于资本主义法治的根本所在。"[②] 全面推进依法治国的根本目标是坚持和发展中国特色社会主义制度，中国特色社会主义是人民群众自己的事业，人民群众是这一全新的历史性事业的真正主体，坚持人民群众创造历史的基本观点，就是要坚持人民的历史主

[①] 习近平：《加快建设社会主义法治国家》，《求是》2015年第1期。
[②] 习近平：《加快建设社会主义法治国家》，《求是》2015年第1期。

体地位。全面推进依法治国的根本途径是依照《宪法》进行国家治理，坚持国家一切权力属于人民的宪法精神，就是要坚持人民在依法治国中的主体地位。在全面推进依法治国中坚持人民主体地位，首先，法治必须反映人民愿望、维护人民权益。要在科学立法、严格执法、公正司法、全民守法等法治各个领域和环节提出保障公民权利的改革措施，充分体现社会主义法治为了人民、依靠人民、造福人民、保护人民的精神。其次，法治必须为人民管理国家事务、管理经济和文化事业、管理社会事务提供必要的途径和形式。这就需要完善人民代表大会这一保证人民当家作主的根本政治制度，发挥好人大代表在立法中的作用，拓宽公民有序参与立法途径。落实政府信息公开制度和重大决策听证制度，加强和完善司法审判与执行公开制度，发挥人民群众在法律实施中的主体地位。再次，厉行法治必须形成守法光荣、违法可耻的社会氛围。法治要靠公民自觉行使权利和履行义务来实现，因此必须弘扬社会主义法治精神，大力培育权利与义务相统一的法治观念，增强全社会厉行法治的积极性和主动性。

3. 注重法律和道德在国家和社会治理中共同发挥作用

法律与道德的关系，是古往今来的一个永恒话题。我国古代思想家关于这方面的论述颇多，其中有孔子提出的"宽猛相济"、孟子提出的"徒善不足以为政，徒法不能以自行"、荀子提出的"隆礼重法"等，不一而足，都体现了德治和法治相结合的治国之道。近代以来，凡国家和社会治理比较有效的国家，大都把法治作为治国的基本原则，同时注重用道德调节人们的行为。习近平总书记指出，"治理国家、治理社会必须一手抓法治、一手抓德治，既重视发挥法律的规范作用，又重视发挥道德的教化作用，实现法律和道德相辅相成、法治和德治相得益彰。"[1] 法律不是万能的，仅靠法治这一手是不够的，法律的有效实施有赖于道德的支持，道德的自觉践行也离不开法律的强力约束。法律和道德，一个是硬约束，一个是软约束，法律难以规范的领域，道德可以发挥作用，而道德无力约束的行为，法律则可以给予惩戒。坚持依法治国和以德治国相结合，是我国社会主义法治建设经过长期实践得出的结论，也是中国特色社会主义法治道路的一大优势。法律的生命力在于实施，发挥好法律的规范作用，必须以法治体现道德理念。只有合乎道德、具有深厚道德基础的法律才能为更多

---

[1] 习近平：《加快建设社会主义法治国家》，《求是》2015年第1期。

的人所自觉遵行,也只有通过强制性规范人们行为、惩罚违法行为才能引领社会道德风尚。发挥法律和道德在国家和社会治理中的共同作用,一方面,法律需要以道德为基础,道德规范需要以法律为保障;一方面,强化道德的教化作用,以道德滋养法治精神。因此,要大力弘扬社会主义核心价值观,为全社会厉行法治提供精神内核;弘扬中华传统美德,为全社会厉行法治夯实文化根基;加强公民道德建设,为全社会厉行法治提供素质保障。

二 丰富了法治内涵

习近平总书记指出:"全面推进依法治国涉及很多方面,在实际工作中必须有一个总揽全局、牵引各方的总抓手,这个总抓手就是建设中国特色社会主义法治体系。"[①] 中国特色社会主义法治体系包括完备的法律规范体系、高效的法治实施体系、严密的法治监督体系、有力的法治保障体系和完善的党内法规体系,这"五大法治体系"从立法、执法、司法、守法和依规治党等五个方面,丰富了社会主义法治内涵,反映了社会主义法治所具有的系统性特征,推进国家治理体系和治理能力现代化迈出了新步伐。

1. 科学立法,形成完备的法律规范体系

法律是治国之重器,良法是善治之前提。完备的法律规范体系是实现国家治理体系和治理能力现代化的前提条件。至2013年底,全国人大及其常委会制定了243部法律,国务院制度了680多件行政法规,形成了较为完备的法律体系。但现行法律体系仍然存在着不协调、不系统、不一致等问题,需要进一步推动立法的科学化民主化。重点领域立法要增强法律法规的系统性、体系性,避免法律法规在逻辑上、价值取向上出现相互冲突;注重发挥立法对改革和经济社会发展的引领和推动作用,实现立法和改革决策相衔接,为重大改革于法有据提供法律保障;完善立法工作机制和程序,拓宽公民有序参与立法途径,杜绝"专门法"演变为固化部门利益的"部门法"。

2. 严格执法,形成高效的法治实施体系

法律的生命力在于实施,法律的权威也在于实施。高效的法治实施体

---

① 中共中央文献研究室编:《习近平关于全面依法治国论述摘编》,中央文献出版社2015年版,第25页。

系是实现国家治理体系和治理能力现代化的必要途径。据统计80%以上的现行法律法规是通过行政机关的具体职能活动来实施的,行政机关实施8000多件地方性法规的比例要更高。目前执法过程中还存在着执法机构权责不清,有法不依、执法不严的现象时有发生,行政机关要带头严格执法,维护公共利益、人民权益和社会秩序。加强法治政府建设,要推进行政机构职能、权限、程序、责任的规范化、制度化、法律化,全面依法履行职能;深化行政执法体制改革,建立健全行政裁量权基准制度,完善行政执法和刑事司法衔接机制和纠错问责机制。

3. 公正司法,形成严密的法治监督体系

"公生明,廉生威。"公正司法是维护社会公平正义的最后一道防线,严密的法治监督体系是实现国家治理体系和治理能力现代化的重要保障。公正司法要求司法既不能受权力的干涉,也不能有内部腐败。首先,要建立确保依法独立公正行使审判权和检察权的制度。推进省以下司法体制改革,探索建立与行政区划适当分离的司法管辖制度,建立领导干部干预司法活动、插手具体案件处理的记录、通报和责任追究制度。其次,加强对司法活动的监督。加强对刑事诉讼、民事诉讼、行政诉讼的法律监督,完善人民监督员制度。

4. 全民守法,形成有力的法治保障体系

人民权益要靠法律保障,法律权威要靠人民维护。有力的法治保障体系是实现国家治理体系和治理能力现代化的必要条件。法律要发挥作用,需要全社会信仰法律,只有在全社会形成学法尊法守法用法的良好氛围,才能为全面依法治国提供必要的社会保障。要坚决改变违法成本低、守法成本高的现象,就必须深入开展法制宣传教育,弘扬社会主义法治精神,传播法律知识,形成办事依法、遇事找法、解决问题靠法的行为习惯。建设一支德才兼备的高素质法治队伍至关重要,要通过加强司法干部忠诚教育和职业培训、加强司法干部体制和经费保障体制建设,让他们更好履行职责。

5. 依规治党,形成完善的党内法规体系

纲纪不彰,党将不党,国将不国。完善的党内法规体系是实现国家治理体系和治理能力现代化的政治保证。党的制度建设贯穿于思想、组织、作风、反腐倡廉等党内生活各项建设之中,保证党内各项制度具有硬约束的效力,离不开党内法规体系的支撑作用。搞好对党内法规和规范性文件的集中清理工作,加强党内法规制度的配套建设,使党内法规与国家法律相互协调,使不同领域、不同位阶、不同效力的党内法规相互衔接。构建依规治党长效机制,提高党内法规制度执行力。

三 拓展了法治外延

国家治理涉及改革发展稳定、内政外交国防、治党治国治军等方方面面,国家治理体系和治理能力现代化无不以法治为框架、用法治作支撑、由法治来贯穿。十八届四中全会提出,"建设法治中国,必须坚持依法治国、依法执政、依法行政共同推进,坚持法治国家、法治政府、法治社会一体建设。""三个共同推进"、"三个一体建设"拓展了社会主义法治外延,反映了社会主义法治所具有的协调性特征,勾勒出全面推进依法治国的实施方略和路径。

1. 以依法执政为核心,坚持依法治国、依法执政、依法行政共同推进

依法治国、依法执政、依法行政是一个有机联系的整体,只有共同推进,保持三方面协同,才能形成合力。从依法治国、依法执政、依法行政的内在关系看,三者的行为主体不同:依法治国的主体是全体人民;依法执政的主体是执政党,主要是各级党组织和党员干部;依法行政的主体是各级政府,主要是政府部门及其工作人员。三者统一于宪法和法律的规范,统一于最广大人民的根本利益,统一于党的领导。党既要在宪法和法律的范围内活动,又要对国家事务和全社会实行领导,就必须依法执政,共同推进依法治国、依法执政、依法行政。

依法治国是党领导人民治理国家的基本方略,也是贯彻坚持党的领导原则和坚持人民主体地位原则相统一的实践举措。全面推进依法治国,就要保证人民在党的领导下,依照法律规定管理国家事务、管理经济文化事业、管理社会事务;就要深入推进科学立法、民主立法,支持和保证人民通过人民代表大会行使国家权力;就要开展广泛协商,坚持协商于决策之前和决策实施之中,保证人民知情权、参与权、表达权、监督权;就要完善基层民主制度,在城乡社会治理、基层公共事务和公益事业中广泛实行群众自我管理、自我服务、自我教育、自我监督。

依法执政是全面依法治国的关键,是共同推进依法治国、依法执政、依法行政的核心。党的依法执政决定着权力机关依法行权、行政机关依法行政、司法机关公正司法,只有依法理顺党委同人大、政府、司法机关之

间的关系,才能更好地发挥党总揽全局、协调各方的领导核心作用。因此,推进依法执政,首先要实现党的依法执政与人大依法行权的统一。依法保障党领导立法的法定职权,依法规范人大党组领导权与人大决定权的行使范围、行使方式与行使程序,细化人大对党委的监督权。其次要实现党的依法执政与政府依法行政的统一。完善规制党政公开的法律制度,既加强党委对政府依法行政的有效领导和监督,促进经济社会的全面协调可持续发展,又避免党委过度干预政府工作所导致的急功近利、形式主义等问题。第三要实现党的依法执政与司法机关公正司法的统一。改革党对司法工作的领导方式,将司法机关人、财、物的决定权和供应权改为统一的垂直管理模式,减少地方对司法机关工作的不当干预,保障司法机关独立行使职权。①

依法行政是全面依法治国的重要环节,是依法执政的具体体现。我国大部分的法律法规都是由各级行政机关来遵守和施行的。推进依法行政的着力点是:完善不同层级政府特别是中央和地方事权法律制度,强化中央政府宏观管理、制度设定职责和必要的执法权,强化省级政府统筹推进区域内基本公共服务均等化职责,强化市县政府执行职责;深化行政执法体制改革,加快推进执法重心和执法力量向市县下移,加强城市管理综合执法机构建设,健全行政执法和刑事司法衔接机制;强化对行政权力的制约和监督,完善政府内部层级监督和专门监督,改进上级机关对下级机关的监督,建立常态化监督制度。

2. 以法治政府建设为龙头,坚持法治国家、法治政府、法治社会一体建设

法治国家、法治政府、法治社会是社会主义法治建设的三大支柱,三者相互联系、内在统一,构成一个完整的系统,缺一不可。从法治国家、法治政府、法治社会三者建设的着力点看,法治国家强调权力控制,法治政府强调依法行政、依法办事,法治社会强调人权保障。三者一体建设,关键是要保持三者之间的平衡和张力,推动法治国家、法治政府、法治社会协调发展。②

---

① 参见孟大川《论中国共产党依法执政的实现路径》,《中国党政干部论坛》2014年第1期。

② 参见杨炼《法治国家、法治政府与法治社会一体建设》,《重庆社会科学》2014年第10期。

法治国家建设是法治政府建设的前提。法治政府依法行政之法必定是"良法",而"良法"的产生离不开健全的立法机关,源自于法治国家的建设。没有法治国家的科学立法、民主立法,"良法"也就成为无源之水、无根之木。法治社会建设是法治国家建设的基础。法治社会是一个社会自治规则不断发展完善、社会自治体不断成熟的过程,国家权力需要社会权力来处理社会事务,同时,法治社会的形成也有赖于法治国家的引导,法治国家建设就内在蕴含着法治社会建设。法治政府建设是法治国家建设的关键。从国家权力体系看,在立法、行政和司法三种权力中,行政权力是国家行政机关依靠特定的强制手段,为有效执行国家意志而依据宪法原则对全社会进行管理的一种能力,国家治理法治化取决于依法行政的自觉和能力。法治政府建设是法治社会建设的保障。建设法治社会,不仅限于法律体系的健全和法律制度的建立,还在于全社会对法治精神的信仰和对法律权威的认同、遵守和捍卫,通过深入推动法治宣传教育,引导全民自觉守法、遇事找法、解决问题靠法,在全社会树立法律权威、弘扬法治精神,这需要政府严格执法、带头守法,法治政府的建设过程也是法治社会不断完善的过程。

职能科学、权责法定、执法严明、公开公正、廉洁高效、守法诚信是建设法治政府的内在要求。发挥法治政府建设的龙头带动作用,一是推进各级政府事权规范化、法律化,通过合理界定政府间事权,促进政府间各司其职、各负其责、各尽其能,保证依法全面履行政府职能;二是按照决策制度科学、程序正当、过程公开、责任明确的要求,健全依法决策机制,建立重大决策终身责任追究制度及责任倒查机制;三是依据权力清单,向社会全面公开政府职能、法律依据、实施主体、职责权限、管理流程、监督方式等事项,深入推进政务公开信息化。

(作者单位:江苏省社会科学院马克思主义研究所)

在党的领导下全面推进依法治国

刘 琳

党的十八届四中全会通过的《中共中央关于全面推进依法治国若干重大问题的决定》强调指出:"党的领导是中国特色社会主义最本质的特征,是社会主义法治最根本的保证。把党的领导贯彻到依法治国全过程和各方面,是我国社会主义法治建设的一条基本经验"。这就十分明确地告诉我们,"坚持党的领导,是社会主义法治的根本要求,是党和国家的根本所在、命脉所在,是全国各族人民的利益所系、幸福所系,是全面推进依法治国的题中应有之义"。因此,加强和改进党对全面推进依法治国的领导,把党的领导贯彻到全面推进依法治国全过程,事关重大,意义深远,为我们坚持走中国特色社会主义法治道路、建设中国特色社会主义法治体系规定了制度属性、确保了前进方向。当前,在"四个全面"战略布局中推进依法治国,必须下大气力重点抓好以下几方面的要务,切实把全面推进依法治国的重大部署落到实处。

一 健全党领导依法治国的制度和工作机制

依法治国和建立法治国家,就是要使法律成为社会最根本的规范形式。在法治领导方面,要"健全党领导依法治国的制度和工作机制,完善保证党确定依法治国方针政策和决策部署的工作机制和程序,完善党委依法决策机制,发挥政策和法律的各自优势,促进党的政策和国家法律互联互动"。

第一,各级党委要带头维护宪法法律权威,要在宪法法律范围内行使权力。宪法法律是一个国家的根本大法和法治的根基,宪法法律如若不能落实的话,法治建设就根本无从谈起,宪法法律应成为全体国民共同的信仰,成为法治中国的基石。因此,信仰、遵守、维护宪法法律权威,始终对宪法法律保持崇尚和敬畏之心，带头遵守宪法法律，牢固树立法律红线不能触碰、法律底线不能逾越的观念，应该成为各级领导干部的人生准则和必备的素养。

第二，加强党对立法工作的领导，完善党对立法工作中重大问题决策的程序，健全有立法权的人大主导立法工作的体制机制，发挥人大及其常委会在立法工作中的主导作用。建设中国特色社会主义法治体系，必须坚持立法先行，发挥立法的引领和推动作用，抓住提高立法质量这个关键，深入推进科学立法、民主立法，加快完善体现权利公平、机会公平、规则公平的法律制度，坚持做到"立、改、废、释"并举，增强法律法规的系统性、及时性、针对性、有效性。

第三，加强全国人大及其常委会的宪法监督职能，并建立完善全国人大的监督制度，健全宪法解释程序机制。坚持依法治国首先要坚持依宪治国，坚持依法执政首先要坚持依宪执政。宪法的实施主要靠宪法监督和宪法解释，必须健全宪法实施和监督制度，完善全国人大及其常委会宪法监督制度，健全宪法解释程序机制。"各级人大、政府、政协、审判机关、检察机关的党组织要领导和监督本单位模范遵守宪法法律，坚决查处执法犯法、违法用权等行为"。

二 大力加强党内法规制度建设

大力加强党内法规制度建设，完善党内法规制定体制机制，形成配套完备的党内法规制度体系。依法执政，既要求党依据宪法法律治国理政，也要求党依据党内法规管党，以形成严格、规范的党内治理结构。"党内法规既是管党治党的重要依据，也是建设社会主义法治国家的有力保障"。只有用法治精神和法治理念来制定党内法规，只有让领导干部带头遵纪守法，只有严肃处理一切违反党规党纪的行为，才能正确处理好权与法、情与法、利与法的关系。

党的十八大之后，党中央集中进行清理了一批党内法规，找出与新形势新任务不相适应的法规内容，及时作出废止、宣布失效或修改的决定，并首次发布了党内法规制定工作五年规划纲要，公布了《中国共产党党内法规制定条例》和《中国共产党党内法规和规范性文件备案规定》，对今后5年中央党内法规制定工作进行统筹安排，提出了指导思想、工作目标、基本要求、主要任务和落实要求，确定了一批党内法规重点制定项目,其目的就是"运用党内法规把党要管党、从严治党落到实处,促进党员、干部带头遵守国家法律法规"。

当前,必须严格按照"党要管党、从严治党"的要求抓紧落实5年规划。一是加大党务公开力度,最大限度让党员了解党内法规制度建设的历史、现状以及前瞻性规划。二是加大党内法规宣传力度,使每位党员特别是党员领导干部敬规、知规、懂规、守规。三是加快党内法规制度建设的顶层设计,对于那些应该制定而没有制定的基础性、主干性的党内法规,要加紧研究及尽快出台。四是以把法治建设纳入干部政绩考核和选拔为重点,加快推进党的建设制度化、程序化、规范化,努力实现党内法规建设与国家法治体系建设的有机统一和良性互动。

三 深入开展党风廉政建设和反腐败斗争

"法律的生命力在于实施,法律的权威也在于实施"。深入开展党风廉政建设和反腐败斗争,关键在于"把权力关进制度的笼子里",提升法律的实施力和权威性。这就需要以法律制约权力,以法律规范权力,以法律监督权力,从源头上预防和惩治腐败。十八届四中全会将成为反腐败斗争中从治标到治本的一个转折点,使目前反腐的一系列举措制度化、法律化、程序化,使掌握权力的领导干部真正做到"不想腐、不能腐、不敢腐"。

第一,以法律划清权力边界,防止权力划分的随意性。腐败产生于权力本身而且与权力的限制程度有关,界定行政权力边界,规范和控制行政权力是预防和减少腐败的重要治本之策。为此,必须按照"推进机构编制管理科学化、规范化、法制化"的要求,合理划分和配置行政机关的职能和权限,实现政府职责、机构和编制的法定化,避免行政权力的错位、越位和缺位,力争在严格按规定职数配备领导干部、减少机构数量和领导职数上取得重要突破。

第二,以法律规范权力行使,防止权力行使中的主观任性。制约权力、规范权力,是反腐的重点。制约权力行使主要是程序公正,通过程序公开透明这样一种方式能够制约权力的运行,从程序上有效地遏制腐败现象的滋生蔓延。因此,按照"以公开为常态、不公开为例外"的大原则,完善各类公开办事制度、提高政府工作的透明度和公信力以及尽快建立公务人员财产申报制度等,都是预防和惩治腐败的重要措施。

第三，以法律保障权力监督，防止权力背后的暗箱操作。造成权力腐败的主要原因是缺乏对权力的有效制约和监督机制。"把权力关进制度的笼子里"，重在监督。要畅通各种监督渠道，在做好党内监督的同时，还需要加强民主监督、法律监督和社会监督的重要作用。近年来，媒体监督、网络监督也发挥了重要的监督作用。只有让各种监督的合力充分发挥起来，才能使权力真正在阳光下运行。

四 努力提高党员干部法治思维和依法办事能力

领导干部是社会建设的组织者、参与者和示范者，其法律素养的高低、法治思维的强弱，直接决定着其依法决策、依法治理和依法办事的水平和能力，在全社会起着重要的导向作用。各级领导干部应该具有较高的法治思维水平和依法办事能力，这种思维与能力，如同领导干部必备的理论修养、逻辑思维、战略眼光和全局意识一样，缺一不可。因此，要努力提高党员干部法治思维和依法办事能力，把法治建设成效作为衡量各级领导班子和领导干部工作实绩的重要内容，纳入政绩考核指标体系。把能不能遵守法律、依法办事作为考察干部的重要内容。

法治思维，它的核心要义就是领导干部在考虑问题、作出决策、处理事情时，都必须以宪法法律为根本准绳，必须把法治方式作为一种思维方式和行为准则，依法依规维护人民权益、解决社会难题和实现社会公平正义。党员干部法治思维和依法办事能力的提高，必须努力在学法尊法守法用法上下功夫。

一是学法要深入。领导干部在学法上要更加全面深入，做到先学一步、高出一筹，吃透内涵、把握精髓，为广大党员干部作出表率。各级领导干部在抓好自身学习的同时，还要引领带动本地区本部门本单位干部职工的学习，不断把学习引向深入。

二是尊法要自觉。领导干部在尊法上要更加坚定自觉，真正内化于心、外化于行。法为什么能够有尊严、有权威，甚至有最高的尊严和权威，只有我们全体的国家机关、全体的领导干部带头自觉维护法律的尊严，维护法律的权威，这样的法律才有尊严，才有权威。

三是守法要自律。领导干部在守法上要更加严格自律，时时处处以宪法法律为准绳。必须坚持做到法律面前人人平等，必须坚持做到随时接受监督和承担法律责任。权力是把双刃剑，掌握了权力，就必须接受监督，违法了就必须承担法律责任。

四是用法要主动。领导干部在用法上要更加积极主动，养成遇事找法、办事依法、解决问题靠法的行为习惯。应该把法律知识与依法治理实践紧密结合起来，正确行使人民赋予的权力，做到依法执政、依法决策、依法行政、依法管理，努力做法治型领导干部。

五 充分发挥党组织在推进基层治理法治化中的作用

社区是社会的基本构成单元，是社会资源的承载体，是党和政府在城市基层的执政基础。在当今中国治理体系中，社会治理的重心落到社区，社区治理成为国家治理体系中的重要基础。为此，全面推进依法治国，基础在基层，工作重点在基层，关键在于基层党组织战斗堡垒的作用能否充分发挥好。大力加强基层党组织建设，以建设法治社会为重点创新社区治理，解放和增强社会活力，成为全面推进基层治理法治化的重大任务。

第一，进一步强化党组织在基层治理中的领导核心地位。社区综合党组织是社区内各项工作和事业的领导核心，要进一步强化党组织在社区治理中的领导核心地位，进一步健全完善社区综合党委领导机制，进一步深化基层党建区域化，推进社区综合党委全覆盖。

第二，进一步提升党组织在基层治理中的科学决策能力。社区党组织科学决策、科学议事是基层治理法治化的重要环节，有利于不断改进和完善党在基层的执政能力和执政方式。必须规范社区党组织的决策议事办法，通过明确党组织的议事决策范围、明确议事决策形式、遵循议事决策原则和严格决策执行制度等，进一步提升党组织在基层治理中的科学决策能力。

第三，进一步发挥党组织在基层治理中的统筹协调作用。深化区域化党建格局，要以健全完善社区党组织架构、管理体制和运行机制为突破口，以重心下移、条块联动、资源共享和共驻共建为主要内容，以扎根基层、服务群众和发挥作用为重要抓手，建立重心下移、力量下沉的法治工作机制，充分发挥党组织在区域内的核心引领作用和统筹协调作用。

第四，进一步创新党组织在基层治理中的服务群众方式。社区作为党员干部联系服务群众最直接的载体，是党员干部倾听群众所思、所想、所需、所盼、所愿的直接通道。因此，针对当前社区开展党建工作和群众工作力量不足的问题，必须增强基层干部法治观念、法治为民的意识，提高依法办事能力,将党员干部队伍和工作力量全面推向社区,改善基层基础设施和装备条件,推进法治干部下基层活动,打通联系服务群众"最后一公里"。

第五,进一步改进党组织在基层治理中的自身队伍建设。社区党组织和党员直接面对基层群众,其带头人具不具备法治思维和依法办事能力,直接影响党组织工作成效和形象。要进一步改进社区党组织自身队伍建设,加强基层法治机构建设,强化基层法治队伍,提升党组织在基层治理中的创造力、凝聚力和战斗力。

(作者单位:中共深圳市委党校)

全面推进依法治国与核心价值观培育
——核心价值观养成的法治之维

薛金华

全面推进依法治国与核心价值观培育是相互依存、相互支撑、相互推促的双向互动关系。核心价值观是全面推进依法治国的精神支撑和价值指引,全面推进依法治国为核心价值观培育提供了坚实的制度保障和法治认同。要通过培育核心价值观推进全面依法治国,通过全面依法治国推动核心价值观的培育和践行,实现二者互益同构和互促共进。

一 全面依法治国与核心价值观的价值契合

全面推进依法治国是党的十八届四中全会的鲜明主题,其总目标是建设中国特色社会主义法治体系,建设社会主义法治国家。"三个倡导"的核心价值观分别从国家层面、社会层面和公民个人层面实现了与全面依法治国的价值契合。

1. "富强、民主、文明、和谐",体现了全面依法治国所要实现的国家层面的价值目标

富强,指经济上要实现国富民强,这是国家经济发展的目标追求,更是全面依法治国的目标要求。民主,指政治上要实现人民当家作主,这是社会主义民主政治建设的出发点和归宿,为了保障人民民主,必须推进社会主义民主政治法治化,使民主制度化、法律化、规范化;文明,指文化繁荣昌盛,精神富足健康;和谐,指人与人、人与自然之间要和谐共处、共赢互生。实现经济富强、政治民主、精神文明、社会和谐是社会主义核心价值观在国家层面的价值目标,也是全面依法治国在国家层面的基本价值追求,为全面依法治国提供了宏观层面的价值指引。

自鸦片战争以来，面对国外列强的入侵和欺侮、国内封建地主阶级的盘剥与压迫，中华民族积贫积弱，国势衰危。建立富强、民主、文明、和谐的现代化国家，实现中华民族的伟大复兴是先进中国人的梦想，更是中国共产党人的不懈价值追求和国家治理目标。新民主主义革命的胜利和社会主义制度的确立为中国的发展进步奠定了政治前提和制度基础。新中国成立伊始，由于没有可资借鉴的国家治理经验，过多强调运动治理而忽视了依法治理，民主法制遭到严重破坏，特别是"文化大革命"期间国家陷入了几近崩溃的失序和混乱之中，致使新中国错失了十多年的发展良机，年轻的共和国也为此付出了沉痛的代价。党的十五大报告正式提出把依法治国确定为党领导人民治理国家的基本方略。党的十六大报告从发展社会主义民主政治的高度，指出"要把坚持党的领导、人民当家作主和依法治国有机统一起来"。党的十八大报告提出全面推进依法治国，要"推进科学立法、严格执法、公正司法、全民守法，坚持法律面前人人平等，保证有法必依、执法必严、违法必究"[①]。党的十八届四中全会通过的《中共中央关于全面推进依法治国若干重大问题的决定》首次提出建设中国特色社会主义法治体系，要"坚持依法治国、依法执政、依法行政共同推进，坚持法治国家、法治政府、法治社会一体建设"[②]。

一代代中国共产党人薪火相传、接力探索实现国家富强、民主、文明、和谐，实现中华民族伟大复兴的历史进程，也是我们党探索治国理政规律，积累治国理政经验，提升全面依法治国能力的发展历程。

2. "自由、平等、公正、法治"，体现了全面依法治国所要实现的社会层面的价值追求

实现人的自由而全面发展是社会发展的终极价值目标和根本价值追求，也是全面推进依法治国的重要目标和显著标志。马克思指出，人的本质就是"自由的自觉的活动"[③]。未来的共产主义社会是"以每个人的全面而自由的发展为基本原则的社会形式"[④]。在那里，"每个人的自由发展

---

① 胡锦涛：《坚定不移沿着中国特色社会主义道路前进　为全面建成小康社会而奋斗》，人民出版社2012年版，第27页。
② 《中共中央关于全面推进依法治国若干重大问题的决定》，《人民日报》2014年10月29日。
③ 《马克思恩格斯全集》第42卷，人民出版社1979年版，第96页。
④ 《马克思恩格斯选集》第2卷，人民出版社1995年版，第239页。

是一切人的自由发展的条件"①。一部人类的历史，就是人类追求自由、实现自由和扩大自由的历史。

平等是现代社会的基本要求，是社会主义法律的基本属性。任何组织和个人都必须尊重宪法法律权威，都必须在宪法法律范围内活动，都必须依照宪法法律行使权力或权利、履行职责或义务，都不得有超越宪法法律的特权。

公正是社会主义社会的基本价值取向，更是法治的生命线，司法公正是维护社会公平正义的最后一道防线。党的十八届四中全会强调："必须坚持法治建设为了人民、依靠人民、造福人民、保护人民，以保障人民根本权益为出发点和落脚点，保证人民依法享有广泛的权利和自由、承担应尽的义务，维护社会公平正义，促进共同富裕。"②

法治是治国理政的基本方式，是全面建成小康社会、全面深化改革和全面从严治党的必然要求和重要保障，要建设中国特色社会主义法治体系，"坚持依法治国、依法执政、依法行政共同推进，坚持法治国家、法治政府、法治社会一体建设，实现科学立法、严格执法、公正司法、全民守法"③。在全社会营造尊重法治、崇尚法治、厉行法治的良好法治生态，形成知法、守法、敬法的良好社会风气，为国家治理现代化提供坚强的法治保障。"自由、平等、公正、法治"是马克思主义和中国化马克思主义的基本价值取向和价值追求，也是全面推进依法治国在社会层面的基本要求和目标追求。

3. "爱国、敬业、诚信、友善"，体现了全面依法治国所要实现的公民个人层面的价值规范

人民是依法治国的主体和力量源泉，全面推进依法治国离不开各阶层、各群体民众的广泛参与和积极作为。公民个体的道德修养、品格涵养、公共理性等素养和品质是影响治理效果和治理效能的重要因素。

爱国、敬业、诚信、友善，作为社会公德、职业道德和个人品德，是公民对国家情感、职业素养、个人品行和人际交往所秉持的价值标准和价

---

① 《马克思恩格斯选集》第 1 卷，人民出版社 1995 年版，第 294 页。
② 《中共中央关于全面推进依法治国若干重大问题的决定》，《人民日报》2014 年 10 月 29 日。
③ 《中共中央关于全面推进依法治国若干重大问题的决定》，《人民日报》2014 年 10 月 29 日。

值规范,基本上涵盖了公民做人之道、立身处世的主要方面。

中华民族从来就有爱国主义的光荣传统。爱国主义是关于爱国的一种集观点、情感和行动为一体的复合体,体现了人民群众对自己祖国的深厚感情,是人们对自己故土家园、种族和文化的归属感、认同感、尊严感与荣誉感的统一。它是调节个人与祖国之间关系的道德要求、政治原则和法律规范。

敬业是公民职业道德的集中体现,其含义是以高度的责任感和使命感,对个人所从事的职业或事业的热爱、积极投入和执着追求的精神和状态。诚信,即诚实守信,内诚于心、外信于人,诚实无欺、真实可信、遵守承诺、讲求信用。诚信的建设需要"健全公民和组织守法信用记录,完善守法诚信褒奖机制和违法失信行为惩戒机制"[①]。友善,即与人为善、友好善良。作为对中国传统"仁爱"思想的传承与发展,友善是人与人之间交往的基本准则。这些既是社会主义道德的基本要求,也是全面推进依法治国对公民个体的价值要求和行为准则,是实现全面依法治国的基本道德规范和价值遵守。

二 全面依法治国与核心价值观的双向互动

全面推进依法治国必然离不开价值、制度等要素,不仅需要制度、组织、结构和手段等"硬设施",还要依靠治理理念和价值观念的"软力量"来实现,需要法律和道德共同发挥作用。"既重视发挥法律的规范作用,又重视发挥道德的教化作用,以法治体现道德理念、强化法律对道德建设的促进作用,以道德滋养法治精神、强化道德对法治文化的支撑作用,实现法律和道德相辅相成、法治和德治相得益彰。"[②]

1. 核心价值观为法治体系建设提供价值支撑

其一,从制度取向上看,核心价值观对法治体系建设具有引领和导向功能。核心价值观是全面推进依法治国的精神支撑和价值指引,决定法治体系建设的方向和目标。在影响法治体系建设的诸多因素中,文化传统是一个重要因素,而价值观作为文化内核和灵魂,决定文化性质和方向,是

[①] 《中共中央关于全面推进依法治国若干重大问题的决定》,《人民日报》2014年10月29日。

[②] 《中共中央关于全面推进依法治国若干重大问题的决定》,《人民日报》2014年10月29日。

决定制度设计和安排的深层次要素。马克斯·韦伯指出："每个国家都有它自己的社会制度和内在精神，前者是一个社会有效运行所要求的一套经济社会伦理规范和法律体系，而后者则包括人们的行为规范、价值目标、奋斗目的等文化观念。社会制度的构造与演进虽取决于历史赋予的技术、法律和行政管理制度等因素，但与特定时代的社会文化传统有着某种内在的渊源关系。"①

其二，从制度评价上看，核心价值观对法治体系建设具有评价和纠偏功效。法治体系在其运行过程中由于主观的或客观的等诸多因素的影响，难免会出现偏离或有失偏颇，核心价值观以其倡导的价值理念和价值原则对现实法治体系进行即时的评价、审视和纠偏，从而"改革不适应实践发展要求的体制机制、法律法规，又不断构建新的体制机制、法律法规，使各方面制度更加科学、更加完善，实现党、国家、社会各项事务治理制度化、规范化、程序化"②。丹尼尔·贝尔指出："意识上的变革——价值观和伦理道德上的变革——会推动人们去改变他们的社会安排和体制。"③ 通过价值观的引导、评价和检视，不断完善和发展中国特色社会主义法治体系，使法治体系更加成熟和持久。

2. 法治体系为核心价值观培育提供制度保障

其一，中国特色社会主义法治体系为核心价值观的培育提供有力的制度规范与约束。社会主义核心价值观作为社会主义制度的价值表达，其建设离不开法治体系的规范与制约。核心价值观培育的实质是对人们的价值理念进行有效的引导和整合。因此，在实际工作中一定要建立起一套具体的具有可操作性的法律法规、政策制度，通过制度、政策的设计和安排，确保社会主义核心价值观建设的实效性和长效性。邓小平指出："制度好可以使坏人无法任意横行，制度不好可以使好人无法充分做好事，甚至会走向反面。"制度问题"更带有根本性、全局性、稳定性和长期性。"④ 要把社会主义核心价值观念变成人们的内心信念和行为方式，需要借助于强

---

① ［德］马克斯·韦伯：《新教伦理与资本主义精神》，于晓、陈维刚译，生活·读书·新知三联书店1987年版，第114页。
② 习近平：《切实把思想统一到党的十八届三中全会精神上来》，《人民日报》2014年1月1日。
③ ［美］丹尼尔·贝尔：《后工业社会的来临》，商务印书馆1984年版，第527页。
④ 《邓小平文选》第2卷，人民出版社1994年版，第333页。

有力的法律法规来加以规范。"制度建立的规范、惯例和做事程序，在长期的作用下，就会使人们形成行为习惯乃至内化为个人的自我价值取向，对人们的价值观念和行为方式具有根本性的指导意义；而制度的强制惩戒性又使其具有遏制作用。因此，制度对人的行为具有强烈的形塑性和直接的匡正性。"① 法治体系的规范、调节和约束功能使符合核心价值观的行为得到鼓励、违背核心价值观的行为受到制约，从而对人们的价值选择和价值行为起到鼓励或约束作用，以制约人们的价值选择及行为。

其二，中国特色社会主义法治体系为社会主义核心价值观的培育提供了坚实的制度保障和支持。核心价值观建设不仅是道德层面的宣传教育问题，更是制度化的规范力量导向问题，是价值引导与通过制度安排所呈现的理论与现实的一致性问题。推进社会主义核心价值观建设，需要通过法律法规、政策制度等"良法善策"，向社会传导正确的价值取向。只有建立一整套行之有效的制度规范，才能保证社会主义核心价值观建设的规范化、制度化、经常化。中国特色社会主义法治体系，包含完备的法律规范体系、高效的法治实施体系、严密的法治监督体系、有力的法治保障体系，完善的党内法规体系。它们为培育和践行社会主义核心价值观提供有力的政治保证和坚实的制度保障，良好的制度环境与制度生态，有利于实现法治体系的建构和运行与"三个倡导"的核心价值观之间有效对接与关系契合，从而弥补价值与体制的裂痕，克服现实中存在的"价值悬置"与"制度空转"的弊病，实现"价值制度化"和"制度价值化"的有机统一。核心价值观同法治体系相互影响、相互制约、相互保障，两者统一于全面推进依法治国的伟大实践中。

三 在法治中国建设中培育和践行核心价值观

核心价值观与中国特色社会主义法治体系之间的关系契合和良性互动是推进价值观认同和法治体系完善与发展的重要理论依据和实践原则。因此，要提高人民群众对核心价值观的认同度，提升核心价值观培育的有效性和实效性，要把核心价值观融入依法治国的各个环节中，通过培育核心价值观推进全面依法治国，通过全面依法治国推动核心价值观的培育，实现二者互益同构与互融共赢。

---

① 王淑芹：《信用伦理研究》，中央编译出版社2005年版，第227页。

首先，将核心价值观融入科学立法中。法律是治国之重器，良法是善治之前提。科学立法是全面推进依法治国的前提和基础，其主要目标是完善以宪法为核心的中国特色社会主义法律体系。全面推进依法治国，必须坚持立法先行，发挥立法的引领和推动作用，抓住提高立法质量这个关键，"要恪守以民为本、立法为民理念，贯彻社会主义核心价值观，使每一项立法都符合宪法精神、反映人民意志、得到人民拥护"①。科学立法的过程，既是各社会群体之间民主协商、诉求表达的过程，也是各社会阶层利益博弈、意见整合的过程。经过广泛参与之后的立法，必将是多元化社会中凝聚阶层共识的"最大公约数"。

因此，要加强和改进政府立法制度建设，完善公众参与政府立法机制，拓宽公民有序参与立法途径，健全法律法规规章草案公开征求意见和公众意见采纳情况反馈机制。要把核心价值观作为检验法律"良善"与否的标准，用核心价值观来检视现行法律制度的改革和完善，不断革除体制机制弊端，使法律的制定与所倡导的核心价值观相一致，使每一项立法都符合宪法精神、反映人民意志、得到人民拥护。把公正、公平、公开原则贯穿立法全过程，坚持立改废释并举，增强法律法规的及时性、系统性、针对性、有效性。

其次，把严格执法和核心价值观培育结合起来。法律的生命力在于实施，法律的权威也在于实施，法治的实效更在实施。清末法学家沈家本说过："法立而不行，与无法等。"完备的法律制度只是依法治国的前提，好的法律制度若不善加执行，充其量只是一纸空文和法治装饰与摆设而异。如果法律长期得不到有效执行就会形同虚设和名存实亡，法律的有效性和权威性就会受到很大损害，会形成恶性循环。早在两千多年前柏拉图就指出："每个人都清楚，立法工作是很重要的事情，可是，如果在一个秩序良好的国家安置一个不称职的官吏去执行制定很好的法律，那么这些法律的价值便被掠夺了，并使得荒谬的事情大大增多，而且最重要的政治破坏和恶行也会从中滋长。"② 科学立法是全面推进依法治国的前提，而严格执法是全面推进依法治国的关键。"一种具体的社会制度的好坏在实际操作

---

① 《中共中央关于全面推进依法治国若干重大问题的决定》，《人民日报》2014年10月29日。

② 《西方法律思想史资料选编》，北京大学出版社1983年版，第26页。

过程中有两个重要环节,其一是制度体系的建立与国家或社会发展的基本目标和价值理念是否相符;其二是一种与社会发展基本价值理念相符合的制度体系在具体实践过程中被执行的程度,即制度化程度。"[①]

目前,中国特色社会主义法律体系已基本形成,有法可依的问题已初步解决,执法必严、违法必究的问题就显得尤为重要与迫切。但是,当下有法不依、执法不严、违法不究现象还比较严重,多头执法、选择性执法现象仍然存在,执法不规范、不严格、不透明、不文明现象还较为突出。要将核心价值观融入严格执法中,让自由、平等、公正、法治为秉公执法、严格执法和文明执法提供价值支撑和文化基础,切实保证宪法法律有效实施,绝不允许任何人以任何借口任何形式以言代法、以权压法、徇私枉法。以规范和约束公权力为重点,加大监督力度,做到有权必有责、用权受监督、违法必追究,纠正有法不依、执法不严、违法不究行为,提高执法效率和规范化水平,严格惩治执法腐败现象,形成良好的执法生态,从而使价值承诺与法治实践有效契合。

再次,将公正司法与核心价值观培育结合起来。公正是法治的生命线。司法公正对社会公正具有重要引领作用,司法不公对社会公正具有致命破坏作用。培根在《论司法》中指出:"一次不公的判断比多次不平的举动为祸尤烈。因为这些不平的举动不过弄脏了水流,而不公的判断则把水源败坏了。"[②]

司法公正是保障社会公平正义的最后一道防线,必须完善司法管理体制和司法权力运行机制,规范司法行为,加强对司法活动的监督,把维护社会公正作为核心价值追求,努力让人民群众在每一个司法案件中感受到公平正义。深入推进司法公开,构建开放、动态、透明、便民的阳光司法机制,拓展司法公开的广度和深度,进一步增强司法透明度。坚持司法为民、公正司法、严格司法,从而不断提高司法公信力和提升核心价值观的吸引力和解释力,大力弘扬法治精神和社会主义核心价值观。

最后,将全民守法与核心价值观培育结合起来,推动全社会树立法律意识和法治信仰。亚里士多德曾说过:"我们应该注意到邦国虽有良法,

---

[①] 竹立家:《重构政府价值与制度——实现中国梦的制度逻辑反思》,《阅江学刊》2013年第4期。

[②] [英]弗朗西斯·培根:《培根论说文集》,水天同译,商务印书馆1983年版,第193页。

要是人民不能全都遵循，仍然不能实现法治。"① 法律的权威源自人民的内心拥护和真诚信仰，法律需要被信仰，否则它形同虚设。遵守法律不仅仅是制度使然，更是法律修养与法治自觉。德沃金说过："我们遵守法律，不仅仅是因为我们被迫遵守法律，而是因为我们感到遵守法律是正确的。甚至在我们知道遵守法律并不有利于我们个人的直接利益的时候，在我们知道我们可以不遵守法律而不会因此受到惩罚的时候，还是感到有责任遵守法律。"② 法治信仰的培植需要全社会共同努力，一是要培育全社会学法尊法守法用法的意识，坚持把全民普法和守法作为依法治国的长期基础性工作，深入开展法治宣传教育，引导全民自觉守法、遇事找法、解决问题靠法。二是要抓住领导干部这个关键少数，坚持把领导干部带头学法、模范守法作为树立法治意识的关键。领导干部阶层作为规则的制定者和执行者，以身作则、身体力行，带头遵守法律，是法律精神和法治信仰得以树立和塑造的关键所在。三是要弘扬社会主义法治精神，建设社会主义法治文化，在全社会培育与践行法治价值观，增强全社会厉行法治的积极性和主动性，形成守法光荣、违法可耻的社会氛围，使全体人民都成为社会主义法治的忠实崇尚者、自觉遵守者、坚定捍卫者。

全面推进依法治国的过程就是一个不断地使社会主义价值目标切近现实和使现实切近价值目标的改革、完善和发展过程。正如马克思所言："光是思想力求成为现实是不够的，现实本身应当力求趋向思想。"③ 要充分发挥社会主义核心价值观的价值导向作用与效应，把培育和践行核心价值观和依法治国结合起来，实现全面依法治国与道德提升相互促进，法治效能与价值自信良性互促。

（作者单位：中国社会科学院马克思主义研究院、中共武汉市委党校）

---

① ［古希腊］亚里士多德：《政治学》，吴寿彭译，商务印书馆1965年版，第202页。
② ［美］罗纳德·德沃金：《认真对待权利》，信春鹰、吴玉章译，中国大百科全书出版社1998年版，第20—21页。
③ 《马克思恩格斯选集》第1卷，人民出版社2012年版，第10页。

习近平"全面从严治党"思想的战略思维
——"打铁还需自身硬"的理论内涵与战略特征

奚洁人

"打铁还需自身硬。我们的责任，就是同全党同志一道，坚持党要管党、从严治党，切实解决自身存在的突出问题……使我们党始终成为中国特色社会主义事业的坚强领导核心。"① 习近平在上任伊始的中外记者见面会上，就站在历史和全局的战略高度，将对民族、对人民、对党的责任，聚焦于"从严治党"、切实解决自身存在的突出问题，落实到建设坚强领导核心上，毅然抓住了在新的历史条件下坚持和发展中国特色社会主义的关键所在，是他治国理政的重大战略思想之一。"打铁还需自身硬"，成为他"从严治党"的富有个性的核心关键词，是他党建思想的标志性用语，体现了他全面从严治党的坚定决心和政治魄力。

一 打铁还需自身硬——全面从严治党思想的内涵特征与战略定位

"全面从严治党"：一是更加突出"全面"。就是贯穿于思想、组织、作风、反腐倡廉和制度等五位一体建设的各方面和全过程。并且将思想建党、制度治党和实践教育活动有机统一。思想建党，即强调理想信念、对党忠诚和履行执政宗旨在全面从严治党思想中的首要地位。理想信念，好比共产党人精神上的"钙"，缺钙就会得软骨病。因此，坚定信仰，就是要补足精神上的"钙"。制度治党，就是强调增强法治意识，严格遵守党章、党规，用制度制约权力，通过深化改革，完善制度建设，突出肯定全面从严治党需要刚性的制度制约。实践教育活动，即开展群众路线教育实

---

① 《习近平谈治国理政》，外文出版社2014年版。

践活动和"三严三实"专题教育,将思想教育融入专题性的集中教育实践活动和经常性的学习教育实践中,促进制度治党的完善,优化政治生态,并将思想建党和制度治党结合起来;二是"从严"。因为全面从严治党,"关键在治、要害在严"。习近平强调,"世间事,做于细,成于严。从严是党做好一切工作的重要保障。我们共产党人最讲认真,讲认真就是要严字当头,做事不能应付,做人不能对付……作风建设如此,党的建设如此,党和国家一切工作都如此。"① 如何从严?首先标准要严。因为"'取法于上,仅得为中;取法于中,故为其下。'我们一开始就强调活动要高标准、严要求"②。其次是以上率下。"'善禁者,先禁其身而后人'各级领导干部要以身作则、率先垂范,说到的就要做到,承诺的就要兑现,中央政治局同志从我本人做起。"③ 三是"从实"。就是要"自觉坚定实事求是的信念、增强实事求是的本领",倡导"实干兴邦"的务实之风,真正将从严治党落到实处。

"定位是战略的核心"。首先,党要管党,从严治党是我们党的优良传统。习近平在我们党的历史上首提"全面从严治党",这是在新形势下对这一优良传统的继承发展和重大战略创新,体现了党的执政理念和自身建设问题上强烈的战略忧患和责任担当。习近平强调,在新形势下加强党的建设,一定要深刻认识党面临的重大考验和严峻挑战,深刻认识增强自我净化、自我完善、自我革新、自我提高能力的重要性和紧迫性,坚持底线思维,做到居安思危,这是我们共产党人应有的忧患意识。共产党人的这种忧党、忧国、忧民意识,"是一种责任,更是一种担当"。认真履行这种责任和担当,就要"切实把从严治党的要求落到实处,使我们党越来越成熟、越来越强大、越来越有战斗力。这是全党的政治责任,首先是中央政治局的政治责任"④。他曾用宣誓般的语言铿锵有力地表示,"既然党和国家前途命运交给了我们,就要担当起这个责任"。并深刻地告诫全党,"如果管党不力、治党不严,人民群众反映强烈的党内突出问题得不到解决,

---

① 习近平:《在党的群众路线教育实践活动总结大会上讲话》,《人民日报》2014年10月9日。
② 习近平:《在党的群众路线教育实践活动总结大会上讲话》,《人民日报》2014年10月9日。
③ 《习近平关于党风廉政建设和反腐败斗争论述摘编》,第71页。
④ 习近平:《在中央政治局第十六次集体学习会上的讲话》,《人民日报》2014年7月1日。

那我们党迟早会失去执政资格，不可避免被历史淘汰。这决不是危言耸听。"①

其次，"全面从严治党"，是马克思主义执政党自身建设的必然要求，是中国特色社会主义战略布局的核心和灵魂。党的十八大以来，党中央从坚持和发展中国特色社会主义全局出发，提出并形成了"四个全面"的战略布局。习近平强调，"全面建成小康社会是我们的战略目标，全面深化改革、全面依法治国、全面从严治党是三大战略举措。""四个全面"是一个有机整体，所以要把每一个"全面"放在"四个全面"的战略布局中来把握。② 因此，我们必须从"四个全面"战略布局的政治高度，进一步深刻认识"全面从严治党"的战略地位。毫无疑义，"全面从严治党"是"四个全面"之魂，它是全面建成小康社会和实现中国梦最根本的战略举措，也是全面深化改革、全面依法治国的根本政治保证。十八届三中全会《决定》明确："全面深化改革必须加强和改善党的领导，充分发挥党总揽全局、协调各方的领导核心作用，建设学习型、服务型、创新型的马克思主义执政党，提高党的领导水平和执政能力，确保改革取得成功。"③ 习近平强调，依法治国是我们党提出来的，全会决定围绕加强和改进党对全面推进依法治国的领导作出了系统部署。"全面推进依法治国，要有利于加强和改善党的领导……决不是要削弱党的领导。"④

第三，"全面从严治党"也是习近平长期坚持的"从严治党"思想和地方从政经验到治国理政思想的理论飞跃。比如，他在正定县工作时，主持出台了县委《关于改进领导作风的几项规定》，明确提出当干部必须清正廉明，以身作则，严于律己；在福建工作期间，从厦门到宁德，从福州到省委省政府，始终强调从严管党治党，从铁腕清房、出台廉政12条，到精简"文山会海"等，加强作风建设雷厉风行。在浙江工作期间，发表了大量关于党的思想、组织、作风、反腐倡廉及制度建设内容的文章、讲话，始终贯穿党要管党，从严治党的思想精神。因此，党的十八大以后，

---

① 《习近平总书记系列重要讲话读本》，人民出版社2014年版，第57页。
② 习近平：《在省部级主要领导干部全面推进依法治国专题研讨班上的重要讲话》，《人民日报》2015年2月3日。
③ 《中共中央关于全面深化改革若干重大问题的决定》（单行本），人民出版社2013年版，第57页。
④ 习近平：《加快建设社会主义法治国家》，《求是》2015年第1期。

关于从严治党的一系列讲话、制度规定和重要举措，到全面从严治党战略思想的提出和贯彻，是同他始终坚持的"从严治党"的思想一脉相承的，也是他长期地方从政经验的新概括、新飞跃。

二　治党先治吏——全面从严治党的战略重点与优先顺序

战略，就是善于把握全局中的关键环节和优先顺序。毛泽东认为任何领导都要善于关注和抓住对全局有决定性的关键环节开展工作，这是战略思维的重要特征和方法论。习近平曾强调，全面，但"不'十全大补'、不面面俱到"，要确立好"战略重点、优先顺序"。①

"从严治党，关键是从严治吏"。将"从严治吏"作为"全面从严治党"的战略重点，并置于优先地位，这是习近平的重要战略理念。他指出，"全面从严治党，是我们党在新形势下进行具有许多新的历史特点的伟大斗争的根本保证。关键是要抓住领导干部这个'关键少数'"②"党要管党，首先是管好干部；从严治党，关键是从严治吏。要把从严管理干部贯彻落实到干部队伍建设全过程，坚持从严教育、从严管理、从严监督。"③

从严治吏，第一，必须坚持高标准、严要求选拔任用党和人民需要的好干部。他强调指出，"我们党历来高度重视选贤任能，始终把选人用人作为关系党和人民事业的关键性、根本性问题来抓。治国之要，首在用人。也就是古人说的：'尚贤者，政之本也。''为政之要，莫先于用人。'"而选贤任能的关键，又在于标准。故他提出了好干部的五条标准，即"好干部要做到信念坚定、为民服务、勤政务实、敢于担当、清正廉洁"④。其中，他又特别强调理想信念和敢于担当这两条，因为这是当前干部队伍中比较突出的问题。他指出，"理想信念就是人的志向。古人说：'志之所趋，无远勿届，穷山距海，不能限也。志之所向，无坚不入，锐兵精甲，不能御也。'意思是说，志存高远的人，再遥远的地方也能达到，

---

① 参见《〈中共中央关于全面深化改革若干重大问题的决定〉诞生记》，《人民日报》2013年11月19日。
② 习近平：《参加十二届全国人大三次会议上海代表团的审议时讲话》，新华网，2015年3月5日。
③ 习近平：《在全国组织工作会议上的讲话》，《人民日报》2013年6月30日。
④ 《习近平谈治国理政》，外文出版社2014年版，第412页。

再坚固的东西也能突破。"所以,"理念信念坚定,是好干部第一位的标准"①。他又说,"坚持原则、敢于担当是党的干部必须具备的基本素质。'为官避事平生耻。'担当大小,体现着干部的胸怀、勇气、格调,有多大担当才能干多大事业。"② 这里,所谓胸怀,就是要对党心怀忠诚,对人民心怀深情,对事业心怀梦想。所谓勇气,就是责任、胆略和自省,即有强烈的责任感和勇于承担责任、敢于直面问题的意志品格,以及勇于自省、从严自律的自我修养。所谓格调,就是做人的气质、品位和作风。当然,"敢于担当,是为了党和人民事业,而不是个人风头主义,飞扬跋扈、唯我独尊并不是敢于担当……应该在工作中敢作敢为、锐意进取,在做人上谦虚谨慎、戒骄戒躁"③。第二,强调做好干部的成长和任用。干部成长"一靠自身努力,二靠组织培养"。前者是内因,是决定性因素,后者是必要条件。他曾经总结概括了以"知、举、用、待、育"为主要内容的"人才经"。"知"就是识别人才,知人不深,识人不准,就会用人不当;"举"就是荐纳人才,要"唯才是举"、"任人唯贤";"用"就是量才授任,用人得当。要用其所长、用其所宜、用当其时;"待"就是尊重人才,尊重他们的个性、创造性,并予以充分的信任;"育"就是培养人才。对于"育",还提出要着力抓好以"四个教育",即忠诚教育、尽职尽责教育、道德情操教育和拒腐防变教育为重点的干部党性教育。同时,无论是自身学习、组织培养和选拔作用,都要重视基层工作经历和实践历练。他多次强调,"宰相起于州郡","猛将发于卒伍",强调好干部要加强实践,因为"耳闻之不如目见之,目见之不如足践之",而且"越是条件艰苦、困难大、矛盾多的地方,越能锤炼人。干部要深入基层、深入实际、深入群众,在改革发展的主战场、维护稳定的第一线、服务群众的最前沿砥砺品质、提高本领"④。第三,正确地考核和评价干部。强调"要改进考核方法手段,既看发展又看基础,既看显绩又看潜绩,把民生改善、社会进步、生态效益等指标和实绩作为重要考核内容,再也不能简单以国内生产总值增长率来论英雄了"⑤。特别要重视群众的评价,"金杯银杯不如老百

---

① 《习近平谈治国理政》,外文出版社 2014 年版,第 413 页。
② 《习近平谈治国理政》,外文出版社 2014 年版,第 415 页。
③ 《习近平谈治国理政》,外文出版社 2014 年版,第 411—412 页。
④ 《习近平谈治国理政》,外文出版社 2014 年版,第 417 页。
⑤ 《习近平谈治国理政》,外文出版社 2014 年版,第 419 页。

姓的口碑。干部好不好不是我们说了算,而是老百姓说了算。"这也是选拔任用干部的"风向标"。①

最后,在实践中习近平形成了"从严治吏"的三大方针,即彰好官、批庸官、惩贪官。彰好官,就是树立好干部的杰出典型,引导和要求大家以此为榜样,"对照自己,见贤思齐"。他多次表彰过的"好官"。一是河南省兰考县原县委书记焦裕禄。早在 1990 年 7 月 16 日他就在《福州晚报》上发表了《念奴娇·追思焦裕禄》,词中有"百姓谁不爱好官"的感叹和肯定。到中央工作后,他先后两次去兰考考察调研,并对焦裕禄精神的内涵作了深刻的提炼和概括。二是福建省东山县原县委书记谷文昌。他曾多次提到,称赞谷文昌"在老百姓心中树起了一座不朽的丰碑"。2015 年 1 月,习近平与全国 200 多位县委书记座谈,在叮嘱大家要做心中有党、心中有民、心中有责、心中有戒的"四有"干部时,又一次深情地谈起谷文昌。三是浙江省永嘉县的一个村党支部书记郑九万。习近平曾撰文指出:"一个偏僻的小村庄,因为他们的支部书记生病了,一天之内村民自发筹集了数万元手术费为他治病,村民们说'就是讨饭了也要救他'。当地就有一些干部不由地发出了'假如我病倒了,会有多少村民来救我'这样的感慨!"② 批庸官,就是严厉批评各种庸政、懒政以及"为官不为"等现象。他在党的群众路线教育实践活动的有关讲话中怒斥各种慵懒散、奢私贪、蛮横硬的恶劣作风。并从领导班子、基层单位、执法监管、服务窗口等不同类型和单位列举了大量具体表现。他指出,"有的玩心很重,玩风很浓,吃喝玩乐,花天酒地,乐此不疲";"有的办事拖拉,推诿扯皮,浑浑噩噩的混日子";"有的方法简单粗暴,对待群众态度恶劣,随意训斥,通不通,三分钟;再不通,龙卷风"③。他态度鲜明地强调"有利于百姓的事再小也要做,危害百姓的事再小也要处理。"④ 惩贪官,即以"刮骨疗伤,壮士断腕的决心,自我净化"。坚持做到"六个不",即"零容忍的态度不变、猛药去疴的决心不减、刮骨疗毒的勇气不泄、严厉惩处的

---

① 《习近平在浙江舟山考察调研时的讲话》,《人民日报》2015 年 5 月 26 日。
② 习近平:《之江新语》,浙江人民出版社 2007 年版,第 216 页。
③ 习近平:《在党的群众路线教育实践活动第一批总结暨第二批部署会议上的讲话》,《人民日报》2014 年 3 月 7 日。
④ 习近平:《在党的群众路线教育实践活动第一批总结暨第二批部署会议上的讲话》,《人民日报》2014 年 3 月 7 日。

尺度不松,发现一起查处一起,发现多少查处多少,不定指标、上不封顶,凡腐必反,除恶务尽"①,营造风清气正的政治生态环境。

三 聚焦作风建设——全面从严治党的战略切入点和着力点

"战略,就是选择聚焦点"。有强烈的问题意识,坚持以重大问题为导向,把作风建设作为全面从严治党的切入点、着力点和聚焦点,是习近平全面从严治党思想的又一战略特色。我们知道,从2013年6月开始,在我们党的历史上第一次在全党进行了为期一年的自上而下的以为民务实清廉为主要内容的党的群众路线教育实践活动。活动不仅取得了重大成果,同时也积累了全面从严治党的宝贵经验。对于这一重大决策的战略思维逻辑,习近平《在党的群众路线教育实践活动总结大会上的讲话》中作了十分清晰的表述,他说:"'伤其十指,不如断其一指。'党中央在谋划这次活动时认为,这次活动的重点是促使全党更好执行党的群众路线,而当前影响执行党的群众路线的要害是作风问题,必须突出改进作风这个主题。而作风又有很多方面,需要进一步聚焦,我们就聚焦到形式主义、官僚主义、享乐主义和奢靡之风这些群众反映强烈的突出问题上。党中央明确提出以反'四风'为突破口,以点带面,不搞面面俱到,打到了七寸。"②可见,其总体的战略方针,就是将毛泽东在《中国革命战争的战略问题》中提出的集中力量打歼灭战的战略思想和制胜之策——"伤其十指不如断其一指"③,运用于这次党的作风建设之总体谋划。

首先,习近平强调,"抓作风是推进党的建设新的伟大工程的重要切入点和着力点。"因为,"党的作风就是党的形象,关系人心向背,关系党的生死存亡"。"作风问题核心是党同人民群众的关系问题。加强作风建设,必须坚持马克思主义群众观点、贯彻党的群众路线。"④ 群众路线既是党的优良传统和作风,也是党的性质和宗旨的重要体现,以更好执行党的群众路线为重点,这就从关系党的生死存亡的战略和政治高度,瞄准定位了全面从严治党的切入点、着力点和工作重点。其次,本次群众路线教育

---

① 《习近平关于党风廉政建设和反腐败斗争论述摘编》,第102—103页。
② 习近平:《在党的群众路线教育实践活动总结大会上的讲话》,《人民日报》2014年10月9日。
③ 《毛泽东选集》第1卷,人民出版社1991年版,第237页。
④ 《习近平在中央政治局第十六次集体学习会上的讲话》,《人民日报》2014年7月1日。

活动又"突出改进作风这个主题"。一方面是因为,"当前影响执行党的群众路线的要害是作风问题"。同时,"工作作风上的问题绝对不是小事,如果不坚决纠正不良风气,任其发展下去,就会像一座无形的墙把我们党和人民群众隔开,我们党就会失去根基、失去血脉、失去力量。"① "也就可能出现'霸王别姬'这样的时刻。"② 因此主题的确定,不仅紧紧抓住了事物的本质和要害,而且也是基于深深的忧患意识和着眼于长远的战略考虑。再次,"作风又有很多方面,需要进一步聚焦",聚焦到形式主义、官僚主义、享乐主义和奢靡之风等群众深恶痛绝、反映强烈的突出问题上来,即以反"四风"为突破口,以点带面。这样的战略部署,体现了实事求是精神和强烈的问题意识,也是对集中力量打歼灭战方法论原则,以及抓住要害、集中发力、找准靶子、点中穴位的策略特点的运用。

当然,"抓作风既要着力解决当前突出问题,又要注重建立长效机制,下功夫、用狠劲,持续努力、久久为功"③。所以要重视干部基本品格和素养的教育培养,他明确指出,"我一再强调,领导干部要严以修身、严以用权、严以律己,谋事要实、创业要实、做人要实。这些要求是共产党人最基本的政治品格和做人准则,也是党员、干部的修身之本、为政之道、成事之要。"④ 可见,"三严三实"教育就是建立作风建设长效机制的新探索。

四 "把权力关进制度的笼子里"——全面从严治党的治本之策与战略支柱

全面从严治党,"制度问题更带有根本性、全局性、稳定性、长期性"⑤,习近平对于"把权力关进制度的笼子里"的治党思想的突出强调和完整而系统的科学论述,是他全面从严治党的治本之策与战略支柱。

第一,全面从严治党,必须着眼于从营造良好从政环境、政治生态高度加强制度建设,从系统思维的角度,强调了制度治党的战略地位。因为

---

① 习近平:《在十八届中央纪委二次全会上的讲话》,《人民日报》2013年1月23日。
② 《习近平关于党风廉政建设和反腐败斗争论述摘编》,中央文献出版社2015年版,第7页。
③ 习近平:《在中央政治局第十六次集体学习会上的讲话》,《人民日报》2014年7月1日。
④ 习近平:《在党的群众路线教育实践活动总结大会上的讲话》,《人民日报》2014年10月9日。
⑤ 习近平:《在中央政治局第五次集体学习会上的讲话》,《人民日报》2013年4月20日。

"政治生态和自然生态一样，稍不注意，就很容易受到污染，一旦出现问题，再想恢复就要付出很大代价"。他明确指出，一方面，解决党内存在的种种难题，必须营造一个良好的从政环境，也就是要有一个好的政治生态。古人早就提出，管理国家，"必先正风俗。风俗既正，中人以下，皆自勉以为善；风俗一败，中人以上，皆自弃而为恶。"① 意为从政环境好、社会风气正，中等水平以下的人都会自觉地规范自己，自勉向好。风气不正，中等水平以上的许多人也会自暴自弃不求上进，放弃对自己的严格要求。另一方面也是问题倒逼。"这些年来，在一些地方和单位，'四风'问题越积越多，党内和社会上潜规则越来越盛行，政治生态和社会环境受到污染，根子就在从严治党没有做到位。"所以，"营造良好从政环境，要从人抓起，从人做起。""要突出领导干部这个关键，教育引导各级领导干部立正身、讲原则、守纪律、拒腐蚀，形成一级带一级、一级抓一级的示范效应，积极营造风清气正的从政环境。"②

第二，全面从严治党，要努力形成系统完备的制度体系。"要体现改革精神和法治思维，把中央要求、群众期盼、实际需要、新鲜经验结合起来，努力形成系统完备的制度体系，以刚性的制度规定和严格的制度执行，确保改进作风规范化、常态化、长效化。"③ 这就告诉我们，建立形成系统完备的制度体系，一是要有改革精神和法治思维。牢固树立法律面前人人平等、制度面前没有特权、制度约束没有例外的观念。二是制度制定要从实际需要出发，符合中央精神和群众期盼，要善于总结新鲜经验。三是制度要有针对性和可执行性，要坚持制度的刚性规定和执行。四是着眼于和着力于全面从严治党的常态化、长效化。

具体地讲，首先，完备的制度体系的核心和本质是对权力的有效制约和监督。"关键是要加强权力运行制约和监督，健全权力运行制约和监督体系"，"把权力关进制度的笼子里"。制度是否健全，不仅制度具有覆盖率，而且关键是能够真正制约住权力，防止权力的滥用。他强调权力没有关进制度的笼子里，腐败现象就控制不住。"建章立制非常重要，要把笼

---

① 习近平：《关于党风廉政建设和反腐败斗争论述摘编》，中央文献出版社2015年版，第87页。
② 习近平：《在参加十二届全国人大三次会议吉林代表团审议时的讲话》，《人民日报》2015年3月10日。
③ 习近平：《在中央政治局第十六次集体学习会上的讲话》，《人民日报》2014年7月1日。

子扎紧一点,牛栏关猫是关不住的,空隙太大,猫可以来去自如。"① 所谓"牛栏关不住猫",说的是制度太原则、太笼统,缺乏具体操作性。其次,有了制度,重要的是要严格执行。如果不执行或执行不力,制度就会成为当作摆设的"花瓶"或吓人用的"稻草人",久而久之就会产生愈演愈烈的"破窗效应"。他深刻指出,"我们的制度不少,可以说基本形成,但不要让它们形同虚设,成为'稻草人',形成'破窗效应'。很多情况没有监督,违反了也没有任何处理。这样搞,谁会把制度当回事呢?""所以,我说一分部署还要九分落实。制定制度很重要,更重要的是抓落实。"② 最后,制度体系的系统完备,就是指制度体系的结构、层次、领域的完整性,以及制度内在联系的整体性。他强调制度建设"要搞配套衔接,做到彼此呼应,增强整体功能"③。全面从严治党的制度体系至少包括四个方面:一是依法治党,即明确党与宪法、法律的关系。"党领导人民制定宪法和法律,党必须在宪法和法律的范围内活动。"④ 二是依章治党,即严格遵守党章,它是党的总章程,"是党的根本大法,是全党必须遵循的总规矩"⑤。三是以规治党,即党内的正式法规以及规则性、规范性制度。四是党在长期实践中形成的优良传统和工作惯例;

第三,全面从严治党,必须严明纪律,执行规矩,维护党的团结统一。"党要管党,从严治党,靠什么治?就要靠严明纪律。"⑥ 严明纪律是我们党的光荣传统和独特优势,是维护党的团结统一的根本保证。党的纪律是多方面的,主要是政治纪律、组织纪律、财经纪律。习近平强调,"凡是违反党章和党的纪律特别是政治纪律、组织纪律、财经纪律的行为,

---

① 习近平:《在河北调研指导党的群众路线教育实践活动时的讲话》(2013年7月11日、12日)。
② 习近平:《关于党风廉政建设和反腐败斗争论述摘编》,中央文献出版社2015年版,第129页。
③ 习近平:《关于党风廉政建设和反腐败斗争论述摘编》,中央文献出版社2015年版,第129页。
④ 胡锦涛:《坚定不移沿着中国特色社会主义道路前进 为全面建成小康社会而奋斗在中国共产党第十八次全国代表大会上的报告》(单行本),人民出版社2012年版,第28页。
⑤ 《认真学习党章,严格遵守党章》,《人民日报》2012年11月20日。
⑥ 习近平:《关于党风廉政建设和反腐败斗争论述摘编》,中央文献出版社2015年版,第36页。

都不能放过,更不能放纵。"① 并且"遵守党的纪律是无条件的,要说到做到,有纪必执,有违必查……不能把纪律作为一个软约束或束之高阁的一纸空文。""党的规矩,党组织和党员、干部必须遵照执行,不能搞特殊、有例外。各级党组织要敢抓敢管,使纪律真正成为带电的高压线。"②

首先,必须严明党的政治纪律。"政治纪律是最重要、最根本、最关键的纪律,遵守党的政治纪律是遵守党的全部纪律的重要基础。政治纪律是各级党组织和全体党员在政治方向、政治立场、政治言论、政治行为方面必须遵守的规矩。"③ 而"遵守党的政治纪律,最核心的就是坚持党的领导,坚持党的基本理论、基本路线、基本纲领、基本经验、基本要求,同党中央保持高度一致,自觉维护中央权威"。同时,习近平严厉批评了现实中一些人,无视党的政治纪律和政治规矩,搞任人唯亲、排斥异己,搞团团伙伙、拉帮结派,搞匿名诬告、制造谣言,搞收买人心、串票贿选,搞封官许愿、弹冠相庆,搞自行其是、阳奉阴违,搞尾大不掉、妄议中央,如此等等。有的人已经到了肆无忌惮、胆大妄为的地步。强调,"这些问题在党内和社会上造成恶劣影响,给党的事业造成严重损害。党内决不允许有不受党纪国法约束、甚至凌驾于党章和党组织之上的特殊党员。"④

其次,必须严明党的组织纪律,增强组织纪律性。一要坚持严格遵守民主集中制。这是我们党根本的组织制度和领导制度。但近年来,有的干部只讲民主不讲集中,搞自由主义,有的一把手只讲集中不讲民主,个人说了算。"这两种情形都会严重影响民主集中制的贯彻执行",必须加以纠正;二要"严明组织人事纪律,对违反组织人事纪律的坚决不放过,对跑官要官、买官卖官的决不姑息,发现一起,查处一起……抓住了以后,从

---

① 《在党的群众路线教育实践活动第一批总结暨第二批部署会议上的讲话》,《人民日报》2014年1月20日。
② 习近平:《关于党风廉政建设和反腐败斗争论述摘编》,中央文献出版社2015年版,第37、41页。
③ 习近平:《关于党风廉政建设和反腐败斗争论述摘编》,中央文献出版社2015年版,第30—31页。
④ 习近平:《关于党风廉政建设和反腐败斗争论述摘编》,中央文献出版社2015年版,第32—33页。

重从严处理,并要警示天下"①。三要严格党内政治生活制度。"党内政治生活是党组织教育管理党员和党员进行党性锻炼的平台,从严治党必须从党内政治生活严起。""就是要使全党各级组织和全体共产党员、干部都按照党内政治生活准则和各项规定办事。""使党内政治生活在全党严肃认真开展起来。"② 四要强化党内请示报告制度。遵守党的组织纪律,向组织报告,听组织意见,"一个人不管当到多大干部都要有组织纪律性,职位越高组织纪律性应该越强。""要强化程序观念,该报告的必须报告,该打招呼的必须打招呼,该履行的职责必须履行,该承担的责任必须承担,少些'迈过锅台上炕'的做法,也少些'事后诸葛亮'的行为。"③ 五是党内同志关系的纯洁健康。"党内决不能搞封建依附那一套,决不能搞小山头、小圈子、小团伙那一套,决不能搞门客、门宦、门附那一套,搞这种东西总有一天会出事!"④

再次,必须严明财经纪律。"组织纪律、财经纪律过去都是不敢碰的高压线,现在这两条纪律在一些地方和部门成了最松弛的低压线。犯个组织纪律、财经纪律算什么?打个哈哈就过去了!"有的人甚至"财政成了他们家的钱包,财政局长成了他们家的管账先生。社保基金、扶贫资金、惠民资金等关系千家万户切身利益,历来贪污挪用这种钱要罪加一等,也有人敢下手"⑤。所以一定要从严加强监管,防止此类问题发生。

最后,值得注意的是,习近平总书记还深刻地指出:"纪律是成文的规矩,一些未明文列入纪律的规矩是不成文的纪律;纪律是刚性的规矩,一些未明文列入纪律的规矩是自我约束的纪律。党内很多规矩是我们党在长期实践中形成的优良传统和工作惯例,经过实践检验,约定俗成、行之有效,反映了我们党对一些问题的深刻思考和科学总结,需要全党长期坚

---

① 习近平:《关于党风廉政建设和反腐败斗争论述摘编》,中央文献出版社 2015 年版,第 35 页。

② 习近平:《关于党风廉政建设和反腐败斗争论述摘编》,中央文献出版社 2015 年版,第 47 页。

③ 习近平:《关于党风廉政建设和反腐败斗争论述摘编》,中央文献出版社 2015 年版,第 39、32 页。

④ 习近平:《关于党风廉政建设和反腐败斗争论述摘编》,中央文献出版社 2015 年版,第 40 页。

⑤ 习近平:《关于党风廉政建设和反腐败斗争论述摘编》,中央文献出版社 2015 年版,第 43 页。

持并自觉遵循。"因此,这些"党的优良传统和工作惯例"就是党内约定俗成的"明规矩",是自我约束的纪律,应该自觉遵循,也是破除党内"潜规则"的重要武器。

(作者单位:中国浦东干部学院)

浅谈"全面从严治党"的重要地位、新要求和新举措

张传鹤

重视抓党的建设,是中国共产党建党以来形成的优良传统,正是这一优良传统使中国共产党具有令世人瞩目的自我净化、自我完善、自我革新、自我提高能力,使党在成立90多年的历史中,带领党、国家和人民成功经受住了各种风险考验,突破了各种艰难险阻,终于迎来了中华民族伟大复兴的光明前景。党的十八大以来,以习近平同志为核心的党中央带领全党和全国各族人民以实现"全面建成小康社会"为目标,以"全面推进深化改革"、"全面推进依法治国"和"全面加强党的建设"为手段,有条不紊地推进各项具体工作,思路清晰,措施有力,成效显著。为进一步贯彻落实党中央"四个全面"工作总思路的精神,我们首先要加强对"四个全面"中每一个"全面"的深入领会。本文主要探讨"全面从严治党"在"四个全面"战略布局中的重要地位、"全面从严治党"对党建工作提出的新要求,以及贯彻落实"全面从严治党"精神的新举措。

"全面从严治党"在"四个全面"战略布局中具有无可替代的重要地位。党的十八大提出到2020年"全面建成小康社会"的奋斗目标。"全面建成小康社会"是党的"三步走"发展战略的重要一步,经过全党和全国各族人民的长期奋斗,已进入倒计时的"冲刺"阶段。但实现"全面建成小康社会"的目标,并不是一件轻松的事情,需要战胜"体制机制性障碍"、"法治不健全"、"消极腐败"等各种"拦路虎","四个全面"的战略布局,就是为了清除各种"拦路虎",为实现"全面建成小康社会"的奋斗目标扫清道路。"四个全面"是一个有机整体,环环相扣,相辅相成。其中"全面建成小康社会"是奋斗目标,全面深化改革是克服"体制机制性障碍"的举措,目的是为实现"全面建成小康社会"的奋斗目标提供前

进的动力,"全面推进依法治国"为"全面建成小康社会"和"全面推进深化改革"提供法治保障,而"全面从严治党"则为"全面建成小康社会"、"全面推进深化改革"和"全面推进依法治国"提供坚强的政治保障。中国共产党是中国法定的执政党,执政权是一项很大的政治权力,权大责也大,办好中国的事情关键在党。"打铁还需自身硬",党成立以来的历史表明,什么时候党的建设搞好了,党和国家的各项事业就顺利,什么时候党的建设搞得不好,党和国家的事业就会发生波折。"全面建成小康社会"、"全面推进深化改革"和"全面推进依法治国"是三大艰巨繁重的系统工程,只有通过"全面从严治党",把中国共产党建设成为具有高超的领导水平和执政水平、具有拒腐防变和抵御风险能力的执政主体,"三大工程"才能如期竣工。

面对艰巨繁重的推进改革,促进发展和维护稳定的任务,以习近平同志为核心的党中央提出"全面从严治党"的战略任务,是为了把党打造成一个能够经受各种风险和考验的学习型、服务型和创新型的、执政能力过硬的、先进而又纯洁的马克思主义执政党。党的建设的新目标,对党的建设提出了新的更高的要求,这个新要求主要体现在两个方面:一是党的建设必须是"全面"的建设。所谓"全面",就是党的建设本身是一个系统工程,思想建设、组织建设、作风建设、制度建设和反腐倡廉建设必须整体推进,相互促进,不能搞单打一,任何一个方面出现工作上的薄弱环节,都会对党建工作的总体成效产生负面影响。二是党的建设"务必从严"。建党以来,中国共产党积累了很多好的党建工作经验,但通过十八大以来查处的一些党员领导干部违法违纪案件可以看出,不少地方党的建设工作存在不少薄弱环节,治党不严问题突出,在出问题较多的地方,中央对党建工作的各项要求成了"不带电"的高压线,致使这些地方纲纪松弛,"苍蝇"漫天飞,"老虎"街上行。要扭转这种局面,党的建设工作必须"严"字当头,确保党的政治规矩、政治纪律的严肃性和权威性。

贯彻落实"全面从严治党"的新要求,必须有一系列新举措。一是抓好"责任主体"建设。首先,党中央和中直各部门要率先垂范,做"全面从严治党"的表率,以上率下,层层传导"正能量"和压力。其次,地方各级党组织要深入领会中央关于"全面从严治党"的战略意图,切实承担起党建工作的主体责任,不折不扣地贯彻落实中央对党建工作的决策部署。再次,要搞好党建工作队伍建设,党建工作专职队伍、理论队伍建设都要加强。另外,"全面从严治党"是全党的工作,全体党员必须全员参与,各尽其能,各尽其责。二是抓薄弱环节。通过近年查处的一系列严重的违法违纪案件可以看出,党的思想建设、组织建设、作风建设、制度建设和反腐倡廉建设五个方面都不同程度地存在薄弱环节。例如,党的思想建设存在某些"基础理论瓶颈",理想信念教育的解释力、说服力、感召力还不够强;在组织建设方面,一些地方和部门存在浓重的"江湖气","江湖规矩"代替了党的组织规矩,党的组织路线被践踏;在作风建设方面,有的地方和部门的党组织,对形式主义、官僚主义、享乐主义和奢靡之风等歪风邪气放任纵容,是非不分,以丑为美,乌烟瘴气;在制度建设方面,有的地方和部门的党组织,一些反映党和国家事业发展新要求的好的制度设计因受到利益固化藩篱的束缚难以破茧而出,相反,与党和国家事业发展需要相悖的"潜规则"却大行其道;在廉政建设方面,《党员领导干部廉洁从政的若干准则》等党内纪律要求在有些地方和部门的党组织中贯彻不力。要通过近年来,特别是党的十八大以来查处的大案、要案,倒查、检视和反思我们在党建工作方面存在的薄弱环节,在统筹兼顾各项党建工作的同时,突出抓好薄弱环节的"修补"工作。三是抓好制度建设这个根本。首先,对那些实践证明行之有效的好制度,要进一步抓好落实。其次,对于一些原则性强,可操作性不足的空泛性制度安排,要进一步细化,使之更具有可操作性。再次,要通过对近年来查处的典型案件的深刻剖析,发现新问题,有针对性地制定具有可操作性的新制度。最后,继续"以踏石留印"、"抓铁有痕"的精神,抓制度落实,切实让党内各项制度成为"带电的高压线"。

(作者单位:中共山东省委党校科学社会主义教研部)

科学把握全面从严治党新常态

林学启

全面建成小康社会战略目标的达成，全面深化改革是途径，全面推进依法治国是保障，全面从严治党是根本。只有通过全面从严治党才能使我们党坚强起来，才能在全面建成小康社会、全面深化改革、全面推进依法治国的进程中发挥领导核心作用。全面从严治党具有全局性、根本性，必将成为党的建设新常态。

一　全面从严治党的基本内涵

在党的历史上，毛泽东同志首次把党的建设比作"伟大的工程"，邓小平、江泽民、胡锦涛先后提出了"党的建设新的伟大工程"、"全面推进党的建设新的伟大工程"、"以改革创新精神推进党的建设新的伟大工程"。在此基础上，以习近平同志为核心的新一届中央领导集体提出，"全面从严治党是推进党的建设新的伟大工程的必然要求"，是对党的建设工程的新设计、新谋划。"全面从严治党"与"党的建设工程"都是一方面强调了党的建设的系统性、整体性，另一方面强调了党的建设的长期性、复杂性、艰巨性。全面从严治党体现了党的建设理论创新与实践创新的一脉相承而又与时俱进。

第一，"全面从严治党"之"全面"涵盖党的思想建设、组织建设、作风建设、反腐倡廉建设和制度建设各个领域，是对党的建设系统性、整体性的体现。就党的建设被称为"伟大工程"而论，从来也不单指党的建设的某一方面。以毛泽东同志为核心的第一代中央领导集体在规划实施党的建设伟大工程时，立足所处的社会环境和党的自身特点，把思想建设放在党的建设首位，抓住了党的建设的根本。但是，毛泽东同志强调党的思想建设，并没有丢弃、否定党的建设其他方面。正如刘少奇同志在党的七大修改党章的报告中指出，毛泽东同志的建党路线是"首先着重在思想上、政治上进行建设，同时也在组织上进行建设"①。比如，在组织建设上，毛泽东同志精辟地阐明了民主与集中的辩证关系，首次阐明了民主集中制的纪律原则，即"个人服从组织，少数服从多数，下级服从上级，全党服从中央"。在作风建设上，毛泽东同志揭示了党风的核心是全心全意为人民服务，第一次把党的优良作风概括为理论联系实际、密切联系群众、自我批评的三大作风。邓小平同志在总结执政党建设经验教训基础上，明确提出制度问题更带有根本性、全局性、稳定性和长期性，形成了具有鲜明时代特征的制度建设思想。但是，邓小平同志还一再强调，思想路线不是小问题，这是确定政治路线的基础。"不解决思想路线问题，不解放思想，正确的政治路线就制定不出来，制定了也贯彻不下去"②，所以党的建设的核心和先决条件是思想问题，归根结底是思想路线问题。江泽民同志提出了继续全面推进党的建设新的伟大工程的任务，"把党建设成为用建设有中国特色社会主义理论武装起来、全心全意为人民服务、思想上政治上组织上完全巩固、能够经受住各种风险、始终走在时代前列的马克思主义政党"③，并从党的思想建设、组织建设、作风建设、制度建设和执政能力建设等党的建设各个方面作了部署。胡锦涛同志以改革创新精神提出了"一条主线"、"五个重点"的党的建设总体布局，强调以加强党的执政能力建设和先进性建设为主线，全面推进党的思想建设、组织建设、作风建设、制度建设和反腐倡廉建设。这个总体布局统筹兼顾党的各方面建设，使之相互配套、相互促进，既突出重点、又整体推进，从总体上提高党的建设科学化水平。

今天，习近平总书记提出全面从严治党的思想突出表现在理论和实践的紧密结合上。既从思想建党的角度强调了统一全党思想、坚定理想信念，又从实践角度要求严格落实党章党规要求、严明政治组织纪律，最终扎紧制度的笼子。全面从严治党继承和发展了党的思想建设、组织建设、作风建设、制度建设和反腐倡廉建设的基本内容，同时更加具有针对性和实效性。比如，在思想理论建设方面，突出强调如何坚持共产党人的理想

---

① 《刘少奇选集》上卷，人民出版社1981年版，第330页。
② 《邓小平文选》第2卷，人民出版社1994年版，第191页。
③ 《江泽民文选》第2卷，人民出版社2006年版，第548页。

信念问题；在组织建设方面，突出强调了如何培养和选拔党和人民需要的好干部问题；在作风建设方面，从"八项规定"、群众路线教育实践活动、整治"四风"到"三严三实"等一系列新理念、新举措都体现了踏石留印、抓铁有痕的精神风貌。全面从严治党思想是党的建设新常态，是对党的建设新的伟大工程的继承、发展、完善。

第二，"全面从严治党"之"从严"是对党的建设长期性、复杂性、艰巨性的回应。党的历史是从严治党的历史，党的建设是从严治党的过程。中国共产党领导中国人民在革命、建设和改革道路上取得一个又一个伟大胜利，一条基本经验就是始终坚持"从严治党"。从党章发展的历程看，从严治党的主线贯穿始终。一大党纲虽然只有十五条，但涉及纪律规定的至少有六条，占有相当大的比重和突出位置。二大党章专设"纪律"一章，制定了具体的党员纪律处分细则。三大党章增加了"党员自请出党"的规定，"自请出党"即自愿退党之意。增加该条款，旨在加强党员自律意识。四大党章的"纪律"一章对党组织和党员的纪律作出更具体的规定，如，"凡党员在离开其所在地时必须经该地方党部许可。其所前往之地如有党部时必须向该党部报到"[①] 等，表明党对纪律问题的重视程度不断提高。五大党章把纪律处分分为两类：一类是对党组织，分警告、改组和重新登记（解散组织）三种；另一类是对党员，分警告、党内公开警告、临时取消党内外工作、留党察看和开除党籍五种。另一项重要规定是设立监察委员会，这在党的历史上属首次。六大党章第一次明确规定民主集中制为党的组织原则，还强调"严格的遵守党纪为所有党员及各级党部之最高责任"[②]。七大党章总纲指出："中国共产党必须经常注意清除自己队伍中破坏党的纲领和党章、党纪而不能改正的人出党。"[③] 这说明必须通过严肃党纪维护党的纯洁性。毛泽东同志在新中国成立前夕，告诫全党要牢记"两个务必"，成为党执政后从严治党的新坐标、新指针。党执政后，对从严治党提出了更高要求和更严厉措施。在"三反"运动中，逮捕法办

---

① 中共中央党校党章研究课题组编著：《中国共产党章程编介（从一大到十六大）》，党建读物出版社2004年版，第154页。

② 中共中央党校党章研究课题组编著：《中国共产党章程编介（从一大到十六大）》，党建读物出版社2004年版，第176页。

③ 中共中央党校党章研究课题组编著：《中国共产党章程编介（从一大到十六大）》，党建读物出版社2004年版，第181页。

的党员干部中，省或相当于省一级的干部 25 人，地或相当于地一级的干部 576 人，县或相当于县一级的干部 3428 人，以铁的纪律维护了党的尊严，巩固了党的执政地位。八大党章把监委的权限扩大为经常检查和处理党员违反党的章程、党的纪律、共产主义道德和国家法律、法令的案件，对执政条件下从严治党具有奠基意义。改革开放以后，十二大党章清除了九大、十大、十一大党章中"左"的错误，第一次明确提出：党必须在宪法和法律的范围内活动，规定党的干部必须具备的六个基本条件之一就是要"遵守和维护党和国家的制度，同任何滥用职权、谋求私利的行为作斗争"[①]。这说明：越是改革开放，越是发展社会主义市场经济，越要从严管党、从严治党，越要坚决反对和防止腐败。从党的十三大开始至十四大、十五大、十六大、十七大、十八大党章，具有较强的连续性和稳定性，都强调要坚持党要管党、从严治党，不断提高党的领导水平和执政水平，提高拒腐防变和抵御风险的能力，反对任何滥用职权、谋求私利的不正之风，等等。

实践证明，不论环境多么恶劣、任务多么艰巨，也不论党取得多大胜利、事业有多大发展，党始终清醒地把"管党"、"治党"放在一切工作的核心地位，始终坚持"从严治党"方针。今天，习近平总书记再次强调指出，历史使命越光荣，奋斗目标越宏伟，执政环境越复杂，我们就越要增强忧患意识，越要从严治党，使我们党永远立于不败之地。这就深刻地阐明了面对新时期新任务新挑战，全面从严治党的长期性、艰巨性、复杂性。

二 全面从严治党的主要特征

习近平总书记在不同场合强调，面对复杂多变的国际形势和艰巨繁重的国内改革发展任务，进行具有许多新的历史特点的伟大斗争，关键在党，关键在人。我们必须深刻认识到全面严治党新常态，是管党治党的新要求、新方法、新举措、新变化、新局面，是一种具有自身规律和特征的新状态。

第一，全面从严治党是一种系统设计。2013 年 9 月 17 日，习近平总

---

① 中共中央党校党章研究课题组编著：《中国共产党章程编介（从一大到十六大）》，党建读物出版社 2004 年版，第 254 页。

书记在跟党外人士座谈时指出,全面深化改革是一项复杂的系统工程,需要加强顶层设计和整体谋划,加强各项改革关联性、系统性、可行性研究。全面从严治党作为党的建设制度改革的重要内容,只有坚持系统思考,科学统筹,厘清与全面建成小康社会、全面推进依法治国、全面深化改革等各领域改革的关联性和各项改革举措的耦合性,在政策取向上相互配合、在实施过程中相互促进、在实际成效上相得益彰。同时,推进全面从严治党既要整体推进,又要重点突破。矛盾有主次、任务有轻重,整体推进不是平均用力,但也不是单兵突进,必须注重系统性、整体性、协同性。全面不代表遍撒胡椒面,它要求我们选择一些重点领域和关键环节,求得"一子落而满盘活"的效果,作为全面从严治党的支点和突破口。因此,在全面从严治党中,一定要处理好重点突破与整体推进的关系,把那些与中心任务对接联系紧、关系大,群众关注度高、社会反映强烈的问题作为重点来抓,实现重点突破带动整体推进,从而对全面从严治党起到牵引和推动作用。

第二,全面从严治党是一种底线限定。习近平总书记指出,要善于运用底线思维的方法,凡事从坏处准备,努力争取最好的结果。做到有备无患,遇事不慌,牢牢把握主动权。底线思维,其实质是要求人们认真分析评估潜在风险,预判可能出现的最坏情况并接受这种情况,在此基础上调整决策和目标定位,从而直面困难、积极奋起。当前,组织涣散、纪律松弛问题在一些地方、部门和单位的党组织依然存在。个别领导干部无视党的纪律,游离于制度约束之外,把个人凌驾于法律之上,其中一个关键原因就在于一些党组织管党不严、治党不力,失之于软、失之于宽。对此,习近平总书记多次强调,要加强纪律建设,把守纪律讲规矩摆在更加重要的位置。对党员领导干部而言,全面从严治党新常态,就是要坚守纪律、规矩这种底线,让纪律更严明、工作更严谨、规矩更严格,让严以修身、严以用权、严以律己成为一种自觉。这种底线思维,就是要坚守政治底线、思想道德底线、法纪底线、政绩底线、生活底线,常修为政之德,常思贪欲之害,常怀律己之心。守不住底线,落实全面从严治党就无从谈起。

第三,全面从严治党是一种战略规划。1942年2月1日,毛泽东同志在中共中央党校开学典礼上所作的《整顿党的作风》演说中指出:"我们是共产党,我们要领导人民打倒敌人,我们的队伍就要整齐,我们的步调就要一致，兵要精，武器要好。如果不具备这些条件，那末，敌人就不会被我们打倒。"① 这就清楚地说明，党要实现宏伟目标，首要的是"管"好、"治"好自身，这也是习近平总书记所强调的"打铁还需自身硬"。党的十八大以来，实现中华民族伟大复兴的中国梦与"党要管党、从严治党"的动员令，成为时代特有的"同期声"。这种历史的"同期声"不是偶然的巧合，而是有着内在的必然联系，体现了社会主义建设规律与党的执政规律的客观要求。作为执政党，担负起治国理政的重任是分内之事，首先而且必须的是处理好经济社会发展中大量繁杂的问题。否则，改革发展稳定、内政国防外交、国计民生等任何方面出了纰漏，就会影响中华民族伟大复兴的进程。但是，一定要清醒地看到，无论治国理政的工作多么繁杂、任务多么艰巨，党只有把自己管好、治好，才有资格去领导人民、治理国家，才有力量和智慧带领人民实现"中国梦"。如果我们管党不力、治党不严，党员领导干部各怀心志，思想不统一、行动不一致，不要说治国理政，就是执政地位也保不住。执政党只有高度重视自身管理与整治，才能保持思想上、政治上、组织上的团结与统一。古今中外许多政权的崩塌，都已经提供了佐证。中国共产党人以全心全意为人民服务的性质和宗旨，以千百万党员的前赴后继的流血和牺牲，证明了她能担负起领导中国人民实现民族复兴的历史重任。

第四，全面从严治党是一种自身建设。党的十八届三中全会将党的建设制度改革纳入全面深化改革的总体部署，这本身就表明党的建设本身还存在这样或那样的问题。党的思想建设、组织建设、作风建设、反腐倡廉建设、制度建设等目前还呈现出制度体系不完备、制度设计不科学、制度运行不规范、制度执行不严格等问题。因此，推进党的建设制度改革，必须结合党的建设环境、任务、方式等发生的变化，着重从党内生活制度和党的领导制度两个大的方面，对党的建设制度体系存在的问题作系统梳理和深入分析。对不适应的制度进行改进，缺位的制度抓紧建立，不全面的制度尽快完善，不合理的制度坚决革除。可以说，党的建设制度改革带有鲜明的问题导向，一方面是从制度层面对组织进行完善，另一方面是要推动问题解决，进一步提升党的执政水平和领导水平。比如，干部人事制度改革方面，以新修订的《党政领导干部选拔任用工作条例》为抓手，构建

---

① 《毛泽东选集》第3卷，人民出版社1991年版，第811页。

科学合理的选人用人机制，强化领导干部重大事项报告制度，完善选人用人专项检查和责任追究制度，能够很好地纠正"唯分唯票唯 GDP"的选人用人导向；严肃干部队伍管理；遏制违规选拔干部现象，从而纯洁党员领导干部队伍，为全面深化改革积蓄骨干力量。在这种改革时代背景之下，全面从严治党与党的建设制度改革相互策应、形成合力。

三　全面从严治党的路径选择

党要管党，才能管好党；从严治党，才能治好党。习近平总书记指出，如果管党不力、治党不严，人民群众反映强烈的党内突出问题得不到解决，那我们党迟早会失去执政资格，不可避免被历史淘汰。这就深刻阐述了从严治党的重要性、紧迫性，表达了我们一定能把党管好治好的坚强决心和坚定信心。因此，全面从严治党必须"真管真严、敢管敢严、长管长严"。具体从以下几个方面着手：

第一，严格落实责任是全面从严治党的前提。习近平总书记强调，从严治党，必须增强管党治党意识、落实管党治党责任。历史和现实特别是这次活动都告诉我们，不明确责任，不落实责任，不追究责任，从严治党是做不到的。不抓党建，就是失职；抓不好党建，就是不称职。目前，一些党委书记更多抓的是发展上的事情，一些党组书记更多记住的是自己的行政身份，对党的建设"说起来重要、干起来次要、忙起来不要"，从严治党"没有管到位上，没有严到份上"，致使党内政治生活庸俗化、从政潜规则盛行。管党治党，"严"字当头。落实从严治党责任，要把抓好党建工作作为各级党组织和书记的分内之责、当然之责、首要之责，自觉站在巩固党的执政地位的大局和高度来提高认识、看待问题，要把加强党的建设作为首要政治任务，扛在肩上、抓在手上，敢于较真、敢于碰硬。要把抓好党建作为最大的政绩，严格落实党建工作责任制，把抓党建实效摆在党组织书记考核的首位，强化结果运用。对管党治党职责履职不力的，要坚决予以调整。这些要求既廓清了思想认识，也强化了责任机制，有助于从严治党责任进一步落到实处。

第二，抓住思想制度是全面从严治党的核心。习近平总书记指出，从严治党靠教育，也靠制度，二者一柔一刚，要同向发力、同时发力。全面从严治党不是头疼医头脚疼医脚，不是靠一味地说教，更不是靠简单机械的制度堆砌，而是要体现出系统性、有机性。思想教育要结合落实制度规定来进行，使加强制度治党的过程成为加强思想建党的过程，也要使加强思想建党的过程成为加强制度治党的过程。思想建党只有制度治党的保障，才会更加深入人心、打动人心，让党员领导干部自觉接受纪律约束，自觉展现党性之美；制度治党有了思想建党的基础，才会更有约束性、更有效果，切实避免制度流于形式、"牛栏关猫"等问题。坚持制度面前人人平等、执行制度没有例外，不留"暗门"、不开"天窗"，使制度成为硬约束而不是橡皮筋。

第三，坚持问题导向是全面从严治党的关键。2013年12月9日，习近平总书记在听取河北省委党的群众路线教育实践活动总体情况汇报时指出，强化问题导向，注重解决实际问题，特别是对需要侧重解决的问题进行调查梳理，提前做到心中有数，从解决具体问题抓起改起。全面从严治党坚持从问题入手，正视问题，剖析问题，研究和解决问题。综观党的十八大以来，从"惩治这一手决不能放松"，到"重点在于从严管理干部"；从"坚决反对腐败，防止党在长期执政条件下腐化变质"到"从严治党是全党的共同任务，需要大气候，也需要小气候"，一以贯之、无处不在的"严"字，突出了问题意识，诠释了保持党的肌体健康的自觉、自省，彰显了管好党、治好党、建设好党的定力和底气。确实，管党治党工作千头万绪，"伤其十指不如断其一指"，核心就是坚持问题导向，扭住重点任务，以抓铁有痕的精神抓出成效。当前党内外反映比较突出的就是政治生态和从政环境问题，这集中体现在党内生活庸俗化、干部管理失之于软、作风问题还具有反复性顽固性等方面。因此，突出问题导向，就是要围绕严肃党内政治生活、坚持从严管理干部、持续深入改进作风等重点工作，做到管理全面、标准严格、环节衔接、措施配套、责任分明。

第四，强化制约监督是全面从严治党的保障。2013年1月22日，习近平总书记指出，要加强对权力运行的制约和监督，把权力关进制度的笼子里，形成不敢腐的惩戒机制、不能腐的防范机制、不易腐的保障机制。强化制约监督是全面从严治党的保障。限制权力、规范权力的运行，一直是政治社会中的一个难题。18世纪法国思想家孟德斯鸠在《论法的精神》中说，"要防止滥用权力，就必须以权力制约权力"[1]。因此，无论何种社会，把权力关进笼子里、对权力进行监督制约，都不失为在政治制度层面

---

[1] 孟德斯鸠：《论法的精神》上册，商务印书馆1961年版，第154页。

上克服腐败的根本方法。以往,党在惩戒机制上下了很多功夫,近年来诸多贪官落马就是明证。但是,在防范机制和保障机制上尚需完善和加强。就防范机制而言,对权力施行的范围仍然缺乏明确的界定,如大量的行政审批权限仍然造成一定程度上的审批腐败,甚至还出现"前腐后继"现象。此外,群众监督、舆论监督的威力并未得到充分释放,部分地方对批评报道的遏制导致官员的侥幸心理加强。进一步限制权力施行的范围,让权力关进制度之内,充分保障公民的批评权、监督权,才能够真正防范腐败行为和压缩腐败发生的空间。

(作者单位:中共山东省委党校、中共党史教研部)

从严治党与提高党内制度执行力

孙玉华

习近平在2014年10月党的群众路线教育实践活动总结大会上，明确提出从严治党要增强制度的执行力。党的十八届四中全会明确提出，运用党内法规把从严治党落到实处。党内法规是党内制度的重要组成部分。上两次会议就明确提出了从严治党须增强党内制度的执行力。从实践中看，党内制度在实施过程中会遇到一些阻力或障碍，使其执行力大打折扣，没有实现制度设计的初衷。因此，从严治党，必须清除党内制度执行的障碍，以此保障制度规定的应有效力。

一 从严治党需要认清党内制度的执行障碍

制度本身失效。党内制度失效一般由两个原因导致：一是主观上，制定制度时没有充分考虑现实状况或缺乏调研，结果导致制度自身存在较大问题或不能实施而成为摆设；二是客观上，制度实施的外部环境已经产生巨大变化。制度只反映既有社会关系，对过去行为进行约束。一旦人们的社会关系发生实质性改变，如由计划经济转变为市场经济，党内制度实施的条件变化，制度相应地也就失效了。失效的制度就谈不上执行力了。

制度缺乏运行机制。党内制度一般为解决党内存在的问题而定。因此，党内制度往往给党员个体或组织行动提供了限制性或激励性规定，如应该做什么，不应该做什么。这是一种外在的约束或导向。这就是最初制定的实体性制度。可见，制度最初只是一种目标要求或规定状态。如何实现这一制度规定的目标或状态，这不是制度自身能解决的问题。大多数制度本身并没有这个规定。因此，就会出现制度实施走样、选择性执行或者不执行等各种问题。勇于担当的，可能会主动摸索出一些具体实现该制度的操作步骤，但是有些执行主体可能会因为制度运行机制的模糊性或缺乏而让制度空置。因此，如何让制度落地就成为难题。

执行主体的素质束缚。党内制度建设的整体出发点是形成良好党内秩序、促进党内公平正义和党员干部的自由全面发展。由于制度的约束限制，部分党员感到不自在、不自由，于是就产生了逃避或超越制度的动机或行为。有的总是寻找制度的漏洞，有的干脆就我行我素，无视制度的规定。甚至有人因为破窗而获得利益。遵守制度的却可能遭到冷嘲热讽。久而久之，制度就可能被束之高阁。本来制度应该是所有党员干部都应该遵守的，但是由于制度主体素质的参差不齐，制度的执行力受到一定的束缚。

人文环境因素的制约。党内制度制定后，需要全体党员干部共同维护制度的严肃性和权威性。党员干部在执行制度时，还将受到社会氛围的影响制约。同一项制度在是否崇尚法治的社会氛围中，运行效果将大相径庭。在不崇尚法治的人文氛围中，制度运行常常要受制于思想和感情因素，其严肃性和权威性将受到严重挑战。尤其是在人情和权力等因素面前发生制度扭曲。这种现象发生后，更有人不以此为耻，反而以此为荣。在这种纵容违反制度的人文氛围中，制度的执行力常常遭遇障碍。

二 增强党内制度执行力的几点措施

保持制度功能。制度功能是增强制度执行力的起点和基础。一项制度若是失效了，就谈不上执行力问题。因此，增强制度执行力首先就需要党内制度保持正常功能。影响制度功能正常发挥至少有两个因素不能忽视：一是制度内容是否与社会发展相协调，即党内制度是否过时的问题；二是制度体系内部是否协调运转，即党内制度之间是否相互冲突的问题。解决上述两个问题的办法，一是事前认真对党员干部充分进行调研，彻底了解现实状况，切忌对现实一知半解就仓促草率地制定制度；二是定期或不定期地听取党内制度实施的反馈意见，发现制度运行中的问题。一项制度在实践中需要充分接受检验，才能发现制度内容本身的问题。通过制度实践，解决制度落后于时代和形势问题，解决制度之间运转不协调问题。

增强制度认同。制度认同是制度实施主体对制度理念和目标的接受和认可。若是制度理念和目标得不到实施主体的认可，该制度的执行力必定会大打折扣，甚至受到严重阻碍。可见，增强制度认同是提高执行力的重要环节。正像习近平总书记指出的，"制定制度要广泛听取党员、干部意见，从而增加对制度建设的认同"①。实施制度之前，一定要广泛深入广大党员、干部群体，对制度内容进行调研座谈。根据他们对实施该项制度的意见和建议，及时调整和完善制度内容，以此保证制度执行力。

构建制度运行机制。一般来讲，制度规定各方面的关系，是静态的，独立于主体之外。它自身无法完成制度目标，需要制度实施主体构建运行机制才能实现。运行机制一般有三个基本要素：动力、目标和路径。动力无非就是内外两种因素。内在因素包括：利益驱动、理性判断、文化传统等相关内容。外在因素包括：威权的强制、媒体与舆论的引导或压力、社会习俗或潜规则等内容。制度实施主体要充分运用制度运行的动力因素，多措并举，内在因素和外在因素结合，调动积极性，鼓励或引导消除制度实施障碍。这一过程包括理性分析、权衡利弊、心理接受或信任、准备实施制度等步骤。这个过程可能是深思熟虑、统筹兼顾的，甚至是抉择的进程。同时，必须设计或创造制度实施路径或程序，就是要解决实现制度目标的桥和船的方法问题。很多情况下，制度只规定了实现目标，而没有规定运行机制或即使规定了也没法操作。

加强党内制度执行监督。制度执行需要监督，由主客观两方面因素决定：一是制度价值目标的实现程度，二是党员干部对制度的实施状况。党内制度的价值追求是实现公平正义、促进党员干部的自由全面发展、规范组织行为、维护党的纯洁性和先进性。但制度价值目标最后能否实现，取决于制度本身是否完善以及实施主体的忠实程度。若是制度不完善，就会影响价值目标的实现。制度问题只有在制度运行中才能发现并解决。制度执行实践检验制度的完整性、周密性、系统性、协调性等相关内容，为进一步完善制度提供保障。这是实行制度监督的制度自身原因。干扰党内制度实施的因素较多，更多的是来自制度实施主体的顾虑。若是没有监督或监督不到位，制度主体对党内制度的实施就有可能打折扣，一些党员干部就可能逃避制度的规范和约束，进而使制度虚置。党内制度的价值目标就不可能实现，党内的公平正义和党员干部的自由发展就会落空，党的先进性和纯洁性就不能保持。

---

① 习近平：《在党的群众路线教育实践活动总结大会上的讲话》，《人民日报》2014年10月9日。

三 提高制度执行力对从严治党的意义

提高制度执行力,有助于落实从严治党。从严治党是一个系统工程,涵盖思想、组织、作风、反腐倡廉等诸方面。从上述几方面加强从严治党,其成果最终要通过制度建设巩固下来。只有提高制度的执行力,才能真正落实从严治党。

提高制度执行力,有助于形成从严治党的氛围。制度治党具有根本性、稳定性、长期性和全局性。制度治党的关键是制度的执行力。提高制度的执行力,对于违反制度者进行惩罚,既维护了制度的刚性,又给党内其他成员以教育和警示。久而久之,才会形成从严治党的整体氛围,党才能永葆先进性和纯洁性。

提高制度执行力,有助于实现党内的公平正义。党内制度的价值目标之一,就是追求组织内部的公平正义。制度执行力强,制度目标就很容易实现。若是制度在执行过程中受到权力、习惯等因素的影响而降低了执行力,那么党内的公平正义就失去了保障。

(作者单位:中共山东省委党校党建部、中共中央党校)

全面从严治党的关键抓手

高尚斌　张文生

在坚持和发展中国特色社会主义的新征程上，习近平总书记就解决新条件下如何治国理政这一重大课题，创造性地提出了"四个全面"的战略布局。在"四个全面"中，全面从严治党处于引领性关键性的地位。而在全面从严治党中，作风建设和反腐败斗争又是关键抓手。只因使用了这个关键抓手，不松手，不懈怠，全面从严治党才打开了新的局面。也只有牢牢掌握这个关键抓手，全面从严治党才能深入发展，确保全面深化改革和全面依法治国的顺利推进，确保全面建成小康社会和中国梦的实现。

一　全面从严治党：习近平党建思想的总精神

严格地说，中国共产党真正把自己作为执政党来建设，还是改革开放新时期的事情。从邓小平1980年在十一届五中全会提出执政党应该是一个什么样的党的命题，到1994年十四届四中全会提出推进党的建设新的伟大工程，到2004年十六届四中全会着重研究加强执政能力建设问题，到2009年十七届四中全会提出提高党的建设科学化水平要求，再到十八大提出全面提高党的建设科学化水平的总要求和各项任务，形成了更加完整清晰的党建大思路。主要是：解决好两大课题，即不断提高党的领导水平和执政水平，不断提高拒腐防变和抵御风险能力；把握一条主线，即加强党的执政能力建设、先进性和纯洁性建设；做到两个坚持，即坚持解放思想、改革创新，坚持党要管党、从严治党；加强五大建设，即加强思想建设、组织建设、作风建设、反腐倡廉建设、制度建设；增强四种能力，即增强自我净化、自我完善、自我革新、自我提高能力；造就"三型"政党，即造就学习型、服务型、创新型的马克思主义执政党；实现一个确保，即确保党始终成为中国特色社会主义事业的坚强领导核心。

在形成比较成熟的党建大思路的基础上，十八大还明确提出了全面提高党建科学化水平的若干重点任务，即坚定理想信念，坚守共产党人的精神追求；坚持以人为本、执政为民，始终保持党同人民群众的血肉联系；积极发展党内民主，增强党的创造活力；深化干部人事制度改革，建设高素质执政骨干队伍；坚持党管人才原则，把各方面优秀人才集聚到党和国家事业中来；创新基层党建工作，夯实党执政的组织基础；坚定不移反对腐败，永葆共产党人清正廉洁的政治本色；严明党的纪律，自觉维护党的集中统一。

但是，思路清晰并非落实到位。由于复杂的社会历史原因，党内突出存在的形式主义、官僚主义、享乐主义和奢靡之风这"四风"问题越积越多，党内和社会上潜规则越来越盛行，政治生态和社会环境受到严重污染。究其原因，正如习近平总书记所指出，根子就在从严治党没有做到位。有些地方和单位看起来党在管党治党，但没有管到位上，没有严到份上。因此，习近平在就任总书记的十八届一中全会上强调，新形势下，我们党的自身建设面临一系列新情况新问题新挑战，落实党要管党、从严治党的任务比以往任何时候都更为繁重、更为紧迫。我们必须以更大的决心和勇气抓好党的自身建设。同一天，他在同中外记者见面时强调，打铁还需自身硬。我们的责任，就是坚持党要管党、从严治党，切实解决自身存在的突出问题。2012年12月4日，新一届中央政治局第二次会议制定了改进作风的八项规定。以此为突破口，以习近平同志为核心的党中央开启了全面从严治党的新征程，到2014年10月习近平在群众路线教育实践活动总结大会上的讲话集中论述全面从严治党问题，再到年底形成包括全面从严治党的四个全面的战略布局。通过上述简要梳理，可以得出一个结论，习近平党建思想的总精神就是全面从严治党。

在新的历史起点上，习近平总书记对党建问题的论述之所以聚焦在全面从严治党上，至少还有这样五个方面的深入思考：一是从现实考验和危险来看，党面临的执政考验、改革开放考验、市场经济考验、外部环境考验是长期的、复杂的、严峻的，精神懈怠危险、能力不足危险、脱离群众危险、消极腐败危险更加尖锐地摆在全党面前。应对这"四大考验"和"四大危险"，客观上要求必须全面从严治党。二是从历史经验来看，党的执政地位和领导地位并不是自然而然就能长期保持下去的，做不到全面从严治党，党就有可能出问题甚至出大问题，结果不只是党的事业不能成功,还有亡党亡国的危险。三是从马克思主义的辩证思维来看,党的历史使命越光荣,奋斗目标越宏伟,执政环境越复杂,就越要增强忧患意识,越要全面从严治党。四是从党的领导工作的实践来看,取法于上,仅得为中;取法于中,故为其下。从高从严要求,是做好包括党建工作在内的一切工作的重要保障。五是从历史发展的眼光来看,党的事业永无止境,党员干部代代更替,党的建设的新情况新问题层出不穷,始终掌握公权力的马克思主义执政党也永远会面对肌体的侵蚀和同腐败的斗争。因而从严治党是一个永恒课题,在任何时候、任何情况下,党要管党丝毫不能松懈,从严治党一刻不能放松。

二 作风建设和反腐败斗争:全面从严治党的关键抓手

毫无疑问,全面从严治党既强调全面,又强调从严。就全面从严治党的重点工作而言,一是抓好坚定理想信念教育。因为理想信念是共产党人的精神之钙。理想信念坚定,骨头就硬,没有理想信念,或理想信念不坚定,精神上就会缺钙,就会得软骨病。理想信念动摇是最危险的动摇,理想信念滑坡是最危险的滑坡。所以全面从严治党,必须从严抓好坚定理想信念的教育,解决好世界观、人生观、价值观这个"总开关"问题。二是抓好干部队伍建设。因为政治路线确定之后,干部就是决定的因素。治党治国之要首在选人用人。坚持和发展中国特色社会主义,准备进行具有许多新的历史特点的伟大斗争,关键在党,关键在人。我们党要出问题,就主要出在干部身上。所以选好人、用对人是头等大事。三是抓好作风建设。因为执政党的党风问题是事关党的生死存亡的问题。古今中外,因为统治集团作风败坏导致人亡政息的例子举不胜举。所以我们必须引为借鉴,以最严格的标准、最严厉的举措治理作风问题。四是抓好反腐败斗争,因为反腐败是一场输不起的斗争。腐败问题愈演愈烈,最终必然亡党亡国。所以必须坚持以零容忍态度惩治腐败,猛药去疴的决心不减、刮骨疗伤的勇气不泄,坚决把反腐败斗争进行到底。五是抓好制度建设,严明铁的纪律。因为制度问题带有根本性、全局性、稳定性和长期性。制度好可以使坏人无法任意横行,制度不好可以使好人无法充分做好事,甚至走向反面。党要管党、从严治党,就要靠严格的制度和严明的纪律。所以必须建立健全于法周延、于事简便的配套完备的党内法规制度体系,必须严格执行成文与不成文的纪律和规矩,而决不能让制度成为纸老虎、稻草人,决不能让纪律成为软约束或束之高阁的一纸空文。只有抓好这些重点工作,全面从严治党才能真正落到实处。

从党的建设的历史经验特别是十八大以来的新鲜经验来看,全面从严治党的关键抓手应该是作风建设和反腐败斗争。一方面,党员干部的作风比较集中地反映着他们的思想品德、群众观念、工作态度和廉腐状况,自觉或不自觉地表现为他们在面向大众或特定场合的言论和行为中,是广大群众可以直接观察或明显感受到的党的形象;另一方面,作风建设和反腐败斗争是党的建设最有系统性和综合性的工作,也是从严治党最有统领性和威慑性的举措,还是党员干部和社会大众体验治党是否从严的最直接和最集中的事情。只有紧紧捉住作风建设和反腐败斗争这个关键抓手,严厉管党,正风肃纪,从严治党才能最为明显地体现出全面性,才能迅速打开突破口,才能在创造新局面的基础上深入向前推进,才能赢得党心民心,立于不败之地。

全面从严治党,捉住了关键抓手,还有一个如何抓的问题。就抓作风建设而言,一是必须从中央政治局抓起。因为中央政治局处在党和国家政治生活最高层,抓改进作风从中央政治局抓起,就能起到上行下效的作用,从而带动各级领导干部率先垂范,要求别人做到的自己首先做到,要求别人不做的自己绝对不做。二是必须聚焦最突出的现实问题。就目前和较长的时期内,仍然是聚焦形式主义、官僚主义、享乐主义和奢靡之风这"四风"问题。因为"四风"问题不仅违背我们党的性质和宗旨,而且是群众深恶痛绝反映最强烈的问题,也还是损害党群、干群关系的重要根源。党内存在的其他问题又都与"四风"有关,或者说是由"四风"衍生出来的。如果把"四风"问题解决好了,党内其他一些问题解决起来就有了良好条件。三是必须使党的干部完全彻底地做到公私分明。因为作风问题都与公私问题有联系,都与公款、公权有关系。只有使领导干部特别是掌握实权的领导干部完全做到公私分明,真正让公款姓公而一分一厘都不乱花,公权为民而一丝一毫都不私用,才能称为作风问题的根本好转。四是必须严肃党内政治生活。因为有什么样的党内政治生活,就有什么样的党员干部的作风。而严肃党内政治生活,至关重要的是提高其政治性、原则性、战斗性,尤其要运用好批评和自我批评这个武器。五是必须要以踏石留印、抓铁有痕的劲头持续抓下去。因为作风问题具有反复性和顽固性,作风建设是攻坚战,也是持久战。只有认识到作风建设永远在路上,永远没有休止符，才能发扬钉钉子的精神，做到抓常、抓细、抓长，善始善终、善做善成，持续努力、久久为功。

就反腐败斗争来看，一是必须坚定自信。所谓坚定自信，就是不信邪，坚信中国共产党完全有能力克服自身所存在的问题。二是认清严峻复杂的形势，排除干扰保持定力。面对境内外别有用心的人所抛出的反腐败只是刮一阵风、反腐败导致为官不为、反腐败影响经济发展、反腐败是权力斗争的工具等杂音噪音和奇谈怪论，坚持以强烈的历史责任感、深沉的使命忧患感、顽强的意志品质，踩着不变的步伐，把握节奏和力度把反腐败斗争持续引向深入。三是要一把手抓，抓一把手。一方面，通过落实责任制，让各级各方面的一把手把该负的责任负起来，并把自身首先管好；另一方面，加强对一把手行使权力的监督，使他们首先做到位高不擅权，权重不谋私。四是必须坚持老虎、苍蝇一起打。这就是既坚决查处领导干部违纪违法案件，又切实解决发生在群众身边的不正之风和腐败问题，坚持党纪国法面前没有例外，不管涉及到谁，都要一查到底，决不姑息。五是必须有重点地查处腐败案件。其重点是十八大以后不收敛、不收手的；问题线索反映集中、群众反映强烈的；现在重要岗位且可能还要提拔使用的。六是必须反对特权思想和特权现象。因为我国是一个特权思想文化根深蒂固的国家，现在的一些干部中特权思想、特权现象仍然比较严重，党员干部中形形色色的特权现象，严重损害了社会公平正义，引起了群众极大不满。所以反腐败，必须同特权思想和特权现象作斗争。

无论是抓好作风建设，还是加强反腐败斗争，都离不开思想理论和理想信念教育这个基础，都离不开聚焦领导干部这个关键少数。而最能靠得住的还是运用法治思维和法治方法，加强法规制定建设和纪律执行，其中要解决的核心问题是，彻底把权力关进制度的笼子里，让权力在阳光下运行。这就要按照党规党纪严于国家法律和务实管用、简便易行的要求，坚持问题导向、突出重点，体现针对性、操作性、指导性，把法规制度建设贯穿到作风建设和反腐倡廉各个领域、落实到制约和监督权力各个方面，发挥法规制度的激励约束作用，推动形成不敢腐不能腐不想腐的制度体系和有效机制，确保可执行、可监督、可检查、可问责。法规制度的生命力在于执行。一定要在法规制度不断完善的同时，狠抓法规制度的贯彻执行，形成尊崇制度、遵守制度、捍卫制度的良好氛围，形成坚持法规制度面前人人平等、遵守法规制度没有特权、执行法规制度没有例外的高度自觉，确保各项法规制度落地生根。特别是通过加强监督检查，落实监督制度，对那些踩制度"红线"、越法规"底线"、闯纪律"雷区"的违法违纪分子，不以权势大而破规，不以问题小而姑息，不以违者众而放任，不留"暗门"、不开"天窗"，坚决严肃查处，防止"破窗效应"。紧紧依靠法规制度的治本之道，用好巡视这把利剑，织密群众监督之网，实现全面从严治党和革弊清风的制度化、规范化、常态化，把党要管党、从严治党胜利推向前进。

三 践行"三严三实"：党员干部顺应全面从严治党潮流的新自觉

历史潮流浩浩荡荡。顺之者昌，逆之者亡。在全面从严治党的新常态、新潮流下，一切共产党人特别是党员领导干部，必须顺应大势，而不能无所触动，更不能反其道而行之，坚决做清醒自觉、清廉有为的共产党人。

清醒自觉，首先是清醒。这就是清醒地牢记自己是共产党员，清醒地保持对党、对人民、对中国特色社会主义事业的坚定信念，清醒地看到党中央全面从严治党的决心、意志、勇气、能力以及加强作风建设和反腐败斗争不可逆转的大趋势。清醒自觉，关键在自觉。这就要自觉地用共产党员的标准和党对干部的要求衡量自己，自觉用党内法规纪律和国家法律约束自己，自觉为党、国家和人民的事业勇于担当、敢于负责、乐于奉献，努力作出更大的贡献。清醒自觉，就要清廉有为。长鸣警钟，敬畏法纪，严守规矩，始终保持清正廉洁、艰苦奋斗的本色。越是从政环境复杂，越要守住做人、处事、用权交友的底线，越要守住自己政治、个人幸福和家庭美满的生命线。

坚决做清醒自觉、清廉有为的共产党人，党员干部就是要清醒自觉地践行"三严三实"。严以修身，就是自觉加强党性修养，坚定中国特色社会主义理想信念，提升道德情操，追求高尚生活，远离低级趣味，抵制歪风邪气；严以用权，就是自觉坚持用权为民，严格按照法规制度行使权力，决不抛开制度的笼子行使权力，在任何时候、任何情况下都不搞特权、不以权谋私。严以律己，就是心存敬畏、手握戒尺，慎独慎微、勤于自省，自觉遵守党纪国法，做到为政清廉。谋事要实，就是自觉从实际出发谋划事业和工作，使政策、方案符合实际情况、符合客观规律、符合科学精神，不好高骛远，不脱离实际。创业要实，就是脚踏实地、真抓实干，自觉担当责任，勇于直面矛盾，善于解决问题，努力创造经得起实践、人民、历史检验的实绩。做人要实，就是对党、对组织、对人民、对同志忠诚老实，自觉做老实人、说老实话、干老实事，襟怀坦白，公道正派。

要求党员干部自觉践行"三严三实"，是最为朴实的共产党人的道理，理解并不难。践行"三严三实"，贵在坚持，贵在经受关键时刻的考验，贵在终身修炼。为此，必须牢记：只有清醒自觉的共产党人，才能成为一个清廉有为的共产党人；只有清廉有为的共产党人，才能成为一个幸福自由的共产党人。党性修养没有休止符，作风锤炼永远在路上。

（作者单位：高尚斌，延安大学中共党史研究院；张文生，延安大学政法学院）

构建作风建设"四化"评价指标体系
推进全面从严治党[*]

李兴元

作风建设是党的"五位一体"建设的关键。作风建设既是一个历史性难题，也是一个世界性难题。推进作风建设"四化"（制度化、规范化、常态化、长效化），既是十八大以来中共中央的一贯态度和坚强决心，又是密切党群联系、保持党的先进性纯洁性、协调推进"四个全面"战略布局特别是全面从严治党的重要举措和具体体现；既是应对"四大考验"、"四大危险"，惩治"四风"之害，堵塞"慢作为"、"选择性作为"和"不作为"、"乱作为"漏洞的必然选择，又是推进国家治理体系治理能力现代化、实现中国梦的本质要求和根本保证。推进作风建设"四化"既需要实践基础上的理论创新，也需要管理方法技术的创新，而构建作风建设"四化"评价指标体系（以下简称"评价指标体系"）恰恰是借鉴绩效管理等现代科学管理理念方法、优化作风建设"四化"、撬动作风建设跳出惯性怪圈的有力杠杆。

一 构建"评价指标体系"是时代的呼唤、善治的期盼

（一）构建"评价指标体系"是提高作风建设科学化水平的管用之策

提高党的建设科学化水平是党的十七届四中全会以来中央的重大战略部署，作风建设的科学化是党的建设科学化不可分割的重要组成部分。提高党的作风建设科学化水平，遵循客观规律是根本，科学理论指导是

---

[*] 本文系 2015 年国家社科基金西部项目"党的作风建设制度化规范化常态化长效化研究"的阶段性成果，未经许可，请勿外传。

前提，科学制度保障是关键，科学方法推进是诀窍。换句话说，要管住管好430多万个基层党组织和8600多万党员除了靠物质靠精神、靠教育靠制度，还得靠方法靠技术。长期以来，虽然我们党一直在抓作风建设，也出了不少点子，想了不少法子，但为什么作风建设总是"管一阵放一阵、严一阵松一阵"，不能保持平衡、持之以恒？为什么"很多问题不仅没有解决、反而愈演愈烈，一些不良作风像割韭菜一样，割了一茬长一茬"？为什么推进作风建设"四化"有的实有的虚，有的久久为功，有的不推不动甚至推而不动，有的走形变味，回潮反弹？关键就是缺乏更加有效的制胜之法，即缺乏一不简单"靠嘴说"、二不靠"领导定"、三不靠"人情票"，能够一把尺子量到底、既能定性又能定量、既能确保制度化、规范化，又能确保常态化、长效化的科学管用、滚动发展的"评价指标体系"。

（二）构建"评价指标体系"是加强绩效管理、推进争先创优、助力实现中国梦和中国的"世界梦"的指挥棒

党组织和党员干部是实施党的伟大工程、完成党的伟大事业、实现党的伟大使命的关键力量。从某种意义上说，价值导向决定成败，而作风建设"四化"评价指标体系就如同价值导向的"风向标"，它指向何处，党组织和党员干部就会向什么方向运行，实现党和国家及地方战略目标的智慧、资源、力量就会向什么方向积聚。构建"评价指标体系"，并充分发挥其科学评价、咨询参考、导向激励、回应反馈等功能，不仅能起到明确任务分工、分解落实责任的作用，能比较客观、真实、动态地追踪评价和综合反映测评区域（地方、单位）各级党组织和党员干部每年作风建设"四化"每一方面的现状、"长短"、变化、创新及个性特色，能纵横结合、科学历史地比较各地作风建设"四化"和党员干部先进性纯洁性的总体水平，特别是差距有多大、进步幅度有多大，而且能通过评价实施、评价奖惩和评价指标的变化、权重的调整及面向社会公开服务对象及广大群众对作风建设"四化"的感受和满意度等测评排序结果，树立标杆，激励测评区域（地方、单位）坚持问题导向，对标一流查不足、顺民意、抓整改、补短板、谋创新、提效能，努力形成落后者前有标兵、学有方向，先进者后有追兵、毫不懈怠、人人负责、个个担当的良性循环，不断夺取作风建设持久战、攻坚战、保卫战、防御战新胜利，不断提升作风建设"四化"的层次水平，不断以优良的党风促政风行风带社风民风家风。如是，

则跳出作风建设惯性怪圈"有戏",实现"三清"目标、实现中国梦甚至中国的"世界梦"——"推动建设持久和平、共同繁荣的和谐世界"有望!

(三) 构建"评价指标体系"是回应群众关切、保障人民当家作主的必然选择

"人民当家作主是社会主义民主政治的本质和核心",公众参与、民主公开是人类文明进步的重要标志,是社会主义核心价值观的本质要求,也是党委政府实施绩效管理、进行民主科学依法决策、实现治理现代化的必由之路。当代社会,作风建设状况好不好,重要的不只是自我满意、组织满意,还必须适应社会治理发展和人民群众民主意识日益增强、保障"四权"(知情权、参与权、表达权、监督权)、参政议政、民主监督愿望日趋强烈的新形势,让群众满意、社会满意。一旦构建起一个评价主体立体化、公民参与广泛化、社会反馈常态化,既有客观实践指标,又有主观感受指标的科学的"评价指标体系",就可以让老百姓知道上面在抓什么、改什么、抓改的成效如何、与群众期盼还有多大差距的同时,真正实现让人民监督、让人民评判、让人民满意,力促受测区域及其党员干部和社会公众与党委政府在作风建设及其"四化"上方向、目标、步调一致。

二 构建"评价指标体系"必须牢牢把握科学的空间维度

(一) 总体思路

坚持以中国特色社会主义理论为指导,深入贯彻党的十八大,十八届三中、四中全会,十七大,十六大和十五届六中全会关于推进党的建设新的伟大工程特别是加强作风建设精神,习近平总书记关于作风建设"四化"、"三严三实"和群众路线教育实践活动方面的系列讲话精神及中纪委全会精神等,以作风建设制度化为根本保障、规范化为方法标准、常态化为着力点、长效化为落脚点,以实现中国梦和中国的"世界梦"为目标,紧紧抓住"立党为公、执政为民"这个"作风建设的根本目的"、"保持党同人民群众的血肉联系"这个作风建设的"核心问题";坚持遵循规律、与时俱进、回应群众关切,把作风建设的风向标定在顶层设计上,把作风建设的发力点瞄准主要领导和主责部门,把作风建设的"监督权"、"裁判权"更多地交给知情群众;坚持标本兼治、综合施策,"防风"与"整风"两手硬;坚持运用法治思维和法治方式建立起确权、明责、立制、教

育、监督、问责、惩治、创新"八位一体"、推动作风建设向纵深发展的立体化工作体系，以法治化保障规范化常态化、以规范化常态化促进长效化，力求党的作风特别是"七大作风"（思想作风、学风、文风、会风、领导作风、工作作风和生活作风）方面的突出问题，特别是"四风"问题的解决和中央八项规定、"两个责任"、20余项"禁令"、21项专项整治任务及本地本单位"专项整治行动"的落实不虚不空不偏不走过场，教育实践活动"五个进一步"目标提前实现，竭力为党政科学决策提供咨询参考，为全国各地特别是测评区域（地方、单位）取长补短、提高作风建设科学化水平提供服务，为广大群众直观了解作风建设现状、提振发展信心提供平台。

（二）评价范围

既适用于评价各省、市、县（市、区），也适用于评价其有关单位。既可以对评价对象的整个作风建设"四化"状况进行评价，也可以单独就"七大作风"其中一两个方面的"四化"状况进行评价。

（三）目标任务

1. 正确反映作风建设"四化"现状。主要通过对作风建设七个重要方面"四化"实践形成的有效数据、特色亮点成果和群众对作风建设的认知、感受与评价等主观测量加以比较、分析、综合去实现。

2. 客观评估作风建设"四化"实效。主要通过综合运用文档查阅、定点监测、抽样调查、电子问卷调查、案例分析、软件分析等手段，评估各地各单位在作风建设"四化"方面贯彻落实中央中纪委和本地本单位重大决策部署、实施改革创新、回应群众关切的实际效果。

3. 科学预测作风建设"四化"趋势。主要通过对相关数据、案例资料的综合比对分析、对作风建设"四化"现状的组织评估、民主评议及"四化"中存在的突出问题特别是群众意见较大、影响经济社会发展和党的形象重大问题的梳理、对下一步行动对策的跟踪去实现。

三 构建"评价指标体系"必须坚持问题导向、突出"四个体现"

（一）注重顶层设计，体现评价的高度定位、深度融入、广度覆盖

要着眼于彰显作风建设"四化"评价的生命力，坚持用科学适宜的思路理念，用于法周延衔接、体现分类管理规律和群众意愿，既"堵风"又"防风"，既治"流行病"，又治"地方病"、"部门病"的简便易行、实用

管用耐用的"指标体系",保障作风建设抓早抓小、领导抓抓领导、经常抓抓经常,既融入党和国家及地方"五位一体"建设之中,又融入单位、部门中心工作和业务工作之中,既能监督党员干部的"七大作风",又能监督各级党组织和部门作风,避免突击作业一阵风、重"评时"不重"平时",防止小问题酿成大祸患。

(二)突出"六个重点",体现评价的问题导向、方向引领和典型性、针对性、时效性

要着力抓好作风建设"四化"过程中的主要矛盾和矛盾的主要方面,把"四化"总体格局中最具代表性、最能解决实际问题、最能综合反映其当前工作实效的指标及符合发展成长性的指标反复比选出来。所选指标既要尽可能瞄准"四化"的出发点和重要方面、重要制度、重点对象、重点部位、重点领域、重点环节,特别是群众普遍关注、意见最大又最不满意的突出问题,又把落脚点瞄准党和国家的长治久安,瞄准广大群众经济、政治、文化等根本利益的满足与对幸福的新追求。要通过"指标体系"顶层设计和立体化的"三维测评模式"、最广泛的社会评价体系,使作风建设"四化"工作由面面俱到转为突出重点、牵好落实"两个责任"这一作风建设的"牛鼻子"。

(三)兼顾七个结合,体现评价的普遍性与特殊性、理论性与可操作性、把握规律性与体现时代性、富于创造性相统一

1. 主观、客观相结合。着力体现第三方、服务对象和知情群众立体化的评价主体参与,把民意指标和客观指标结合起来进行综合评价,以增强评价的可靠性、全面性、回应性。

2. 共性、个性相结合。充分体现分类评价特点,共性约束指标要合乎大众"口味"、切中时弊,重点围绕作风建设的"基准线"、"时代线"、"高压线"进行设计;个性差异指标要突出因地制宜、因时而变、因人而异、精准发力,适度打破均衡性,不搞一刀切。

3. 动态、静态相结合。牢牢把握作风建设的长期性、艰巨性、复杂性、顽固性、反复性、传染性、变异性等特点,在指标设计上以"静"为主、以"动"为辅,注意在不断修正完善相关指标的同时,收集一些指标若干年度的变化值,使评价工作既有稳定性,又有连续性、灵活性、成长性,保持生机活力。

4. 内部、外部相结合。充分发挥内部评价在评价中的职业优势和不可

替代作用、外部评价在评价中的专业性、公正性、群众参与性作用，使二者优势互补。

5. 同体、异体（评价）相结合。坚持把群众路线贯穿于作风建设"四化"的全方位监督评价全过程，最大限度地发挥党内监督和人大、政协、舆论、网络、群众监督及自我监督的效用。

6. 定性、定量相结合。兼顾不同类型问题的评价，既突出指标的可测可比可计量性，又坚持以尽可能不模糊的定性评价为辅，以便于把那些虽难量化却十分重要的品质与行为纳入评价体系，从而使评价由单纯重视共性、稳定性、统一性和准确性，与重视个性发展和发展变化、多元标准相统一。

7. "突击"、"常态"相结合。改革评价方式，使评价对象偏重应对评价主体的统一检查验收和一次性的突击测评转为注重建立类似月小结、季考评、年汇总的考核台账，注重自我日常的记录、监管和整改，有效防止一些单位搞会战式测评，增强考核评价的质效与活力。

（四）彰显效能统一，体现评价的全局、大局、发展、服务意识

"指标体系"的构建必须着力围绕党和国家"五位一体"建设等中心任务，与促进党政村校社企改进作风、树立形象、降本减费、改善民生相结合，与高效完成年度效能目标任务相结合，突出奖惩激励和追踪评价，以考评结果的运用促进作风建设"四化"乃至整个党的建设竞进提质。

四 构建"评价指标体系"必须科学确立指标体系的基本框架和主要内容

指标体系的框架内容是指标体系的核心和纲目。只有纲举目张，聚焦症结所在，扭住作风建设"四化"问题的"牛鼻子"，才能夯实评价基础、提高评价水平、打造评价品牌。鉴于当前国际国内形势和作风建设"四化"实际，应积极借鉴其他社会主义国家和世界各国共产党作风建设的经验及西方国家领导科学和行政伦理建设经验，采取继承与创新、抽象与具体、基础与重点、共性与个性等相结合的方式，把作风建设"四化"方面重要的软硬件指标，包括当年推进改革与落实上级重大决策部署指标、常规工作进展与实效指标、工作改进与创新指标以及制度建设指标贯穿整个"指标体系"之中，构建一个由两级共9个纬度和四级指标构成的"指标体系"。其中：一级纬度2个，包括主观和客观维度；二级纬度7

个，包括横向作风建设即"五大作风"建设（文风、学风建设融入其中）5 个维度及印象与影响 2 个纬度。一级指标 2 个，包括作风建设"四化"实践指标、感受指标；二级指标 33 个；三级指标 151 个（客观指标 123 个、主观指标 28 个）；四级指标若干个（略）。

五、构建"评价指标体系"必须采取简便易行的科学操作方法

"指标体系"的构建往往不可能一次成功成型，常常要经历一个动态调试、不断完善的循环往复过程。在具体操作中，要着重把握好以下四个环节。

一是权重确定。第一步用 A. L. Sarry 的 1—9 比率标度法对指标的重要性进行量化。第二步用德尔菲法（DelphiMethod）确定权重。

二是指标量化。主观指标的量化主要采用选项赋分法（每个问题有多个选项，每个选项赋予不同分值）、状态描述法（测评内容的 A、B、C 状态依次为该项测评内容的满分、66%、33%），客观指标的量化主要采用百分比赋分法（将百分比划分成不同区间，赋予不同分值，指标数据落在哪个区间就获得该区间的分值）。

三是加分减分。作风建设"四化"工作有重大创新被认定的或受到不同层次表彰的，给予相应的加分；反之，遇到出现重大事故、重大失误、严重腐败或一票否决等情况的给予相应层次的减分，并计入总分。

四是指数计算。根据"评价指标体系"中的指标权重和量化标准，可计算出测评区域（地方、单位）当年作风建设"四化"状况指数结果。"四化"状况指数与"四化"实际状况成正相关，与"四风"和腐败的滋生蔓延成负相关。

六 "评价指标体系"贵在依法实施、科学运用

构建"评价指标体系"不是目的，关键在于运用。必须抓好以下六个环节：

（一）优化领导体制

应建立"党政统一领导、纪检监察主管指导、第三方评价机构具体实施、相关业务部门积极配合、群众广泛参与"的评价工作领导体制。由第三方评价机构相对独立地负责一年一度的作风建设"四化"状况评价工作，并负责向测评区域（地方、单位）纪检监察机关提交《测评区域（地方、单位)××年度作风建设"四化"评价报告》；由测评区域（地方、单位）纪检监察机关牵头负责，安排相关部门负责将测评区域（地方、单位）提供数据资料、协助评价等工作任务进行科学分解，落实到责任部门和责任人，确保数据的真实性、即时性、及时性、完整性。评价所需经费可纳入测评区域（地方、单位）财政年度预算，由财政列支。

（二）精心选点调试

评价工作按照"先行先试、群众参与、多方检验、反复修正、以点带面、逐步推开、不断优化"的思路和适时调整完善指标库、小调整、大稳定"评价指标体系"的原则进行。

（三）统筹数据采集

为确保数据可靠、有效，应由测评区域（地方、单位）纪检监察机关安排相关部门负责数据采集的安排、联系协调和督促落实工作，数据于每年10月底（个别数据不超过11月底）前最终汇总到第三方评价机构。其中，客观指标数据的采集主要通过公开发表的文献资料、适时新闻资料及监测站点、纪检监察和统计部门的数据资料统计分析获取。主观指标数据的采集主要通过网络和问卷调查、民主公开测评、有效材料审核、随机访问访谈、明察暗访、实地考察、整体观察等方法进行统计处理获取。抽样规模视测评区域人口数等综合确定。

（四）科学评价实施

可借鉴中央文明办《全国文明城市测评体系》中的立体化测评办法和地方群众评议机关和干部作风活动实施方案中的"公开测评"方法及建立健全区级机关作风建设长效机制，实施全方位督查的办法，进行综合评价。其中，第三方测评由选定的测评机构根据"评价指标体系"进行；工作异地查评由测评区域（地方、单位）纪检监察机关相关部门选聘培训的监督员，分若干个小组异地进行。

（五）强化数据管理

不论主观还是客观数据，凡是涉密的，必须严格按照国家和测评区域（地方、单位）有关规定做好保密工作。评价结果的发布权、使用权归测评区域（地方、单位）纪检监察机关所有，其他任何单位和个人未经许可不得擅自发布和使用。

（六）重视结果运用

评价结果纳入测评区域（地方、单位）年度效能目标工作考核，作为衡量其是否围绕中心、服务大局,"把党的建设作为最大的政绩"的重要标准,作为其精神文明创建验收等的重要参考,作为激励问责、任用干部的重要依据。评价结果可在每年初召开的测评区域(地方、单位)纪委全会上或当地纪委书记(纪检组长)、监察局(室、处)负责人座谈会上通报,也可以测评区域(地方、单位)纪委文件形式专题通报,在有关《党的建设》、《反腐倡廉蓝皮书》等党刊上发表,还可以视情适时在一定范围或面向社会部分甚至全部公开,进一步取信于民。对作风建设"四化"状况指数值偏低或长期偏低的区域,测评区域(地方、单位)纪检监察机关应发出预警信号,对其进行跟踪监测和"回头看",督促他们整改到位。

(作者单位:宁夏纪委、宁夏社会科学院党组、纪检)

法治精神与能力建设：新时期研究生党建的新重点[*]

钟爱军　张　天

法治精神是指将法治的基本要义如法律至上、依法办事、保障权利、制约权力、公平正义等作为崇高价值追求的内在自觉，法治能力则是指将法治精神指导实践、化为行动的能力。研究生党建开展法治精神与能力建设，是指研究生党建部门对研究生党员系统地开展社会主义法治精神培育和法治能力提升的建设活动。

一　新时期研究生党建必须重视法治精神与能力建设

首先，实现全面依法治国、建设社会主义法治国家，要求包括研究生党员在内的广大党员具有高水平的法治精神与能力。1997年，中国共产党十五大将"实行依法治国、建设社会主义法治国家"作为我们党的战略目标，而后1999年九届人大二次会议将"中华人民共和国实行依法治国、建设社会主义法治国家"写入宪法、上升为国家意志，自此以后，无论是从党员义务还是公民义务的角度，实现依法治国、建设社会主义法治国家已经成为全体共产党员不可推卸的责任。2007年，党的十七大进一步提出"全面落实依法治国基本方略，加快建设社会主义法治国家"，2014年党的十八届四中全会又通过《关于全面推进依法治国若干重大问题的决定》，又使得实现全面依法治国、建设社会主义法治国家成为全体党员和党组织必须急迫完成的现实任务。毛泽东同志曾说，政治路线确定之后，干部就是决定因素。全面实现依法治国、建设社会主义法治国家这一重要而又急

---

[*] 本文系2014年首都大学生思想政治教育课题重点课题"北京高校博士生党建问题与对策研究"（项目批准号：BJSZ2014ZD04）阶段性成果。

迫的战略目标能否顺利实现，全体党员的法治精神与能力水平起着决定性的作用。如果全体党员的法治精神和能力水平高，能够适应全面推进依法治国、建设社会主义法治国家的需要，就能推动这一目标顺利实现。反之，就会起阻碍甚至破坏作用。正因为事关全面依法治国、建设社会主义法治国家的成败，包括研究生党员在内的全体党员具有高水平的法治精神与能力已经义不容辞。

其次，我国具有研究生学历或者硕士以上学位的党员的法治精神与能力尚不能完全满足全面推进依法治国、建设社会主义法治国家的需要。根据中共中央组织部2015年6月29日《2014年中国共产党党内统计公报》，我党至2014年年底共有党员8779.3万，其中3775.5万党员具有大专及以上学历，占比已达43%。[①] 在大专以上学历的党员当中，具有研究生学历或者硕士以上学位的党员比例相当大，这一现象在担任领导职务的党员当中更为显著。以十八届中央委员会为例，在205名中央委员中，大专及以下学历的有21人，本科学历44人，研究生学历或硕士以上学位的达140人（含博士40人），具有研究生学历或硕士以上学位的占比高达76%。[②] 党员队伍学历结构的大幅改善，对我们党提升治国理政能力起到非常积极的作用。但是也要看到，党员学历结构的改善并不意味着法治精神与能力同步提升，少数具有研究生学历或者硕士以上学位的党员甚至走上了违纪、违法甚至犯罪道路，成为全面推进依法治国、建设社会主义法治国家的绊脚石。还以十八届中央委员会为例，从2012年11月十八大闭幕至2015年5月底的短短两年半时间里，就有15名中央委员和候补中央委员因违纪违法被查处（其中中央委员4人，候补中央委员11人），在这15人当中，有研究生学历或者硕士以上学位者达10人（中央委员2人，候补中央委员8人），占比高达66.7%。[③] 管中窥豹，一个不可否认的事实是，很多高学历党员的法治精神与能力是令人堪忧的。

最后，当前高校研究生党建对于党员法治精神与能力建设缺乏足够重

---

① 中共中央组织部.2014年中国共产党党内统计公报［EB/OL］.（2015-6-29）［2015-7-5］.http://politics.people.com.cn/n/2015/0629/c70731-27226440.html
② 数据为作者根据人民网、新华网和百度百科等资料统计得出。
③ 中国经济网综合.盘点：十八大后落马中央委员，中央候补委员和中央纪委委员（表）［DB/OL］.（2015-5-22）［2015-7-5］.http://district.ce.cn/newarea/sddy/201412/19/t20141219_4160824.shtml

视。可以预见，随着我国研究生教育的进一步发展，具有研究生学历或硕士以上学位的党员会越来越多，担负各级领导职务的也会越来越多。大学本科阶段特别是研究生阶段，本是培养法治精神与能力绝好时期。但是，我国当前大学本科学历教育和研究生学历教育对法治精神与能力培养缺乏足够重视。根据现行本科培养方案，本科生只有在大学一年级接受不到2个学分的法律基础教育[1]，此后广大非法学专业的学生几乎不再有接受系统法治教育的机会。进入研究生阶段后，广大非法学专业的培养大纲更无法治教育类必修课程。毫无疑问，我国本科学历教育特别是研究生学历教育对培养法治精神与能力的缺失，是部分高学历党员法治精神与能力低下的重要原因。但是，如果高校学生党建部门特别是研究生党建部门能够从党建角度开展法治精神与能力建设，对学生党员的法治精神与能力进行补强，将会大大弥补学历教育的不足。然而，令人遗憾的是，研究生党建工作者对于研究生党员法治精神与能力建设也没有引起足够重视，在目前研究生党建工作中，法治精神与能力建设少有提及，更不用说像思想、组织、作风、反腐倡廉和制度建设那样纳入制度化建设的范围。

总而言之，高校研究生党建部门重视并开展好对研究生党员的法治精神与能力建设，已经成为研究生党建的重要而急迫的任务。

二 研究生党建开展法治精神与能力建设的基本思路

首先，要将法治精神与能力建设纳为高校研究生党建的主要内容，并与思想、组织、作风、反腐倡廉和制度建设并重。也就是说，要在现有思想、组织、作风、反腐倡廉和制度建设的框架内，加入法治精神与能力建设，将五项建设扩展为六项建设。因为，尽管法治精神建设和思想建设，法治能力建设和组织、作风、反腐倡廉以及制度建设都有很紧密的关系，但就内容和作用看，注重马克思主义理论水平提高的思想建设并不能代替法治精神建设，注重党的组织结构和运行完善的组织、作风、反腐倡廉和制度建设并不能代替法治能力建设。换句话说，现有的党建五项内容既不能包含也无法代替法治精神和能力建设。因此，只有将法治精神和能力建设作为独立的党建内容，

---

[1] 根据《〈中共中央宣传部 教育部关于进一步加强和改进高等学校思想政治理论课的意见〉（教社政【2005】5号）实施方案》，"思想道德修养和法律基础"课程只安排3个学分。据此，其中的法律基础部分不足2个学分。

并置于与思想、组织、作风、反腐倡廉和制度建设同等重要的地位，才能从根本上解决法治精神与能力建设缺失和不到位的问题。

其次，研究生党建开展法治精神与能力建设，要狠抓学习和实践两个环节。抓学习，一是要比较系统地学习国家重要法律特别是宪法、立法法等重要法律，通过学习较好地理解社会主义法治的基本精神和主要内容；二是要比较系统地学习《中国共产党党章》、《中国共产党党内法规制定条例》和《中国共产党纪律处分条例》等党内重要法规，比较好地了解并理解依法治党、从严治党的治党原则和具体制度。很多研究生党员特别是博士生党员似乎学历很高，党龄也不短，但对社会主义法治精神、国家重要法律和党内重要法规仍然存在了解不多、知之不深、用之不熟的现象，故而加强学习，通过学习熟知社会主义法治精神与党和国家的重要法律法规非常必要。抓实践，就是要求党员学以致用，在党内外活动时将内在的法治精神外现出来。例如，在进行党员发展、党内外评优和选举等重要工作时，是否严格按照规章制度办事？在遇到违反规章制度的情况时，能否进行批评和抵制？等等。只有学以致用，在实践中体现出来，精神才能变为能力，发挥作用。

最后，要将法治精神与能力建设情况列为考核、奖罚研究生党员和党支部工作的重要指标和依据。实践证明，进行科学而严格的考核，并将考核结果和奖罚直接挂钩，是推动措施落实、促进工作进步的好办法，也是我们党建工作不断取得成绩的好经验。要将法治精神和能力建设落到实处，收到实效，对建设的过程和效果进行科学而严格的考核，将是不二之选。习近平同志提出要加强督察、确保各项改革举措落地生根，就是这个意思。[①] 要做好考核工作，一是要设置好指标，确定好权重，将考核科学化；二是要严肃考核，认真考核，杜绝人情风，防止走过场，将考核抓扎实；三是要将考核工作制度化、常态化。考核之后，一定要将考核结果和奖罚直接挂起钩来，奖优罚劣，对成绩优秀的党员和党支部要予以奖励，对考核不合格的党员和党支部要从严处理。实际上，科学考核，奖优罚劣，体现公平正义，正是法治精神的要求。

（作者单位：北京林业大学）

[①] 习近平：《加强督察确保各项改革举措落地生根》［EB/OL］．（2015-1-30）［2015-7-5］．http://www.chinanews.com/gn/2015/01-30/7021945.shtml

做坚定自觉的政治明白人

杨志和

做政治的明白人，是习近平总书记对全国县委书记提出的新要求，也是对所有党员领导干部的新期望。在协调推进"四个全面"战略布局、实现"两个一百年"奋斗目标和中华民族伟大复兴中国梦的进程中，做政治的明白人，既是对党的历史经验的深刻总结，也是对党员领导干部政治使命的新表述。

明白是一种清醒和自觉，而不是糊涂和盲从，政治的明白人就是政治上的清醒者和自觉者。在当代中国，最大的政治就是在党的领导下坚持和发展中国特色社会主义，做政治的明白人，就要做坚持党的领导的明白人，做坚持和发展中国特色社会主义的明白人；对党绝对忠诚，"心中有党、心中有民、心中有责、心中有戒"，坚定自觉地同党中央在思想上政治上行动上保持高度一致。明白来源于自觉，自觉才会自信，自信才会坚定。

坚定信念是做政治明白人的前提

信念如灯塔。理想信念是党的宗旨、目标、追求和行为的集中体现，是共产党人安身立命的根本。习近平总书记指出，对马克思主义的信仰，对社会主义和共产主义的信念，是共产党人的政治灵魂，是共产党人经受住任何考验的精神支柱。做政治的明白人，就要坚定理想信念，坚守共产党人的精神追求。

中国共产党人理想信念一开始就建立在对马克思主义科学真理信仰之上，建立在马克思主义与中国具体实际相结合的历史实践之中，经历了革命、建设和改革几个历史时期。今天，坚持和发展中国特色社会主义，实现中华民族伟大复兴中国梦的伟大事业正在高歌猛进，然而现实中，国内外有些舆论不断怀疑中国搞的究竟是不是社会主义,说"资本社会主义"者有之、"国家资本主义"者有之、"新官僚资本主义"者更有之。这些错误观点在一定程度上影响了一些人对中国特色社会主义的正确认识,在一些党员干部中也产生了某种迷惑和不清醒。

做政治的明白人,必须对这一根本问题有清醒认识,对错误观点要有鲜明态度。第一,要把理想信念建立在对科学理论的认同上。中国共产党人理想信念的崇高性源自于马克思主义理论的科学性,马克思主义运用辩证唯物主义和历史唯物主义观点观察世界,从经济基础出发研究历史,以实现人的全面自由发展为目标,自觉地将实现共产主义和解放人类崇高使命作为自己的奋斗目标。中国共产党人把马克思主义基本原理和中国具体实际相结合,以巨大的理论勇气实现了马克思主义中国化两次历史性飞跃,产生了毛泽东思想和中国特色社会主义理论体系两大理论成果。马克思主义科学理论的发展与中国共产党人理想信念的确立是同步的,理论的科学性决定了理想信念的自觉与崇高。第二,要把理想信念建立在对历史规律的正确认识上。中国人民选择马克思主义、选择社会主义是近代以来中国历史发展的必然,习近平总书记深刻指出,中国特色社会主义,承载着几代中国共产党人的理想信念和探索,寄托着无数仁人志士的意愿和期盼,凝聚着千千万万革命先烈的奋斗和牺牲,是近代以来中国社会发展的必然选择。在近代中国,从洋务运动、戊戌变法到辛亥革命,各种主义和思潮都尝试过救国,但都没有解决中国的前途和命运问题,是马列主义毛泽东思想指引中国人民走出了慢慢长夜,建立了新中国,是中国特色社会主义使中国快速地发展起来。由此可见,中国特色社会主义是科学社会主义理论逻辑与中国社会发展历史逻辑的辩证统一。第三,要把理想信念建立在对基本国情的准确把握上。为什么中国只能搞中国特色社会主义而不能搞别的什么主义,这是由中国基本国情决定的。新中国诞生在半殖民地半封建的旧中国基础之上,社会主义建设是在一穷二白基础上开始的,近30多年的建设为改革开放积累了思想成果、物质成果和制度成果,使改革开放30多年来取得了举世瞩目的成就,人民生活总体达到小康水平。但是另一面,我们仍然是世界上最大的发展中国家,人均国内生产总值位居世界第84位;我国现在处于社会主义初级阶段并将长期处于这一阶段,人民日益增长的物质文化需求同落后的社会生产之间的矛盾没有改变。现实的基本国情决定了在当代中国,坚持和发展中国特色社会主义是中国共产党人最大的目标追求。

对党忠诚是做政治明白人的根本

忠诚是一种守信、服从的本色和品格，是基于情感和理性的同心同德。对党忠诚就是对党的信仰、宗旨、理论和组织绝对诚信和坚定捍卫，是中国共产党人的政治品格。做政治的明白人，就要牢记对党忠诚这个根本。

对党忠诚是党章规定的党员的义务和职责，入党誓词中就有对党忠诚、永不叛党。在革命战争年代，我们党从小到大，从几十位党员发展到几十万、几百万党员；中国革命经历艰难曲折，从失败走向胜利，靠的就是对党的绝对忠诚。社会主义建设时期，我们经历了探索的艰辛和曲折，甚至出现过全局性错误，但广大党员对党的信念、宗旨和奋斗目标的忠诚矢志不渝。正是这种对党的绝对忠诚，支撑我们党战胜了一切艰难险阻，包括战胜了党自身所犯的严重错误。改革开放以来，我们取得了前所未有的巨大成就，伟大成就的取得，与今天8700多万党员对党的忠诚是分不开的。可见，一部党的历史，就是一部中国共产党人对党的绝对忠诚史。

做政治的明白人就要做对党绝对忠诚的人。第一，要忠诚党的信仰，信仰马克思主义、信仰共产主义、信仰中国特色社会主义，要牢固树立只有社会主义才能救中国，只有中国特色社会主义才能发展中国的信念。第二，要忠诚党的宗旨，始终全心全意为人民服务，坚持以民为本、以人为本的执政理念，以不断改善民生为发展目的，推进任何重大改革，都要站在人民的立场把握好涉及改革的重大问题，都要从人民的利益出发谋划改革思路、制定改革举措，让人民生活水平和质量不断提高。第三，要忠诚党的理论，始终坚持马列主义、毛泽东思想和中国特色社会主义理论体系指导地位不动摇，认真学习习近平总书记系列重要讲话精神，学习贯彻"四个全面"战略布局，把"四个全面"战略布局作为当前一切工作的指南。第四，要忠诚党的组织，在党言党、在党思党、在党忧党，始终把自己当作组织里的人，把组织当作自己的家。

严守党纪是做政治明白人的保证

纪律规矩是马克思主义政党生存和发展的生命线，早在《共产主义者同盟》中，马克思、恩格斯就规定了党的纪律；列宁也十分强调党的纪律和党的团结统一,多次谈到"行动一致"是先进阶级民主主义政党应有的纪律。我们党是靠革命理想和铁的纪律组织起来的马克思主义政党,纪律严明是党的光荣传统和独特优势,早在井冈山时期就颁布了"三大纪律"和"八项注意",到了延安之后,鉴于张国焘破坏党的纪律的行为,毛泽东再次重申了个人服从组织、少数服从多数、下级服从上级、全党服从中央的纪律要求,明确指出,谁破坏了这些纪律,谁就破坏了党的统一。

党的十八大明确提出要严明党的纪律,特别是政治纪律,自觉维护党的集中统一。习近平总书记指出,严明政治纪律,就要维护中央权威,决不允许上有政策、下有对策,有令不行、有禁不止;只有全党思想和意志统一了,才能统一全国各族人民的思想和意志,才能形成推进改革的强大合力。

严守党纪党规是做政治明白人的保证。第一,做政治的明白人,就要做遵守党的政治纪律的带头人。要在政治方向、政治立场、政治言论、政治行为等方面严格按照党的规矩办事;要从遵守和维护党章入手,坚持党的领导,在思想上和行动上同中央保持高度一致。第二,做政治的明白人,就要做捍卫党的政治纪律的先锋者。要敢于同政治纪律不强、在原则问题和大是大非面前立场动摇,甚至对涉及党的路线方针政策等重大政治问题发表反对意见的现象作斗争;要敢于同那些想说什么说什么、想干什么干什么,口无遮拦、毫无顾忌、个别甚至对中央方针政策部署阳奉阴违的不良现象作斗争;要敢于同在党内搞团团伙伙、结党营私、拉帮结派、不受党纪国法约束、甚至凌驾于党章和党组织之上的特殊党员作斗争。第三,做政治的明白人,就要做提高党的政治纪律意识的自我修养者。加强马克思主义理论学习,把学习马克思理论当作看家本领,提高理论素养,提高运用科学理论分析问题、解决问题的能力;加强党史学习,认真研究总结党的历史经验和教训,研究党的纪律发展史,提高党史修养,提高知史鉴今的能力;加强党纪法规学习,要把党章学习作为终生必修课,强化规矩意识,提高遵守规矩的能力;加强中华优秀传统文化的学习,继承和弘扬优秀传统文化中积极向上向善的力量,汲取优秀传统文化中讲忠诚、守诚信等道德范畴,使之成为安身立命、克己奉公的精神营养。

纯洁党性是做政治明白人的必修课

党性是党的性质、宗旨、理想、信念等本质特性在党员身上的集中反映，党性是否先进和纯洁，对于党员履行职责、完成使命具有决定性作用。做政治的明白人，就要不断加强党性、锤炼党性，始终保持共产党人的先进性和纯洁性。

纯洁党性是做政治明白人的必修课。第一，要修好"总开关"这一课。习近平总书记指出，党员领导干部要坚定信念，切实解决好世界观、人生观、价值观这个"总开关"问题，他强调，理想信念是共产党人精神上的"钙"，没有理想信念，理想信念不坚定，精神上就会"缺钙"，就会得"软骨病"，就可能导致政治上变质、经济上贪婪、道德上堕落、生活上腐化。修好"总开关"这一课，根本是要加强理论武装，关键是要坚强党性修养，坚定理想信念，保持党的优良作风，基础是要积极践行社会主义核心价值观。第二，要修好"四有"要求这一课。始终做到"心中有党、心中有民、心中有责、心中有戒"，只有做到了"四有"，才会真正明白"为了谁、依靠谁、我是谁"的问题，才能始终把党和人民放在心中最高位置，自觉做信念坚定、为民服务、勤政务实、敢于担当、清正廉洁的好干部。第三，要修好"三严三实"这一课。深刻认识"三严三实"丰富的思想内涵、辩证的逻辑关系和现实的重大意义，带头践行"三严三实"，切实解决好为人处世从政的基本要求，坚持"严"字当头，"实"字为本，把"三严三实"内化于心、外化于行，真正做一个政治的明白人。

（作者单位：中国延安干部学院）

净化权力与严肃党内生活：中国特色的利益冲突防范体系建构

——以上海《关于进一步规范本市领导干部配偶、子女及其配偶经商办企业行为的规定（试行）》为例

魏淑琰

加强腐败预防体系的建设是我国反腐败工作的重要部分。党的十六届三中全会上提出建立与社会主义市场经济体制相适应的教育、制度、监督并重的惩治和预防腐败体制。中共中央于2005年印发了《建立健全教育、制度、监督并重的惩治和预防腐败体系实施纲要》，明确提出到2010年，要建立起惩治和预防腐败体系的基本框架。国际上，普遍认为利益冲突是导致腐败的重要根源之一，防范利益冲突是防治腐败、加强廉政建设的根本性举措之一，也是近年来党和国家为推进党风廉政建设和反腐败工作而提出的一系列新思路、新举措。十八届中央纪委第三次全会提出，要通过建立健全防止利益冲突制度，加强廉政风险防控，来进一步强化对领导干部的监督。建立健全防范利益冲突制度，完善公共资源配置、公共资产交易、公共产品生产领域市场运行机制。在与腐败作斗争的过程中，中央借鉴改革开放的重要经验，采取地方先行先试的办法，中共上海市委2015年5月4日公布并实施《关于进一步规范本市领导干部配偶、子女及其配偶经商办企业行为的规定（试行）》（下称《规定》），体现"级别越高、位置越重要、权力越大，管理规定要越严"的原则，着力于制度的"可执行、可操作、可检查、可问责"，坚持以马克思利益冲突防范理论为指导，从政治优势、思想优势与组织优势入手，将中国特色的利益冲突防范体系建构与推进国家治理体系和治理能力现代化有效结合起来，对于当下党风

廉政建设和反腐败工作具有重要意义。

一 利益冲突的概念分析与研究现状

马克思有句名言:"人们奋斗所争取的一切,都同他们的利益有关。"①而物质利益是利益结构中的核心内容,因为人们的一切活动"首先是为了经济利益而进行的,政治权力不过是用来实现经济利益的手段"②。社会不稳定或社会冲突的根本原因和基本形式是利益特别是物质利益冲突,而社会的无序与不稳定不过是物质利益冲突的外化形式。因此要从总体上解决人们因为物质不丰裕所发生的利益冲突,最根本的就是要努力发展生产力,创造丰裕的物质财富,为缓解社会利益冲突提供坚实的物质基础。在《中国大百科全书》哲学卷中,对"利益"的解释为"人们通过社会关系表现出来的不同需要"③。利益起源于人们的"不同需要",而这种"不同需要"又必须借助于一定的社会关系才能表现出来,即离开了社会关系就无所谓利益和利益关系。

但是在逐利的过程中,难免会发生各种各样的利益冲突,利益冲突是潜伏在各种形式的社会冲突表象之后的深层次原因。所以追逐利益一方面既是撬动生产力发展的重要杠杆,推动人类社会的进步;但在另一方面,逐利浪潮中往往泥石俱下,一旦不受约束,漫过了社会规范的堤岸,则会带来社会的衰败与动乱。因此在打开人们追求利益的闸门,充分发挥利益的动力机制作用的同时,必须及时启动社会利益协调机制,牢牢守住社会的底线,以最大限度地防范利益冲突的负面影响。

在所有的利益冲突中,公私利益冲突防范与治理是最需要关注的。因此本文的"利益冲突"主要指的就是公私利益冲突,即国家公职人员在履行职责过程中,由于受到其私人利益因素的干扰所发生的私人利益与公共利益相冲突的情境和行为。④公共权力与个人利益之间的冲突是导致腐败的重要诱因。我国公共生活中的许多腐败现象、不正之风、官僚主义等问

---

① 《马克思恩格斯全集》第 1 卷,人民出版社 1956 年版,第 82 页。
② 《马克思恩格斯全集》第 21 卷,人民出版社 1965 年版,第 344 页。
③ 转引自张国钧《邓小平的利益观》,背景出版社 1998 年版,第 2 页。
④ 唐晓清:《防止利益冲突制度:理论内涵、制度功能和实践途径》,《浙江社会科学》2011年第 2 期。

题的背后实际上都有一个共同的根源即利益冲突。[①] 公权与私利的利益冲突是客观存在的，建立防止利益冲突制度首先要厘清公权与私利的界限并围绕权力和利益之间的关系，作出合理的权力和利益安排，以达到从根本上预防和治理腐败的目的。

目前国外学术界关于"利益冲突"问题的理论研究认为，"防范利益冲突"的提出建立在防治腐败的两个重要假定基础之上：一是关于人性恶的假定，即任何人无论有多么高的道德水平，都会受到私人利益的诱惑，因此仅仅靠道德教育是不能防止腐败的，特别是公共权力天然就具有易被滥用的倾向，因而对官员应当实行"有罪推定"，即先假定其可能滥用权力，而后对其行为及权力进行必要的限制。二是关于权力腐败可以预防的假定，即反腐败不仅要依靠事后惩罚，更重要的是要依靠事前预防，事前预防胜于事后惩罚。基于这种假定，站在防止利益冲突的视角，廉政法律制度体系必须体现一个基本的立法理念：以防止国家公职人员私人利益与公共利益的冲突为核心，以预防性规定多于并且优先于惩罚性规定为保障，倡导形成公职人员理性认识和务实解决具体利益冲突问题的行为导向。[②]

为了防范利益冲突，西方许多国家都制定了严格的法律制度。把"利益冲突预防制度"作为本国最主要的廉政体系。西方防止利益冲突的制度主要包括：

第一，回避制度。如美国要求政府公职人员必须作出书面保证，保证自己在工作中如果遇到涉及自己股份利益的事务时，就不再参与这项工作。

第二，防止利益冲突管理制度。英国针对高级官员制定了一项"利益声明"制度，要求官员在参与决策之前首先说明拟决策事项是否关联到个人利益，利益内容包括个人在公司或社会上的任职兼职情况、所加入的政党及社团、个人资产及所持公司股票、配偶及子女的任职情况等。加拿大防止利益冲突的法律规定非常细密，经常在条文之后附有范例，如与《利益冲突条例》相配套的单项法规就有《公共服务雇用法规》《公共服务工

[①] 庄德水：《利益冲突视角下的腐败与反腐败》，《广州行政学院学报》2009年第6期。
[②] 唐晓清、杨绍华：《防止利益冲突制度：国际社会廉政建设的经验及启示》，《当代世界与社会主义》2011年第2期。

作人员关系条例》《公职人员利益冲突与离职后行为准则》《关于泄露内部信息的错误行为的处理方法》《信息法规》《财政管理法规》等。[①]

第三，资产处理制度。加拿大要求公职人员任职后 120 日内，必须把构成实际或潜在利益冲突的资产处理完毕，或以公平交易的办法卖掉资产，或把资产委托给政府安排的信托人管理。德国《刑法》对于公务员接受礼品馈赠的行为一般以 5 欧元为限，5 欧元以内为正常礼品，5 欧元以上为受贿。如果接受礼品超出数额限制或接受了不许接受的礼品，就会被认定是违法甚至犯罪。除对公务员进行限制外，德国还专门规定对单位接受赞助和捐赠进行限制的法律。《联邦行政管理条例》规定，公共管理必须避免出现任何接受他人礼品礼金而受到影响干预的现象，以保障国家的纯洁和中立，赞助必须有利于行政管理，且必须避免公共管理出现偏袒，并使之透明。

第四，离职后行为限制。加拿大要求政府各部部长在离职后 2 年内（其他官员 1 年内）禁止到与其任职期间有工作关系或联系较密切的公司任职；所有官员在离职后一定年限内不准作为某公司的代表或代理与其原任职单位打交道，不准代表其他国家对政府进行游说活动，不准利用原掌握的内部信息谋取利益。

马克思和恩格斯虽然没有直接提出利益冲突防范理论，但是，马克思非常重视廉价政府建设问题，为革命后政府如何处理好公与私利益的矛盾，提供了很好的理论参考。马克思在《法兰西内战》中第一次明确提出廉价政府概念。他从公私利益冲突的角度提出，政府能够自觉地尽量降低各种施政成本，在保持和提高行政效率的前提下，使工作费用降到最低限度，从而减轻人民的税赋负担。

在国内理论界，北京大学的庄德水从利益冲突的概念入手，对利益冲突的形成要素进行了详细的分析和阐述，并从防止利益冲突的基本框架入手，以利益冲突为视角，分析了预防腐败的制度建设问题。[②] 唐铁汉从公共行政道德冲突的角度来考察利益冲突，公职人员在两种或多种的道德规范面前，其心理会产生一种矛盾对抗，如果是个人主导的道德心理战胜了

[①] 唐晓清、杨绍华：《防止利益冲突制度：国际社会廉政建设的经验及启示》，《当代世界与社会主义》2011 年第 2 期。

[②] 庄德水：《利益冲突视角下的腐败与反腐败》，《广州行政学院学报》2009 年第 6 期。

公共道德规范，则会产生道德冲突，即利益冲突情境。这种道德冲突主要表现在角色上的冲突、观念上的冲突和权益上的冲突等方面。[①]

二 国家治理体系现代化与利益冲突防范体系建构

全面深化改革的总目标是完善和发展中国特色社会主义制度，推进国家治理体系和治理能力现代化。国家治理体系涵盖了经济、政治、文化、社会、生态、党建等多方面内容，是从本源上建设廉洁政治的国家发展战略，具有从源头治理腐败的重要意义。[②] 国际反腐败实践的经验表明，防止利益冲突制度是保障国家廉政体系的重要支柱，直接影响到一个国家廉政建设的总体成效。建立健全防止利益冲突机制，在公共利益与私人利益之间构筑牢固的防火墙，对从源头上预防和治理腐败无疑具有重要的意义。

利益冲突问题产生的条件与国家治理体系息息相关，所以国家治理体系现代化与利益冲突防范也紧密相连。私有制和权力掌握在少数人手中，是人类社会发展必经的阶段，这就使利益冲突问题成为古今中外执政者都不得不面对的严峻问题。对这个问题的解决，无论是社会层面对财富占有方式的调整、社会对公共权力的监督，还是国家政治体系对权力的制约，都属于国家治理的重要内容。就国家治理体系内容而言，包含权责对应的现代行政管理、透明的公共财政、良好的社会公共服务、公民对公共事务的参与、公正的司法体系等。在当代中国的语境下，还应包含科学的政府与市场边界、执政党与政府、执政党与社会组织的关系等。而上述价值和内容无一不是完善利益冲突防范机制、建设廉政体系的基本要素和条件。

十八大后至今，因腐败被抓或被管制的省部级以上高官就有102名。从媒体披露的案情来看，违纪或违法的行为主要表现在三大方面：一是微观经济领域方面，无论是干预企业经营、土地征用房屋拆迁，还是工程招投标、获取开采矿产资源权，都有实权的领导者插手具体事项，从中为个人或家庭谋利。二是政治领域中的选人用人方面，买官卖官者有之，选举中贿选拉票者有之；更值得深思的是，这些原高级干部中，有的被提拔到

[①] 唐铁汉：《公共行政道德概论》，华文出版社2005年版，第110页。
[②] 《国家治理体系现代化与反腐倡廉建设》，中国县域治理网，2014年9月19日，http://www.21county.com/News/201409/201409191440542799.html。

新职务才一年多甚至几个月就被抓,属于典型的带病提拔。三是生活作风方面,虽然是作风问题,但有的为养情妇而索贿受贿,有的通过情妇而腐败,最终因作风问题牵连出其他问题。这些案情的共同特点之一,就是这些人违纪违法的主要时段大多集中在担任地方或部门的主要领导期间。换句话说,一地或一单位主要领导手中权力过大,而又没有有效的监督机制,导致了腐败问题的滋生。而解决上述问题,不仅仅是领导者个体价值观、道德观问题,更重要的是加强对权力的监督制约,以法治、责任、公开透明、有效的价值取向贯穿于经济、政治、文化、社会和党的建设之中,这恰恰就是国家治理体系现代化的问题。

中共在改革开放前虽有腐败,但案发率、腐败数额并不高,基本属于个体腐败。但是,随着改革开放带来经济高速发展,社会财富日益增多,腐败现象也开始滋生并伴随着改革领域逐渐拓展和经济社会发展的结构性变化而变化。比如,在由计划经济向市场经济转型的初期,价格双轨制使得倒卖批文成为腐败的重要手段;20世纪90年代国家对某些商品实行控制,海关参与走私一度成为腐败的代名词;当房地产成为热门赚钱行业时,某些高官的腐败又往往与房地产、城市建设联系在一起;伴随着城市扩张和新型城镇化建设,村干部腐败又成为热点话题。不难看出,腐败行为与政府对社会资源的控制范围和程度、公共权力自身的运作方式、社会治理模式始终紧密联系在一起,与经济体制、政治体制、制度环境等问题都是相关的。当改革深入某一领域,而监管没跟上时,该领域往往成为腐败高发领域。这里涉及的就是政府与市场关系、权力边界以及权力的监督制约等经济社会的重大问题。面对新的特点,我们的反腐败在一段时间内沿用着传统方式——思想教育加严厉惩罚,但效果有限。唯有把反腐败和廉政建设融入国家治理体系之中,才有真正的源头治理。

三 我国在利益冲突防范问题上的实践探索

(一)国家层面防范利益冲突的努力及成效

在实行市场经济的国家中都会存在利益冲突。利益冲突本身不等于腐败,但如果不加约束、处理不当,就会滋生腐败。在我国,公职人员收受礼品、接受款待和好处、经商、兼职、任人唯亲、利用内部信息谋取个人利益、离职后违规就业等利益冲突行为广泛存在。近年来查处的一系列腐败案件都与利益冲突息息相关。很多腐败分子都是由利益冲突渐渐走向腐败深渊的。针对利益冲突问题，党和政府早在改革开放之初就有关注，针对公职人员经商、办企业、兼职等行为出台过不少政策性文件，并对财产申报制度进行了长期的探索，其中影响较大的有：1984年出台的《关于严禁党政机关和党政干部经商、办企业的决定》；1997年印发的《关于领导干部报告个人重大事项的规定》；2007年颁布《关于严格禁止利用职务上的便利谋取不正当利益的若干规定》；1998年下发的《关于中央党政机关与所办经济实体和管理的直属企业脱钩有关问题的通知》；2009年全国人大常委会通过《中华人民共和国刑法修正案（七）》，其中明确国家工作人员的近亲属、离职的国家工作人员受贿的刑罚问题。

不过，尽管以往出台此类法规政策多达数十项，但仅仅属于党内法规和行政法规。在这些法规政策中，虽没有"防止利益冲突"之类的明确表述，但不少内容却旨在防止利益冲突，以从源头上预防和治理腐败。

2009年9月，中共十七届四中全会通过的《中共中央关于加强和改进新形势下党的建设若干重大问题的决定》，明确提出建立健全防止利益冲突制度。2010年2月23日，中共中央颁布的《中国共产党党员领导干部廉洁从政若干准则》和中共十八大报告等，也多次提出了建立健全规避利益冲突制度的问题。

但是，与其他国家和地区相比，我国规避公职人员利益冲突制度仍存在许多问题。一是防止利益冲突制度体系建设还不完备，虽然制定了相关政策制度来防范利益冲突发生，但这些制度较为分散、不全面、系统性不强。个别制度规定设计不科学，难以起到防止利益冲突的作用。二是防止利益冲突制度的实施机制和约束机制不健全。在实际工作中往往采用个人汇报、领导评价等手段，群众参与甚少，很难发现问题的存在；没有完善的公开约束机制，"半公开""假公开"，导致老百姓没法直接参与监督，而且缺乏防止利益冲突制度的反馈机制。三是缺乏防止利益冲突制度的文化环境。虽然我国历史上也有回避等制度，但是，传统文化中也存续了"礼尚往来"的风俗习惯和亲情重于理法的人情观，使人情关系在一定程度上成为一种隐性权力。因此，在遵守防止利益冲突制度时虽可以明确让直接利益相关人回避，但是以情理作为支撑的"潜规则"，仍会在一定程度上支配着部分决策人员的行政价值取向和行政行为。在这种文化环境的影响下，防止利益冲突制度的运行就会受到相应主体不同方面的阻力，并且出现一些不当的现象：如人情执法、违法成本低、久拖不决等等，制度运行的效果大受影响。[1]

严格来说，我国还没有完善的规避公职人员利益冲突制度。《中国共产党纪律处分条例》《公务员法》《廉政准则》等法律条例中均出现了关于防止利益冲突的规定。但较为零散，且政治色彩较浓，具体实施效果并不明显。西方很多国家针对这个问题进行了专门的立法，且取得了明显的效果。[2]

因此，我们应当吸取国际社会的成功经验建立专门的防止利益冲突的法律法规，对现行政策法规中的共同性内容加以归纳，统一引入"利益冲突"概念，完善财产申报的制度性规定并强化其执行力度，优化利益冲突回避制度，着手建立利益冲突资产处理制度，通过多种途径建构与完善规避公职人员利益冲突的制度体系，加强从源头上反对腐败，形成惩处与预防并重的反腐体制。设定公职人员需要遵从的财产申报、回避、离职后行为限制等一系列制度措施，有助于进一步提高廉政建设的系统性和有效性。

（二）上海的做法：对利益冲突问题的突破

1. 从净化权力的运作机制来构建反腐动力：职位越重要要求越高。

从根本上说，限制或禁止官员亲属经商办企业，是防止官员滥用公权力的最有效的制度设计之一，是预防和治理腐败的必然要求。上海《规定》坚持了"级别越高、位置越重要、权力越大，管理规定要越严"的原则，其主要涉及副局级以上干部[3]，体现了权力与约束对等的理念。[4] 依据

---

[1] 陈潇、龙树意：《关于建立健全防止利益冲突制度的调查思考》，《中国监察》2014年第7期。

[2] 如加拿大政府颁布的《利益冲突章程》，针对现任和退休公职人员制定了《公职人员利益冲突与离职后行为准则》，明确指出该规则的目标是将雇员私人利益与其公职职责之间发生利益冲突的可能性最小化，并在发生冲突时为了公众利益解决该冲突；指明了公职人员的伦理标准，详细规定了公职人员可接受礼品、宴请、好处、优惠待遇的标准，明确指出使用内部信息、政府财产所应当遵循的原则。美国《1978年政府伦理法》《行政部门职员道德行为标准》《利益冲突法》、韩国《公职人员伦理法》、日本《公务员伦理章程》，我国台湾地区《公职人员利益冲突回避法》等法律规范，也对利益冲突问题作出了详明的规定。引自王天笑《公职人员腐败的利益冲突诱因及其演变过程探析》，《郑州轻工业学院学报》2014年第4期。

[3] 《规定》对领导干部范围进行了明确界定，主要包括：上海本市党的机关、人大机关、行政机关、政协机关、审判机关、检察机关中局级副职以上（含局级副职，下同）的干部；本市人民团体、依法受权行使行政权力的事业单位中相当于局级副职以上的干部；本市国有企业中的市管领导人员。

[4] 《点赞"官眷禁商"，警惕博弈猫腻》，人民网，2015年5月6日，http://opinion.people.com.cn/n/2015/0506/c1003-26955899.html

《规定》，官员配偶、子女及其配偶经商办企业应受到严格限制，官员级别越高、权力越大，其亲属经商办企业受到的限制应该越严。对于高级官员的亲属，更应该完全禁止经商办企业。这样做的目的主要是为了防止官员利用职权为亲属经商办企业提供各种便利，防止官员通过亲属经商办企业的渠道，将手中的公权力变现为巨额财富。中国现阶段法治尚不健全，对官员权力的监督制约还很不到位。如果任由官员亲属在官员的"地盘"上经商办企业，势必导致官商勾结、钱权交易、不当利益输送等腐败行为；即便是在一些法制健全发达的西方国家，对官员亲属的从业行为也有一些限制性条款，如瑞士《联邦公务员法》规定，公务员不得兼营副业和工商业，其家属也不得开办餐馆、咖啡馆等，否则必须辞职。这可以算是一种国际惯例，中国即便在这方面做得更严格一些，即便有"矫枉过正"之嫌，在现有国情条件下也是大有必要的。[①]

但是近年来"小官大腐"的问题也不容忽视。考虑到李克强总理不久前严斥"处长把关"，鉴于某些"小领导"照样有颇大的腐败能量，有关方面恐怕也应考虑扩大"官眷禁商"的适用范围。反腐败要"苍蝇老虎一起打"，从严治吏也当"一视同仁"。

2. 制度设计科学化，操作性强，惩戒措施明确。

《规定》要求，领导干部应当按照本规定要求，将配偶、子女及其配偶经商办企业情况向组织作专项报告，填写《市管领导干部配偶、子女及其配偶经商办企业情况表》，并附企业年度报告等相关材料。同时，应当在领导班子民主生活会上，将配偶、子女及其配偶经商办企业情况进行明示。另外，《规定》指出，市委组织部、市纪委机关会同有关部门进行专项核实，对填报配偶、子女及其配偶无经商办企业情况的领导干部按照每年20%的比例进行抽查。重点核查是否存在漏报、瞒报情况。

同过去的规定相比较，这些条款都是有益的新探索。在过去的规定中没有要求一定要申报，这次规定不仅要申报，而且还要核查，20%的抽查比例相当高，会令不少干部产生敬畏。从处理的条款看，要么放弃、要么辞职，力度较大，甚至比对裸官的处理都要严格。

3. 从党内政治生活入手，公开透明来抑制权力腐败，同时也为党内生

[①] 《规范官员亲属经商并非"逆向歧视"》，新华网，2015年5月6日，http://news.xinhuanet.com/politics/2015-05/06/c_127771497.htm

活注入了新的内容，为党纪考核增加新的项目。

党在长期的革命和建设过程中，始终重视严肃党内政治生活，注重总结处理党内关系的正反两方面经验和教训，形成了行之有效的党内政治生活准则。按照"牢牢把握加强党的执政能力建设、先进性和纯洁性建设这条主线，坚持解放思想、改革创新，坚持党要管党、从严治党，全面加强党的思想建设、组织建设、作风建设、反腐倡廉建设、制度建设，增强自我净化、自我完善、自我革新、自我提高能力，建设学习型、服务型、创新型的马克思主义执政党，确保党始终成为中国特色社会主义事业的坚强领导核心"的总要求去设计、去规划、去实施。

权力腐败的本质就是对公权力的滥用。要着力解决权力寻租问题，加强制度建设，用制度和法律管权、管钱、管人，给权力涂上"防腐剂"。针对横向权力结构中防错纠错功能较弱，纵向权力结构中下级对上级监督较弱的现状，应该进一步调整和完善权力结构，进行合理的、科学的权力配置。要以规范"决策权"为核心，深化干部人事、财务管理、投资体制等改革，真正解决少数人权力过于集中、实际权力太大难以制约问题；要以规范"执行权"为关键，加强对权力运行过程中重点部位、重点岗位和关键环节的监督，进一步完善行政许可，深化行政审批制度、司法体制、行政执行体制、公共资源交易市场化等改革，通过体制机制和制度创新来抑制腐败；要以强化"监督权"为重点，深化党务公开、政务公开，推进权力公开透明运行，实现决策权、执行权与监督权的相互制约又相互协调。按照决策科学民主、执行规范透明、监督独立有效的基本思路，建立起结构合理、配置科学、程序严密、制约有效的权力运行机制，才能更加有效地确保权力在既定的范围和规定上运行，防止权力的越轨、滥用和异化。这样也能为严肃党内政治生活注入新的内容，为党纪考核增加新项目。

权力的净化与严肃党内政治生活是相互促进的关系，一方面，挂钩之后，党内政治生活有了进行权力监督的重要规范性文件，可以进一步严肃化。对党内政治生活的考察，成为权力监督的重要内容，党内政治生活的意义不再是可有可无的了。另一方面，权力监督和净化，有了党内的政治生活作保障，可以更加全面，可以及时通过党内生活发现和纠正文件中没有涉及的问题，防范立法滞后的问题。

四 结语

孟德斯鸠说:"一切有权力的人都容易滥用权力。"制度是以防止掌权人滥用权力为目的,其核心是为了约束手握权力的人。利益冲突防范制度能否有效执行,关键在于能否对禁止与限制的利益形式、申报与回避以及惩戒措施进行明确详细的规定。很多发达国家和地区对公职人员发生利益冲突并不是一概禁止,而是根据具体情况分类处理,既考虑人之常情,又尽可能避免利益冲突。以香港《2007年接受利益(行政长官许可)公告》为例,官员平时可能收获的利益根据来源分为五类,即亲属、商人、私交好友、其他人士和政府。每一类都明确规定了可以接受、经申报后可接受或者禁止接受的利益的项目和额度。正是这种精细化的制度规定使制度真正成为公职人员日常生活和工作过程中的行为指引,而不是仅仅作为体现一种态度,一种精神的文件束之高阁。[①]

在防止利益冲突问题上应建立一套适合我国国情的有效保障机制。具体可以考虑如下做法:一是严格执行党风廉政建设责任制,落实党委、政府以及各级领导干部在党风廉政建设中的领导责任;二是研究制定廉洁从政若干准则实施办法和公务员法实施细则,建立防止利益冲突的保障性制度;三是把清理党政干部在企业兼职、撤出党政干部煤矿入资等专项工作作为防止利益冲突的经常性工作,由专门机构负责并形成制度;四是研究建立财产申报、资产处理制度的可行性,待条件成熟再考虑开展试点工作;五是全面开展利益冲突回避信息档案建立工作。

(作者单位:上海市委党校)

[①] 《关于建立健全防止利益冲突制度的若干思考》,厦门网,2014年2月24日,http://www.xmnn.cn/llzx/qblb/201402/t20140224_3724027.htm。

抗战时期党内监督制度建设的基本经验及对全面从严治党的现实启示

董 瑛

2015年12月30日,中共中央政治局会议指出:"要探索党长期执政条件下强化自我监督的有效途径,完善党内监督制度。"② 抗日战争时期,中国共产党在残酷的战争环境中快速发展壮大,党员人数由1937年初的4万多人发展到1945年4月的121万多人,成为世界反法西斯东方主战场的中流砥柱和世界历史前进的强大正能量。回顾总结我党在抗战时期如何对快速增长而又庞大的党员革命队伍进行制度化的监督管理的伟大实践和成功经验,对新形势下推进全面从严治党、完善党内监督制度具有重要的现实意义。

一 抗战时期党内监督制度建设的基本经验

党内监督制度建设,是党的建设伟大工程的有机组成部分,是中国革命、建设和改革的重要保障和政治优势。抗日战争,以毛泽东为代表的中共党人敏锐地意识到这一事关党的生死存亡的重大政治命题,先后提出了一些重大的思想理论和制度原则,探索和建立强化党内监督的制度体系和有效途径,积累了重要的历史经验。

(一)坚持以上率下,为包括"党的领袖人物"在内的中央领导机关和党的高级干部立规矩

抗日战争期间,面对极其严峻的革命斗争任务和极其繁重的革命队伍

---

* 国家社科基金2014年度重点项目"深化党的建设制度改革研究"(14ADJ003)阶段性成果。

② 《人民日报》2015年12月31日。

管理任务，党中央清醒地意识到从严治党、从严治军，必须以上率下，首先为中央委员会、政治局、书记处及其成员立规矩、定制度。1938年9月29日至11月6日，我党召开了扩大的六届六中全会，是一次"决定中国之命运"的"具有重大历史意义的会议"[①]。毛泽东在会上提出制定"较详细的党内法规"，"监督党的领袖人物"，"使党内关系走上正轨"，"统一各级领导机关的行动"。[②] 于是，会议在我党历史上首次制订了针对中央领导机关和党内高中级干部的三项监督制度，即《关于中央委员会工作规则与纪律的决定》、《关于各级党委暂行组织机构的决定》、《关于各级党部工作规则与纪律的决定》，分别规定了中央委员会、中央政治局、中央书记处及各级党委、党部工作的任务、职责范围和纪律规矩；明确规定设立党内监察机构的具体条件和职能，要求在各解放区党委之下设立监察委员会；规定中央委员不得在中央委员会以外发表与中央决定相反的意见，亦不得有违反中央决定的行动；如果没有中央的委托，也不得以中央名义向党内外发表言论和文件；特别强调党的民主集中制的组织原则、组织纪律和行为规矩，强调发展党内民主监督、维护和巩固党的团结统一。要求中央领导机关和领导干部"成为英勇作战的模范，执行命令的模范，遵守纪律的模范，政治工作的模范和内部团结统一的模范"[③]。这些规定和要求是我党同张国焘分裂主义和王明抗战初期擅自发表言论，破坏党的团结统一的行为作斗争的经验总结，表明我党开始着手构建下级对上级、党员对干部特别是高中级干部、中央委员会对中央政治局、书记处的监督制度，是党内监督制度建设史上的一个新起点。

（二）"建立廉洁政府"，力求用制度管财管事管人

抗战爆发之初，党的组织力量和队伍人数明显不足，许多重要的地区尚无党的组织和党员。我党顺应时代发展变化的新要求，大量的十百倍地发展党员，成为党当时迫切与重要的任务。1938年3月15日中共中央作出《关于大量发展党员的决议》，打破了党员发展中的关门主义倾向和在统一战线中忽视党的发展甚至取消党的发展的错误倾向。因此，我党在抗战初期的大发展中增加了70余万新党员，到1940年党员队伍人数达到80

---

① 《毛泽东选集》第3卷，人民出版社1996年版，第425页。
② 《毛泽东选集》第2卷，人民出版社1991年版，第528页。
③ 《毛泽东选集》第2卷，人民出版社1991年版，第522页。

多万。面对这支绝大多数出身于农民和小资产阶级的革命队伍，我党首次建立了一套较为系统的财经制度、干部审查制度、奖惩制度、政治纪律、组织规矩，对新老党员干部进行严格的监督和管理。1937年8月25日，中共中央在《抗日救国十大纲领》中明确提出"铲除贪官污吏，建立廉洁政府"的政治纲领。1939年6月中共中央发出《关于严格建立财政经济制度的决定》，建立起统一收支制度、预决算制度、会计审计制度等，严格财经管理，堵塞贪污浪费。1939年8月和1940年8月，中共中央先后作出《关于巩固党的决定》和《关于审查干部问题的指示》，要求首先审查各级干部，"仔细考察每一个党内干部在政治上对党的忠实程度、工作能力、长处和弱点"，特别"对单独行动的军、政、党干部，则须注意其在单独行动时是否有贪污腐化、违背党的政策等行为"①，清算混入党内的异己分子、投机分子和敌探奸细，保证革命队伍的忠实可靠，保障党的路线的贯彻执行。1942年至1945年，中共中央又采取整风运动的形式，对党员干部队伍进行分类教育和运动式监督，不仅重新教育和训练了党内经过长期斗争保留下来的一批老党员、老干部，而且教育和训练了抗日战争初期入党的大批新党员、新干部。与此同时，我党制发了《陕甘宁边区政府组织条例》、《陕甘宁边区各级政府干部管理暂行通则》、《陕甘宁边区政务人员公约》、《陕甘宁边区政纪总则草案》、《陕甘宁边区各级政府干部任免暂行条例》、《陕甘宁边区各级政府干部奖惩暂行条例》、《关于各机关内部干部调整的规定》等一系列制度规范，对党的干部路线、原则以及干部的登记审查、教育培养、调配使用、任免调动、考核奖惩等作出了相应规定，要求广大党员干部"在政府工作中，应该是十分廉洁、不用私人、多做工作、少取报酬的模范"；"在民众运动中，应该是民众的朋友，而不是民众的上司，是诲人不倦的教师，而不是官僚主义的政客"。②

（三）突出党的纪律建设，确立了民主集中制这一党的根本监督制度并延续至今

全面抗战之初，毛泽东就强调指出："必须对党员进行有关纪律的教育，既使一般党员能遵守纪律，又使一般党员能监督党的领袖人物也一起

---

① 中央书记处：《六大以来》（下），人民出版社1981年版，第227—228页。
② 《毛泽东选集》第2卷，人民出版社1991年版，第522页。

遵守纪律，避免再发生张国焘事件。"① 1945 年 4 至 6 月，在延安召开的党的七大总结了建党以来党的建设的经验教训，首次较为系统地阐述了党的纪律建设和民主集中制的制度原则，发展了党内监督机构设置的制度规定，将党内监督制度建设推上了一个新的台阶。会议把维护执行党的纪律鲜明列入《党章》"总纲"，阐述了党的纪律的特征、要求及其重要性；首次把民主和集中结合起来，定义为"在民主基础上的集中和集中领导下的民主"，阐述了民主集中制的内在精神、政治生活形态、制度原则、目标，并首次在《党章》中确认了党员的权利和义务，丰富和发展了党内民主生活实践形态和实践原则，使民主集中制成为我党的一项根本监督制度延续至今；同时，在《党章》中专列了"奖励与处分"一章，强调对党员进行奖励和处分是维护和执行纪律的重要内容，并首次规定了"惩前毖后，治病救人"的执行党纪的方针和党内监督制度建设的原则，进一步健全党内监督制度体系。在监督机构建设上，七大决定取消党的六大设立的各级审查委员会，认为必要时将成立中央及地方党的监察委员会，中央监察委员会由中央全体会议选举产生，各地方党的监察委员会由各该地方党委全体会议选举并报上级组织批准，党的各级监察委员会在各该级委员会的指导下进行工作。但由于当时处于抗日战争后期，不久又开始了解放战争，党的各级监察委员会实际上一直没有成立。这期间的党内监督工作实际上由各级党委直接掌管，日常工作由党委组织部门负责。

（四）倡导"俸以养廉"，建立党员干部工作生活待遇保障制度

面对恶劣的斗争环境和艰苦的生活条件，我党在切实加强对广大党员干部严格监督、严格管理、严惩贪污浪费的同时，注重保障党员干部必要的物质文化生活需要和条件，首次提出了"俸以养廉"的原则，对以俸养廉制度建设进行了探索和尝试。1941 年 3 月，中共中央政治局批准了边区中央局《陕甘宁边区施政纲领》，强调"厉行廉洁政治，严惩公务人员之贪污行为，禁止任何公务人员假公济私之行为，共产党员有犯法者从重治罪。同时，实行俸以养廉原则，保障一切公务人员及其家属必须的物质生活及充分的文化娱乐生活"②。1942 年，边区政府在《陕甘宁边区精兵简政纲领》中规定，各级干部"实行奖惩，俸以养廉"，反对奢侈浪费。

---

① 《毛泽东选集》第 2 卷，人民出版社 1991 年版，第 528 页。
② 中央书记处：《六大以来》（上），人民出版社 1981 年版，第 1169—1170 页。

"除保证给养外，其他消费，概须力行节约。要提倡勤俭朴素，避免铺张浪费"，"要减少公差公马，提倡动手动脚"，"坚持廉洁节约作风，严厉反对贪污腐化现象"。① 随后，我党制订了《中央书记处关于文化技术干部待遇条例》、《陕甘宁边区供给制度补充条例草案》、《陕甘宁边区退伍退职人员处理办法》等一系列制度规定，既从制度上保证革命队伍的基本物质文化生活需要，体现以俸养廉的原则；又要求党员干部严于律己，廉洁奉公，表率于民。当时规定"边区长官的俸给，不得比熟练劳动者的所得为多"，党员领导干部比同级非党领导干部的低，技术干部比同级行政干部的高，退伍退职干部的生活需要尽量给以适当安置。

（五）厉行党内各项规矩，切实维护党章党规党纪权威

党章是党员干部的最高行为准则和最高效力的监督制度，党规党纪是党员干部的共同行为规矩。抗战时期，我党着重从思想上建设党、从政治上教化党、从革命中锻造党、从制度中约束党，强调"制度面前人人平等、制度面前没有特权、制度约束没有例外"，对违反制度规定的，不管功劳有多大、职务有多高，坚决严肃查处，努力建设"一个有纪律的、思想上纯洁的、组织上纯洁的党"。1937年10月，经历过长征、勇冠三军的师团级干部黄克功居功自傲、逼婚杀人，此案在延安和革命队伍中引起极大的震动。当时有人认为黄克功有着"光荣的斗争历史"，应该"赦免"他；他自己则要求戴罪立功，"死在与敌人作战的战场上"。毛泽东写信痛心地说："如赦免他，便无以教育党，无以教育红军，无以教育革命"，"正因为黄克功不同于一个普通人，正因为他是一个多年的共产党员，正因为他是一个多年的红军，所以不能不这样办。共产党与红军，对于自己的党员与红军成员不能不执行比一般平民更加严格的纪律。当此国家危急革命紧张之时，黄克功卑鄙无耻残忍自私至如此程度，他之处死，是他自己的行为决定的。一切共产党员，一切红军指战员，一切革命分子，都要以黄克功为前车之鉴。"② 最终，根据党与红军的纪律和规定，处他以极刑，从而维护了党章党规党纪的权威性和严肃性，切实保障了党章和各项监督制度的执行力和公信力。

---

① 《陕甘宁边区政府文件选编》第三辑，第173页。
② 中组部：《毛泽东、邓小平、江泽民论干部监督》，党建读物出版社2000年版，第91—92页。

二 对新形势下推进全面从严治党的现实启示

抗战时期，全国人民衷心拥护以毛泽东为代表的党的领导，依靠坚实的党群干群关系和有效的党内监督制度，我党战胜了一系列困难和危机。其科学思想主张、制度原则和实践经验，成为执政党建设极为宝贵的思想财富，对于新形势下我们党进行具有许多新的历史特点的伟大斗争，推进全面从严治党，深化党内监督制度改革，保持党的先进性和纯洁性，实现美好的中国梦，具有重大的现实借鉴意义。

（一）党内监督制度是推进全面从严治党、破除"历史周期律"的重要法宝

1945年7月，黄炎培先生在延安向毛泽东同志提出中共如何跳出"历史周期律"这一尖锐历史课题时，毛泽东同志充满自信而又坚定地回答："我们已经找到新路，我们能跳出这周期率。这条新路，就是民主。只有让人民来监督政府，政府才不敢松懈。只有人人起来负责，才不会人亡政息。"[①] 因而，把民主和监督作为破除"历史周期律"的两大法宝，告诫全党要以史为鉴，不能因胜利而骄傲腐化，"决不当李自成"，始终讲党性、守纪律、严规矩，永葆共产党人的先进性和纯洁性。因此，在新的时期，面对新的挑战和考验，全党干部要牢记历史的警示和毛泽东等老一辈的告诫，谨防掉入"历史周期律"的陷阱，不断健全完善和严格遵守党内监督制度，不但"善于破坏一个旧世界"，"还将善于建设一个新世界"，在实现中国梦的过程中力争"考个好成绩"。

（二）坚持领导带头，不搞特例和特权是提升制度执行力和党的公信力的有效机制

1938年，党的六届六中全会通过了三个决定，对党内高级干部的工作和政治言行作出重要规定，要求严格遵守党的工作规则和政治纪律，反对破坏团结、搞个人专制，反对特例特权和个人主义。正是由于领导带头、以上率下，层层立标杆、作示范，我党在严峻的战争环境中快速而安全地发展壮大，发展成为"全国范围的、广大群众性的、思想上政治上组织上完全巩固的布尔塞维克化的党"，同时以毛泽东为首的党中央在国内外的

[①] 薄一波：《若干重大决策与事件的回顾》（上），中共中央党校出版社1991年版，第157页。

影响力、政治威望和人格魅力空前提高，全国各族人民对党和对党内干部的认同感、归属感、信任感空前提高。这无疑对于今天推进全面从严治党，切实完善党内监督制度，加强对领导干部特别是一把手权力的监督制约，防止党内产生不受监督和制约的"特权阶层"，防止出现抵制改革、扭曲市场的"既得利益"，反对脱离群众、不接受监督的个人专制，倡导党内民主和人民民主，倡导领导干部非职务影响和人格魅力，切实增强广大群众对党和党员干部的信任感和归趋感，具有深刻的现实借鉴意义。

（三）刚性的政治纪律、制度规矩和严格的制度执行是维护党内监督制度效能的重要保障

抗战时期，我党既注重建立政治纪律、政治规矩等法规制度，同时强调各项法规制度在全党的贯彻执行，强化全党的制度意识、规矩意识，用制度"防止并反对资产阶级和资本主义思想对党的腐蚀，进一步巩固和纯洁党的组织"，"巩固党同群众的联系"，"保证党的集中统一的领导"。[①]当时在处理黄克功案件时，曾有人以黄克功是经过长征、有贡献的红军干部为由，为他说情。毛泽东对此进行了严厉批评，用实际行动切实维护了党内监督制度的效能和权威，也赢得了密切而有效的党群干群关系。这些思想主张和制度实践，对新时期严格遵守党的政治纪律和政治规矩，深入推进党风廉政建设和反腐败斗争、治理"四风之弊"具有重要的指导意义。全党干部特别是领导干部要以党章为根本遵循，以党纪为基本准绳，全面加强纪律建设，健全党内法规制度，完善党内监督体系，落实管党治党责任，自觉维护宪法、党章和各项监督制度的统一性、权威性和严肃性，切实保障法律制度的执行力和公信力，发挥党内监督制度在全面从严治党中的最大效能。

（四）改革监督体制、完善监督体系是把权力关进制度笼子、防止党内"问题"反弹的长效机制

抗战时期，为了有效加强对党员干部的监督管理，保持党的先进性和纯洁性，我党注重强化群众的监督主体地位，既开展严肃认真的党内批评与自我批评，形成严格的党内监督；又放手发动群众，欢迎民主党派、党外人士和人民群众对党进行批评监督。随着信息化时代的到来和政治文明建设的推进，群众监督在国家监督体系和政治生活中地位和作用越来越重

[①]《朱德选集》，人民出版社1983年版，第315—317页。

要，人民群众对权利监督的期待和要求也越来越高。因此，在长期执政条件下，党要管党、从严治党，切实防止党内"问题"反弹，不但要坚持对监督体系构建的主导地位，牢牢把握群众监督、民主监督的正面引导方向；而且要不断拓宽群众参与权、监督权，建立和完善社会监督制度、群众监督制度、新闻舆论监督制度等，形成党内与党外、自下而上与自上而下、组织与群众相结合的完备的监督制度体系。尤其要借鉴历史和国外经验，把监督体制改革和权力结构改革作为深化党的建设制度改革的重要内容，作为推进国家治理体系和治理能力现代化的重要组成部分，推进反腐败体制机制改革和创新，构建决策科学、执行坚决、监督有力的权力运行体系，真正把权力关进制度的笼子里。

（作者单位：江省委党校马克思主义研究院、浙江省科学发展观与浙江发展研究中心）

中国创业投资业规范化发展思路探析

于春明 于 婷

发展创业投资业是一项复杂的系统工程，涉及诸多方面的因素。创业投资业的发展需要四个方面的有机结合：即资本与增长机会的结合；投资与融资的结合；创业投资家与创业企业家的结合；政府鼓励政策与个人寻求经济利益动机的结合。资本与机会的结合是外部的结合，而创业投资家与创业企业家的结合则是内在的结合，是创业投资成败的关键。这两个方面的结合是在投资与融资过程中实现的，其实现的关键则是把政府的鼓励政策与个人寻求经济利益的动机有效地统一起来。由此我们认为，中国创业投资业规范化发展的思路应该是：

一 营造有利于创业投资业发展的良好环境

从政策环境方面来看，必须制定有利于创业投资发展的政策，以满足创业投资对融资渠道多样化和融资成本尽量低的要求，并通过有效的政策措施对创业投资行为实施激励，满足创业投资对高收益率的追求。这些政策包括：政府支持性融资，创业投资的税收优惠政策，政府采购，等等。从宏观环境方面来看，应对创业投资基金的发起、设立、募集与交易运作的全过程作出具体规定，建立行之有效的内部运作和管理机制；组建主要经营科技创业投资的科技开发银行，实行股份制的经营管理模式，统筹协调各方面的科技创业投资活动，强化和协调科技创业资本的职能；创建高技术创业投资公司，即以银行的贷款资金、科技界的技术和企业的生产销售条件，联合创办高技术创业投资公司，扶持高新技术企业。从法律环境方面来看，必须制定有利于创业投资发展的法律法规，对科技成果的产权实施有效保护，并对侵权行为实施严厉打击和快速索赔，保证创业投资收益的安全实现。从市场环境方面来看，应尽快形成以高技术应用为导向的市场环境，解决当前我国市场对高技术产品需求不足问题；必须加强对全国统一市场的建设和管理，彻底消除地方和行业的技术"壁垒"；政府应还权于企业，加速现代企业制度建设，最大限度地发挥市场"看不见的手"的作用，让市场用自身的力量去营造一个以高技术应用为导向的市场环境，促进和加速科技成果的转化。

二　建立健全创业投资机制

一般说来，完善的创业投资机制主要包括五个方面的因素：一是充裕的资金来源。创业投资具有投资期长、规模大、风险高的特点，由此决定创业投资必须具有稳定的资金来源，其投资主体主要包括机构、外国投资者以及富有的家庭和个人。二是专业的创业投资公司。资本是科技转化成生产力不可或缺的条件。创业投资公司通过发挥资金放大、风险调节、企业孵化等职能，构建起资本与技术结合的桥梁。创业投资家是创业投资公司的灵魂。标准的创业投资家应该是集管理才能、专业技能、金融知识于一身的多面手。三是成熟的创业者。一流的人才加二流的技术胜过二流的人才加一流的技术，这已成为创业投资家选择受资企业的标准之一。创业者的素质对于创业企业能否成功至关重要，他必须具备将创意整理成合理可行的商业计划的能力。四是适度的政府行为。任何一种新兴行业的发展都受到政府行为的影响，机构资金能否进入创业投资市场、创业投资公司组织形式和上市公司的资质、数量等问题都需要政府相关政策法规的支持。五是合理的退出机制。创业投资的目的不是控股。无论成功与否，退出是创业投资的必然选择，否则无法进入新一轮投资，而资金失去流动性就意味着失去了生命。这五个要素互相关联，互相影响，共同构成创业投资机制的框架。我国必须借鉴国外创业投资成功的管理经验，建立适合国情的创业投资委托代理管理制度、收益分配和激励制度、以高科技证券市场为主的退出市场体系，充分发挥市场机制的作用，利用利益驱动原则规范和协调各参与主体的关系，将其利益目标与科技转化的目标有机地结合起来。

三　充分发挥中介机构的作用

一方面，要充分发挥会计师事务所的监督作用和律师事务所、专利事务所的法规保障作用。信息披露制度是创业投资有效运行的基础，注册会计师审计则是信息披露制度规范化的必要保证。创业企业会计信息披露的公开、有效、及时和充分，是投资者充分了解创业企业成长情况，作出正确决策的前提，也是取得投资者信任的保证。律师事务所应对企业进行审查，维护委托人合法权利，从企业外部控制风险，提高相关创业企业的可信度。我国已经实施了"技术合同法"、"商标法"、"专利法"、"著作权法"和"计算机软件保护条例"等，并参加了有关保护知识产权的巴黎公约、伯尔尼公约等国际公约组织。在技术成果交易中，专利事务所应对企业自主知识产权、完全自创的知识产权及商业秘密等实施有力的保护。

另一方面，要建立健全资产评估机构和信息咨询机构，为创业资本的介入和撤出提供可靠的依据。资产评估机构介入创业投资，主要业务包括资产评估、出具资产证明等。在创业资本退出中，无论是创业企业的公开发行、兼并和收购，还是企业回购，必须依据资产评估机构的评估结果才能顺利地进行。资信评估机构和信息咨询机构是创业投资运营的信息来源和信用基础。资信评估机构主要通过证券评级和企业资信评估来传递信息、控制风险以降低整个社会的信息成本，为创业投资者提供对创业企业的信用担保。投资者的信任是创业投资繁荣发展的重要条件之一，通过资信评估机构对项目的评价认可，将有利于投资者作出正确的投资决策。信息咨询机构作为专业性的机构，其收集、传递信息的功能较之其他机构更为迅速准确，能够辅助创业投资者进行信息分析与决策，减少不必要的投资失误，最大限度地控制风险。

四 进一步明确政府在制度建设中的主导地位

目前，中国政府对创业投资业的发展应采取"参与而不控股，引导而不干预"的态度，充分发挥其制度建设中的主导作用。主要包括：建立国家创新体系，科学规划研究与开发的方向，改革科研激励机制，提高科技成果的创新性和可转化性，为科技创业投资提供项目源头；推动政府、产业界、学术界和研究机构的密切合作，实现产、学、研的有机结合，培养和造就具有金融投资、企业管理、科学技术三方面丰富知识和经验的创业投资家队伍；改革教育体制，使高等学校不仅要成为科技产业的孵化器，更重要的是要培养创新人才、复合型人才和经营人才，为科技创业投资提供人力资源保障；进行组织创新，集中力量办好科技工业园区，建立各种类型的科技成果"孵化器"，为科技创业投资提供配套环境和载体，营造中国的"硅谷土壤";改革分配制度,建立一种风险分担、利益共享的新型分配机制,让技术要素参与分配,通过技术股、创业股、管理股、风险股等制度建设,形成对创新者、创业者、投资者的激励机制,充分调动其积极性和创造性;建立创业投资的政策支持体系,通过税收减免和政府补贴等优惠政策完善创业投资的风险补偿机制;大力发展资本市场,培育由项目市场、资金市场和产权交易市场组成的创业投资市场体系,充分发挥市场机制的作用,为创业投资提供畅通的退出渠道;努力规范证券市场的交易秩序,培养长期投资理念和机构投资主体,推出中国创业板市场,促进科技资源的流动,形成包括个人、企业、金融和非金融机构等有机组合的创业投资网络。

(作者单位:山东建筑大学法政学院、管理学院)

论"四个全面"与中国梦的内在逻辑关系

高云坚

一 全面建成小康社会是实现中国梦在现阶段的具体目标体现，是几代中央领导集体的共同目标追求

小康社会是介于温饱与富裕之间的一个特定发展阶段，"小康社会"是邓小平20世纪70年代末80年代初在规划中国经济社会发展蓝图时提出的战略构想，但在那个年代，小康仍然是十分初级的，惠及的面十分有限，正如党的十二大提出到20世纪末要使人民生活达到小康水平，所谓小康水平，其实重点就是解决温饱。跟邓小平提出的小康社会（不是单纯的物质文明，还包括精神文明和政治文明等）是有差别的。后来，我们党提出了"全面建设小康社会"的命题，把"小康社会"提升到更高的级别和更大的面，但何时能建成，仍然是没有时间表的。直到党的十八大，才正式提出"确保到二〇二〇年实现全面建成小康社会宏伟目标"，正式给出了时间表。

回顾我们党走过的历程，可以窥视中国共产党在小康社会道路上从小康水平到全面建设小康社会再到全面建成小康社会的历史足迹。

中共十一届三中全会召开，标志着全党的工作重点正式由原来的"以阶级斗争为纲"转移到"以经济建设为中心"的社会主义现代化建设上来，为此，邓小平创造性地提出"建设有中国特色的社会主义"的论断，创造性地提出了分"三步走"的发展战略，并提出了第二步要在20世纪末达到"小康水平"。

党的十六大报告以"全面建设小康社会，开创中国特色社会主义事业新局面"为标题，江泽民同志对"全面建设小康社会"进行了总动员，他指出："当人类社会跨入二十一世纪的时候，我国进入全面建设小康社会、加快推进社会主义现代化的新的发展阶段。"他又说，经过全党和全国各族人民的共同努力，我们胜利实现了现代化建设"三步走"战略的第一步、第二步目标，人民生活总体上达到小康水平。这是社会主义制度的伟大胜利，是中华民族发展史上一个新的里程碑。但必须看到，我国正处于并将长期处于社会主义初级阶段，现在达到的小康还是低水平的、不全面的、发展很不平衡的小康……根据十五大提出的到二〇一〇年、建党一百年和新中国成立一百年的发展目标，我们要在本世纪头二十年，集中力量，全面建设惠及十几亿人口的更高水平的小康社会……这是实现现代化建设第三步战略目标必经的承上启下的发展阶段，也是完善社会主义市场经济体制和扩大对外开放的关键阶段。经过这个阶段的建设，再继续奋斗几十年，到本世纪中叶基本实现现代化，把我国建成富强民主文明的社会主义国家。

党的十八大报告以"坚定不移沿着中国特色社会主义道路前进 为全面建成小康社会而奋斗"为标题，胡锦涛同志进一步阐述了"全面建成小康社会"新的目标要求，他指出："综观国际国内大势，我国发展仍处于可以大有作为的重要战略机遇期。我们要准确判断重要战略机遇期内涵和条件的变化，全面把握机遇，沉着应对挑战，赢得主动，赢得优势，赢得未来，确保到二〇二〇年实现全面建成小康社会宏伟目标。"

习近平总书记接过历史的接力棒，使实现"两个一百年"目标越来越近，越来越清晰，他指出："实现全面建成小康社会、建成富强民主文明和谐的社会主义现代化国家的奋斗目标，实现中华民族伟大复兴的中国梦，就是要实现国家富强、民族振兴、人民幸福，既深深体现了今天中国人的理想，也深深反映了我们先人们不懈追求进步的光荣传统。"[①]

由此可见，"四个全面"战略布局中的全面建成小康社会，是中国共产党人一以贯之的目标追求，是全面而不是局部，是完成时而不再是进行时，因而它也是实现中国梦在现阶段的具体目标体现。

二 全面深化改革是实现中国梦的必然选择和必由之路

之所以这样认为，主要基于以下两个因素。

（一）改革是中国共产党新时期的执政手段，是强国富民的历史抉择

中国共产党经历了从革命到建设，从建设再到改革的历史时期，1978

[①] 《习近平谈治国理政》，外文出版社 2014 年版，第 39 页。

年党的十一届三中全会召开,标志着中国进入了改革开放历史新阶段,改革成了这个时期中国共产党执政的手段,成了这个时代的最强音。改革开放 37 年来,中国发生了天翻地覆的变化,人民沐浴着改革春风,享受着改革红利,尝到了改革甜头。1992 年邓小平同志在南方谈话中说:"不坚持社会主义,不改革开放,不发展经济,不改善人民生活,只能是死路一条。"① 37 年改革开放的伟大实践证明,只有社会主义才能救中国,只有改革开放才能发展中国、发展社会主义,此外没有别的选择。因此,习近平才会在 2014 年接受俄罗斯电视台专访时一针见血地指出:"1978 年,中共十一届三中全会开启了中国改革开放进程,至今已经 35 年多了,取得了举世瞩目的成就。但是,我们还要继续前进。我们提出了'两个一百年'的奋斗目标。当前,经济全球化快速发展,综合国力竞争更加激烈,国际形势复杂多变,我们认为,中国要抓住机遇、迎接挑战,实现新的更大发展,从根本上还要靠改革开放。"②

(二) 全面深化改革是中国共产党不留死角的一场攻坚战,事关全面建成小康社会大局,事关共圆中国梦大局

如果说党的十一届三中全会以来到党的十八届三中全会召开之前的各项改革主要侧重于经济领域的话,那么,十八届三中全会部署的这场改革,就是一场全方位的改革,是一场涉险滩、涉深水区,开弓没有回头箭的改革,37 年前,党的十一届三中全会把党和国家的工作重心转移到经济建设上来,开启了改革开放伟大征程。之后历代中央领导一以贯之地接力探索,始终高举中国特色社会主义伟大旗帜,始终坚持改革开放,既不走封闭僵化的老路,也不走改旗易帜的邪路。党的十八大以来,习近平反复强调:"改革开放是决定当代中国命运的关键一招,也是决定实现'两个一百年'奋斗目标、实现中华民族伟大复兴的关键一招,实践发展永无止境,解放思想永无止境,改革开放也永无止境,停顿和倒退没有出路,改革开放只有进行时、没有完成时。"③ 同时他又指出:"我们之所以决定这次三中全会研究全面深化改革问题,不是推进一个领域改革,也不是推进几个领域改革,而是推进所有领域改革,就是从国家治理体系和治理能力

---

① 《邓小平文选》第 3 卷,人民出版社 1993 年版,第 370 页。
② 《习近平谈治国理政》,外文出版社 2014 年版,第 100 页。
③ 同上书,第 71 页。

的总体角度考虑的。"① 全面建成小康社会，没有全面深化改革不行，最终实现中国梦，没有全面深化改革也不行，因此，它是实现"两个一百年"战略目标的动力之源和必经之路。

三　全面依法治国是实现中国梦的顶层制度安排

全面依法治国是对邓小平"摸着石头过河"思想以及"制度靠得住"思想的总结与提升，是改革进入深水区以及实现中国梦的必然选择。邓小平提出改革开放的时候，正是国家处于拨乱反正、百废待兴的时候，但具体改什么、怎么改则没有成型的思路和固定模式，需要大胆探索，需要"摸着石头过河"。所以邓小平同志说"我们搞的实质上是一场革命。从另一个意义上来说，我们现在做的事情都是一个试验。对我们来说，都是新事物，所以要摸索前进。既然是新事物，难免要犯错误。我们的办法是不断总结经验，有错误赶快改，小错误不要变成大错误"②。深圳、珠海、汕头、厦门等经济特区本质上就是几块改革开放的试验田，积累经验后再向全国铺开的。因为当时社会主义初级阶段这种情况下的改革，古今中外都没有过，所以可以借鉴的东西不多，只能边摸索边前进。但是，邓小平同志也曾经精辟地指出"还是制度靠得住些，制度好了坏人不能横行，制度不好好人也不能充分做好事，甚至会走向反面"。又说"为了保障人民民主，必须加强法制。必须使民主制度化、法律化，使这种制度和法律不因领导人的改变而改变，不因领导人的看法和注意力的改变而改变"③。可见，制度的建设同样是十分重要的。

特别是，改革开放到今天已经走过了30多个年头，步入了"深水区"，能改的都改得差不多了，剩下的都是难啃的"硬骨头"，面对如此更加复杂的形势，以习近平同志为核心的党中央审时度势，在全面观照过去30多年改革实践和经验的基础上，适时召开了党的十八届三中全会，提出了全面深化改革的构想，这一构想中提出加强顶层设计和摸着石头过河相结合的论断，也就是，国家层面在事关改革的重大问题上，必须统揽抓总，集中解决制度层面的全局性问题，同时在具体的改革实践中继续尊重

---

① 《习近平谈治国理政》，外文出版社2014年版，第90页。
② 部卓绮：《邓小平的语言艺术》，中国文史出版社2013年版，第350页。
③ 《邓小平文选》第2卷，人民出版社1994年版，第146页。

人民的主体地位,发挥群众的首创精神。其最终目的,就是要"最大限度集中全党全社会智慧,最大限度调动一切积极因素,敢于啃硬骨头,敢于涉险滩,以更大决心冲破思想观念的束缚、突破利益固化的藩篱,推动中国特色社会主义制度自我完善和发展"。为此,全面依法治国应时代而生。全面,就是全覆盖,没有例外,就是"任何组织或者个人都必须在宪法和法律范围内活动,任何公民、社会组织和国家机关都要以宪法和法律为行为准则,依照宪法和法律行使权利或权力、履行义务或职责"①。就是提倡党的领导、人民当家作主、依法治国有机统一,依法治国和以德治国相结合;就是科学立法、严格执法、公正司法、全民守法全过程的覆盖。最终达到法治国家、法治政府、法治社会的目的。

四 全面从严治党是实现中国梦的政治保障

中国梦的最终实现,历史选择了只有依靠中国共产党的领导。换句话说,脱离了中国共产党的领导或者中国共产党自身不再具备领导能力,那么,全面建成小康社会乃至最终实现中国梦都是不可能的。

(一)"四大考验"和"四大危险"决定必须全面从严治党

中国共产党是一个拥有8600多万党员、在一个13亿多人口的大国长期执政的党,党的执政能力如何不仅直接关系党的命运,而且直接关系国家的命运、人民的命运、民族的命运。在全面建成小康社会和实现中华民族伟大复兴中国梦的征程上,我们党始终面临着执政考验、改革开放考验、市场经济考验、外部环境考验,同时,精神懈怠危险、能力不足危险、脱离群众危险、消极腐败危险更加尖锐地摆在全党面前。在这种情况下,只有全面加强党的建设,全面从严治党,切实解决"打铁还须自身硬"的问题,才能确保党在中国特色社会主义建设中的领导地位不动摇,才能走出历史周期律,才能避免亡党亡国的危险。

(二)全面建成小康社会和实现中国梦迫切要求全面从严治党

堡垒最容易从内部攻破,过去,邓小平同志曾指出,"中国要出问题,还是出在共产党内部"。这表明,要坚持和改善党的领导,就必须不断加强党的自身建设。

面对新时期新任务,我们党敏锐地看到完成使命与加强党自身建设极

---

① 《习近平谈治国理政》,外文出版社2014年版,第145页。

端重要的关系。十八大报告指出:"我们党担负着团结带领人民全面建成小康社会、推进社会主义现代化、实现中华民族伟大复兴的重任。党坚强有力,党同人民保持血肉联系,国家就繁荣稳定,人民就幸福安康。形势的发展、事业的开拓、人民的期待,都要求我们以改革创新精神全面推进党的建设新的伟大工程,全面提高党的建设科学化水平。"

习近平总书记也告诫全党:"历史使命越光荣,奋斗目标越宏伟,执政环境越复杂,我们就越要增强忧患意识,越要从严治党,做到'为之于未有,治之于未乱',使我们党永远立于不败之地。"

全面从严治党,笔者认为,就是不留死角,没有禁区,不设时间表,就是加强执政党自身建设新的常态化。第一个一百年的目标即到2020年全面建成小康社会,只剩下几年时间,时间紧,任务重,使命光荣,只有全面从严治党抓好自身建设,才能完成既定目标,才能真正向人民交出一份满意的答卷。

(作者单位:广东外语外贸大学)

论历史生成中的"四个全面"与社会主义核心价值观[*]

滕明政

党的十八大以来,以习近平同志为核心的新一届中央领导集体着眼于回答"实现什么样的国家治理,怎样实现"的时代课题,相继作出了全面建成小康社会、全面深化改革、全面推进依法治国、全面从严治党等战略部署。与此同时,他还强调要构建具有强大感召力的核心价值观,促使社会更加和谐稳定,国家更加长治久安。这些重要思想是新一届中央领导集体治国理政顶层设计的重要体现,对新形势下党和国家工作的关键环节、重点领域和主攻方向等作出了明确部署,深化了对社会主义建设规律、人类社会发展规律和共产党执政规律的认识,是我们进行具有许多新的历史特点的伟大斗争的行动指南。

一 "四个全面"的形成与社会主义核心价值观的确立

实践是不断发展的,理论也是不断完善的,人们不可能超越其所处的情境一次性提出一个解决所有问题的完美理论。对此,马克思曾指出:"一切划时代的体系的真正的内容都是由于产生这些体系的那个时期的需要而形成起来的。"[②]"四个全面"和社会主义核心价值观都是根据中国实践需要而提出的、并随着实践的发展而不断丰富完善的理论。"四个全面"始于"一个全面","社会主义核心价值观"从"社会主义核心价值体系"凝练而来。

---

[*] [基金项目] 中国人民大学 2015 年度拔尖创新人才培育资助计划成果;国家留学基金资助成果;教育部人文社会科学研究专项任务项目(中国特色社会主义理论体系研究)"当前思想理论领域重大理论和现实问题研究"(15JD710003)成果。

[②] 《马克思恩格斯全集》第 3 卷,人民出版社 1956 年版,第 544 页。

1. 从"一个全面"到"四个全面"

2012年11月,党的十八大报告首次以中央文件的形式正式提出"全面建成小康社会"命题,此即"第一个全面"。"第一个全面"始于20世纪70年代末80年代初改革开放总设计师邓小平对中国现代化发展道路的战略构想。随着社会的发展,其内涵不断得到丰富和发展。2002年11月,党的十六大将其发展为"全面建设小康社会"思想。党的十七大将"建设"改为"建成",彰显了中国共产党历史使命和担当意识。

2013年11月,党的十八届三中全会作出"全面深化改革"的战略部署,此即"第二个全面"。"第二个全面"经历了邓小平的"改革是一场革命,改革是中国现代化的必由之路",江泽民的"改革开放是社会主义中国的强国之路,是决定当代中国命运的历史性决策",胡锦涛的"只有改革开放才能发展中国、发展社会主义、发展马克思主义",再到习近平的"改革开放是当代中国发展进步的活力之源,是党和人民事业大踏步赶上时代的重要法宝,是大势所趋、人心所向,停顿和倒退没有出路"[①]而形成。在这一过程中,中国共产党积累了重要的经验、深刻地认识到前进中的问题只能用改革和发展的方法解决。

2014年10月,党的十八届四中全会作出"全面推进依法治国"的战略部署,此即"第三个全面"。"第三个全面"所强调的法治源于对"文化大革命"十年浩劫的深刻反思。在反思中,邓小平等中央领导认识到任何个人或组织都不能超越法律,社会主义正常运行需要法律的保障。因此,他突出强调了民主法治建设的重要性,明确指出:"为了保障人民民主,必须加强法制。必须使民主制度化、法律化。"[②] 从1986年开始,中央领导举办法制讲座集体学习法律。1994—2002年中央政治局在中南海集体听取法律知识讲座12次,形成了中央政治局集体学习的雏形。2002年以后中央政治局集体学习制度化,作为开篇的就是邀请许崇德和周叶中两位教授讲解宪法。党的十八大以后,习近平高度重视并不断推进法治建设,在他看来:"全面推进依法治国是关系我们党执政兴国、关系人民幸福安康、关系党和国家长治久安的重大战略问题,是完善和发展中国特色

---

① 习近平:《加强对改革重大问题调查研究 提高全面深化改革决策科学性》,《人民日报》2013年7月25日第1版。

② 《邓小平文选》第2卷,人民出版社1994年版,第146页。

社会主义制度、推进国家治理体系和治理能力现代化的重要方面。"① 由此，法治也就成为新时期中国治国理政的重要利器。

2014年10月，在党的群众路线教育实践活动总结大会上，习近平从八个方面系统阐述了"全面推进从严治党"思想，此即"第四个全面"。"第四个全面"所强调的从严治党是党的光荣传统，是共产党优于国民党等其他政党的真正优势，是共产党的核心软实力。从革命战争年代的"三大纪律""八项注意"到改革开放时期的"治国必先治党，治党务必从严"，再到新时期习近平的"打铁还需自身硬"，强调"要以踏石留印、抓铁有痕的劲头抓下去，善始善终、善做善成，防止虎头蛇尾，让全党全体人民来监督，让人民群众不断看到实实在在的成效和变化"②。这些从严治党的措施都是为了确保中国共产党始终成为中国特色社会主义的领导核心。

在此基础上，习近平2014年12月14日在江苏调研时，首次将四者连起来使用，形成了"四个全面"的表述，他指出："协调推进全面建成小康社会、全面深化改革、全面推进依法治国、全面从严治党，推动改革开放和社会主义现代化建设迈上新台阶。"③ 这是从完成党的十八大提出的任务、要求以及当前党和国家事业发展中必须解决好的主要矛盾提出来的④，它明确了"四个全面"的科学内涵。次年2月初，在省部级主要领导干部专题研讨班开班式上，习近平作出了"四个全面"是战略布局的判断，认为它"既有战略目标，也有战略举措，每一个'全面'都具有重大战略意义"⑤，这就明确了"四个全面"的科学定位。这样一来，"四个全面"从中国问题出发，由一般的任务要求逐渐上升为重要的国家战略。

2. 从"社会主义核心价值体系"到"社会主义核心价值观"

2006年10月，党的十六届六中全会首次提出"建设社会主义核心价值体系"的崭新命题，指出"马克思主义指导思想，中国特色社会主义共

---

① 习近平：《关于〈中共中央关于全面推进依法治国若干重大问题的决定〉的说明》，《人民日报》2014年10月29日第2版。
② 《习近平谈治国理政》，外文出版社2014年版，第387页。
③ 《习近平在江苏调研时强调 主动把握和积极适应经济发展新常态 推动改革开放和现代化建设迈上新台阶》，《人民日报》2014年12月15日第1版。
④ 施芝鸿：《"四个全面"战略布局是怎样形成的》，《北京日报》2015年3月2日第13版。
⑤ 习近平：《领导干部要做尊法学法守法用法的模范 带动全党全国共同全面推进依法治国》，《人民日报》2015年2月3日第1版。

同理想，以爱国主义为核心的民族精神和以改革创新为核心的时代精神，社会主义荣辱观，构成社会主义核心价值体系的基本内容"[1]，强调要用社会主义核心价值体系引领社会思潮，凝聚社会共识，促进社会和谐。提出这一命题是因为：一方面，国际上文化软实力的竞争已经成为综合国力竞争的重要内容，作为文化软实力核心的价值观日益成为各国高度关注的对象。鉴于此，西方国家加紧了对中国的思想文化、意识形态和价值观的渗透，特别是随着互联网的发展，这种渗透的规模和能量超乎想象，引起了中央的高度警觉。另一方面，随着我国社会的深刻变革和对外开放的不断扩大，一些腐朽落后思想文化沉渣泛起，这些思想不断挑战中国主流意识形态、侵蚀中国人民团结奋斗的共同理想，使中国社会呈现出分离、分化和分裂的倾向，加强社会主义核心价值体系的建设就成为当务之急。

社会主义核心价值体系问题提出后，虽然一定程度上扭转了思想文化领域的不利局面，但随后又产生了一些新问题。例如，表述方式不符合中国传统的语言习惯，表述太长且不容易传播和记忆，涉及面太广且不容易把握最核心的内容等。于是，如何用更加简洁的语言凝练出社会大众认同的社会主义核心价值观的问题便提出来了。[2] 理论界、学术界、党政部门以及新闻媒体等对凝练社会主义核心价值观目的原则、方式方法、语言表达等方面进行了深入的探讨，国家以及省市等多层面也都设置了凝练社会主义核心价值观等相关课题，这些努力推进了社会主义核心价值观的凝练。

但实事求是地讲，在当下明确我们的民族、我们的国家应该坚守什么样的核心价值观着实不易。正如习近平所指出的，社会主义核心价值观问题，是一个理论问题，也是一个实践问题。经过反复征求意见，综合各方面认识，在十八大报告中我们才提出"三个倡导"，即"倡导富强、民主、文明、和谐，倡导自由、平等、公正、法治，倡导爱国、敬业、诚信、友善，积极培育社会主义核心价值观"[3]。这是中央文件中，首次尝试用24

---

[1] 《中共中央关于构建社会主义和谐社会若干重大问题的决定》，《人民日报》2006年10月18日第1版。

[2] 徐志宏、滕明政：《凝练社会主义核心价值观再思考》，《中共天津市委党校学报》2013年第5期。

[3] 胡锦涛：《坚定不移沿着中国特色社会主义道路前进　为全面建成小康社会而奋斗》，《人民日报》2012年11月9日第1版。

个字表达社会主义核心价值观，借以回答建设什么样的国家、建设什么样的社会、培育什么样的公民的重大问题。此时用的是"三个倡导"、"积极培育"，仍没有最终确定这 24 个字就是社会主义核心价值观，但这 24 个字获得越来越多的认同，将这 24 个字定位为社会主义核心价值观逐渐成为人们共识。

2013 年 12 月，在中共中央办公厅印发的《关于培育和践行社会主义核心价值观的意见》中明确提出："富强、民主、文明、和谐是国家层面的价值目标，自由、平等、公正、法治是社会层面的价值取向，爱国、敬业、诚信、友善是公民个人层面的价值准则，这 24 个字是社会主义核心价值观的基本内容。"① 这就顺应了人民的期盼和国家发展的需要，实现了从"社会主义核心价值体系"到"社会主义核心价值观"的跃升，为中国思想文化、意识形态和价值观的建设提供了基本遵循，成为新时期重要治国理政的重要维度。

二 "四个全面"与社会主义核心价值观的关系

目的和手段是哲学中一对基本范畴，也是人们在研究事物关系时常用的一组基本概念。目的是主体活动所要达到的未来结果，是引起、指导、控制、调节活动的自觉的动因，具有根本性。手段是主体实现目的的方法，是达成目的中间环节的总和，尤指实现目的的工具和运用工具的操作方式、活动方式，具有从属性。目的和手段是我们研究"四个全面"与社会主义核心价值观之间关系的一个重要视角。一方面，作为目的的社会主义核心价值观是"四个全面"建设的重要内容；另一方面，作为手段的社会主义核心价值观又成为"四个全面"建设的精神动力和衡量标准。

1. 作为目的，社会主义核心价值观是"四个全面"建设的重要内容

在"四个全面"中，全面建设成小康社会相对于其他"三个全面"具有目标意义，即其他"三个全面"都是为了全面建成小康社会。也就是说，在"四个全面"中，全面深化改革、全面依法治国、全面从严治党相辅相成，共同为全面建成小康社会这一战略目标提供基本动力、基本保障、基本支撑。

---

① 《中共中央办公厅印发〈关于培育和践行社会主义核心价值观的意见〉》，《人民日报》2013 年 12 月 24 日第 1 版。

认识到全面建设成小康社会是"四个全面"的目的非常重要，因为目的是具有根本性的，我们的一切活动都是为了实现目的，为了目的而活动也就成为人类自觉性的重要表现。就全面建设成小康社会而言，它可以从广义和狭义两个方面来理解。广义而言，全面建成的小康社会是一个物质、精神等全面高度发达的社会。这里的"全面"不仅包含覆盖人群的全面，既是不分地域的全面小康、不让一个人掉队的全面小康，更是涉及领域的全面，不仅是经济方面，而且是精神文化、社会生态等方面全面发展的小康。研究表明，物质生活基本满足之后，人们将更加注重精神需求的满足。无论是马斯洛的需要层次理论还是马克思的人的精神需求理论都证明了这一点。在这个意义上，社会主义核心价值观是全面小康社会的重要组成部分，属其精神之维，即社会主义核心价值观是全面小康社会的二级子命题。

狭义而言，小康社会偏重于物质方面。"小康"这个中国式命题的提出主要是针对中国贫穷落后而言，尤其是指中国物质层面的落后。1979年12月6日，邓小平在回答日本首相大平正芳关于中国现代化问题时提出了"小康社会"的构想，指出"我们要实现的四个现代化，是中国式的四个现代化。我们的四个现代化的概念，不是像你们那样的现代化的概念，而是'小康之家'。到本世纪末，中国的四个现代化即使达到了某种目标，我们的国民生产总值人均水平也还是很低的。要达到第三世界中比较富裕一点的国家的水平，比如国民生产总值人均一千美元"[①]。后来，邓小平又多次阐述"小康"的内涵，认为"小康"是温饱和现代化的中间阶段，其通俗表达是"不穷不富，日子比较好过"。所以，增加物质财富是提出小康社会的初衷，虽然从小康到总体小康再到全面小康，小康的内涵不断丰富，但从物质层面理解小康是其最基本的视角，而且对于一个后发国家而言，物质上的强大是其立于世界民族之林的最坚实基础，建设小康的首要任务和着力点就是要建设强大的物质基础。在这个意义上而言，作为精神层面的社会主义核心价值观则成为与偏重于物质层面的小康社会并列的一级命题，成为我们现代化建设，实现中华民族伟大复兴所追求的重要目标。

这样一来，社会主义核心价值观无论是作为一级命题，还是作为二级

[①] 《邓小平文选》第2卷，人民出版社1994年版，第237页。

命题，它都以其所代表的精神需求、精神文明等成为一种目的性的存在，成为"四个全面"建设的重要内容。

2. 作为手段，社会主义核心价值观是"四个全面"建设的精神动力和衡量标准

"四个全面"中，无论是全面建成小康社会、全面深化改革，还是全面推进依法治国、全面从严治党，它们都是人们的实践活动，而人们实践活动则必然涉及人精神状态的问题，即以什么样的精神状态推进"四个全面"，同时又涉及人们实践活动的标准问题，即以什么样的标准判断"四个全面"的建设进程。

社会主义核心价值观是"四个全面"建设的精神动力。20世纪80年代以来，全球化迅猛发展，使得一切发展、矛盾、问题和机遇都是世界性的了，全球化使人类社会的每一个方面都呈现出复杂性和不确定性迅速增长的趋势，从而将人类引向了风险社会。也正是基于此，从2011年开始，中国共产党就开始着重强调"四大危险"、"四大考验"。特别是随着中国市场化改革的推进，多种经济成分并存、多样主体萌生、多元价值观共生，思想文化领域的分离分化分裂倾向日益侵蚀着我们共同奋斗的思想基础。所以社会主义核心价值观作为精神动力的第一个作用就体现在思想定力与方向保证上。要通过培育和践行社会主义核心价值观，以巩固社会主义的思想认同，使中国沿着社会主义的方向推进"四个全面"建设。第二个作用是价值引领和力量凝聚上，要通过培育和践行社会主义核心价值观，使富强、民主、文明、和谐、自由、平等、公正、法治、爱国、敬业、诚信、友善成为全党和全国人民的共同价值追求，把思想和力量都贡献在为实现社会主义现代化和中华民族伟大复兴而奋斗上。

具体而言，社会主义核心价值观使全面小康社会的人民生活更幸福、精神更富足。它对精神方面的强调有助于矫正过于强调物质方面小康的倾向，使社会主义精神文明建设迈入一个新的境界。社会主义核心价值观为全面深化改革提供坚定的理想信念和政治定力作支撑。全面深化改革中的骨头难啃、险滩难涉，而改革30多年成就的温床易躺、惰性易生，没有理想信念就会得软骨病，没有政治定力就会成为墙头草。事业越是伟大，就越需要骨头和定力，唯此才能克服险阻，迎接新的胜利。社会主义核心价值观为全面推进依法治国提供崇德向善的正能量。法律的运行从来就不仅限于立法，它更重要的环节是法律的遵守和贯彻，这是依法治国最重要

的追求，现实中产生有法不依、执法不严、违法不究等的一个重要原因就是人们的法律意识淡薄，所以价值观的培育和践行就是要营造一个尊法、学法、守法、用法、护法的良好氛围，在人们意识中种下法治的种子。社会主义核心价值观对全面从严治党提出更高的先进性和纯洁性要求。党员干部是一面旗帜，党的先进性和纯洁性通过每一位党员表现出来，所以从中国共产党建立起，她就特别强调从思想上建党，当下把社会主义核心价值观融入党建中，有助于提升中国共产党党员的精气神，进而激发实现"四个全面"的热情和斗志。

社会主义核心价值观是"四个全面"建设进展的衡量标准。"四个全面"是我们当前的重要战略任务，而这一任务要实现的目标集中体现在社会主义核心价值观12个词所蕴含的价值要素中。比照社会主义核心价值观的价值要素，可以判断"四个全面"建设的如何。第一，由于"四个全面"中的全面建成小康社会具有目的意义，所以，社会主义核心价值观的衡量标准作用首先体现在对全面建成小康社会的测量上。社会主义核心价值观中的富强、民主、文明、和谐等价值要素是衡量全面建成小康社会实现程度的重要指标，而且正是这些指标使得全面小康社会建设的进程变得可量化和可视化。例如当用GDP、GNP、PPP等表示全面小康社会的富强指标时，我们就可以清晰地看到中国自身的变化发展，还可以与其他世界强国作比较。这样一来，社会主义核心价值观就为中国全面建成小康社会树立了纵向的历史坐标和横向的世界坐标。通过这种坐标，我们可以准确定位全面建成小康社会的历史进程，明确我们的方位、认清所处的形势，知晓努力的方向。

第二，社会主义核心价值观的衡量标准作用也体现在对其他"三个全面"的测量上。例如，全面深化改革是否恰当地调整了中国利益关系，使社会怨言减少，和谐程度增加；全面推进依法治国是否真正提高了中国的法治化程度，使人们感到更多的公平正义；全面从严治党是否有效提升了党的先进性和纯洁性，使党的清廉指数上升，执政更加科学民主文明现代等。当然，我们也应该认识到，社会主义核心价值观作为衡量标准确实是一种笼统的和概括的准则，不利于精确的测量。具体测量时，要制定更加细化、更有操作性的指标。但这些细化的、可操作性的指标并不是对社会主义核心价值观这种笼统性目标的否定，相反，在中国任何真正有意义的衡量标准都必然要以社会主义核心价值观所包含的价值要素为指导来制定。

三 作为"第五个全面"的全面培育和践行社会主义核心价值观

"四个全面"的历史生成体现了它的开放性,正是这种开放性使全面培育和践行社会主义核心价值观作为"第五个全面"成为可能,"深水攻坚"所需要的系统思维使全面培育和践行社会主义核心价值观作为"第五个全面"成为必须,"社会主义核心价值观是兴国之魂"使全面培育和践行社会主义核心价值观作为"第五个全面"日益提上日程。

1. 理论生成的开放性创造了"全面培育和践行社会主义核心价值观"成为"第五个全面"的可能性

"四个全面"是根据我国发展的现实需要,顺应人民群众的热切期待,由中央逐步提出的,它的内涵经历了从"一个全面"到"四个全面"的丰富发展历程。"四个全面"作为马克思主义中国化的重要理论成果,其形成和发展鲜明地表现了马克思主义理论的开放性。开放性是马克思主义区别于其他理论的一个重要特点。马克思主义从不认为自己的理论是完美无缺的,相反,它时刻关注包括人文社会科学以及自然科学领域的一切新发现、新观点,及时汲取其有益成分用以丰富和发展自己的理论;它不断根据社会实践的发展变化修正自己的理论。正是这种开放性,使马克思主义能够不断与时俱进,始终保持先进性。

社会实践是不断发展的,由此理论也只有协同发展才能更好发挥其对社会实践的指导作用。从"一个全面"到"四个全面"就是这种逻辑的展开。随着社会主义实践的推进,人们在物质生活不断满足之后,则提出了精神文化生活需求的问题,由此加强社会主义核心价值观建设,以满足人们的精神文化生活需求不仅可能,而且必须。这是全面培育和践行社会主义核心价值观成为"第五个全面"的重要原因。

2. 改革发展的系统性产生了"全面培育和践行社会主义核心价值观"成为"第五个全面"的必要性

"深水攻坚"是当前中国改革发展的突出特点。习近平指出:"中国改革经过 30 多年,已进入深水区,可以说,容易的、皆大欢喜的改革已经完成了,好吃的肉都吃掉了,剩下的都是难啃的硬骨头。"[①] 啃硬骨头、涉

[①]《习近平谈治国理政》,外文出版社 2014 年版,第 101 页。

险滩,说明我们的改革的艰难性,说明改革已经进入到利益的调整期,必须以大无畏的改革精神,更加科学周密的改革方案才能有效推进改革。所以,习近平强调要坚持系统思维,注重从大局出发,加强顶层设计,"加强各项改革的关联性、系统性、可行性研究"①,把改革所涉及的方方面面考虑好、布局好。他告诫我们:"任何一个领域的改革都会牵动其他领域,同时也需要其他领域改革密切配合。如果各领域改革不配套,各方面改革措施相互牵扯,全面深化改革就很难推进下去,即使勉强推进,效果也会大打折扣。"② 因此,对于实践现代化、实现中华民族伟大复兴这样一个系统工程,单兵突进是不行的,必须通盘考虑,协同推进,作为改革重要方面的精神文化必须在顶层设计中得到体现。

特别需要注意的是,当下把全面培育和践行社会主义核心价值观上升为"第五个全面"具有强烈的现实需求,这是体现"意识形态工作是党的一项极端重要的工作"的重要安排。习近平强调:"能否做好意识形态工作,事关党的前途命运,事关国家长治久安,事关民族凝聚力和向心力。"③ 他警醒式地指出:"一个政权的瓦解往往是从思想领域开始的,政治动荡、政权更迭可能在一夜之间发生,但思想演化是个长期过程。思想防线被攻破了,其他防线就很难守住。"④ 所以,一定要坚持底线思维,坚守思想防线,坚决防止"薄壳效应"⑤ 的发生,把意识形态工作的领导权、管理权、话语权牢牢把握在手中,任何时候都不能旁落。要全面落实邓小平所提出的物质文明和精神文明"两手抓、两手都要硬"的思想,着力培育和践行社会主义核心价值观,这是体现两点论和系统思维的要求。

---

① 《习近平谈治国理政》,外文出版社 2014 年版,第 88 页。
② 同上。
③ 习近平:《在全国宣传思想工作会议上的讲话》,《人民日报》2013 年 8 月 20 日第 1 版。
④ 同上。
⑤ 学者萧功秦在研究国内外政治变革时,提出了"薄壳效应"的概念,认为传统政治体制一旦改革开放后,就可能发生"政治参与爆炸"。人们在宽松预期的支配下,激发起强烈的街头式的政治参与的诉求,这种不同的诉求就会在短期内板结起来,对执政中心构成挑战压力,此种情况下,根本上挑战现存秩序的激进主义与浪漫主义思潮将会取得广场上的话语霸权,并凝聚广场不同人群的反体制的"革命"共识,其冲击力之大将是史无前例的。[可参看萧功秦《习近平新政两周年的回顾与展望》,2015 年 1 月 9 日,共识网(http://www.21ccom.net/articles/china/ggcx/20150109118739.html)]。

3. 文化兴国的战略性催生了"全面培育和践行社会主义核心价值观"成为"第五个全面"的必要性

一个国家、一个民族的强盛,总是以文化兴盛为支撑的。党的十七届六中全会作出了文化兴国的战略部署,提出了"社会主义核心价值体系是兴国之魂"的科学论断,这就将核心价值体系、核心价值观建设摆在了文化兴国战略的重中之重。

第一,社会主义核心价值观为文化兴国提供方向保证。作为上层建筑的价值观总是与一定的经济基础相联系的,它是具体的而不是抽象的。就社会主义核心价值观而言,它不仅是一般的核心价值观,而是具有社会主义属性的,是社会主义经济、政治和文化等的反映。社会主义核心价值观作为文化最稳定、最核心的部分,使中国文化发展大繁荣坚定地沿着社会主义的方向前进。

第二,社会主义核心价值观为文化兴国凝魂聚气。富强、民主、文明、和谐,自由、平等、公正、法治,爱国、敬业、诚信、友善是全国各族人民共同认同的价值观"最大公约数",确立社会主义核心价值观,使全体人民同心同德、团结奋进,对我们这样一个有着13亿多人口、56个民族的大国具有举足轻重的意义。

第三,社会主义核心价值观有助于实现传统文化创造性转换和创新性发展。中华文化是我们民族的"根"和"魂",文化兴国必须实现传统文化创造性转换和创新性发展。社会主义核心价值观以其时代精神和时代要求对传统文化的文化精神、文化内涵、服务主体、思维范式等实现了创造性转换,强调对传统文化返本开新与吸纳世界先进文化以实现创新性发展。

第四,社会主义核心价值观有助于增强文化软实力,提升国际话语权。价值观是文化的内核。所以,文化建设特别是增强文化软实力一定要着眼于核心价值观的培育和践行。社会主义核心价值观内含了西方价值观中的有益成分,甚至在文字表述上也与西方有共通之处,是可以与西方交流和对话的,这将有助于打破西方话语垄断和话语霸权。同时在内涵的具体阐述上,我们在社会主义核心价值观中融入了中国道路、中国理论、中国制度、中国经验、中国模式等内容,使之成为讲述中国故事,传播中国声音的有效载体,成为中国文化软实力的重要表征。

第五,社会主义核心价值观有助于增强中华民族文化自信。文化兴国最终要使中国人民有文化自信心。社会主义核心价值观勾绘出国家的价值内核、社会的共同理想、亿万人民的精神家园，成为当代中国精神世界的"价值公约数"①，这个公约数得到人民的普遍认同和信仰。列宁曾讲过："重要的是相信道路选择得正确，这种信心能百倍地加强革命毅力和革命热情，有了这样的革命毅力和革命热情就能创造出奇迹来。"② 所以，社会主义核心价值观因人民的共同信仰，而成为中华民族文化自信的坚实基础。

参考文献

[1]《习近平谈治国理政》，外文出版社2014年版，第88页。

[2] 习近平：《关于〈中共中央关于全面推进依法治国若干重大问题的决定〉的说明》，《人民日报》2014年10月29日第2版。

[3] 徐志宏、滕明政：《凝练社会主义核心价值观再思考》，《中共天津市委党校学报》2013年第5期。

[4]《中共中央办公厅印发〈关于培育和践行社会主义核心价值观的意见〉》，《人民日报》2013年12月24日第1版。

（作者单位：北京师范大学）

---

① 任仲平：《凝聚当代中国的价值公约数——论培育和践行社会主义核心价值观》，《人民日报》2015年4月20日第1版。

②《列宁选集》第1卷，人民出版社1995年版，第607页。

唯物辩证方法是指导全面深化改革的根本方法论

侯衍社

当前,全国上下正在深入推进全面改革向纵深拓展。全面深化改革涉及各个阶层和群体,涉及各种错综复杂的关系和利益问题。要正确处理好这些错综复杂的关系,推进全面深化改革的良性开展,迫切需要唯物辩证法的科学指导。唯物辩证法是关于自然界、人类社会和思维发展的一般规律的科学,是马克思主义哲学的重要组成部分,是科学的世界观和方法论,也是指导我国全面深化改革的锐利思想武器。普遍联系和变化发展的观点,矛盾普遍性和特殊性辩证关系的观点,系统论的观点,以及社会基本矛盾辩证运动的观点等唯物辩证的观点,是我国全面深化改革的哲学依据。认真学习唯物辩证法,自觉用唯物辩证法指导我国的全面深化改革,有助于我们科学认识全面深化改革的基本性质和目标,正确把握全面深化改革的基本特征和要求,正确处理全面深化改革中的一系列重大问题,以便稳步推进全面深化改革的顺利进行。

一 唯物辩证法有助于我们科学认识和把握全面深化改革的性质和目标

唯物史观认为,生产力和生产关系的矛盾,经济基础和上层建筑的矛盾,是贯穿于人类社会发展始终的基本矛盾,也是我国进行全面深化改革的根本理论依据。我国改革开放经过几十年的逐步推进,已经进入了攻坚期和深水区,进一步改革面临的各种矛盾比较突出,需要处理的各种利益关系错综复杂,比如:发展中不平衡、不协调、不可持续问题比较突出,科技创新能力不强,产业结构不合理,发展方式依然粗放,城乡区域发展差距和居民收入分配差距依然较大,社会矛盾较多,关系群众切身利益的问题比较突出,"四风问题"不可忽视,反腐败形势依然严峻,等等。解决这些问题和矛盾,关键在于深入认识全面深化改革的性质和目标,稳步有序地把改革向纵深拓展。我们正在全力推进的全面深化改革,其性质是社会主义制度的自我完善和发展,而绝不是什么"补资本主义的课";其目标是完善和发展中国特色社会主义制度,推进国家治理体系和治理能力现代化,而绝不是什么"走资本主义道路"。我国经过改革开放几十年的实践,已经找到了一条被实践证明为正确的中国特色社会主义道路,制度优势初步显现,理论体系在实践中不断丰富发展。在改革的根本方向问题上,我们旗帜鲜明地走中国特色的社会主义道路,所谓"全盘西化"的观点,所谓"走回头路"的观点,都是错误的,会把中国引向邪路和老路。在全面深化改革的过程中,我们要坚持以经济建设为中心,坚持四项基本原则和改革开放的有机统一,通过全面深化改革,不断拓展中国特色社会主义道路,不断丰富中国特色社会主义理论体系,不断完善中国特色社会主义制度,进一步促进社会和谐稳定,进一步解放和增强社会活力,使人民群众持续地共享改革发展的成果。

二 唯物辩证法有助于我们科学认识和把握全面深化改革的基本特征和要求

唯物辩证法认为,事物是普遍联系的,事物内部诸要素之间和事物之间存在着错综复杂的联系,它们相互影响、相互制约、相互作用,由此推动或阻碍事物的发展。唯物辩证法要求我们用联系的观点、发展的观点、系统的观点想问题办事情,是指导我们科学认识全面深化改革的思想武器,对于我们全面把握全面深化改革的基本特点和内在要求具有重要意义。全面深化改革,全面者,非单一非片面也,就是要统筹推进各领域各层次的改革;深化者,非表面非肤浅也,就是要从深层次上谋划解决改革中的矛盾和问题。全面深化改革不同于单一领域的浅层次改革,而是具有整体性、层次性、协同性、渐进性的深度改革,需要我们深刻认识和科学把握其基本特征和内在要求。一要深刻认识和把握全面深化改革的整体性。我国当前的改革是一项十分复杂的庞大系统工程,涉及经济、政治、文化、社会、生态和党的建设各领域,关涉社会各阶层、各群体的利益调整,需要对经济体制、政治体制、文化体制、社会体制、生态体制作出统筹设计,需要对各项改革关联性作出正确研判,以使得全面深化改革的成效达到最优化。二要深刻认识和把握全面深化改革的层次性。随着改革的全面深入推进，涉及的领域、人群的关系越来越复杂。就各领域来说，既有比较好处理的浅层次问题，也有难解决的深层次问题；就各群体来说，既有物质层面的生活困难问题，有富裕以后的更高需求问题，也有精神文化层面复杂的深层次问题。对于这些不同层次的问题，需要科学分析，分层设计，逐次解决。三要深刻认识和把握全面深化改革的协同性。当前的全面改革往往不是单一领域的问题，而往往是牵涉多领域的问题，牵一发而动全身，因此需要全面考量、协同推进，不能单刀突进、孤军深入。协同推进，就是要增强改革政策措施的协调性，协同处理好经济、政治、文化、社会、生态和党的建设各个领域的配套改革，使不同领域在改革中保持动态平衡；就是要协同处理好各阶层之间的利益关系，兼顾公平和效率，最大限度调动广大群众的积极性、主动性和创造性。四要深刻认识和把握全面深化改革的渐进性。全面深化改革不可能一蹴而就，更不能一哄而起，需要统筹安排，循序推进：对已经看准了正确的改革，要下决心推进，力争早日取得成效；对涉及面广的改革，要统筹谋划，同时推进配套改革，聚合各项改革协调推进的正能量；对看的还不很准、又必须取得突破的改革，需要先行试点，摸着石头过河，在实践中开创新路，取得经验后再全面推开。

三 唯物辩证法有助于我们科学认识和把握全面深化改革的一系列重大关系

矛盾是普遍存在的，又是对立统一的，矛盾的既对立又统一推动着事物的发展；矛盾的发展是不平衡的，事物的主要矛盾和矛盾的主要方面在事物发展中发挥着主导作用。在全面深化改革中，我们要科学认识事物发展的内在规律，正确处理好关涉改革发展的一系列重大关系。一是解放思想与实事求是的关系。解放思想和实事求是是相互影响、相互促进的，解放思想是实事求是的前提，只有解放思想，才能真正做到实事求是；实事求是是解放思想的目的和归宿，同时为进一步解放思想打下基础，只有在实事求是中才能进一步推进思想的真正解放。二是整体推进和重点突破的关系。改革既要注重全面推进、统筹谋划，也要注意区分重点，坚持两点论和重点论相统一，要牢牢抓住抓好主要矛盾和矛盾的主要方面，同时也要兼顾次要矛盾和矛盾的次要方面，坚持全面推进和重点突破相结合。三是全局和局部的关系。不谋全局，不足以谋一域。要牢固树立大局意识，以大局为重。同时在把握大局、服从大局的情况下积极谋划局部，做到全局和局部相配套。四是顶层设计和摸着石头过河的关系。所谓顶层设计，就是要对经济体制、政治体制、文化体制、社会体制、生态体制作出高屋建瓴的统筹规划、协同安排。摸着石头过河，就是要尊重实践、尊重创造，在实践中摸索规律，把握规律，在实践中开创新路。坚持二者结合，就是要做到二者良性互动，自觉把理论指导和实践探索紧密结合起来，在理论指导下推进改革，在改革实践中进一步丰富和发展理论。五是胆子要大和步子要稳的关系。胆子大不是蛮干，而是要坚定必胜信念，充分发挥主观能动性，满怀信心地推进各项改革。步子要稳不是要当小脚女人，而是要尊重客观规律，稳扎稳打，积小胜为大胜，逐步达到胜利的目标。六是改革发展稳定的关系。在全面深化改革的进程中，改革、发展、稳定是辩证统一的，其中改革是动力，稳定是前提，发展是目标，要在稳定的环境中推进改革事业的发展，通过改革和发展进一步促进社会的稳定和谐，要把改革发展稳定三者有机统一起来，有序地推进中国特色社会主义各项事业的持续健康发展。以上所谈的六大关系，都是辩证统一的关系，都是我国全面深化改革伟大实践中的重大关系，他们贯穿于我国全面深化改革的整个过程中，体现在全面深化改革的各方面，只有正确认识并协同处理好它们之间的对立统一关系，才能确保我国各项改革目标的全面实现。

（作者单位：中国人民大学马克思主义学院）

学习习近平总书记重视学习哲学和运用哲学的思想

刘毅强

自党的十八大以来,中共中央政治局两次集体学习马克思主义哲学,2013年12月3日下午第一次就历史唯物主义基本原理和方法论进行第十一次集体学习,2015年1月23日下午第二次就辩证唯物主义基本原理和方法论进行第二十次集体学习。前后三年间,两次中共中央政治局集体学习马克思主义哲学,表明了新一届党中央的领导核心习近平总书记具有高度重视哲学和善于运用哲学的深邃博大的理性睿智。

一 学哲学、用哲学,是我们党的一个好传统

习近平总书记对我们党关于哲学的学习和运用的历史了如指掌。他在2013年12月3日下午就历史唯物主义基本原理和方法论进行第十一次集体学习时指出:"学哲学、用哲学,是我们党的一个好传统。"而且强调,我们党自成立起就高度重视在思想上建党,其中十分重要的一条就是坚持用马克思主义哲学教育和武装全党。在革命、建设、改革各个历史时期,我们党运用历史唯物主义,系统、具体、历史地分析中国社会运动及其发展规律,在认识世界和改造世界过程中不断把握规律、积极运用规律,推动党和人民事业取得了一个又一个胜利。历史和现实都表明,只有坚持历史唯物主义,我们才能不断把对中国特色社会主义规律的认识提高到新的水平,不断开辟当代中国马克思主义发展新境界。

历史是最好的教科书。善于从哲学高度来思考和解决问题,是中国共产党人的优良传统。1920年,毛泽东与在法国勤工俭学的蔡和森通信,讨

论建立中国共产党的指导思想时说,"唯物史观是吾党的哲学根据。"①1936 年红军长征到达延安后,毛泽东反复思考一系列问题:自 1921 年建党以来,中国革命为什么大起大落?五次反围剿为什么失败?红军为什么被迫长征?……这些问题的答案在哪里。延安时期,毛泽东看得最多的是哲学书。他曾在哲学读书批注中断言:"一切大的政治错误没有不是离开辩证唯物论的。"② 毛泽东批注最多的哲学著作有西洛可夫、爱森堡等著《辩证法唯物论教程》,米丁等著《辩证唯物论与历史唯物论》,艾思奇著《哲学与生活》,李达著《社会学大纲》、《辩证唯物论与历史唯物论》,艾思奇编的《哲学选辑》、《辩证法唯物论教程》、《思想方法论》。毛泽东在读哲学书的过程中,许多地方画了竖线、横线、斜线、浪线、三角、方框、问号和圈、点、勾、叉等各种符号;有的是用红铅笔圈划的,有的是用蓝铅笔圈划的,有的是用黑铅笔圈划的;最长的一段批注有 1200 多字。他在批注中写道:"唯物辩证法在马克思主义中是决定要素。"③ 李立三主义和后来的军事冒险主义(博古、李德)"不从具体的现实出发,而从空虚的理论命题出发……不但不是辩证法,而且不是唯物论。"④ 他们都不是马列主义者。如何总结中国革命的经验教训?毛泽东在读 20 世纪 30 年代苏联哲学教科书的过程中,不断对照思考中国革命的现实问题。例如,中国社会的特点、中国革命战争的特点、中国革命中的土地问题、中国民主革命中各个不同的阶段、中国对帝国主义的认识,等等。他力图运用书中提供的哲学观点分析总结中国革命的经验教训。在读到"在主张对立的统一之时,而不理解斗争的绝对性,必然不可避免的引到对立物的和解。对立物的和解论,是右翼派的立场之特征"这段话时,毛泽东在下面画上浪线,并在旁边批注道:"这两句说的是陈独秀主义。"⑤ 在读到"外的矛盾,只有通过过程之发展的内的规律性,才影响于过程的发展"这一观点时,毛泽东批注道:"非战之罪,乃天亡我"的说法是错误的。"五次反围剿失败,敌人的强大是原因,但战之罪,干部政策之罪,外交政策之罪,军事冒险之罪,是主要原因。机会主义,是革命失败的主要原因";"国民

---

① 《毛泽东书信选集》,人民出版社 1983 年版,第 15 页。
② 《毛泽东哲学批注集》,中央文献出版社 1988 年版,第 312 页。
③ 《毛泽东哲学批注集》,中央文献出版社 1988 年版,第 14 页。
④ 《毛泽东哲学批注集》,中央文献出版社 1988 年版,第 9 页。
⑤ 《毛泽东哲学批注集》,中央文献出版社 1988 年版,第 97 页。

党能够破苏区与红军，但必须苏区与红军存在有不能克服的弱点。若能克服弱点，自己巩固，则谁也不能破坏"。① 由此，毛泽东得出结论：右倾机会主义和"左"倾冒险主义虽然有不同的表现形式，但却有共同的认识论根源。二者都离开了对现实过程唯物的和辩证的理解，陷入了唯心论和形而上学。他批注道："左的与右的相通，因为都离开过程之正确的了解，到达于不顾过程内容，不分析具体的阶段、条件、可能性等抽象的一般的空洞见解。因此，他们两极端就会于一点。"② 毛泽东还提倡延安成立学哲学小组，并亲自任组长。一次在听完艾思奇讲授《大众哲学》后，毛泽东请艾思奇吃饭，打趣地说，你讲课，给我精神食粮；我请吃饭，给你物质食粮。这就是"精神变物质、物质变精神"。虽说是玩笑话，但反映出毛泽东对知识的渴望，对学习哲学的高度重视。

毛泽东不仅学习哲学，而且还写哲学讲哲学。1937年7、8月间，毛泽东写了《实践论》《矛盾论》，《实践论》《矛盾论》最初是毛泽东在抗日军政大学的讲演稿，写《实践论》《矛盾论》的目的就是要从哲学上对两次国内革命战争特别是第二次国内革命战争的经验进行总结，用马克思主义的世界观方法论武装广大干部，以迎接抗日战争新阶段的到来。两次国内革命战争有许多经验值得总结，最重要的是要找出导致革命遭受挫折的根本原因，特别是找出共同的带规律性的东西，这只有从哲学上加以总结才能做到。毛泽东认为，两次国内革命战争的受挫，问题主要都出在党内，特别是出在党的领导层。以陈独秀为代表的右倾机会主义和以王明为代表的"左"倾机会主义，是导致两次革命受挫的元凶。右倾机会主义和"左"倾机会主义虽在政治上表现不同，但在思想路线上有其共同点，这就是背离实事求是，犯了主观主义的错误，理论脱离实际、主观背离客观；因而提出了与中国国情不符、混淆社会矛盾的路线、方针、政策。毛泽东一贯认为，在中国革命的过程中，面对的最大敌人，不是蒋介石和国民党反动派，而是党内的主观主义，因为主观主义是思想懒汉，他们不知道"必须将马克思主义的普遍真理和中国革命的具体实践完全地恰当地统一起来"。③ "这种反科学的反马克思列宁主义的主观主义的方法，是共产

---

① 《毛泽东哲学批注集》，中央文献出版社1988年版，第105—108页。
② 《毛泽东哲学批注集》，中央文献出版社1988年版，第112—113页。
③ 《毛泽东选集》第2卷，人民出版社1991年第2版，第707页。

党的大敌,是工人阶级的大敌,是人民的大敌,是民族的大敌……"① 与主观主义相反,毛泽东认为,中国共产党人应该确立的思想方法是"实事求是",要把马克思主义中国化,并要求对全党进行"实事求是"的教育和训练,开展了著名的延安整风运动,延安整风运动在一定程度上可以说是中国共产党人开展的一场马克思主义哲学普及运动。从中国革命历史看,从共产党和国民党的对比看,共产党成功在于哲学,毛泽东的《实践论》《矛盾论》,还有延安整风运动即为明证;国民党失败也在于哲学,蒋介石1950年曾在国民党中常委会上拿出毛泽东的《实践论》《矛盾论》,艾思奇的《大众哲学》说,就是这么一本小书把我们赶到海岛上来了,你们写得出来吗?毛泽东与蒋介石这些话语一对比,哲学的魅力及功效就自然显现。毛泽东和共产党的成功之道便一览无遗了。

毛泽东和中国共产党人喜欢哲学,中国人知道,外国人也有了解。据美国友人斯诺对延安采访的回忆:"毛泽东是个认真研究哲学的人。我有一阵子每天晚上都去见他,向他采访共产党的历史,有一次一个客人带了几本哲学新书来给他,于是毛泽东就要求我改日再谈。他花了三、四夜的功夫专心读了这些书,在这期间,他似乎是什么都不管了。"② 毛泽东善于从哲学高度思考问题使得中国革命若干错综复杂的问题迎刃而解,这种睿智也影响了当时一大批中央领导人。改革开放之初,邓小平和陈云都十分强调学习毛泽东哲学著作。邓小平说:陈云同志建议中央提倡学习,主要是学习马克思主义哲学,重点是学习毛泽东同志的哲学著作。陈云在起草《关于建国以来若干历史问题的决议》时谈到,延安时期,毛泽东亲自和他讲过三次要学习哲学,这对他后来的工作影响极大;学好哲学,终身受用。习近平总书记深谙此理,他在2010年中共中央党校春季学期开学典礼上说:"掌握和运用马克思主义立场观点方法来研究和解决中国的实际问题,是以毛泽东同志为主要代表的中国共产党人留给我们的传家宝。"③

二 实现理论创新和实践创新良性互动需要哲学

习近平总书记认为:当代中国共产党人创造的中国特色社会主义理论

---

① 《毛泽东选集》第3卷,人民出版社1991年版,第800页。
② 《西行漫记》,生活·读书·新知三联书店1979年版,第67页。
③ 《习近平党校十九讲》,中央党校出版社2014年版,第176页。

及事业需要哲学。他在主持中共中央政治局 2015 年 1 月 23 日下午就辩证唯物主义基本原理和方法论进行第二十次集体学习时强调：要学习掌握认识和实践辩证关系的原理，坚持实践第一的观点，不断推进实践基础上的理论创新。我们推进各项工作，要靠实践出真知。理论必须同实践相统一。必须高度重视理论的作用，增强理论自信和战略定力，对经过反复实践和比较得出的正确理论，要坚定不移坚持。要根据时代变化和实践发展，不断深化认识，不断总结经验，不断实现理论创新和实践创新良性互动，在这种统一和互动中发展 21 世纪中国的马克思主义。

哲学是时代变革的先声和前奏。马克思在 1842 年 6 月写的一篇时论中说："任何真正的哲学都是自己时代精神的精华。"[①] 马克思抒发这一见解时，还是一个年仅 24 岁的青年。他何曾想到一个多世纪以来，这一见解已经成为政治家和哲学家们反复引述的至理名言。政治家及人们之所以推崇哲学，这是由哲学的内涵和功能所决定的。哲学作为系统化理论化的世界观，又是观察、分析和处理问题的方法论。首先，哲学是世界观。世界观是人们对整个世界的根本看法，它以整个世界为研究对象，是从整体性、普遍性上对整个世界的宏观把握。哲学也是人们对自然、社会和思维知识的概括和总结。哲学与具体科学是共性与个性、一般与个别的关系。从具体科学中抽象和概括出的一般结论和原则，称之为时代的精华（意识形态的皇冠），这就是哲学；反过来，哲学又指导人们去认识和改造自然界、社会和思维本身。人们从感性到理性认识客观世界的过程中，通常是用概念、判断和推理去反映事物的本质。在对世界以及事物本质的认识过程中，人们有着不同层次、不同程度甚至相反的反映。在阶级社会中，不同的阶级具有不同的世界观；由于世界观的不同，使得人们的人生观差别很大，甚至对立。其次，哲学是方法论。用一定的世界观在实践中去观察、分析、思考和解决各种问题，就表现为方法论。没有和世界观相脱离的方法论，也没有不具备方法论意义的纯粹的世界观。由于哲学是世界观和方法论的统一体，使抽象的哲学理论能够和人们的生活息息相关，指导人们的思想和行动，可谓人生观。具有不同的世界观的人，其对自然、社会和人生所采取的态度和方法是根本不同的。哲学思维使人聪明，给人智慧，即人们常说的说话办事有"哲理"。哲学思维同我们平时所讲的思想

---

① 《马克思恩格斯全集》第 1 卷，人民出版社 2008 年版，第 121 页。

方法实质上是相同的,都是指人们思考和观察事物的方法和形式,都属于方法论的范畴,是人们的世界观在方法论、人生观上的表现。哲学思维是每个人都有的,但有自觉和不自觉的区别。哲学思维的自觉性主要依靠对哲学的学习和训练来形成。马克思主义哲学作为无产阶级的世界观方法论,不是天上掉下来的,也不能在头脑中固有,更需要我们对其进行学习和训练,用其自觉指导我们的思维和工作。

习近平总书记2013年12月3日下午就历史唯物主义基本原理和方法论进行第十一次集体学习时谈到,马克思主义哲学深刻揭示了客观世界特别是人类社会发展的一般规律,在当今时代依然有着强大的生命力,依然是指导我们共产党人前进的强大思想武器。当年毛泽东自觉按照马克思主义哲学进行思考,引申出《实践论》《矛盾论》的若干重要观点,《实践论》强调在于解决中国革命过程中主观和客观、理论和实践、知和行的具体的历史的统一,反对一切离开具体的历史的"左"或右的错误思想;《矛盾论》强调分析矛盾要立足特殊性,指出矛盾的普遍性和特殊性、绝对性和相对性的关系问题,即共性和个性、绝对和相对的道理,就是关于事物矛盾问题的精髓,不懂得精髓就等于抛弃了辩证法。关于《实践论》《矛盾论》若干重要观点的提出,奠定了马克思主义普遍真理和中国革命具体实践相结合的哲学基础。由于这个哲学基础,中国革命依据中国半封建半殖民地的国情,走了一条与俄国革命相反的道路,即以农村包围城市,最后夺取全国胜利的道路。马克思主义哲学的强大生命力不仅仅表现在毛泽东领导的革命时期,同样体现在改革开放过程中的世界观和方法论的指导。邓小平在总结中国社会主义最初二十年的经验教训时指出:"中国搞社会主义走了相当曲折的道路。二十年的历史教训告诉我们一条最重要的原则:搞社会主义一定要遵循马克思主义的辩证唯物主义和历史唯物主义,也就是毛泽东同志概括的实事求是,或者说一切从实际出发。"[①] 邓小平把毛泽东对马克思主义哲学的继承和发展的要点概括为"实事求是、群众路线、独立自主"的三点基本思想方法,并称之为毛泽东思想"活的灵魂"。这些"活的灵魂",不仅是我们党在民主革命时期以及社会主义革命和建设时期取得胜利的思想法宝,也是新时期我们进行改革开放、进行中国特色社会主义建设所必须遵循的理论原则。党的十一届三中全会以来

---

① 《邓小平文选》第2卷,人民出版社1994年版,第118页。

建设中国特色社会主义的历史，就是恢复和坚持"实事求是、群众路线、独立自主"的历史。我们党破除"两个凡是"的思想禁锢，坚持实践是检验真理的唯一标准；破除苏联那种僵化的社会主义模式观念，坚持走自己的道路；破除超阶段的"左"的思想观念，坚持一切从社会主义初级阶段实际出发；破除抽象谈论姓"社"姓"资"的思维定式，坚持"三个有利于"的判断标准；破除把马克思主义教条化的思想影响，坚持根据现在的情况认识、继承和发展马克思主义。在这个过程中，围绕"什么是社会主义、怎样建设社会主义"，"建设什么样的党、怎样建设党"，"实现什么样的发展、怎样发展"等重大理论提出了许多新思想、新观点、新论断，例如，关于社会主义本质的新概括，关于中国社会主义初级阶段基本国情的新判断，关于中国社会主义初级阶段基本经济制度的新论断，关于改革开放是社会主义社会发展重要动力的新思路，关于建立和完善社会主义市场经济体制的新论断，关于科学技术是第一生产力的新概括，关于"三个代表"重要思想的新概括，关于以人为本、全面协调可持续发展的新概括，关于构建社会主义和谐社会的新概括，关于面对经济新常态、实现"两个一百年"奋斗目标、实现中华民族伟大复兴的中国梦的新论断，等等。因此，"实事求是、群众路线、独立自主"是中国特色社会主义理论体系的核心，它贯穿于中国特色社会主义理论的各个方面，又贯穿于中国特色社会主义理论形成和发展的全过程。可以说，改革开放以来，我们在理论上的每一个重大突破，在政策上的每一次重大调整，在实践上每一步重大跨越，都是马克思主义哲学指导的重大胜利成果，这些成果充分反映出理论创新和实践创新良性互动，也是 21 世纪马克思主义中国化的重要显性标志。

三　把马克思主义哲学作为自己的看家本领

两次中共中央政治局集体学习哲学，习近平总书记在主持学习时反复说明一个问题：学习马克思主义哲学有用吗？用处何在？2013 年 12 月 3 日下午就历史唯物主义基本原理和方法论进行第十一次集体学习时，习近平指出，"我们党在中国这样一个有着 13 亿人口的大国执政，面对着十分复杂的国内外环境，肩负着繁重的执政使命，如果缺乏理论思维的有力支撑，是难以战胜各种风险和困难的，也是难以不断前进的。党的各级领导干部特别是高级干部，要原原本本学习和研读经典著作，努力把马克思主义哲学作为自己的看家本领,坚定理想信念,坚持正确政治方向,提高战略思维能力、综合决策能力、驾驭全局能力,团结带领人民不断书写改革开放历史新篇章。"2015年1月23日下午就辩证唯物主义基本原理和方法论进行第二十次集体学习时,习近平再次指出:"辩证唯物主义是中国共产党人的世界观和方法论,我们党要团结带领人民协调推进全面建成小康社会、全面深化改革、全面依法治国、全面从严治党,实现'两个一百年'奋斗目标、实现中华民族伟大复兴的中国梦,必须不断接受马克思主义哲学智慧的滋养,更加自觉地坚持和运用辩证唯物主义世界观和方法论,增强辩证思维、战略思维能力,努力提高解决我国改革发展基本问题的本领。"

习近平总书记在两次中共中央政治局集体学习哲学的讲话都提醒全党:只有学好用好马克思主义哲学,才能解决我们面临的"本领恐慌"问题,才能提高我们治国理政的本领。习近平总书记不仅是这样要求全党,而且是身体力行,率先垂范。1988年至1990年,习近平在福建省宁德地委担任市委书记时,大力提倡调查研究,坚持实事求是,写出了一系列充满思辨理性的指导性文章[①],文章中提出了"四下基层"、"弱鸟先飞"、"滴水穿石"、"经济大合唱"等许多富有创新的理念、观点和方法,深刻回答了推进闽东地区如何摆脱贫困、加快经济社会发展的重大理论和实践问题。时任福建省委书记项南在给该书作序时点赞:"对宁德的特点和历史,作了仔细的调查和认真的思考,所以提出的设想,比较切合实际。一扫时下那种说大话、说空话、说套话的弊病。"2003年2月至2007年7月,习近平在担任浙江省委书记期间,在《浙江日报》"之江新语"专栏发表了232篇短论,这些短论充满了唯物论和辩证法的睿智,比如:调研工作务求"深、实、细、准、效",不能在"温室"里培育干部,路就在脚下,大事讲原则、小事讲风格,不要引导领导干部当满票干部,抗旱要"目中有人",搞试点要"大胆设想小心求证",多种声音和一首乐曲,要看GDP但不能唯GDP,要跳出"三农"抓"三农",绿水青山也是金山银山,抓落实如敲钉子,虚功一定要实做,积小胜为大胜,等等,这些短文,观点鲜明,有的放矢,催人奋进,及时回答了干部和群众关心的热点难点问题,是坚持党的"实事求是"思想路线和"从群众中来,到群众中

---

① 习近平:《摆脱贫困》,福建人民出版社2014年版。

去"群众路线的领导方法和工作方法的完美体现；闪烁着善于运用马克思主义哲学去观察、分析和解决问题的理性光辉。党的十七大之后，习近平担任中共中央政治局常委，成为党和国家领导人，他在多种场合谈到中国未来发展的若干问题，展示出高屋建瓴和运筹帷幄的大手笔大智慧，比如：一是要有问题导向。"要有强烈的问题意识，以重大问题为导向，抓住关键问题进一步研究思考，着力推动解决我国发展面临的一系列突出矛盾和问题。"① 二是要找平衡点。"我们想问题、作决策、办事情，不能非此即彼，要用辩证法，要讲两点论，要找平衡点。"② 三是要有底线思维。"要善于运用底线思维的方法，凡事从坏处准备，努力争取最好的结果，做到有备无患、遇事不慌，牢牢把握主动权。"③

自 2008 年以来，全球经济危机的大爆发宣告了世界经济步入"大调整"与"大过渡"的时期。这种大时代背景与中国阶段性因素的叠加决定了中国经济进入增速阶段性回落的"新常态"时期，转入新常态，意味着我国经济发展的条件和环境已经或即将发生诸多重大转变，经济增长将与过去 30 多年 10% 左右的高速度基本告别，与传统的不平衡、不协调、不可持续的粗放增长模式基本告别。面对经济"新常态"，习近平总书记 2014 年 5 月在河南考察时指出："我国发展仍处于重要战略机遇期，我们要增强信心，从当前我国经济发展的阶段性特征出发，适应新常态，保持战略上的平常心态。"以新常态来判断当前中国经济的特征，并将之上升到战略高度，党的十八届三中全会通过的《中共中央关于全面深化改革若干重大问题的决定》（以下简称《决定》），习近平总书记代表新一届党中央迅速作出三点方法论的对应：一是党的思想路线。强调"坚持解放思想、实事求是、与时俱进、求真务实，一切从实际出发，总结国内成功做法，借鉴国外有益经验，勇于推进理论和实践创新"。二是党的基本路线。强调"坚持正确处理改革发展稳定关系，胆子要大、步子要稳，加强顶层设计和摸着石头过河相结合，整体推进和重点突破相促进，提高改革决策科学性，广泛凝聚共识，形成改革合力"。三是党的群众路线。强调"坚持以人为本，尊重人民主体地位，发挥群众首创精神，紧紧依靠人民推动

---

① 《习近平谈治国理政》，外文出版社 2014 年版，第 74 页。
② 习近平：《干在实处走在前列》，中央党校出版社 2014 年版，第 550 页。
③ 《领导干部要善于底线思维》，新华每日电讯 2013 年 4 月 7 日。

改革，促进人的全面发展"。

　　人们常说，"太阳每天都是新的"。当我们面对经济"新常态"和改革开放进入"攻坚期"和"深水区"时，各种矛盾的表现更为胶着化、冲突化；面对变化无常的大千世界，有没有以"不变应万变"的东西？回答应该是肯定的，这就是习近平总书记反复要求我们必须学好用好的哲学。因为哲学是世界观和方法论，尤其是兼备了科学性和实践性的马克思主义哲学。对于"执政考验、改革开放考验、市场经济考验、外部环境考验"等等矛盾的处理，千万不能简单化，搞单打一；也不能过于复杂化，畏惧矛盾；更不能搞平均主义，不分主次，不分轻重。正确态度应该是"在对立面的统一中把握对立面"，按照《决定》的要求是"全面深化改革"，要善于和敢于抓住和解决主要矛盾，"经济体制改革是全面深化改革的重点，核心问题是处理好政府和市场的关系，使市场在资源配置中起决定性作用和更好发挥政府作用"。我们要敢于担当，敢于负责，及时适度地化解各种矛盾，以整体性态势推动改革开放向纵深发展。这就要求我们在任何时候、任何问题上都要坚持矛盾观点，坚持两点论，坚持讲两句话：既要讲对立，又要讲统一；既要讲原则，又要讲灵活；既讲前进，又讲后退；既要指出存在的问题，又要找到解决问题的方法；既要与困难作斗争，又要看到光明的前途；既要脚踏实地，又要放眼未来。这种认识还应当体现在当我们工作较为顺利、前途一片光明时，会自觉冷静地想想可能存在的隐患和不安定因素而不至于头脑发热被暂时的胜利搞没了方向；当工作一筹莫展乌云一片时，学会辩证地看问题，努力寻求矛盾的转化，即善于把坏事变成好事而不至于悲观失望。用心寻找"对立面"，将会使自己"在协调推进全面建成小康社会、全面深化改革、全面依法治国、全面从严治党，实现'两个一百年'奋斗目标、实现中华民族伟大复兴的中国梦"的过程中成为一个冷静理性的实践者，同时又是一个革命乐观主义者。

（作者单位：中共中央党校）

浅论全面建成小康社会

张 彬

全面建成小康社会是党的十八大提出的重大战略目标。全面建成小康社会包含经济持续健康发展、人民民主不断扩大、文化软实力显著增强、人民生活水平全面提高、资源节约型环境友好型社会建设取得重大进展等具体内涵。全面建成小康社会是对党的十六大和十七大提出的全面建设小康社会奋斗目标的延续，是实现中华民族伟大复兴这个长远目标的重要节点，使我们对实现中华民族伟大复兴这一目标的认识更加清醒；全面建成小康社会是对社会主义市场经济体制进一步完善的关键节点，是全面深化改革、扩大对外开放的重要阶段，使我们对实现中华民族伟大复兴这一目标的步伐更加坚定；全面建成小康社会是对中国特色社会主义经济、政治、文化、社会、生态文明建设全面推进的历史节点；是不断巩固党的执政地位、提升党的执政能力的重要阶段；使我们对实现中华民族伟大复兴这一目标的内涵更加丰富。

一 全面建成小康社会的内涵

全面建成小康社会，是目前全国上下关注和议论的一个热点，连普通的老百姓也津津乐道。全面建成小康社会任务的提出，表明我国的经济社会发展进入了一个新阶段。这在中华民族发展史上是个了不起的成就，值得我们骄傲和自豪。那么，全面建成小康社会的内涵是什么？我们应该如何正确、全面地理解这一概念呢？

（一）全面建成小康社会反映了中国人民对富裕生活的渴望

当中华人民共和国成立、民族振兴的航船启动时，中国共产党曾先后用"工业化"和"现代化"去宣传、号召、组织和动员人民群众，激起了中国人民振兴中华的巨大热情，并取得了相当大的成就，但终因目标脱离实际和手段缺乏科学性而没能给人们带来理想的幸福生活。

改革开放的新时期到来以后,以邓小平为核心的新的中央领导集体,解放思想、实事求是,开辟了一条振兴民族的新道路。这就是从中国国情出发,抛弃以往的"赶超战略",制定了适合中国国情的"二步走"战略。邓小平借用中国传统文化中的"小康"概念,赋予它新的内涵。从此,在中国共产党的文件中频频出现的"小康水平"、"小康社会"的字眼,实际上代表着"中国式的现代化",代表着中国人民对未来幸福生活的美好向往。目前的全面建成小康社会更是反映了人们的这一强烈愿望。

(二) 全面建成小康社会是马克思主义中国化的一个概念,它同中国特色社会主义道路紧密相连

任何真理都是绝对性与相对性的统一。马克思主义是真理,但它产生在资本主义上升时期的西方国家。所以,社会主义国家在运用马克思主义指导革命和建设时,必须与自己的国情及时代背景结合起来。中国共产党在早期进行革命的过程中,曾犯过教条主义的错误。后来在中国化的马克思主义——毛泽东思想指引下,中国革命走向了胜利,并成功地开辟了一条独具中国特色的社会主义改造道路,使中国顺利地过渡到了社会主义。但在建设社会主义的过程中,由于种种原因,中国共产党重新陷入教条主义和空想主义的泥潭,致使党、国家和人民蒙受了巨大的损失和灾难。

总结历史的经验教训,邓小平在中国共产党第十二次全国代表大会上致开幕词时郑重指出:"我们的现代化建设必须从中国的实际出发。无论是革命还是建设,都要注意学习和借鉴外国经验。但是,照抄照搬别国经验、别国模式,从来不能得到成功。这方面我们有过不少教训。把马克思主义的普遍真理同我国的具体实际结合起来,走自己的路,建设有中国特色的社会主义,这就是我们总结长期历史经验得出的基本结论。"从此,在解放思想、实事求是的思想路线指引下,中国共产党带领全国各族人民,逐步走出了一条中国特色社会主义的道路,在社会主义的发展阶段、社会主义的本质、社会主义市场经济、社会主义的民主与法制、社会主义社会执政党的建设等方向提出了一系列新思想、新观点,创造性地发展了马克思主义。党的十八大提出的全面建成小康社会正是从中国社会主义初级阶段的现实出发,对中国特色社会主义建设在一定阶段所要达到的目标的界定,是马克思主义中国化的一个概念。

（三）全面建成小康社会与中国社会主义初级阶段的"三步走"的发展战略相联系

发展战略步骤是中国特色社会主义理论体系的重要内容。邓小平理论以20世纪中叶为界，确立了"三步走"发展战略。"三个代表"重要思想为实现"三步走"战略的第三步提出了"新三步"走，时间仍然界定为20世纪中叶。20世纪中叶后中国应该如何走就成为重大的问题。习近平总书记将小康社会与中国梦结合，实现了对发展战略步骤的推进与完善。他将中国梦阐释为实现中华民族伟大复兴，就是中华民族近代以来最伟大的梦想。他指出到中国共产党成立100年时全面建成小康社会的目标一定能实现。到新中国成立100年时建成富强民主文明和谐的社会主义现代化国家的目标一定能实现，中华民族伟大复兴的梦想一定能实现。他还指出中国已经进入全面建成小康社会的决定性阶段，实现这个目标是实现中华民族伟大复兴中国梦的关键一步。对此《人民日报》认为习近平总书记对小康社会思想的发展创新在于第一次把全面小康放在中国梦的大格局中，把全面小康目标升华成民族复兴的重要里程碑。①

有学者认为习近平总书记将小康社会融入中国梦之中，形成了"新三步走"战略部署：第一步，在中国共产党成立100年时全面建成小康社会。第二步，在新中国成立100年时全面实现中国特色社会主义现代化。第三步，在整个21世纪或更长一个时期实现中华民族的伟大复兴。② 可见，以全面建成小康社会为起点的"新三步走"战略部署实现了对中国特色社会主义理论体系战略步骤思想的新发展。

二 全面建成小康社会过程中的社会变迁

我国所进行的现代化建设从本质上说是中国的社会转型，当然，这种转型是中国社会变迁的组成部分，同时也是中国社会变迁的结果。我国所进行的全面建成小康社会实质是中国社会巨大变迁的过程，也是在中国社会转型这个大的背景下所进行的。这个时期，社会结构发生了重大变化：从传统向现代迈进；从计划经济体制向市场经济体制转变；合理的社会流

---

① 本报评论员：《让全面小康激荡中国梦——二论协调推进"四个全面"》，《人民日报》2015年3月1日。
② 张翼：《从"小康社会"到"中国梦"——邓小平"小康社会理论"对中国社会发展的影响》，《湖北社会科学》2014年第11期。

动机制开始出现并得以完善，正从封闭走向开放；社会中间阶层兴起并不断壮大，面向现代化的小康社会的阶层结构即"橄榄型"等级社会结构的雏形已经出现；整个社会结构从经济到社会开始由二元结构向三元结构迈进。

（一）社会转型背景下的中国小康社会

"社会转型"从其字面意义上说，是指人类社会由一种存在类型向另一种存在类型的转变，它意味着人们的生产方式、生活方式、心理结构、价值观念等各方面全面而深刻的革命性变革。

十四大确立了社会主义市场经济体制改革目标，改革开放和现代化建设进入新的阶段。在社会主义条件下发展市场经济，是前无古人的伟大创举，是中国共产党人对马克思主义发展作出的历史性贡献，体现了我们党坚持理论创新、与时俱进的巨大勇气。由计划经济体制向社会主义市场经济体制转变，实现了改革开放新的历史性突破，打开了我国经济、政治和文化发展的崭新局面。

但历史的发展是一个矛盾的过程，某些方面的进步总是以牺牲其他方面为代价而实现的。在当今中国，随着改革的全面推进和深入，随着社会主义市场经济体制的确立和发展，人们越来越深刻地理解了社会转型的意义。改革既意味着未来政治经济和文化各方面的繁荣与进步，又意味着人们必须为此付出必要的甚至是巨大的代价。转型时期旧的不合理的东西在迅速地暴露出来，与此同时，展现在人们面前的美好的欲望和需求又不可能立即得以满足。新旧价值观念、伦理观念的冲突，给社会的发展埋下了潜在的危机。希望与危机并存，代价与进步同在。没有危机和代价，就没有希望和进步，人类历史的发展过程总是如此。由传统的社会主义计划经济体制向社会主义市场经济体制过渡，由过去封闭的以农业为主的社会向现代开放的以工业为主的社会转变，是一个巨大的社会变革工程，是中国目前面临的特殊的历史重任，也是当代社会转型的重要内容。中国由于特殊的历史原因形成了由计划经济向市场经济体制转变的特殊性。这种特殊性使得潜在的代价威胁十分突出。因此在改革过程中，取得成就的同时也引发了许多新问题。在社会机构方面仍然存在许多问题与矛盾，城乡二元经济结构还没有改变，地区差距扩大的趋势以及贫富差距扩大的趋势尚未扭转，社会选择的合理机制还在形成之中，属于现代化的社会结构尚未建立，生态环境、自然资源与经济、社会发展的矛盾日益突出，在思想道德建设和民主法制建设方面都存在一些不容忽视的问题。

所以，我们必须清醒地认识到，我国正处于并将长期处于社会主义初级阶段，现在达到的小康还是低水平的不全面的发展很不平衡的小康。目前的社会转型还不充分，巩固和提高目前达到的小康水平还需要进行长时期的艰苦奋斗。中国全面建成小康社会需要着重完成四项战略任务：一是完成由传统计划经济向市场经济的转变；二是实现由政府主导的社会向法制主导的社会转型；三是从乡村社会向城市社会转型；四是由较低收入水平向较高收入水平过渡。

显而易见，这是一个全面的发展计划，不仅涉及经济增长问题，也涉及民主政治问题；不仅涉及经济效率问题，也涉及社会公平问题；不仅涉及生活方式的现代化问题，也涉及人的现代化问题。这表明，在新的历史条件下进一步推进中国社会主义现代化建设事业的历史任务比以往更加艰巨，需要比以往付出更多的努力。所以中国的社会转型应是一个自觉结构牵动自发结构的转型模式。当代中国社会转型的目标是建立社会主义市场经济社会，转型的内容是要建立起直接体现法制规则与自主组织相统一的市场经济体制，体现公共权力与法制程序自由相统一的民主政治体制，体现崇尚理性与尊重个体价值选择的观念体系。目前，中国社会转型所体现出来的属性主要是建成与小康生活方式相一致的小康文明和体现小康文明的社会形态。

（二）社会流动：社会选择合理机制的建立与完善

我国经济体制改革及社会经济高速增长给个体和群体的社会流动制造了广阔的空间，而个体和群体的社会流动又正在促成社会结构的变迁。"全面建成小康社会"的概念，实际上就是现代化的概念，也是一种特殊的社会转型，而在全面建成小康社会的过程中形成合理的社会流动机制，对中国社会转型和社会变迁是至关重要的，因为社会流动能反映出一个社会的开放程度。

我们知道，社会是分层次的，而且这种分层状态是不断变化的。实际上，社会阶层结构的变化就是社会分层的变迁过程，而社会分层状态的变迁又表现为社会流动。一方面，有了社会分层现象才有社会流动的需要和可能；另一方面，社会流动一旦在分层的基础上产生，就会对分层产生反作用，促进结构的进一步分化与重组。社会结构的调整过程主要是通过社会流动实现的。如果说社会分层研究主要是从静态的角度去研究社会地位结构的话，那么，社会流动研究主要就是从动态的历时性角度研究社会地位结构。

在当代中国，合理的社会流动机制已经出现，正在逐渐取代传统的社会流动机制，机会平等的原则逐渐被社会认同。从一致性原则来看，在传统社会，个人的身份（如制度性身份和出生身份）以及与生俱来的社会关系（如家族关系、亲缘关系）等先赋性因素是决定其获得一般社会地位的主要因素。而在现阶段的中国，尽管先赋性因素还在继续影响一个人的社会地位，但是，自致性因素对社会流动的影响已越来越大，逐渐成为主要因素，一个人凭借自己后天的努力、聪明以及能力，就有机会向上流动。也就是说，社会流动机会是面向所有的人的，是开放性的，不受个人的出生身份和家庭背景制约。改革开放后，中国改变了以身份阶层和划分阶层的做法与机制，社会流动的渠道越来越开放，也越来越多。在这个过程中，对每个人来说，社会流动日益开放，机会日益变得均等，公平竞争成为主要的社会流动机制，能力主义准则取代身份主义原则，成为社会流动的主要依据。

当然，我国目前也还存在许多制度性限制和障碍，而且机会与风险是并存的。随着中国向市场经济转变，就业竞争将越来越激烈，难免会有人因竞争失败而向下流动，但是，只要通过努力奋斗，只要有能力，每个人都有改变其社会地位的机会和可能。所以，在全面建成小康社会过程中，要继续完善合理的社会选择机制，这样才有利于形成开放动态的社会分层结构，促进整个社会的良性运转，加快全面建成小康社会。

（三）社会结构：二元结构的打破和三元结构的建立

从社会转型到社会流动再到社会分层，最终的变化体现在社会结构的转变上。因为社会结构是社会转型的实体，而社会流动和社会分层是描述社会结构的两个不同侧面。我国当今的社会转型实际上就是一种特殊性的结构性变动，它不仅意味着经济结构的转换，同时也意味着其他社会结构层面的转换，是一种全面的结构性过渡。首先要明确一点，这里所讨论的社会结构是实体性社会结构，它是社会实体要素及其相互关系按照一定的秩序所构成的相对稳定的网络。从整体上来讲，我国从经济到社会，整体社会结构正从二元结构向三元结构迈进：农业传统经济、农村乡镇工业经济、城市现代经济构成中国小康社会的经济结构。有学者提出，农业、农村工业（乡镇企业）、现代工业形成的二元结构是现阶段我国国民经济结构转换的唯一选择。与此相适应，就形成了中国的三元社会结构，这新三元的主体就是乡镇企业的工人和城市中的农民工。改革开放以后，我国所有制经济多元化，其实也就是二元经济结构的弱化，乡镇企业的崛起使得我国农村工业部门逐步成长。农村工业既不同于现代工业，又有别于传统农业，成为介于二者之间的新兴工业，从而使我国的二元经济结构发生了历史性的变革。我国国民经济的结构出现了新局面。乡镇企业异军突起，经济迅猛扩张成为农业和农村经济乃至整个国民经济的重要支柱。发展乡镇企业，是我国实现工业化、城市化和现代化的伟大实践。它的作用日益显现：乡镇企业成为我国农村经济和社会发展的主体力量；成为吸纳农村富余劳动力的主要渠道；乡镇企业的发展，大大促进了农业生产的产业化；乡镇企业的发展，成为农村小城镇建设的基本依托，加快了农村城镇化的建设步伐；小城镇的发展，有力地促进了工业化与城镇化以及经济与社会的协调发展。

然而，由于乡镇企业是在农村就地生长起来的，这一农村工业部门虽然不同于农业部门，但从总体上说也尚未进入现代工业的行列。不管从劳动生产率、技术装备程度、就业人口，还是从技术水平上看，它都与现代城市工业部门有着明显的差距。因此，农村工业部门虽然具有推行工业化的特征，但不具备现代工业发展的条件，它是处于农业与现代工业之间的中间层次的生产方式。这样，我国国民经济的总体结构就呈现三种系统并存的局面，即农业系统、农村工业系统和城市现代工业系统、同时也表明我国二元结构的出现。

从社会结构上看，小康社会的分层结构可以体现二元性，即上层、中层和下层；从产业结构所形成的职业结构上看社会阶层也有二元性，比如与农业对应的是农民、与工业对应的是工人、与服务业对应的是知识劳动者等。所以通过三元结构，我国的经济现代化途径就不再是单向地由现代部门来取代传统部门，而是多方向的，特别是通过传统部门自身的现代化来消化劳动力，通过传统部门与现代部门的协调发展来提高全社会的现代化水平。因此，要把注意力转向农村，寻找介于农业与城市现代工业中间层次的生产方式，就地实现剩余劳动力的转移，通过弱化二元经济结构的强度来打破固有的结构，形成国民经济结构的新局面。在继续提高先进生产方式的水平、不放松改造落后生产方式的同时，发展的重点应放在二者之间的中间层次上。中间层次生产方式的广泛采用，一方面可以提高整个国民经济的发展水平,另一方面又在二元经济结构的两极之间建立起充当产业关联的中介和生产力水平提高的台阶,这就是二元经济结构的多元化战略,也就是所谓的三元经济结构,这对全面建成小康社会有重要意义。

三 全面建成小康社会的基本思路

如何才能保证全面建成小康社会？习近平总书记2015年2月2日在中央党校省部级主要领导干部专题研讨班开班式上的讲话中明确指出:"全面建成小康社会是我们的战略目标,全面深化改革、全面依法治国、全面从严治党是三大战略举措。要把全面依法治国放在'四个全面'的战略布局中来把握,深刻认识全面依法治国同其他三个'全面'的关系,努力做到'四个全面'相辅相成、相互促进、相得益彰。"这就是说,"四个全面"是一个有机的整体,缺一不可。只有三大举措整体推进,才能全面建成小康社会。

（一） 全面深化改革

《中共中央关于全面深化改革若干重大问题的决定》对经济体制改革、政治体制改革、文化体制改革、社会体制改革、生态文明体制改革和党的建设制度改革进行了全面部署。党员干部要在全面深化改革上主动谋"进",不仅要把已出台的重大改革落实好,把该放的权放到位,该营造的环境营造好。让改革举措落地生根,有效转化为发展新动力。在提倡和鼓励先行先试的基础上对于个别领域少数地区形成的成功经验和做法要做好面上推广工作,扩大区域发展领域及工作成果的覆盖面、辐射面,要围绕发展中出现的问题深化改革,推出一批适应新常态规律特点,利当前又利长远的高质量的改革方案。稳妥有序推进,释放更大的改革红利,以开放新动力新空间引领新常态取得新成效。

（二） 全面依法治国

习近平在全面深化改革领导小组会议上为改革划定了法治边界。他说:"凡属重大改革都要于法有据。"确保在法治轨道上推进改革。这既是顶层设计师的深谋远虑,更是符合国情的金科玉律。老百姓懂得这个道理:无法治,难小康,更无盛世。

全面推进法治中国建设,党依法执政是前提。各级政府部门依法行政是关键。坚持党的领导、人民当家作主与依法治国的统一,必须把党的领导贯穿于依法治国的全过程。依法执政,要求党在宪法法律框架内活动、党依照法律进入国家政权、在其中处于主导地位。党保证立法机关依法立法、行政机关依法行政、司法机关依法独立行使审判权、检察权，真正做到党领导立法、保证执法、带头守法。

法治政府建设是法治国家建设的重要组成部分。加快法治国家建设很大程度上要通过大力推进法治政府建设，保证行政机关依法行政来实现法治。政府和法治国家又要以法治社会作为依托和支撑，法治社会是建设法治国家和法治政府的基础和条件。全面推进法治中国建设需要全社会的共同参与和共同努力。

司法公正是维护社会公平正义的最后一道防线，也是人民群众对社会公平正义的底线要求。如司法人员法治素养不高、依法办案能力不强，甚至办一些人情案、关系案、金钱案，存在严重司法不公平现象，那么民众对公平正义的最后希望就会被打破，社会将失去最底线的公平正义

因此，习总书记提出要努力让人民群众在每一个案件中都感到公平正义。只有让人民群众在每一个司法案件中都能感受到公平正义，才能让人民群众真正感受到社会主义国家的公平正义，社会才能守住公平正义的法治防线，也才能以社会普遍的公平正义托起逾越、法律底线不可触碰、带头遵守法律、执行法律、带头营造办事依法、遇事找法、解决问题用法、化解矛盾靠法的法治环境。

（三）全面从严治党

党的十八大以来，党的各项建设尤其是作风建设和反腐倡廉建设取得了明显成效，对其经验和做法用一个字总结和概括就是"严"，严已成为党的建设的新常态，并且体现在党的思想建设、组织建设、作风建设、制度建设、反腐倡廉建设等各个方面。事实证明，治国必先治党，治党务必从严。从严治党必须体现和贯穿于党的建设的各个方面。

如何全面从严治党，习近平总书记对新形势下党的建设提出了八项要求：第一，落实从严治党责任；第二，坚持思想建党和制度治党紧密结合；第三，严肃党内政治生活；第四，坚持从严管理干部；第五，持续深入改进作风；第六，严明党的纪律；第七，发挥人民监督作用；第八，深入把握从严治党规律。只要我们按照这八项要求去做，持之以恒，就一定能建设好我们的党，就一定能承担起庄严的历史使命，完成好人民所赋予我们党光荣而艰巨的任务。

（作者单位：中共吉林省委党校）

全面深化改革：推动中国进步与发展的强大动力

王喜红

全面建成小康社会、全面深化改革、全面依法治国、全面从严治党这"四个全面"，是以习近平同志为核心的党中央，面对我国发展面临的新机遇、新挑战和新任务提出的治国理政的新思想，是新时期推进我国现代化建设的新的战略布局和顶层设计。作为"四个全面"战略布局中的重要一环，全面深化改革是这一战略布局的首要战略举措，它对于推动实现全面建成小康社会总目标具有重要意义，为当代中国的发展与进步提供强大动力。必须深刻理解全面深化改革的重大意义，准确把握全面深化改革的精神实质，认真贯彻全面深化改革的总目标和主要任务，不断推动改革取得新突破。

一 深刻理解全面深化改革的重大意义

（一）改革是人心所向，是大势所趋

党的十一届三中全会总结正反两方面的经验教训，借鉴国际社会主义成功经验，顺应时代潮流和人民的愿望，作出了改革开放的伟大决策，开启了我国发展的新时代。30多年来，我们以远高于世界其他国家的发展速度快速发展起来了，综合国力大幅增强，人民生活水平大幅提高。30多年改革开放经验告诉我们，没有改革开放，就不可能有今天这样的大好局面；没有改革开放，我们就只有死路一条。改革是中国发展和进步的旗帜，改革是中国特色社会主义最鲜明的特色。

（二）实现两个百年目标、全面建成小康社会离不开全面深化改革

经过30多年的改革开放，中国经济站到了一个新的起点上。我们连续完成了两个历史性的穿越，国家完成了由低收入穷国向中等收入富国的

穿越,人民生活完成了由温饱向小康的穿越。新的起点有新的目标、新的任务,在建党一百年时我们要全面建成小康社会;在新中国成立一百年时要建成富强民主文明和谐的社会主义现代化国家。实现新的目标,仍然需要依靠改革来推进。习近平总书记指出:"改革开放是决定当代中国命运的关键一招,也是决定实现'两个一百年'奋斗目标、实现中华民族伟大复兴的关键一招。"

(三) 应对当前我国发展面临的一系列矛盾和挑战需要全面深化改革

改革由问题倒逼而生,又必须在不断解决问题中逐步得到深化。改革开放 30 多年来,我们用改革的办法解决了党和国家事业发展中的一系列问题,但还有许多深层次矛盾和问题尚未得到根本解决。同时还要看到,旧的问题解决了,新的问题又会产生。当前,我国发展面临一系列突出矛盾和问题,如发展中不平衡、不协调、不可持续问题,科技创新能力不强问题,产业结构不合理问题,资源环境约束加剧问题,城乡区域发展差距和居民收入分配差距依然较大问题,社会矛盾多发易发问题,一些领域道德失范、诚信缺失问题,等等。这些问题互相交织、互相影响,复杂性、艰巨性、敏感性前所未有。如何处理好经济发展与环境保护之间的矛盾,实现经济发展与环境保护的双赢;如何破除制约创新的体制机制,不断提高我国创新能力和创新水平;如何增强社会发展活力,促进社会和谐稳定;如何实现社会公平正义,通过制度安排更好保障人民群众各方权益;如何提高党的领导水平和执政能力,充分发挥党总揽全局、协调各方的作用,都需要通过全面深化改革加以推动。我们必须以更大的政治勇气和智慧,不失时机深化重要领域改革。

二 准确把握全面深化改革的阶段性特征

全面深化改革作为中国改革开放进程的一个新的历史阶段,具有与之前改革进程不同的阶段性特征。

(一) 改革的目标更加宏大

之前的改革目标是要构建与生产力发展相适应的生产关系,解放生产力和发展生产力。全面深化改革的总目标则是完善和发展中国特色社会主义制度,推进国家治理体系和治理能力现代化。这一目标着眼于发展和完善中国特色社会主义,着眼于提升中国共产党的执政能力,巩固执政地位,更加宏大和带有根本性。围绕这一总目标,改革的目的包括进一步解放生产力、发展生产力、增强社会活力、提升党的执政能力和增强中国特色社会主义制度的竞争力等具体层次。

(二) 改革的领域更加宽广

之前的改革目标是解放生产力和发展生产力，因此改革的重点在经济领域。全面深化改革的目标是发展和完善中国特色社会主义，因此改革也从重点领域推进到全部领域，改革的领域更加宽广。既要进行顶层设计，也要进行部署具体的改革任务，而且要进行自上而下的体制改革。

(三) 改革的对象更加复杂

之前的改革对象着重在一大二公的计划经济体制上做文章，全面深化改革的对象则是经过35年改革形成的过渡性经济体制及其他各种体制。前35年的改革对象具有传统性、单一性，全面深化改革的对象则具有过渡性、多元性，改革对象更加复杂。当前，改革对象的复杂性有多个方面，突出表现在体制"碎片化"、过渡性制度安排的"固化"、国家权利的"部门化"等。

(四) 改革的程度更加深刻

之前的改革主要体现在机制和体制改革层面，全面深化改革则需进一步向深度推进，一方面从经营机制、运行体制层面深入到制度层面；另一方面从正式制度层面深入到非正式制度层面，包括改进党风、政风和社会风气，推进社会信用体系、道德规范等文化层面的建设。具体讲，首先要将改革内容从体制机制创新推进到制度建设；其次，要将改革基点从运行层面向核心层面推进；再次，要将改革的目标从一般性体制机制创新推向现代治理体系建设。

(五) 改革的整合性更强

之前的改革主要是放权让利、行政分权，全面深化改革则强调整合协同、系统协调。合久必分、分久必合，也适用于体制的运动和改革的逻辑。当前，全面深化改革的主要任务就是要解决"碎片化"的体制、"部门化"的国家权利和"固化"的过渡体制。因此，如果说前35年的改革以下放和分解为开局特征，全面深化改革则具有以"整合"为开局的重要特征。

(六) 改革难度和风险更大

与之前的改革相比，全面深化改革面临的国际国内环境更加复杂。从国际看，伴随中国全球地位的上升，中国遭遇的来自西方的遏制和西化压力更大，面临着"中等收入陷阱"、"民主陷阱"、"塔西佗陷阱"等诸多陷阱，改革的风险增大。从国内看，伴随经济社会发展，新的利益诉求群体出现，改革所面临的约束越来越多、越来越大，民生诉求的标准越来越高。因此，决定了全面深化改革的难度与风险和35年之前完全不可同日而语。

（七）改革的价值和理念更加丰富

基于改革初期的经济社会发展实际，前35年的改革主要以效率为基本价值追求。在经济体制改革方面，强调效率以促进经济快速增长，促进一部分人和一部分地区先富起来。在政治体制改革方面，强调权力的配置，包括政府部门之间和行政层级之间的调配。在社会体制改革方面，主要是强调社会管理和社会稳定风险管控。在文化体制改革方面，主要侧重文化的产业功能。全面深化改革，在经济体制改革方面，在强调效率价值的前提下，更多兼顾公平价值；在政治体制改革方面，要在优化行政权力配置的前提下，更多加强权力制约；在社会体制改革方面，在强化治理的前提下，更加重视社会正义；在文化体制改革方面，在重视文化产业价值前提下，更加重视文化的核心价值功能。

（八）改革推进更多依靠顶层推动

之前的改革主要采取"摸石过河"的渐进式改革推进方式。全面深化改革阶段，改革除了要继续发挥人民群众创造性和"摸石过河"改革方式的探索优势以外，需要更加注重运用自上而下的顶层设计和顶层推动。

三　科学认识全面深化改革的精神实质

全面深化改革，吹响了新一轮改革的奋斗号角，必须科学认识全面深化改革的本质要求、把握全面深化改革的内在规律，不断夯实全面深化改革的思想认识基础，确保政治上不偏向、工作上不失误。

（一）必须坚持改革不动摇

实践发展永无止境，解放思想永无止境，改革开放也永无止境。改革开放30多年来，改革实践从点到面、从易到难、从局部到全局依序展开、逐步深入。而总结当代中国社会改革发展成功的基本经验，不能不说是党中央带领全国人民坚定的改革意志和不懈的改革实践，成就了历经磨难与风险之后改革发展的巨大功绩。而在30多年后的今天，改革开放无论从其涉及的广度、深度，还是从改革发展呈现的难度上看，都毫不亚于改革发展的初始时期，涉及的不少矛盾问题错综复杂，许多利益关系环环相扣，有些领域与问题甚至更为复杂。在这样的情况下，改革既需要有百折不回的信念，全面科学的方法，也需要有攻坚克难的实践，必须结合形势变化和实践发展的特点，直面改革深水区、攻坚期的新现实，回应广大群众对改革发展的新期待，增强改革信心，凝聚改革力量，认真落实全面深化改革的战略部署，推进全面深化改革取得新成效。

（二）必须坚持不断把改革推向深入

改革发展的不同阶段面对的形势不同，任务也不同。与已经走过的30多年发展历程相比较，当前，我国发展进入新阶段，改革进入攻坚期和深水区，许多相对单一的改革任务已经完成，不少处于表层的问题已经解决，剩下的尽是难啃的硬骨头，特别是过去能使大部分人获得利益、少数人利益受损的情形，随着改革的深入，也越来越难于大范围再现。如何最大限度集中全党全社会智慧，最大限度调动一切积极因素，敢啃硬骨头，敢于涉险滩，以更大决心冲破思想观念束缚、突破利益固化的藩篱，推动中国特色社会主义制度自我完善和发展，就必须推进改革的不断深化，尤其必须在一些重要领域和关键环节取得重大进展和积极成效，由此既巩固改革发展的良好势头，也能够激发广大干部群众坚定投身全面深化改革伟大实践中去的积极性与创造性。

（三）必须坚持改革的全面性

全面深化改革是改革开放30多年后的"再出发"，标志着改革开放由以前的单项突破进入到全面、系统、整体推进的新阶段。从党的十一届三中全会以来，中国一直走在改革路上。但以往的改革专注于某个领域，以经济改革为主。如今的改革是以经济体制改革为重点，以协同推进经济体制、政治体制、文化体制、社会体制、生态文明体制和党的建设制度改革为主要内容的全面改革，涉及的领域之多、范围之广前所未有。以往的改革是专项改革，可独立进行。今天的改革，就像一筐螃蟹，抓起一个又牵起另一个，必须全面启动。

从广度看，全面深化改革的主要任务和重大举措，既涉及经济、政治、文化、社会、生态文明，也涉及国防和军队改革、加强和改善党的领导等重要领域，把伟大事业和伟大工程紧密结合起来。从力度看，就是确保到2020年要"在重要领域和关键环节改革上取得决定性成果"。从深度看，经过30多年不断改革，很多容易改的问题已经得到有效解决，留下来的大都是深层次的体制机制问题，甚至是牵动全局的敏感问题和重大问题，改革进入深水区。从难度看，当前改革触及的都是难啃的硬骨头，调整的都是极为复杂的利益关系，需要涉险滩、破瓶颈，矛盾复杂、敏感、艰巨程度都前所未有，改革进入攻坚期。每一项改革都会对其他改革产生重要影响，每一项改革又都需要其他改革协同配合。必须高度重视改革的系统性、整体性、协同性，既解决好生产关系中不适应的问题，又解决好上层建筑中不适应的问题。必须深入研究各领域改革关联性、各项改革举措耦合性和可行性，把改革的力度、发展的速度和社会可承受的程度统一起来。必须更加注重各项改革的相互促进、良性互动，整体推进、重点突破，在政策上相互配合、实施中相互促进、成效上相得益彰。

当前我国经济社会发展进入新时期、新阶段，改革面临新挑战，全面深化改革任务相当艰巨。我们已经进入全面建成小康社会的关键期，未来需要用5—6年的时间在现有基础上实现经济社会发展的全面提升，使经济更加发展、民主更加健全、科教更加进步、文化更加繁荣、社会更加和谐、人民生活更加殷实。实现这一系列全面提升，涉及生产关系和上层建筑的调整，涉及经济结构调整和发展方式的转变，涉及收入分配制度和社会保障体系的创新，涉及城乡区域发展格局的完善，涉及人与自然和谐发展现代化建设新格局的构建，涉及党的建设、制度的改革。这些必须依靠全面深化改革才能完成。当前我国经济发展进入"三期叠加"新阶段。"三期叠加"是现阶段中国经济的最主要特征，是中国经济新常态。适应新常态、引领新常态，我们的工具箱里有不少政策工具，而最大的工具就是改革。改革是稳增长的利器，是结构调整优化升级的最大动力。必须按下全面深化改革的"快进键"，用好政府和市场这"两只手"，打造"双引擎"，让传统产业加快升级、新兴产业加快成长，实现新常态下稳增长与调结构的平衡，使保持中高速增长、迈向中高端水平成为中国经济发展的主旋律。

当然，改革会触动利益、会动"奶酪"，改革的难度会很大、阻力也会很大。但是为了释放改革红利，尤其是让广大人民受惠，我们将义无反顾。只要我们坚定改革的决心和勇气，全面落实好中央全面深化改革的各项部署和任务，充分发挥好市场在资源配置中的决定性作用，更好地发挥政府的作用，中国新一轮的发展和进步一定能够实现。

（作者单位：中共烟台市委党校）

中华民族伟大复兴之三问

薛广洲

中华民族曾经有过辉煌的历史时期，如文景之治、开元盛世、康乾盛世。清朝末年，国运衰微。鸦片战争以后，帝国主义加大了侵华的力度。整个中华民族沦为他人刀下之鱼肉，任凭宰割。

自孙中山首先提出"民族振兴"以来，从抗日战争、解放战争的胜利到新中国的成立，再到改革开放的新时期，中国人民已经为民族复兴之梦持续奋斗了170多年。习近平在参观"复兴之路"展览时说："这个梦想，凝聚了几代中国人的夙愿，体现了中华民族和中国人民的整体利益，是每一个中华儿女的共同期盼。"

今天，中华民族的复兴正成为全体中华民族的伟大历史使命，但究竟什么是中华民族的伟大复兴呢？或者说中华民族的伟大复兴的目标是什么？中华民族的复兴面临着怎样的困难和挑战呢？我们如何实现这样的伟大历史使命呢？中华民族的伟大复兴与中国共产党的最高理想有着怎样的内在的必然的历史联系呢？这些是今天的中国人民实现中华民族振兴所必须要清晰明了的。

一　我们需要什么样的民族振兴？

自从1840年鸦片战争之后，先进的中国人即开始了争取民族复兴的艰辛奋斗。从林则徐、魏源的"师夷长技以制夷"，到恭亲王奕䜣、曾国藩、李鸿章、张之洞为代表的"洋务运动"，力求摆脱"落后就要挨打"的局面，实现经济物质上的进步，成为中国社会的主题。随着甲午海战中大清北洋舰队的失败，先进的中国人认识到，中国的落后不只是物质的层面，还因为制度上的落后。甲午海战的失败，其根源在于"人不能尽其才、物不能尽其用、货不能畅其流"，因而是制度的原因。但维新变法和辛亥革命，并没有带来国家的解放、民族的独立，封建割据、军阀混战、灾祸连连。于是，必须从思想文化上向西方学习。"旧学不行了，要学新学，新学就是西学"。从1915年的新文化运动提出"德先生"、"赛先生"，先进的中国人在经历了五四运动的洗礼和俄国十月革命的影响后，接受了马克思主义，从此中华民族的复兴开始了一条走向辉煌的艰辛之路。

中国共产党肩负的中华民族复兴大业，是在深刻地揭示了近代中国的社会性质和主要矛盾，全面总结近代以来民族复兴之路经验教训的基础上进行的。

近代以来中国的落后，直接结果就是国家主权的丧失和民族经济的衰落。中国共产党人从中国的实际出发，经历了二十八年的浴血奋战，实现了中华民族的政治解放。国家主权、民族独立、人民解放，中华民族伟大振兴走出了最为坚实的第一步。随之又开始了争取民族经济腾飞的艰辛探索，"一穷二白"、底子薄人口多的现实，决定了共和国最初的经济建设方针和战略布局，三十年的拼搏，建立了一个相对完整的工业体系和国民经济体系，为改革开放奠定了坚实的物质基础。经过第二个三十年，中国已成为世界第二大经济体，全面建成小康社会和实现现代化的两大战略目标已不再是遥不可及。

中华民族的伟大复兴必然内含着民族精神的重建。中华文明曾经有过极为辉煌的历史，中华民族的精神曾经引领着中华民族创造了人类历史上璀璨的文明。然而，自唐代已降，随着封建社会鼎盛期的消退，中国社会的发展开始走上了下坡路，尤其到了清晚期，整个社会文化和精神都处于低迷状态。因而，民族精神的重建成为近代以来民族复兴的又一个艰巨的历史任务。从摒弃旧学到推崇新学，从拥抱"德、赛两先生"到高扬马克思主义，从把马克思主义普遍原理与中国具体实际的相结合到马克思主义的中国化，中华民族精神一扫近代以降的乱象，呈现出奋发向上的崭新景象。

无疑，政治解放、经济腾飞和文化重建，构成了一百多年来中华民族复兴的基本脉络，今天我们进一步推进民族复兴的伟大事业，依然是循此脉络而推进和发展的。政治解放，要在实现国家主权独立、完整的基础上，进一步通过推进民主、法治而发展和完善国家治理体系和治理能力的现代化。经济腾飞，要在实现由传统农业向工业的转化和建成小康社会的基础上，进一步实现现代化和科学技术的领先地位。文化重建，在推翻封建主义价值体系而确立社会主义的基本价值体系后，我们又面临着如何超越市场经济所带来的价值观的冲击，实现以马克思主义为主导的、融汇中西文化优秀成果、适应人类社会进入高科技、全球化时代的文化重建。

中华民族的伟大复兴不是要简单地回复到某个历史时期，也不是简单地定义于国家实力或经济总量世界第一，而是意味着总体经济实力和综合国力居于世界前列，人民生活质量、国民素质、社会的整体现代化程度也要达到世界先进水平，即在政治、经济、文化等全方位地自立于世界民族之林，从而使古老的中华民族重新焕发出生机和活力。从这个角度讲，民族复兴乃是民族的振兴。

"更好的教育、更稳定的工作、更满意的收入、更可靠的社会保障、更高水平的医疗卫生服务、更舒适的居住条件、更优美的环境"，"孩子们能成长得更好、工作得更好、生活得更好"，2012年11月15日，刚刚当选中共中央总书记的习近平，用朴实的语言，道出了人民心中的梦想，拨动了海内外中华儿女的心弦。这个梦想，是人民对民族复兴的美好憧憬，是全面小康的群众表达，是党的十八大描绘的全面小康蓝图的生动呈现。"人民对美好生活的向往，就是我们的奋斗目标"，习近平总书记的庄重承诺，展现的是我们党执政的宗旨信念和奋斗情怀。

二 我们将会面临什么样的挑战？

研究中华民族伟大复兴面临的重大挑战，可以为我们的美好愿景奠定基础，从而进一步凝聚共识，积聚力量，促进发展。

当前中国社会正处于转型期，经济体制深刻变革、社会结构深刻变动、利益格局深刻调整、思想观念深刻变化。中国社会的全方位转型基于两个大的背景，一是中国社会在经历了新中国三十年初步建成一个相对完整的工业体系和国民经济体系后，如何推动经济在一个更高水平上的发展。二是国际社会在经历了第二次世界大战后的经济恢复和繁荣后，迎来了科技革命的新一轮发展浪潮，开始从工业化向后工业化，即信息化的现代化进程转变。

就前者来看，中国社会在20世纪中叶推翻了封建主义、帝国主义和官僚资本主义三座大山而建立起了社会主义的新中国，实行了政治上中央高度集中、经济上计划经济的国家治理方式。在新中国刚成立之时，面对战争创伤、经济凋敝的局面,要摆脱"一穷二白"的现状,以充分发挥"人定胜天"的主观能动性精神和集中力量办大事的战略,不仅迅速解放了生产力,而且极大地发展了生产力,使中国经济呈现出高速发展的局面。然而,随着生产力的发展,社会主要矛盾的表现方式也在转化,人们在解决基本生存问题后需求开始提升。这种需求因社会群体的不同地位而有所不同,不同需求的实现和满足,自然需要能够进一步调动全体社会成员的劳动积极性的机制,而原有的计划经济和高度集中的管理方式已经无法适应这种需求了。因而调整现有生产方式,改革现有国家在经济和政治上的治理机制和管理体制,就具有了现实的迫切性和必然性。

就后者而言,国际社会在经历了第二次世界大战后的经济恢复和繁荣后,迎来了科技革命的新一轮发展浪潮。20世纪70年代开始的新科技革命,进一步推动了经济全球化的进程,促进了世界各国的相互联系和普遍交往,加快了科技成果转化为生产力的速度,极大地影响着人们的生活方式,改变了人类的生产方式和经济结构。面对这场革命,对于正处于从传统的农业国向工业国迈进的中国来说,既是一个新的更大的挑战,又是一次难得的实现跨越式发展的机遇。

正是在这样的社会变动大背景下,中国政府采取了一系列深化改革和扩大开放的措施,主动迎接全球化带来的机遇和挑战,包括建立社会主义市场经济体制,健全现代企业制度、实施"走出去"战略、加入世贸组织等,从而使中国在经济全球化进程中的地位和作用空前提高,适应和竞争能力不断增强。

党的十八大政治报告指出,经过九十多年艰苦奋斗,我们党团结带领全国各族人民,把贫穷落后的旧中国变成繁荣富强的新中国,中华民族伟大复兴展现出光明前景。然而,正如习近平总书记所说,中华民族伟大复兴之路,昨天是"雄关漫道真如铁",今天是"人间正道是沧桑",而明天则是"长风破浪会有时"。奋斗是艰辛的,成就是巨大的,而挑战同样是严峻的。

改革开放是实现中国现代化的必由之路,也是中华民族伟大复兴的必经之路,因而,改革开放进程所面临的困难和挑战,同样也就是中华民族复兴所面临的困难和挑战。党的十八届三中全会指出,中国的"改革已经进入攻坚期和深水区",并进一步告诫全党和人民,前进道路上还存在着不足、困难和问题:发展中不平衡、不协调、不可持续问题依然突出,科技创新能力不强,产业结构不合理,农业基础依然薄弱,资源环境约束加剧,制约科学发展的体制机制障碍较多,深化改革开放和转变经济发展方式任务艰巨;城乡区域发展差距和居民收入分配差距依然较大;社会矛盾明显增多,教育、就业、社会保障、医疗、住房、生态环境、食品药品安全、安全生产、社会治安、执法司法等关系群众切身利益的问题较多,部分群众生活比较困难;一些领域存在道德失范、诚信缺失现象;一些干部领导科学发展能力不强,一些基层党组织软弱涣散,少数党员干部理想信念动摇、宗旨意识淡薄,形式主义、官僚主义问题突出,奢侈浪费现象严重;一些领域消极腐败现象易发多发,反腐败斗争形势依然严峻。

中国社会发展遇到的问题主要表现为:如何正确地认识处理当前中国社会的主要矛盾及其表现方式,如何揭示和解决当前中国社会发展的主要难题和症结。前者体现为社会资源享受的极端不平衡,后者则是经济发展方式和产业结构的转型。

社会资源分配的不平衡,是包括政治资源、经济资源、文化资源等在社会享有上的不平衡。这也是近年来我国各地频发社会突发事件的根源所在。解决这一矛盾的根本方法,就是要重新调整社会资源的分配和享有的公平、公正性。因而重新调整新生的不同利益集团的利益,就成为中国改革、中国现代化和中国特色社会主义道路的一个最急迫、最棘手、最严峻的挑战。

一个国家的经济发展方式既受其特殊的自然、资源、历史所影响,也与其所在的国际经济、政治环境相联系。作为发展中的中国,在经济发展方式的确定中,无疑会有多种因素的影响,从而将出现多种考量。改革开放之前由于主要是从农业化向工业化的迈进,因而,经济发展方式最初是在协调好农轻重比例的基础上,集中力量发展基础工业,如第一个五年计划期间,就是着力于由苏联帮助设计的156个建设项目为中心和694个大中型建设项目。但总的来说,还是粗放型的发展方式。

自从新科技革命以来,产业结构的调整日益呈现出由工业化向后工业化发展的趋势,其一、二、三产业的比例也日益显现为前低后高的现状。但是对于发展中国家来说,并不是简单地去提高三产的比重,而必须在稳固第一产业及第二产业的基础上才能实现第三产业的提升。对于中国来说,体量大、人口多的特征,要求社会发展,尤其是产业结构的调整,首先必须建立在自力更生为主的方针上,也就是要立足于中国自身的现实实际。

中华民族的复兴同时又面临着国际社会经济、政治、文化以及战略格局变化的挑战和考验。

自20世纪80年代末90年代初苏东剧变,两极对立的世界格局转变为美国一家独大的格局,世界的和平与发展趋势似乎更加明显。但欢庆21世纪到来的钟声尚未落地,"9·11"的袭击就告诉人们,未来的岁月并不那么平静和安宁。果不其然,阿富汗战争、伊拉克战争、"颜色革命"、阿拉伯之春持续不断,动荡、混乱、政变、战争接踵而至,北约东扩、亚洲再平衡,让我们再次面对一个充满着利益纠结、势力纷争的世界。

世纪转换之交,全球化的趋势日益增强,也使我国的发展抢得了一定的战略机遇。中国共产党和中国政府适时地抓住这一难得的机遇,一方面脚踏实地、万众一心、奋发有为,经过三十多年的改革实践,取得了一系列的历史成就;另一方面又放眼世界、积极稳健地参与到世界经济、政治和文化的交流、交汇和交融之中。

随着中国经济的快速发展,其整体综合国力也迅速提升,自然带来世界经济格局的调整。而随着中国对外开放交往的扩大,文化的碰撞和冲击,乃至于文明的冲突也必将日益增多。

正因如此,中华民族复兴所面临的挑战是全方位的。从当前国际态势来看,具体呈现出:政治领域的社会主义与资本主义之争、民主与非民主之争、霸权与反霸权之争,主权与领土矛盾、民族与宗教矛盾、人权与生存权矛盾;经济领域的发展方式、贸易往来、资源争夺、生态危机、民生问题、金融货币,高科技、全球化、互联网、现代化;文化领域的意识形态、价值体系、文化传承、信仰缺失,等等。

国际社会的政治、经济、文化等方面的纷争局面,从根本上说还是利益之争。中华民族复兴面临国际社会所存在的挑战与国内发展所存在的问题交织影响、相互作用,形成了极为错综复杂的局面,从而显现着民族复兴道路的艰巨性。

三 我们怎样去实现民族的振兴?

中华民族的伟大复兴经历了一个半多世纪的艰辛而辉煌的历程,实现了政治解放、经济腾飞和文化重建的历史成就。今天,"中华民族伟大复兴展现出光明前景",现在"我们比历史上任何时期都更接近中华民族伟大复兴的目标,比历史上任何时期都更有信心、有能力实现这个目标"。

如何实现中华民族的百年复兴之梦？今天的复兴之路从何处入手？一百多年来所经历的复兴之路,第一阶段自林则徐、魏源开始到中国共产党成立,按照物质、制度和文化的逻辑,学习西方,挽救中国；第二阶段自中国共产党成立自今天,按照政治解放、经济腾飞和文化重建的逻辑,坚持独立自主、自力更生、统筹发展。

在中国社会发展到一个新的关口之时,民族复兴之路又该怎么走？尽管已有多种提案公之于世,社会各阶层的议论也极其热烈,但要真正落到实处依然还需要汇集全体炎黄子孙的智慧。

2012年底,中国共产党在第十八次全国代表大会上明确宣告：在中国共产党成立一百年时全面建成小康社会,在新中国成立一百年时建成富强民主文明和谐的社会主义现代化国家。

为实现这两个伟大的历史目标,2015年初,《人民日报》连续刊文详细阐述了习近平总书记提出的全面建成小康社会、全面深化改革、全面依法治国、全面从严治党的战略布局。"四个全面"的提法,"兼顾中国特色和世界潮流,体现中国与世界的深刻互动,深化了对共产党执政规律、社会主义建设规律、人类社会发展规律的认识,是中国和中国人民阔步走向未来的关键抉择"。

中华民族伟大复兴的实践证明,只有中国共产党的领导才能完成这一历史使命。人类社会的发展,自农业社会走向工业社会后,发生了急剧的变化。生产力的迅速发展,使得生产关系和社会结构出现重构的历史趋势。特别是科学技术作为第一生产力后,使人类认识世界与改造世界的能力发生了历史性的提升。作为人类社会发展史上最后一个阶级——无产阶级的先锋队,共产党的历史使命就是在把握人类社会的客观历史规律的基础上,引领人类社会走向共产主义。其根本的依据就是,人类社会的客观发展趋势就是共产党的奋斗目标。中国共产党充分认识和把握中国社会发展的客观规律,并将之与人类社会发展的客观规律相融合,从而能够顺应这一历史趋势,带领中国人民实现中华民族的伟大复兴。

如果说中国共产党以往九十年的奋斗——新中国的成立、社会主义革命和建设,实现了中华民族复兴的政治解放、经济腾飞、文化重建的奠基性的目标,而"两个百年目标"——建成小康社会和实现现代化,则是中华民族伟大复兴的初级目标,那么,中国特色社会主义社会的全面实现,就将是中华民族伟大振兴的基础性目标。我们相信,在中国共产党的领导下,在全体中国人民的共同奋斗下,一定能够实现中华民族伟大复兴的终极目标——共产主义。

中国共产党的历史使命是要带领中华民族最终走向共产主义。这一目标不仅是中华民族伟大复兴的终极目标,而且也是人类社会的理想目标。

(作者单位:中共中央党校)

2015 年中国特色社会主义理论体系若干问题研究简述

毛 胜

2015 年,学术界在既往研究的基础上,就中国特色社会主义理论体系展开进一步研究,特别是围绕习近平总书记系列讲话对中国特色社会主义理论的丰富和发展、中国特色社会主义理论体系的主题,以及中国特色社会主义经济理论、中国特色社会主义法治理论等专题,发表了很多有分量的专著和论文,使该领域总体上呈现出扎扎实实地向前发展的良好态势。限于篇幅,这里仅对若干热点重点问题的研究成果作一个简要综述。

一 关于习近平总书记系列讲话对中国特色社会主义理论的丰富和发展

学术界普遍认为,党的十八大以来,习近平总书记围绕坚持和发展中国特色社会主义这条主线,在改革发展稳定、内政外交国防、治党治国治军各个方面发表了一系列重要讲话,提出了许多新思想、新观点、新论断,深刻回答了新的历史条件下党和国家发展的重大理论和现实问题,是统一思想、指导实践、推进工作的科学指南。而且,在深入学习贯彻习近平总书记系列讲话精神的过程中,学术界不仅先行一步、带头学习,还自觉地就其对中国特色社会主义理论的丰富和发展,进行了系统深入的研究阐释。

关于习近平总书记系列讲话在坚持和发展中国特色社会主义上的理论创新和实践创新,有学者从九个方面进行了初步总结,包括:(1)全面深刻地阐述了坚持和发展中国特色社会主义的基本要义,这是坚持和发展中国特色社会主义的重要前提;(2)实现中国梦的提出,为坚持和发展中国特色社会主义树起了团结奋进、开辟未来的一面精神旗帜;(3)强调正确认识"两个三十年",为坚持和发展中国特色社会主义扫除思想障碍;(4)关于市场作用的重要论断,为坚持和发展中国特色社会主义提供了新的理论依据;(5)创新驱动发展重大战略的制定实施,为坚持和发展中国特色社会主义增添了新的战略支撑;(6)对"五位一体"总体布局提出新要求作出新部署,为坚持和发展中国特色社会主义给予了新的引领;(7)对全面深化改革作出科学部署,为坚持和发展中国特色社会主义创造更大动力;(8)"四个全面"战略布局的形成,为坚持和发展中国特色社会主义确立了总体方略;(9)坚持党要管党、从严治党,为坚持和发展中国特色社会主义提供了根本保证。

有学者指出,以习近平同志为核心的党中央推进中国特色社会主义新发展,突出体现在:把培育和践行社会主义核心价值观作为凝魂聚气、强基固本的基础工程,进一步建构中国特色社会主义新发展的价值坐标;把提升制度现代化水平、推进国家治理现代化作为全面深化改革的总目标,进一步强固中国特色社会主义新发展的制度支撑;把全面推进依法治国、建设社会主义法治国家作为治国理政的基本方式,进一步夯实中国特色社会主义新发展的法治基石;把凸显制度治党、优化政治生态作为全面从严治党、从严管理干部的关键环节,进一步强化中国特色社会主义新发展的政治保障。这四大战略,相互促进、整体实施、成效卓著,集中展示了以习近平为总书记的党中央治国理政的新理念、新方略。还有学者认为,习近平总书记系列讲话对中国特色社会主义理论的丰富和发展主要表现为:中国特色社会主义的地位更加突出,实际上已经被当作中国共产党的指导思想;对中国特色社会主义的基本内涵作出了新的概括;对中国特色社会主义的本质特征有了新认识;丰富和发展了社会主义改革理论;把依法治国上升为中国特色社会主义的本质要求。

有不少学者提出,习近平总书记关于协调推进"四个全面"战略布局的论述,是中国特色社会主义理论体系的最新成果。有学者认为,坚持和发展中国特色社会主义是"四个全面"战略布局的根本出发点和鲜明主题;"全面建成小康社会"是坚持和发展中国特色社会主义在现阶段的战略目标;"全面深化改革"是坚持和发展中国特色社会主义的必由之路和根本动力;"全面依法治国"是坚持和发展中国特色社会主义的基本方略和法治保障;"全面从严治党"是坚持和发展中国特色社会主义的关键所在和政治保证。有学者则强调,"四个全面"战略布局是实现民族复兴伟业的重要保障，也是坚持把马克思主义基本原理与中国实际相结合、探索社会主义发展规律取得的最新理论成果，指引我们在中国特色社会主义道路上实现中华民族伟大复兴的中国梦。

还有不少学者就本领域的一些专题进行了深入探讨。比如，有学者指出，习近平总书记全面从严治党思想发展和创新了中国特色社会主义党建理论，是马克思主义党建理论中国化的最新成果。具体来说，在思想建设方面，强调理想信念教育，提出理想信念是共产党人精神之"钙"；在组织建设方面，强调高素质的干部队伍建设，严明政治纪律和政治规矩；在作风建设方面，坚决反对"四风"，净化党的政治生态；在反腐倡廉建设方面：坚持"老虎"、"苍蝇"一起打，以零容忍的态度惩治腐败；在制度建设方面：坚持用制度治党、管权、治吏，把权力关进制度的笼子。又如，有学者指出，习近平总书记关于我国经济建设的系列重要讲话和论断，形成了完整的经济思想体系和理论架构，是我国社会主义市场经济建设理论的最新成果。经济发展的"新常态"论，诠释了习近平经济思想的理论涵义；以提高经济质量和效益为中心的论述，展现了习近平经济思想的实践价值；从法治上为推动经济社会持续健康发展提供制度化的方案，构成了习近平社会主义市场法治经济理论的核心体系；通过"一带一路"搭建参与全球经济治理多重平台的宏大战略，是习近平经济思想理论与实践的完美融合，多维度展现了习近平经济思想的"空间张力"。再如，有学者指出，习近平在新进中央委员会委员、候补委员学习贯彻党的十八大精神研讨班上的讲话中，从世界社会主义思想的源头和中国特色社会主义的历史发展出发，阐明了我们党在推进革命、建设、改革的进程中，怎样经过反复比较和总结，历史地选择了马克思主义，选择了社会主义道路；怎样把马克思主义基本原理同中国实际和时代特征结合起来，独立自主走自己的路；怎样历经千辛万苦，付出各种代价，开创和发展了中国特色社会主义。习近平关于社会主义发展史基本思路的论述和史论分析，实际上是一本中国版的科学社会主义史论，必将在社会主义发展史上留下浓墨重彩的一笔。

正是基于上述研究，有学者强调习近平总书记系列讲话是马克思主义中国化的最新理论成果，是党在新起点新阶段开展伟大斗争、赢得伟大胜利的思想武器。习近平总书记系列重要讲话科学地观察、分析、判断和把握国际复杂形势、发展趋势和客观规律，是顺应世界历史时代潮流的理论应答，同时鞭辟入里地分析国内形势，科学把握发展规律，顺国内发展大势而为，是指引中国特色社会主义发展的科学指南。习近平总书记系列重要讲话全面阐发和深度丰富了党的十八大精神，是对中国特色社会主义道路、理论体系和制度，对中国特色社会主义的基本理论、基本路线、基本纲领、基本经验和基本要求的科学论述，是全面阐述事关中国特色社会主义前途命运一系列重大原则问题的当代中国马克思主义重要文献，是对中国特色社会主义理论体系的丰富、发展和创新。习近平总书记系列重要讲话通篇贯穿了一脉相承、一以贯之的一条红线，这就是马克思列宁主义、毛泽东思想和中国特色社会主义理论体系所贯穿的基本立场、观点和方法，为我们树立了灵活运用马克思主义哲学的光辉典范。

二 关于中国特色社会主义理论体系的宏观审视

如何认识中国特色社会主义理论体系的建构、主题、逻辑等问题，一直是学术界研究的重点领域。研究者们2015年就这些问题进行了深入探讨，提出了不少有价值的新观点。

关于中国特色社会主义理论体系的建构，有学者认为当前研究成果在一些基础性问题上，包括概念术语、历史起点、主题主线、核心价值以及两大理论成果关系等，出现了较大的认识分歧。化解分歧、科学建构中国特色社会主义理论体系应遵循四个原则：一是遵循理论发展与社会实践相统一的原则，二是遵循开放吸收与主体自觉相统一的原则，三是遵循严谨规范与朴实管用相统一的原则，四是遵循继承坚持与创新发展相统一的原则。还有学者专门探讨了中国特色社会主义的话语体系构建，强调要立足中国特色社会主义实践，在全面理解其内涵的基础上，以尊重话语形成规律的方式，做到建构与控制、社会实践与话语实践的有机统一；同时运用适合的交流与宣传方式和形式，以此形成社会共识和社会影响力。

关于中国特色社会主义理论体系的主题，学术界有不同意见。有学者梳理了六种不同观点："建设中国特色社会主义"；"什么是社会主义、怎样建设社会主义，建设什么样的党、怎样建设党，实现什么样的发展、怎样发展"；"发展"；"民族复兴"；"如何实现社会主义现代化"；"共同富裕"。前四个"主题"都有其各自的局限性。其实，中国特色社会主义理论体系的主题应集中体现中国共产党成立以来，特别是党在社会主义建设时期一以贯之的追求；应集中反映党在社会主义初级阶段的奋斗目标和建设中国特色社会主义的总任务；应既是中国特色社会主义理论的总题目，也是其实践的总题目，因此，"实现社会主义现代化"才是贯穿中国特色社会主义理论体系始终的主线、总揽各方的主题。而"共同富裕"可以视为社会主义现代化的本质、主题和主线。还有学者强调，中国特色社会主义理论体系的主题是在中国这样的经济文化比较落后的国家如何建设、巩固和发展社会主义。这一理论体系之中的邓小平理论、"三个代表"重要思想和科学发展观均是围绕这一核心问题展开的，中国共产党面向未来的理论创新也将继续围绕这一主题。

关于中国特色社会主义理论体系的逻辑，有学者认为中国特色社会主义理论体系的形成是中国共产党"以俄为师"、"以祖为师"、"以美为师"三条路线相结合的产物。它的产生依据是：防止过"左"的逻辑，以消除对苏联结局的"隐喻"性担忧；防止复"古"的逻辑，以减少官僚传统及其"影子"对现实的干扰；防止过"右"的逻辑，以驱散将普世价值"过度引申"导致的迷障。有学者指出，中国特色社会主义理论体系的逻辑起点是中国特色社会主义初级阶段的主要矛盾，这一矛盾贯彻中国特色社会主义理论体系始终。人民群众日益增长的物质文化需要同落后的社会生产之间的矛盾推动着当代中国改革开放的社会实践，是当代社会历史发展的动力。同时，这一对矛盾范畴的内在紧张与对立又规定着中国特色社会主义理论体系的性质和任务，逻辑地演绎出整个中国特色社会主义理论体系。在不同的历史发展阶段，社会主要矛盾具有不同的阶段性特征。中国特色社会主义初级阶段的主要矛盾的阶段性和历史性，决定着中国特色社会主义理论体系的逻辑起点的阶段性和历史性，并且使其具有一定的适用域。还有学者强调，揭示中国特色社会主义理论自信的学理逻辑，必须科学阐释中国特色社会主义的话语逻辑、历史逻辑和发展逻辑。其中，话语逻辑主要关注中国特色社会主义产生与发展过程中的基本概念、范畴、术语及其宣传和普及问题；历史逻辑主要阐释中国特色社会主义形成与发展的历史必然性和现实必要性；发展逻辑则揭示中国特色社会主义理论自信产生的本质联系和发展规律，蕴含着理论自信产生的基本流程。中国特色社会主义理论自信的学理逻辑研究，正是通过这三个逻辑的维度，总结中国特色社会主义形成与发展的历史经验和教训，科学建构中国特色社会主义的要素结构与理论体系，并在探究社会未来发展规律中不断增强中国特色社会主义的理论自信。

三 关于中国特色社会主义理论体系的专题研究

从经济、政治、文化、社会、生态文明等领域，对中国特色社会主义理论体系进行专题研究，同样是学术界长期关注的话题。就2015年而言，研究者们就中国特色社会主义经济理论、中国特色社会主义法治理论、中国特色社会主义人权理论等专题进行了深入探讨，提出了不少有价值的新观点。

关于中国特色社会主义经济理论，有学者强调中国特色社会主义的经济构成中国特色社会主义经济制度，与社会主义初级阶段的基本经济制度相重合，但两者又是不同的。社会主义初级阶段是特指我国整个社会主义历史时期中一个特定的起始阶段。它在逐步发展中会依次上升到中级阶段和高级阶段。各个阶段都有自己的特色。因此，中国特色社会主义，并不限于社会主义初级阶段。社会主义是不断发展成熟的过程，到中级阶段和高级阶段，也会有中国自己的特色，只不过特色的具体特点会有所不同罢了。可见，我们不能把社会主义初级阶段的中国特色社会主义内容和规定性，放大和延伸到中国特色社会主义的各个阶段。公有制与私有制并存，按劳分配与按生产要素所有权分配并存，是初级阶段的内容。但从科学社会主义理论角度看，在社会主义的成熟和高级阶段，则不会和不应当包括资本主义私有制的多种所有制的继续存在与发展。

关于中国特色社会主义法治理论，有学者强调中国特色社会主义法治理论的科学定位可以从三个方面来把握：第一，中国特色社会主义法治理论是中国特色社会主义理论体系的重要组成部分；第二，中国特色社会主义法治理论是人类法治文明的最新成果、最高成就；第三，中国特色社会主义法治理论是对中国法治实践的理论表达。中国特色社会主义法治理论博大精深、内涵丰富，可以概括为社会主义民主制度化、法律化、程序化的理论等十四个重大理论观点。随着中国特色社会主义法治建设事业的纵深推进，法治理论体系的内涵还会不断丰富，但一些基本的东西必须长期坚持。还有学者指出，中国特色社会主义法治理论的基本构成主要有四个部分：一是中国特色社会主义法治哲学，包括法治价值理论和法治话语体系；二是中国特色社会主义法治实践论，包括法治过程理论和法治方式理论；三是中国特色社会主义法治文化论，包括对西方法治文化的取舍和对中国法治实践智慧的化用；四是中国特色社会主义法治保障论，包括法治职业理论与法治教育理论。形成一套具有中国特色、中国风格、中国气派的法治理论体系，既能引领和指导全面推进依法治国的伟大事业，又能为世界法治贡献中国经验、中国元素和中国心智，从而为中国赢得法治话语权。

关于中国特色社会主义人权理论，有学者强调中国特色社会主义人权理论体系的基础性要素，包括人权的概念、属性、类别、实现机制和社会条件等。中国特色社会主义人权理论，既承认人权是人类的共同理想和价值准则，是人之为人不可剥夺的权利，尊重和保障人权是每个主权国家的义务，需要通过国内的立法、行政和司法机制予以落实，需要加强人权国际合作以促进其实现，也承认人权发展的阶段性和历史文化传统对人权实现方式的影响，反对人权国际合作中的霸权主义倾向。还有学者指出，中国特色社会主义人权理论体系以马克思主义人权理论中国化为发展道路，以毛泽东人权思想、邓小平人权理论、人权保障与党的建设思想、和谐人权观、全面推进人权法治建设思想为根本指导，以个人人权与集体人权、权利与义务、政治权利与经济社会文化权利、人权的国内保障与国际保护、权利斗争与权利对话、人权理论与人权国情的有机统一为重要特征，以人权范畴论、人权规范论、人权价值论、人权保障论为基本结构，确立了中国特色社会主义人权理论体系建设的基本纲领，即党的基本路线在人权理论建设上的总原则、总目标、总路径、总方略，成为中国特色社会主义理论体系对"人权话语变迁"历史性推进的伟大创举。

除了上述专题，学术界还就其他一些问题进行研究。比如，有学者认为社会主义核心价值观是中国特色社会主义理论体系的思想根基和内在精神，它贯穿于中国特色社会主义理论体系的每一个部分，深层次地体现在具体的理论形态和实践环节之中。在经济建设领域，富强是社会主义初级阶段的根本任务，法治是社会主义市场经济的重要保障。在政治建设方面，民主是社会主义的本质要求，法治是社会主义政治制度建设的必然选择。在民主和法治的保障下，每一个人才有可能实现政治平等与自由。在文化建设领域，文明是社会主义文化建设基本的价值诉求，在社会主义文化建设中渗透着爱国、敬业、诚信、友善等价值观念。在社会建设层面上，创新社会管理必须以保障社会公正为出发点，以建设和谐社会为落脚点。又如，有学者认为中国特色社会主义生态文明道路的理论基石就是自然辩证法。自然界基础地位的不可动摇是坚守中国特色社会主义生态文明道路的思想渊源；自然规律不可逾越是捍卫中国特色社会主义生态文明道路的不二法则；自然辩证法则的不可复制是坚持中国特色社会主义生态文明道路的研究方法；人与自然关系的不可替代是探寻中国特色社会主义生态文明道路的最终方向。这些对中国特色社会主义生态文明道路的科学发展、全面发展、可持续发展大有裨益。

纵观 2015 年学术界关于中国特色社会主义理论体系的研究，无论是宏观问题的探讨，还是具体问题的分析，均有相当进展，提出了不少独到的新观点。当然，学无止境，我们期待研究者们更进一步，在该领域研究中取得更大的成绩，为建设中国特色社会主义作出更大贡献。

（作者单位：中央文献研究室）